Selección de Jurisprudencia

La clasificación de créditos en el concurso de acreedores

Selección realizada por:

Adela del Olmo

Directora de **sepín** Mercantil, Concursal
y Reclamaciones Bancarias

sepin

C/ Mahón, 8
28290 Las Rozas (Madrid)
Tel.: 91 352 75 51
www.sepin.es
sac@sepin.es

Precio: 40 euros (4 % IVA no incluido)

ISBN: 978-84-1388-024-2
Depósito legal: M-4749-2021

Producción gráfica: **sepín**, S. L.

Impresión: Service Point, S. A.

Presentación

La clasificación de los créditos es un mecanismo fundamental del concurso de acreedores tanto por sus consecuencias jurídicas como por la trascendencia que tendrá para los créditos y acreedores durante todo el devenir del proceso concursal.

La nueva regulación, Real Decreto Legislativo 1/2020, de 5 de mayo, que aprueba el Texto Refundido de la Ley Concursal, ha introducido algunas modificaciones, pero los conceptos generales sobre la naturaleza de los créditos se han conservado más o menos como lo hacía el anterior texto de la Ley Concursal, la Ley 22/2003.

El art. 269 del nuevo texto recoge que los créditos concursales se clasificarán, a efectos del concurso, en privilegiados, ordinarios y subordinados.

A su vez, los créditos privilegiados se clasificarán, en créditos con privilegio especial, si afectan a determinados bienes o derechos de la masa activa, y en créditos con privilegio general, si afectan a la totalidad de esa masa. En el concurso no se admitirá ningún privilegio o preferencia que no esté reconocido en la ley.

Son créditos ordinarios aquellos que en esta ley no tengan la consideración de créditos privilegiados o subordinados.

Los créditos contra la masa son aquellos que se recogen en el art. 242 del mencionado Texto Refundido y gozan de especial consideración.

Los créditos subordinados se regulan en el art. 281 que contiene su enumeración.

En esta obra presentamos una serie de resoluciones del Tribunal Supremo, Audiencias provinciales y juzgados de lo mercantil que nos permiten constatar la aplicación práctica de las normas de clasificación de los créditos.

Comenzamos con los créditos contra la masa que subdividimos en una serie de apartados según su origen, créditos contra la masa por actuaciones de la Administración Concursal, por salarios, costas y gastos judiciales, créditos públicos y créditos derivados de contratos privados. En este último caso, es fundamental para su clasificación de contra la masa que las obligaciones que los generen se lleven a cabo una vez declarado el concurso de acreedores. Piénsese, por ejemplo, en la sociedad concursada que continúa su actividad y sigue contratando con otras empresas.

A continuación, ofrecemos resoluciones sobre los créditos contingentes que son aquellos que se encuentran pendientes de cuantificación.

Las sentencias sobre créditos con privilegio especial son en su mayoría sobre créditos garantizados con hipoteca legal o voluntaria, inmobiliaria o mobiliaria, o con prenda sin desplazamiento, sobre los bienes o derechos hipotecados o pignorados y en menor proporción sobre arrendamiento financiero o compraventa con precio aplazado.

El siguiente apartado son los créditos con privilegio general, en su mayoría encontramos créditos por salarios que no tengan reconocido privilegio especial, las indemnizaciones derivadas de la extinción de los contratos y cantidades correspondientes a retenciones tributarias y de Seguridad Social y otra serie de créditos de naturaleza pública.

Los créditos ordinarios, que suelen ser los más numerosos en el concurso de acreedores, son objeto de una subclasificación para ofrecer una visión más nítida y práctica. Créditos derivados de contratos privados, créditos públicos, los generados por gastos de abogado, procurador o por costas judiciales, provenientes de contratos de seguro, obras y construcción, por garantías prestadas en beneficio del ahora concursado, por relaciones dentro de las sociedades de capital y los derivados de salarios que no tengan privilegio alguno.

En el apartado de créditos subordinados, las resoluciones más numerosas son las que recogen créditos de personas especialmente relacionadas con el concursado, sobre todo por vinculación empresarial o por pertenencia al mismo grupo de sociedades. También encontramos resoluciones sobre créditos derivados de contratos privados y los que son fruto de rescisión concursal. Créditos subordinados por clasificación definitiva de la Administración Concursal y los derivados de comunicación tardía que son aquellos que se clasifiquen como subordinados por la Administración Concursal por comunicación extemporánea, salvo que se trate de créditos de reconocimiento forzoso, o por las resoluciones judiciales que resuelvan los incidentes de impugnación de la lista de acreedores y por aquellas otras que atribuyan al crédito esa clasificación.

Corresponden a la misma clasificación los que se generan por sanciones impuestas por la Administración, la mayor parte por la AEAT.

Por último, incluimos también créditos por salarios y por intereses.

La obra termina con un apartado dedicado exclusivamente a la modificación o a las impugnaciones de la clasificación de los créditos de la masa pasiva.

Adela del Olmo
Directora de **sepín** Mercantil, Concursal
y Reclamaciones Bancarias

Sumario

Créditos contra la masa

Créditos contra la masa - Actuaciones de la Administración Concursal

Los créditos contra la masa por retribución de la Administración Concursal por actuaciones no imprescindibles para la liquidación deben incardinarse en el art. 176 bis.2.5 LCon, porque no se prueba que favorezcan la conclusión del concurso

AP Baleares, Sec. 5.ª, 296/2019, de 25 de abril

SP/SENT/1008369

Centrados los términos objeto de debate, debemos recordar algunos elementos que constan en los autos, según ilustra la demanda:

– La apertura de la fase de liquidación tuvo lugar por auto de 5 de noviembre de 2012.

– En 20 de octubre de 2016 la administración concursal comunicó la insuficiencia de masa activa.

– Este incidente comenzó por la demandada de la AEAT en mayo de 2018.

– Entre los hechos constitutivos de la pretensión la actora aquí apelada enumera el crédito contra la masa imprescindible el importe de 39.586 euros.

– Como créditos no imprescindibles los 9.482 €, objeto de este incidente.

En el listado de créditos contra la masa constan también los honorarios de la procuradora del concurso y créditos De ATIB y AEAT.

La discusión sobre la consideración de los honorarios de la administración concursal incardinable en el número cuarto en vez de en el ordinal quinto en este caso va a ser resuelta conforme al criterio fijado por el TS en la sentencia de 8 de junio de 2016 (STS 390/2016).

La sentencia de la SALA PRIMERA razona expresamente sobre los honorarios no declarados imprescindibles.

"CUARTO. La no inclusión de los honorarios de la administración concursal dentro de los créditos por costas y gastos judiciales.

1. Aunque los apartados 2.º y 3.º del art. 84 LC hacen un tratamiento diferenciado de las costas y gastos judiciales, por un lado, y de los honorarios de la administración concursal, por otro, el art. 176 bis 2 no hace una mención expresa a estos últimos, lo que genera la duda de si deben incluirse en el apartado residual del n.º 5 («los demás créditos contra la masa»), como pretende la recurrente, o pueden asimilarse a las costas y gastos judiciales (apartado 4.º), como resuelve la sentencia recurrida.

Como hemos dicho, desde una perspectiva teleológica, los créditos contra la masa se caracterizan por hacer posible el propio procedimiento de concurso, es decir, son créditos para llevarlo a buen fin, dentro de las posibilidades patrimoniales del deudor. La delimitación legal de estos créditos contenida en el art. 84.2 LC parte de la tradicional distinción entre gastos de la masa y obligaciones de la masa. Y dentro de los primeros, se incluyen en apartados diferentes, los gastos de justicia y los gastos de administración. Los gastos de justicia son tanto los indispensables para el desarrollo del procedimiento (gastos de la solicitud, de la declaración, de la publicidad, de celebración de la junta de acreedores, etc.), como los derivados de incidentes concursales, e incluso de costas y gastos ocasionados por la asistencia y representación del deudor, de la administración concursal o de los acreedores en los juicios que, en interés de la masa, inicien o continúen de acuerdo con la propia Ley. Mientras que los gastos de administración son básicamente las retribuciones de la administración concursal [art. 34 LC y Real Decreto 1860/2004, de 6 de septiembre, por el que se establece el arancel de derechos de los administradores concursales] y, en su caso, de sus auxiliares.

Es decir, habrá actuaciones de la administración concursal que puedan ser consideradas costas y gastos de justicia, en los términos expuestos, pero los honorarios corresponden a otro concepto, que es el de gastos de administración.

2. Por tanto, puesto que el legislador, al enumerar los créditos contra la masa, distingue entre costas y gastos judiciales, por un lado, y retribución de la administración concursal, por otro, no cabe asimilarlos en aplicación del art. 176 bis 2, cuando en el número 4.º únicamente hace mención a los primeros. Por lo que habrá que entender que c 5.º del... (sic)".

Es cierto que la cuestión es casuística, hay diferencias en las diferentes decisiones de los juzgados de lo mercantil —cuando se plantean una a una— las actuaciones y su impacto en el concurso.

Lo que se pide en este recurso es la modificación en bloque de los honorarios no imprescindibles a la categoría de costas y gastos judiciales, pero no tenemos evidencia de que proceda, especialmente por los antecedentes procesales expuestos (Concurso en fase de liquidación desde el año 2012, comunicación de insuficiencia en el año 2016, más de 59.000 € calificados como indispensables).

No procede atender a esta petición: si nos hallamos en la fase de liquidación y sin masa activa deberán considerarse imprescindibles los créditos que favorezcan la conclusión del concurso.

Compete a la administración concursal velar porque no se incrementen los créditos contra la masa.

De lo que consta en autos no podemos saber en qué medida esos honorarios contribuyen a tal fin: el supuesto concreto que ilustra su recurso (que cobren antes otros profesionales que defienden al concursado que la administración concursal) no tiene por qué suceder si la administración concursal no autoriza esa concreta actuación; que, en el caso, por ejemplo, de una actividad de recobro podría ser imprescindibles e incluso podría ser llevada a cabo por la propia administración.

Se consideran créditos imprescindibles los honorarios de la asesoría laboral solamente desde la comunicación de la insuficiencia de masa activa hasta el informe de la Administración Concursal

AP Guipúzcoa, Sec. 2.ª, 331/2019, de 10 de abril

SP/SENT/1013340

Además, no hay que confundir los denominados gastos necesarios, que son aquellos que conllevan actuaciones a incoar las acciones necesarias para que la liquidación sea lo más ventajosa para el concurso y reintegración de bienes a la masa activa, es decir, son obligación del propio administrador concursal, con los considerados como imprescindibles que por contra son los que corresponden a actuaciones estrictamente necesarias para obtener numerario y gestionar la liquidación y el pago.

De manera que, al hablar de honorarios desde el 11 de septiembre de 2017, hasta febrero 2018 el administrador debe justificar las actuaciones, sobre todo, cuando los bienes se han liquidado en venta directa.

Es más, en el mes de diciembre se conocían las ofertas, solo faltaba vender.

De manera que imprescindibles serían:

– los honorarios desde 17 de septiembre de 2017, (fecha de comunicación de la aplicación del art. 176 bis) de la Ley Concursal hasta la fecha del informe, quedando fuera la Asesoría Zulaica.

– dentro de esas fechas se deberían justificar las actuaciones llevadas a cabo.

En cuanto a lo reconocido al Fondo de Garantía Salarial, deben tenerse en cuenta las cantidades abonadas por el citado Fondo.

A ello contestaba de D. Camilo representante de Administración Concursal Integral SLP, Administradora Concursal de Construcciones metálicas Oliveira S. L. aceptando el segundo supuesto (abonos del Fondo) y respecto al primero habría que ponderar:

– concurso el 19 de julio de 2017 y la Administración Concursal acepta su cargo el 21 de julio de 2017.

– la fase común tramitada en su integridad percibiéndose así una muy razonable liquidación de los bienes de la concursada.

– informe pericial el 11 de septiembre de 2017.

– tras su aceptación se paga a todos los trabajadores.

– la Fase de Calificación se abre el 12 de diciembre de 2017, entendiéndose fortuita el 14 de febrero de 2018.

– liquidación a continuación aprobándose el Plan de Liquidación el día 12 de diciembre de 2017.

Antes se pide la urgente venta de determinados bienes.

El Juzgador tras recoger el contenido del art. 176 bis 2 de la Ley Concursal, en donde se señala el orden a seguir para pagar los créditos, orden a seguir escrupulosamente salvo para los denominados / considerados imprescindibles, cuando la masa activa sea insuficiente, recogía la diferencia entre fase común y la de liquidación.

Ahora bien, en nuestro caso fue casi simultánea, al reflejar:

"la apertura de la liquidación en los primeros momentos del concurso...".

Sería notificada la sentencia cuando presentó recurso de Apelación la Administración Concursal (Camilo) al señalar el Juzgador que los gastos de la fase común eran no imprescindibles, y es que, pese a que en ocasiones la gran dificultad resida en diferenciar las labores propias de los intervinientes en las diferentes fases de las imprescindibles, es decir, aquellas que conllevan un plus digno de ser atendido antes, ello ni fue ni es apreciado por el Tribunal ahora.

Procede reconocerle a la Administración Concursal un crédito contra la masa correspondiente a sus honorarios fijados en el auto de retribución, incrementados con el IVA correspondiente

AP Murcia, Sec. 4.ª, 152/2019, de 21 de febrero

SP/SENT/1000526

La sentencia indica que las diferencias se concretan, por un lado, en la inclusión o no en el cálculo de los honorarios de las cuotas de IVA, y por otro, en los efectos de la solicitud de prórroga realizada por la AC en cumplimiento de la DT 3.ª de la Ley 25/2015, de 28 de julio, y tras ello estima la demanda, con imposición de costas, porque (a) las cantidades procedente son la del auto de retribución firme, *"sin perjuicio que a la hora de hacerse efectivas tenga derecho a percibir su correspondiente IVA"* y (b) porque *"si bien es cierto que la administración concursal solicitó prórroga del plazo límite para percibir honorarios correspondientes a la fase de liquidación, sobre la solicitud de dicha prorroga, ni se dio ni audiencia a las partes, ni se resolvió sobre dicha petición precisamente por estar unas de las cuestiones relativas a los honorarios correspondientes a la administración concursal –sobre, dicho sea de paso, los que versan prácticamente la totalidad de los incidentes promovidos en el presente concurso– suspendidas, por providencia de fecha 2 de febrero de 2018, al derivarse su posible solución a mediación a petición conjunta de la abogada de la concursada y de la administración concursal".*

3. Frente a ello se alza la AC demandante que interesa su revocación y la estimación de la demanda, en esencia, porque (a) no se pone en duda que los honorarios de la AC fijados judicialmente deben incrementarse con el IVA correspondiente, según la sentencia en el mismo momento de percibirlos, y (b) el único argumento esgrimido por la AEAT era la falta

de solicitud de la prórroga, que sí estaba solicitada. En todo caso pide subsidiariamente que se deje sin efecto la condena al pago de las costas.

4. La AEAT se opone y solicita la confirmación de la sentencia.

Segundo. El tratamiento fiscal de los honorarios.

1. Ciertamente la controversia sobre el reflejo del IVA carece de importancia real cuando ni la sentencia recurrida ni la AEAT en su demanda cuestionan que los honorarios de la AC fijados en el auto correspondiente deben incrementarse con el IVA correspondiente, por lo que parece que lo único que discuten es si la cantidad debida por la concursada que viene reflejada en el listado de créditos contra la masa debe incluir o no ese IVA.

2. Las razones de transparencia que aduce la AC no son desechables, pues así se ofrece una información completa de la cantidad que debe percibir la AC en su totalidad; y si todos los demás acreedores del concursado tienen reflejados en el concurso sus créditos con el IVA incluido, según expone la AC y no es contradicho, carece de sentido que no se haga lo mismo con los honorarios de esta.

En todo caso, se hubiera evitado esta impugnación con una petición de aclaración y con una nota al pie de la relación en la que si hiciera constar que las sumas incluyen o no el IVA correspondiente.

3. Por tanto debe ser estimado el recurso en los términos señalados, es decir, que el importe de los honorarios de la AC reflejados en la lista de créditos contra la masa deben ser los fijados en el auto de retribución, con el tratamiento fiscal que corresponda.

El crédito correspondiente a la retribución neta de un trabajador cuya labor es necesaria para la liquidación se considera un crédito imprescindible que debe ser abonado, no así la parte correspondiente a las retenciones de Hacienda

Juzgado de lo Mercantil San Sebastián, n.º 1, 162/2019, de 15 de mayo

SP/SENT/1015918

SEGUNDO. Por la ad. concursal se hace la comunicación del art. 176.bis 2. el 3 de octubre de 2017.

El Tribunal Supremo STS Supremo n.º 390 (ROJ: 2635/2016), 391 (ROJ: 2618/2016) y 392/2016 (ROJ: 2628/2016) de 8 de junio de 2016, viene a afirmar que el art. 176.bis.2 LCo singulariza unas determinadas actuaciones del administrador concursal (—las imprescindibles para concluir la liquidación—) que el Legislador no concreta, por lo que es carga y obligación del administrador concursal" *"identificar qué actuaciones son estrictamente imprescindibles para obtener numerario y gestionar la liquidación y el pago, y cuál es su importe, para que el juez del concurso, con audiencia del resto de acreedores contra la masa y por la vía del art. 188.2 LC, valore aquellas circunstancias que justifiquen su pago prededucible..."*, en cuanto abonables tales honorarios y gastos de modo anticipado y preferente a los cinco números del apartado 2.º.

Para delimitar el concepto de *"créditos imprescindibles para concluir la liquidación"* hay que partir de diferenciar lo que son créditos "necesarios" y créditos "imprescindibles"; a tal efecto, tomamos como punto de referencia la St. del Juzgado de lo Mercantil de Jaén de 14 de julio de 2013 que distingue entre gastos imprescindibles y necesarios, siendo los gastos necesarios aquellos estrictamente ineludibles que se devenguen en el proceso de liquidación. Por ende, "imprescindible" es un concepto necesariamente más estrecho que "necesario". En tal concepto de créditos imprescindibles pueden incluirse las *"comisiones de la agencia inmobiliaria"*, gastos notariales (honorarios del Notario) y registrales (honorarios del registrador) de formalización de ventas..., gastos derivados de valoraciones periciales para la venta de los bienes, gastos de transporte de los bienes para su realización, gastos para la *"puesta en valor"* de los bienes que integran el exiguo patrimonio del concursado.

Por lo tanto, una cosa son los gastos necesarios y otra los imprescindibles para concluir la liquidación. Lo que permite alterar el orden del art, 176 bis 2 no son los gastos necesarios, sino los imprescindibles para concluir la liquidación.

Lo primero que debemos apreciar es que si se postula el carácter de imprescindible de las retenciones de salarios, es que no se discute que el pago de salarios netos sea un gasto imprescindible.

Es indudable que si se abonan sueldos o retribuciones de la ad. concursal, necesariamente se han de devengar retenciones por la normativa tributaria o cotizaciones de los trabajadores, por la normativa de la seguridad social; pero este devengo necesario no los constituye en imprescindibles en los términos indicados.

El carácter de imprescindibilidad está directamente relacionado con que quien sea el destinatario/beneficiario del gasto y su actuación en el concurso, esté directamente relacionada con las tareas que se consideran ineludibles para obtener numerario y gestionar la liquidación y pago; es decir, será imprescindible el pago del salario de un determinado trabajador, si se considera que su labor remunerada es imprescindible para la liquidación y es obvio que existe un riesgo de que esa labor no sea desarrollada si no recibe el sueldo que le retribuye, lo cual no alcanza sino al neto, puesto que el pago de las retenciones o cotizaciones no tendrá influencia en conjurar ese riesgo.

La hacienda foral no realiza materialmente las labores remuneradas que se entienden imprescindibles, por lo que su crédito por retenciones no puede tener el carácter imprescindible que tiene el importe neto que recibe el sujeto relacionado con la actividad imprescindible. Y son dos créditos diferentes, por lo que cabe diferenciar perfectamente el neto, de las retenciones.

La fecha de vencimiento del crédito contra la masa correspondiente a la retribución de la Administración Concursal no es la de aceptación del cargo, sino cuando efectivamente se prestaron los servicios

Juzgado de lo Mercantil Baleares, n.º 1, 653/2018, de 20 de noviembre

SP/SENT/1000296

A la vista de las alegaciones de la Administración Concursal en la que acredita la comunicación al amparo de lo previsto en el artículo 176 bis de la Ley Concursal y que en la solicitud de conclusión del concurso se hace mención que no se ha solicitado declaración del carácter imprescindible para la liquidación de sus honorarios, carece de sentido el pronunciamiento eventual solicitado. Y, en consecuencia, habida cuenta que la información realizada por la Administración Concursal con relación al vencimiento de sus créditos contra la masa por honorarios podría causar confusión, constándose que no se estableció lo contrario en el auto de fijación de honorarios, simplemente se reproduce la doctrina de la Sala Primera del Tribunal Supremo.

La STS n.º 288/2018, de 21 de mayo, Ponente. Excmo. Sr. D. Pedro José Vela Torres, reitera la doctrina de la Sala en lo relativo a la percepción de los honorarios de los Administradores Concursales y la distinción debida entre los conceptos de devengo y vencimiento (STSS n.º 391/2016 y 392/2016, ambas de 8 de junio, 629/2016, de 25 de octubre, 169/2017 y 170/2017, ambas de 8 de marzo, y 560/2017, de 16 de octubre).

En consecuencia, en ningún caso cabe considerar que la fecha de vencimiento del crédito contra la masa correspondiente a la retribución de la administración concursal sea la de aceptación del cargo, sino que será la de prestación efectiva de los servicios y con los hitos temporales de vencimiento previstos en el mencionado Real Decreto. Es decir, respecto de la primera mitad de los honorarios correspondientes a la fase común, será el quinto día siguiente a la fecha de firmeza del auto de su fijación; y respecto de la segunda mitad, el quinto día siguiente a la firmeza del auto que ponga fin a la fase común (o resolución de significación equivalente, para el caso de que no procediera dictar el mencionado auto). Y en cuanto a las fases de convenio y liquidación, por meses vencidos, el quinto día posterior a cada mensualidad. Salvo que el juez, por causa justificada y razonada, altere dichas fechas en relación con concretos servicios ya prestados. Nunca respecto de los servicios que estén pendientes de prestación.

Debe reconocerse a la Administración Concursal un crédito contra la masa por las actuaciones no imprescindibles para la liquidación, debiendo sujetarse al orden de prelación de créditos, no teniendo preferencia

Juzgado de lo Mercantil Baleares, n.º 1, 537/2018, de 19 de septiembre

SP/SENT/980450

Segundo: la solución a la controversia la encontramos en la STS de 8 de junio de 2016, cuyo fundamento de derecho cuarto analiza expresamente este problema. De hecho, el encabezamiento de dicho fundamento es del siguiente tenor literal *"La no inclusión de los honorarios de la administración concursal dentro de los créditos por costas y gastos judiciales".*

Es una sentencia que analiza la ubicación de los honorarios de la administración concursal en la situación de insuficiencia de bienes y derechos con qué pagar los créditos contra la masa, y en la que se discutía si tenían encuadre en el apartado 4.º o 5.º del art. 176 bis 2 LC.

Citamos el literal de dicho fundamento, porque da la solución al problema que ahora se suscita: *"1. Aunque los apartados 2.º y 3.º del art. 84 LC hacen un tratamiento diferenciado de las costas y gastos judiciales, por un lado, y de los honorarios de la administración concursal, por otro, el art. 176 bis 2 no hace una mención expresa a estos últimos, lo que genera la duda de si deben incluirse en el apartado residual del n.º 5 («los demás créditos contra la masa»), como pretende la recurrente, o pueden asimilarse a las costas y gastos judiciales (apartado 4.º), como resuelve la sentencia recurrida.*

Como hemos dicho, desde una perspectiva teleológica, los créditos contra la masa se caracterizan por hacer posible el propio procedimiento de concurso, es decir, son créditos para llevarlo a buen fin, dentro de las posibilidades patrimoniales del deudor. La delimitación legal de estos créditos contenida en el art. 84.2 LC parte de la tradicional distinción entre gastos de la masa y obligaciones de la masa. Y dentro de los primeros, se incluyen en apartados diferentes, los gastos de justicia y los gastos de administración. Los gastos de justicia son tanto los indispensables para el desarrollo del procedimiento (gastos de la solicitud, de la declaración, de la publicidad, de celebración de la junta de acreedores, etc.), como los derivados de incidentes concursales, e incluso de costas y gastos ocasionados por la asistencia y representación del deudor, de la administración concursal o de los acreedores en los juicios que, en interés de la masa, inicien o continúen de acuerdo con la propia Ley. Mientras que los gastos de administración son básicamente las retribuciones de la administración concursal (art. 34 LC y Real Decreto 1860/2004, de 6 de septiembre, por el que se establece el arancel de derechos de los administradores concursales) y, en su caso, de sus auxiliares.

Es decir, habrá actuaciones de la administración concursal que puedan ser consideradas costas y gastos de justicia, en los términos expuestos, pero los honorarios corresponden a otro concepto, que es el de gastos de administración.

2. Por tanto, puesto que el legislador, al enumerar los créditos contra la masa, distingue entre costas y gastos judiciales, por un lado, y retribución de la administración concursal, por otro, no cabe asimilarlos en aplicación del art. 176 bis 2, cuando en el número 4.º únicamente hace mención de los primeros. Por lo que habrá que entender que tales retribuciones quedan encuadradas en el grupo residual del apartado 5.º".

Por lo tanto, aquellos honorarios que no tengan cabida en el concepto de imprescindibles deben ser satisfechos con el resto de los créditos contra la masa del art. 176 bis 2 apartado 5.º LC, por tratarse gastos de administración del concurso, y no de justicia que tienen encuadre en el art. 176 bis 2 apartado 4.º LC.

Procede reconocer a la Administración Concursal un crédito contra la masa correspondiente a los gastos prededucibles y de preferencia en los que ha incurrido

Juzgado de lo Mercantil Madrid, n.º 6, de 26 de junio de 2018

SP/SENT/966626

No cabe duda de que tal opción legal tiene por finalidad despertar el celo del administrador concursal en la realización de la comunicación de insuficiencia, evitando así tanto el concurso del concurso como el devengo de créditos-masa [–incluidas las retribuciones del administrador–] que quedarán postergados y en situación de difícil cobro al aparecer al final del orden de prelación, con pago a prorrata y sometidos –cuanto menos– a quitas.

Pero en lógica contraprestación dicho administrador podrá descontar del numerario obtenido con la liquidación por insuficiencia los gastos y créditos devengados por la misma, incluidos sus honorarios profesionales por tales labores liquidativas.

QUINTO. Examen de la pretensión.

A. En el presente supuesto las actividades objeto de facturación como gasto u honorario imprescindible son –en esencia–:

1. En relación con la nave sita en Villanueva del Pardillo (Madrid):

(i) realización de visitas a la nave sita en Villanueva del Pardillo (Madrid) con cinco oferentes, lo que ocupó 24 horas de su actividad profesional, en distintos días y franjas horarias;

(ii) personación en sucursal del acreedor hipotecario a los fines de indagar la posible aceptación por el mismo de las ofertas de compra recibidas [–todas ellas por precio inferior al saldo vivo garantizado–], lo que ocupó dos horas de su actividad profesional;

(iii) escrito de solicitud de autorización de venta, por precio inferior al saldo vivo, no consentida por la acreedora hipotecaria tras traslado judicial de la oferta y que fue judicialmente desestimada por causa de aquella oposición, lo que ocupó dos horas de su actividad profesional;

(iv) iniciación, impulso, seguimiento y finalización de la subasta judicial ante Notario, que exigió cuatro reuniones con el Fedatario interviniente para la coordinación de las actuaciones; lo que ocupó 17 horas de su actividad profesional;

(v) visitas al Ayuntamiento de Villanueva del Pardillo para obtener cartas de pago de impuestos pendientes para incorporarlos a la firma de la escritura de venta ante Notario al mejor postor de la subasta, así como solicitud judicial de levantamiento de cargas; lo que ocupó 5 horas de su actividad profesional.

2. En relación con la realización de las existencias sitas en las naves de Villanueva del Pardillo y de Majadahonda (Madrid):

(i) realización de visitas a la nave sita en Majadahonda y Villanueva del Pardillo (Madrid) con siete oferentes, lo que ocupó 30 horas de su actividad profesional, en distintos días y franjas horarias;

(ii) asistencia a la inspección física de oferentes sobre dos vehículos titularidad de la concursada depositados en Majadahonda y Villanueva del Pardillo, lo que ocupó 5 horas de su actividad profesional, en distintos días y franjas horarias;

(iii) asistencia a la inspección física de oferentes sobre vehículo industrial de la concursada depositado en Guadarrama (Madrid), lo que ocupó 6 horas de su actividad profesional, en distintos días y franjas horarias;

(iv) redacción de los documentos privados de venta de dichos bienes muebles y vehículos, lo que ocupó 3 horas de su actividad profesional;

(v) asistencia a cinco juicios para reclamar créditos de la concursada, tres de ellos fuera de Madrid, lo que ocupó 16 horas de su actividad profesional;

(vi) negociaciones previas a los actos de juicio y negociación y venta de la cartera de créditos, previa solicitud y autorización judicial, lo que ocupó 12 horas de actividad profesional.

3. En relación con el lanzamiento y desahucio del ocupante de la vivienda "loft" titularidad de la concursada y ocupada por poseedor sin título, cuya desposesión se ha solicitado de este Juzgado, un total de 6 horas de actividad profesional.

B. Apareciendo tales actuaciones como inmediata y causalmente dirigidas a la conversión de los bienes y derechos de la concursada en numerario con el que abonar los créditos-masa, resulta que tales honorarios profesionales deben ser descontados de modo previo al inicio del pago de los créditos-masa por el orden dispuesto en el art. 176.bis.2 LCo.

Y apareciendo justificada la dedicación de 130 horas a operaciones, actuaciones, documentación, coordinación y escritos judiciales, así como aspectos tributarios, procede incluir tales actuaciones dentro del concepto de imprescindibles del precepto indicado.

Ahora bien, tratándose las actuaciones indicadas de distinta naturaleza, complejidad, duración, ubicación y destinatarios, la fijación de una tarifación única alzada de 23.000 €; resulta rechazable.

Por ello, haciendo una ponderación de las mismas y atendiendo a su carácter jurídico y tributario así como de simple gestión en distintas ubicaciones, ante instancias judiciales diversas y notariales y municipales, procede fijar un precio medio ponderado por cada hora de actividad en la cantidad de 120 €/hora; coincidente con el más mínimo de los importes retributivos orientativos para la hora de actividad en su propio despacho; lo que supone un total de 15.600 € más su correspondiente IVA.

Créditos contra la masa - Créditos salariales

El pago del FOGASA por salarios se imputará primero a los adeudados que dieron lugar a créditos contra la masa, y solo lo que exceda de estos se imputarían a los créditos concursales y por el orden de prelación legal de la clasificación de créditos

TS, Sala Primera, de lo Civil, 4/2020, de 8 de enero

SP/SENT/1031040

Hemos de partir de lo que no resulta cuestionado: los demandantes eran titulares de créditos por salarios adeudados por la sociedad concursada, Pavimcosa. De estos créditos, unos tenían la consideración de créditos contra la masa por tratarse de salarios de los últimos treinta días de trabajo efectivo anteriores a la declaración de concurso, con los límites previstos en el art. 84.2.1.º LC; otros eran créditos contra la masa por tratarse de salarios devengados con posterioridad a la declaración de concurso, conforme a lo previsto en el art. 84.2.4.º LC; y el resto eran créditos concursales por tratarse de salarios anteriores a la declaración de concurso y no estar amparados por el art. 84.2.1.º LC.

Conforme a la previsión contenida en el art. 33 ET, el Fogasa pagó a cada uno de estos trabajadores 6.010,80 euros, sin hacer ninguna imputación de pagos expresa. Como consecuencia legal derivada de estos pagos, el Fogasa se subroga en la posición de cada uno de los trabajadores respecto de los créditos satisfechos y frente a la sociedad concursada.

Conviene advertir que el pago del Fogasa, en cuanto garante del pago de una parte de los créditos adeudados por la sociedad empleadora en concurso de acreedores, no conlleva la extinción de estos créditos frente a la concursada, sino un cambio de acreedores, al subrogarse el Fogasa en la posición de los trabajadores respecto de los créditos satisfechos.

3. Con estos antecedentes, se cuestiona a qué créditos debían imputarse estos pagos realizados por el Fogasa. Para resolver la cuestión deberíamos indagar si existe alguna regla legal prevista expresamente al efecto. El art. 33 ET no contiene ninguna regla de imputación de estos pagos, más allá de la especificación de las cuantías abonadas por indemnizaciones y por salarios. Tampoco la encontramos en la normativa general laboral sobre imputación de pagos a créditos laborales. De hecho, la jurisprudencia de la Sala 4.ª del Tribunal Supremo viene aplicando las reglas de imputación de pagos del Código Civil, contenidas en los arts. 1.172 y ss. Así se desprende de las sentencias de 18 de mayo de 2010 (RC 2973/2009) y 29 de junio de 2015 (RC 2082/2014).

Pero, como veremos a continuación, las reglas generales de imputación de pagos del Código Civil (arts. 1.172 y ss.) presuponen una realidad que no se adecúa al presente caso. Se refieren a los pagos realizados por el deudor principal fuera de un contexto concursal, pues caso de estar en concurso el deudor se ve afectado por las reglas concursales de pago, que distinguen claramente entre créditos concursales y contra la masa, y dentro de los primeros prevé una clasificación de créditos que conlleva una prelación legal de pago. Una vez declarado el concurso del deudor, este está vinculado por las reglas concursales de pago y la imputación de pagos debe respetarlas.

Además, en el presente caso, quien realiza el pago no es el deudor, sino un fondo que por previsión legal responde hasta un límite de los créditos de los trabajadores en caso de impago del empleador, y, respecto del pago efectuado se subroga en la posición del trabajador frente al empleador deudor, que sigue siendo deudor de ese crédito, aunque ahora frente al Fogasa. La jurisprudencia de la Sala 4.ª, como se recuerda en la sentencia de 29 de junio de 2015 (RC 2082/2014), aunque no equipara el Fogasa a un fiador del art. 1.822 CC, admite que *"su posición jurídica, cuando asume el pago de deudas del empleador, sea similar a la del fiador en el mismo caso"*. Dicho de otro modo, los pagos realizados por el Fogasa no extinguen las deudas del empleador concursado a las que se impute su pago, sino que continúan, pero con la subrogación del Fogasa en la posición del trabajador. Lo que impide pueda servir, en un supuesto como este, la regla legal de la imputación prioritaria a la deuda más onerosa del art. 1.174 CC.

4. De este modo, las reglas de imputación de pagos deben extraerse de los principios concursales y de la ratio subyacente a las reglas de preferencia de pagos dentro del concurso. Conforme a las mismas, los créditos contra la masa deben pagarse a su vencimiento (art. 84.3 LC), mientras que para el pago de los créditos concursales, por formar parte de la masa pasiva (art. 49 LC), debe esperarse, en caso de convenio, a su aprobación y de acuerdo con la novación pactada en cuanto a quitas y esperas, y en caso de liquidación, tras la liquidación del activo, después de que hubieran sido satisfechos los créditos contra la masa (salvo en el caso del crédito por privilegio especial respecto de los bienes afectados a su pago) y por el orden de prelación aprobado en la lista de acreedores. El art. 154 LC contiene una regla implícita de prelación, al decir que *"antes de proceder al pago de los créditos concursales, la administración concursal deducirá de la masa activa los bienes y derechos necesarios para satisfacer los créditos contra esta"*.

En este contexto, aunque sea el Fogasa quien realice el pago y no el propio deudor, y por lo tanto permanezca el crédito frente al deudor concursado, para la imputación de pagos debería seguirse estas prioridades de cobro, con un par de advertencias. La imputación de pagos debe realizarse de entre la pluralidad de créditos respecto de los que, conforme a lo previsto en el art. 33 ET, el Fogasa estaba obligado a adelantar el pago. Eso supone que solo podrá imputarse el pago a estos créditos y no a los que, aun siendo también de la misma naturaleza (en nuestro caso, salarios), fueran posteriores a la reclamación frente al Fogasa. Consiguientemente, en un supuesto como este, debía imputarse el pago por salarios primero a los adeudados que hubieran dado lugar a créditos contra la masa. Solo lo que excediera de estos importes, se imputaría a los créditos concursales y por el orden de prelación legal consiguiente a la clasificación de créditos.

5. Al no seguir este criterio la Audiencia, procede estimar el recurso de casación y asumir la instancia. En aplicación de lo expuesto hasta ahora, desestimamos el recurso de apelación de los trabajadores y confirmamos la sentencia de primera instancia que, en la resolución de la controversia, se guio por el criterio fijado ahora por la sala.

Cuando la extinción del contrato de trabajo y el devengo de la indemnización tienen lugar tras la declaración del concurso y con base en una decisión adoptada en interés del concurso, la indemnización es crédito contra la masa

TS, Sala Primera, de lo Civil, 414/2017, de 28 de junio

SP/SENT/909446

Decisión de la sala. Reiteración de la doctrina jurisprudencial sobre el régimen de los créditos por indemnización por la extinción del contrato de trabajo acordada tras la declaración de concurso por la no readmisión del trabajador cuyo despido, anterior a la declaración de concurso, ha sido declarado improcedente

1. La cuestión objeto de este recurso ha sido ya resuelta por esta sala en las sentencias 400/2014, de 24 de julio, 423/2015, de 1 de julio, y 473/2016, de 13 de julio.

La doctrina sentada en estas sentencias, a las que nos remitimos en extenso, puede resumirse del siguiente modo: la indemnización por despido improcedente por la no readmisión del trabajador, cuando la resolución que la acuerda es posterior a la declaración del concurso del empleador, aunque la demanda haya sido interpuesta con anterioridad a tal declaración de concurso, no es un crédito devengado antes de la declaración de concurso por una decisión adoptada por el empleador pero que haya sido reconocido por sentencia judicial dictada con posterioridad. Por el contrario, la extinción del contrato de trabajo y el devengo de la indemnización que resarce los daños provocados por tal extinción han tenido lugar tras la declaración del concurso y con base en una decisión adoptada en interés del concurso. Por tal razón son créditos contra la masa.

2. Al no haberlo reconocido así, la sentencia recurrida ha infringido el art. 84.2.5 de la Ley Concursal y no se ha ajustado a la jurisprudencia que lo interpreta.

Los créditos de los actores, correspondientes a indemnización por despido, procede clasificarlos como créditos contra la masa

AP Salamanca, Sec. 1.ª, 408/2019, de 11 de septiembre

SP/SENT/1028011

Esta opción entre la readmisión o la extinción del contrato con indemnización del perjuicio causado ha de adoptarse directamente por la administración concursal en caso de sustitución de facultades, o con la autorización de la administración concursal en caso de intervención, una vez declarado el concurso, en función de cuál sea el interés del concurso, independientemente de cuál sea el interés del empleador concursado.

7. El mismo razonamiento es aplicable al caso de que la readmisión sea imposible porque haya cesado la actividad de la empresa del concursado y la propia sentencia que declare improcedente el despido declare extinguido el contrato y fije la indemnización. El cese de la actividad del concursado es una decisión adoptada en interés del concurso, que determina la extinción del contrato de trabajo pese a la declaración de improcedencia del despido, y el devengo de la indemnización por despido improcedente.

8. No ocurre lo mismo con los salarios de tramitación correspondientes al período anterior a la declaración del concurso. Tal crédito no surge por la opción adoptada por la administración concursal, o con su autorización, en interés del concurso. Los salarios de tramitación se devengan por el despido acordado por el empresario antes de la declaración de concurso. Su devengo se produce sea cual sea la opción que se decida adoptar cuando el despido se declare improcedente.

Por tanto, en el caso de los correspondientes al período anterior a la declaración del concurso, ni el devengo de tales salarios de tramitación es posterior a la declaración de concurso, ni procede de una decisión adoptada en ese momento, con intervención de la administración concursal, en atención al interés del concurso.

Tampoco procede aplicar a los salarios de tramitación anteriores a la declaración de concurso la previsión del art. 84.2.1.º de la Ley de Enjuiciamiento Civil puesto que los mismos no tienen naturaleza salarial, de retribución del trabajo realizado durante el tiempo que corresponde a su devengo, sino una naturaleza indemnizatoria como ha declarado la Sala de lo Social del Tribunal Supremo en sentencias de 19 de mayo de 1994, 14 de julio de 1998, 17 de mayo de 2000 y 21 de octubre de 2004, entre otras.

En consecuencia, no procede reconocerlos como créditos contra la masa, siendo correcta la calificación de los mismos como créditos concursales con privilegio general del art. 91.1 de la Ley Concursal.

9. En definitiva, en relación a la indemnización por despido improcedente acordada a favor de los recurrentes, no nos encontramos ante un supuesto en que el crédito se haya devengado antes de la declaración de concurso por una decisión adoptada por el empleador pero que haya sido reconocido por sentencia judicial dictada con posterioridad, sino ante un supuesto en que la extinción del contrato de trabajo y el devengo de la indemnización que resarce los daños provocados por tal extinción han tenido lugar tras la declaración del concurso y con base en una decisión adoptada en interés del concurso, por lo que son créditos contra la masa.

Por el contrario, respecto de los salarios de tramitación anteriores a la declaración de concurso, si bien la resolución que los reconoce es posterior a dicha declaración, su devengo es anterior pues nace directamente del despido acordado por el empleador, por lo que son créditos concursales.

10. Ha de estimarse en parte el recurso interpuesto por los trabajadores demandantes, revocarse la sentencia de la audiencia, estimarse en parte la demanda del incidente concursal, de modo que se consideren como créditos contra la masa la totalidad de los créditos por indemnizaciones fijados en la sentencia del Juzgado de lo Social núm. 14 de Valencia de 26 de mayo de 2009, manteniéndose la calificación de crédito concursal con privilegio general de los salarios de tramitación correspondientes al período anterior a la declaración del concurso.

11. No procede fijar la doctrina jurisprudencial en los términos solicitados por los recurrentes, por extenderse a supuestos no contemplados en el recurso, dada la generalidad con que está formulada la petición.

Procede fijar como doctrina jurisprudencial, ajustada a los términos en que está planteado el litigio y el recurso de casación, la siguiente: el art. 84.2.5.º de la Ley Concursal debe interpretarse en el sentido de que es crédito contra la masa la indemnización por despido improcedente correspondiente a la extinción de la relación laboral acordada con posterioridad a la declaración de concurso por la no readmisión del trabajador y los salarios de tramitación correspondientes al período posterior a dicha declaración de concurso, aunque el despido fuera acordado con anterioridad a la declaración de concurso. Son créditos concursales los salarios de tramitación correspondientes al período anterior a la declaración de concurso, con privilegio general dentro de los límites previstos en el art. 91.1 de la Ley Concursal.

Es decir, por los hechos a lo que nos hemos referido en párrafos anteriores, la situación de hecho a la que se hace referencia en esta Sentencia del Tribunal Supremo no es la existente en este caso, ya que en el presente supuesto la extinción de la relación laboral por acuerdo de las partes se ha producido en una fecha anterior a la declaración de concurso.

Tal como se expone en la Sentencia reseñada que tendrán la consideración de créditos concursales los "*devengados con anterioridad a la declaración de concurso*" (inciso final del art. 91. 1.º de la Ley Concursal), aunque el reconocimiento o declaración judicial de los mismos se produjera con posterioridad a tal declaración. Que es el supuesto que nos ocupa al haberse aceptado por todas las partes que la extinción de la relación laboral tuvo lugar en unos casos el 16 de marzo y en otros el 24 de mayo de 2016, cuando la declaración de concurso tuvo lugar en julio de 2016.

No nos encontramos en el caso de que el crédito de la indemnización por despido se devenga por la decisión del empleador de no readmitir al trabajador despedido una vez declarado improcedente el despido, o por su conducta que ha imposibilitado la readmisión, una vez declarado el concurso sino como reiteradamente se ha expuesto las partes dentro del procedimiento social pactaron una fecha concreta de extinción laboral previa a la declaración de concurso.

Por todo lo expuesto no puede prosperar las peticiones de los apelantes en relación a la calificación de los créditos por indemnización por despido como créditos contra la masa.

No obstante, expuesto lo anterior es necesario señalar que asiste la razón a los apelantes en su alegación relativa a que no es aplicable a este supuesto la excepción de la cosa Juzgada que se efectúa en la sentencia recurrida.

Ello es porque la calificación de los créditos corresponde a la Jurisdicción mercantil no a la social, siendo el objeto del procedimiento llevado ante la jurisdicción social, en términos generales la extinción de las relaciones laborales entre las partes, completamente diferente al objeto de este incidente mercantil que se refiere a la calificación que ha de efectuarse de los créditos consistentes en indemnización por despido.

El juzgado mercantil parte los hechos aceptados por todas las partes en el procedimiento llevado a cabo ante la Jurisdicción social, pero el enjuiciamiento de tales hechos y declaraciones jurídicas que como juzgado de lo mercantil le corresponde, aplicando la normativa concursal exclusivamente al mismo.

Expuesto de otra forma las consecuencias de los hechos que constan en la Jurisdicción social corresponden al Juzgado de lo mercantil, pero ello no implica que nos encontremos ante la institución de cosa juzgada.

También es necesario señalar que en ningún punto del acto de conciliación ni en los decretos posteriores se determina el carácter de dichos créditos. Es más, en ambos actos se hace constar por el administrador concursal que adquiere el compromiso de incluir el correspondiente crédito con la condición de que le corresponda en el concurso de acreedores. Es decir, difiere a un momento posterior la catalogación de dichos créditos.

En consecuencia, no es de aplicación la institución de la cosa juzgada, aunque por los motivos expuestos este hecho no modifica la pretensión principal de los apelantes en relación con la calificación de los créditos por indemnización por despido como créditos contra la masa.

La indemnización por despido improcedente fijada por una sentencia posterior a la declaración del concurso del empleador debe clasificarse como crédito contra la masa, aunque la demanda haya sido interpuesta con anterioridad a tal declaración

AP Valencia, Sec. 9.ª, 784/2019, de 12 de junio

SP/SENT/1016604

La doctrina sentada en estas sentencias, a las que nos remitimos en extenso, puede resumirse del siguiente modo: la indemnización por despido improcedente por la no readmisión del trabajador, cuando la resolución que la acuerda es posterior a la declaración del concurso del empleador, aunque la demanda haya sido interpuesta con anterioridad a tal declaración de concurso, no es un crédito devengado antes de la declaración de concurso por una decisión adoptada por el empleador pero que haya sido reconocido por sentencia judicial dictada con posterioridad. Por el contrario, la extinción del contrato de trabajo y el devengo de la indemnización que resarce los daños provocados por tal extinción han tenido lugar tras la declaración del concurso y con base en una decisión adoptada en interés del concurso. Por tal razón son créditos contra la masa.

2. Al no haberlo reconocido así, la sentencia recurrida ha infringido el art. 84.2.5 de la Ley Concursal y no se ha ajustado a la jurisprudencia que lo interpreta.

La cuestión estriba en determinar si el acuerdo alcanzado en una avenencia tramitada ante un Juzgado de lo Social tiene los mismos efectos constitutivos que una sentencia, pues dicha sentencia se refiere a *"la resolución que la acuerda"*, pues tal fundamento es el que sustenta la sentencia recurrida.

2. El art. 68 de la Ley 36/2011, de 10 de octubre, reguladora de la jurisdicción social establece que *"1. Lo acordado en conciliación o en mediación constituirá título para iniciar acciones ejecutivas sin necesidad de ratificación ante el juez o tribunal, y podrá llevarse a efecto por los trámites previstos en el Libro Cuarto de esta Ley"*.

Y el art. 84 añade "*El secretario judicial intentará la conciliación, llevando a cabo la labor mediadora que le es propia, y advertirá a las partes de los derechos y obligaciones que pudieran corresponderles. Si las partes alcanzan la avenencia, dictará decreto aprobándola y acordando, además, el archivo de las actuaciones. Del mismo modo, corresponderá al secretario judicial la aprobación del acuerdo alcanzado por las partes antes del día señalado para los actos de conciliación y juicio. La conciliación y la resolución aprobatoria, oral o escrita, se documentarán en la propia acta de comparecencia.*

La conciliación alcanzada ante el secretario judicial y los acuerdos logrados entre las partes aprobadas por aquel tendrán, a todos los efectos legales, la consideración de conciliación judicial.

2. Si el secretario judicial estimare que lo convenido es constitutivo de lesión grave para alguna de las partes o para terceros, de fraude de ley o de abuso de derecho o contrario al interés público, no aprobará el acuerdo, advirtiendo a las partes que deben comparecer a presencia judicial para la celebración del acto del juicio.

3. En caso de no haber avenencia ante el secretario judicial y procederse a la celebración del juicio, la aprobación del acuerdo conciliatorio que, en su caso, alcanzasen las partes en dicho momento corresponderá al juez o tribunal ante el que se hubiere obtenido mediante resolución oral o escrita documentada en el propio acuerdo. Solo cabrá nueva intervención del secretario judicial aprobando un acuerdo entre las partes si el acto del juicio se llegase a suspender por cualquier causa.

4. Del acto de conciliación se extenderá la correspondiente acta.

5. La conciliación y los acuerdos entre las partes aprobadas por el secretario judicial o, en su caso, por el juez o tribunal se llevarán a efecto por los trámites de la ejecución de sentencias.

6. La acción para impugnar la validez de la conciliación se ejercitará ante el mismo juzgado o tribunal al que hubiera correspondido la demanda, por los trámites y con los recursos establecidos en esta Ley. La acción caducará a los treinta días de la fecha de su celebración. Para los terceros perjudicados el plazo contará desde que pudieran haber conocido el acuerdo. Las partes podrán ejercitar la acción de nulidad por las causas que invalidan los contratos y la impugnación por los posibles terceros perjudicados podrá fundamentarse en ilegalidad o lesividad".

3. En tales términos se pronuncia la STSJ Asturias, Sala Social, Sección 1.ª de 12 de febrero de 2019 (ROJ: STSJ AS 249/2019 - ECLI:ES: TSJAS:2019:249):

"*Respecto de las diferencias derivadas del Acta de conciliación judicial que puso fin al proceso antes indicado, es evidente que será el marco de la ejecución de dicha Acta el trámite en el que el trabajador deberá hacer efectiva su pretensión. El artículo 84.5 de la Ley Reguladora del Jurisdicción Social expresamente dispone que «la conciliación y los acuerdos entre las partes aprobados por el secretario judicial o, en su caso, por el juez o tribunal se llevarán a efecto por los trámites de la ejecución de sentencias», añadiendo el 237 que «las sentencias firmes y demás títulos, judiciales o extrajudiciales, a los que la presente Ley otorga eficacia para iniciar directamente un proceso de ejecución, se llevarán a efecto en la forma establecida en la Ley de Enjuiciamiento Civil para la ejecución de sentencias y títulos constituidos con intervención judicial, con las especialidades previstas en esta Ley», y el 241.1 que «la ejecución se llevará a efecto en los propios términos establecidos en el título que se ejecuta».*

4. Y afirma la STSJ de Extremadura, Sala de lo Social, Sección 1.ª, de 1 de octubre de 2018 (ROJ: STSJ EXT 1071/2018 - ECLI:ES: TSJEXT:2018:1071). Debe empezarse por afirmar que, en principio, un acuerdo de conciliación en el Juzgado puede producir efecto de cosa juzgada material si se dan entre las pretensiones los requisitos que se desprenden del art. 222 LEC. Así, nos dice la STS de 28 de abril de 2017, rec. 286/2016 que la conciliación produce, en principio y en abstracto, los efectos de la cosa juzgada conforme a los arts. 84, n.º 1, segundo párrafo, y n.º 5, y 123, n.º 11, b), 2.ª, de la LRJS y en el mismo sentido se ha pronunciado, por ejemplo, el TSJ de Asturias en su sentencia de 5 de noviembre de 2004, en la que se razona que el acuerdo tiene el significado "*de una transacción judicial con fuerza vinculante para las partes –arts. 1.809 CC, 19.1 y 2 LEC y art. 84.4 LPL–, que tiene entre estos la autoridad de cosa juzgada –art. 1.816 CC– excluyendo un ulterior proceso cuyo objeto sea idéntico al del proceso en que aquella se produjo –art. 222.1 LEC–*".

La STSJ de Madrid, Sala de Social, Sección 4.ª, de 18 de octubre de 2018 (ROJ: STSJ M 10404/2018 - ECLI:ES: TSJM:2018:10404) declara que "*el acuerdo conciliatorio produce plenos efectos sin que conste que haya sido impugnado en el plazo establecido en el artículo 84.6 de la LRJS*".

Procede reconocerle al actor un crédito contra la masa correspondiente a los últimos 30 días de trabajo anteriores al concurso con el límite del doble del salario mínimo interprofesional

Juzgado de lo Mercantil Madrid, n.º 7, de 26 de febrero de 2019

SP/SENT/998838

El demandante ha errado en la estrategia procesal a seguir, ya que debería haber impugnado el informe del artículo 75 LC, acumulando a dicha acción, la de reconocimiento del crédito como masa.

Así las cosas, el crédito de Alonso fue reconocido en el informe como crédito concursal y parte, como crédito contra la masa. Señala la AC que contando con el salario día del doble del SMI estaríamos ante la cantidad de 1.485,07 euros, frente a los 1.441,10 euros reconocidos como crédito contra la masa en el anexo del informe del artículo 75 LC. Se ha de tener en cuenta que estamos hablando de los últimos 30 días de trabajo anteriores a la declaración de concurso, la cual tuvo lugar el 18/06/2014. Teniendo en cuenta que Alonso causó baja en la empresa el 14 de mayo, se debe considerar masa los 30 días anteriores, pero con el límite del doble del SMI, que considerando el mismo a fecha de concurso, saldría un tope de 1.290,60 euros de crédito masa. Habiéndose reconocido 1.441,10 euros, consideramos que dicha cantidad está por encima de lo que legalmente está establecido, por lo que se ha de desestimar la demanda.

Por lo que se refiere a la clasificación del crédito concursal en el informe, la misma no fue impugnada en el plazo fijado en el art. 96 de la LC, de modo que ha precluido el plazo para impugnar el mismo, sin que pueda evitarse dicha preclusión procesal accionado vía reconocimiento de crédito contra la masa (Auto, de 6 de mayo de 2005 Juzgado Mercantil n.º 1 de Madrid, AAP de Madrid, Sección 28.ª, 82/2011 de 10 de junio y 21 de noviembre de 2014 y Juzgado Mercantil n.º 1 de Valladolid auto 67/2011, de 8 de abril, citadas por la AC).

Por lo que se refiere al pago del crédito contra la masa, habiéndose declarado la insuficiencia de masa, habrá que estar a lo dispuesto en el artículo 176 bis LC.

Del crédito contra la masa del actor, perteneciente a salarios, debe ser detraída la cantidad correspondiente a retenciones por IRPF

Juzgado de lo Mercantil San Sebastián, n.º 1, 26/2019, de 18 de enero

SP/SENT/998045

La cuestión debe de resolverse con el devengo de la obligación tributaria para el retenedor, que el artículo 99 de la LIRPF difiere a la regulación reglamentaria. El artículo 78 RIRPF –Real Decreto 439/2007, de 30 de marzo, por el que se aprueba el Reglamento del Impuesto sobre la Renta de las Personas Físicas. dispone que *"con carácter general, la obligación de retener nacerá en el momento en que se satisfagan o abonen las rentas correspondientes"*. En base a ello, el análisis que, de dicho precepto, en distinto plano hace la STS, Sala Primera, Pleno, de 20-9-09 es concluyente: c) El nacimiento de la obligación tributaria principal que corresponde al contribuyente por renta tiene lugar con la realización del hecho imposible, que coincide con el momento del devengo, a tenor de lo dispuesto en los artículos 20 y 21 LGT. Según el artículo 6.1 LIRPF 2004 constituye el hecho imponible la obtención de renta por el contribuyente. Este precepto debe completarse con lo dispuesto en el artículo 12 LIRPF 2004, del que resulta que hecho imponible es la obtención de renta por el contribuyente durante el período impositivo anual [*"El IRPF se devengará el 31 de diciembre de cada año (...)"*]. Sin embargo, la obligación del retenedor es una obligación tributaria (artículo 58 LGT) autónoma respecto de la obligación tributaria principal (según se reconoce unánimemente en la doctrina científica y en la jurisprudencia administrativa) y tiene un carácter bifronte, pues comporta en sí misma (*"en todo caso"*) la obligación de ingresar en el Tesoro el importe de lo retenido o de lo que debe retenerse si la retención no se verifica (*"En todo caso, los sujetos obligados a retener o a ingresar a cuenta asumirán la obligación de efectuar el ingreso en el Tesoro, sin que el incumplimiento de aquella obligación pueda excusarles de esta"*: artículo 101.4 LIRPF 2004). Según el artículo 76 RIRPF de 2004 *"con carácter general, la obligación de retener nacerá en el momento en que se satisfagan o abonen las rentas correspondientes"*. De esta regulación se sigue que la obligación del retenedor, en sus dos aspectos de retención e ingreso en el Tesoro, nace en el momento del abono de las rentas o salarios con independencia de que la retención se realice o no y del momento en que proceda efectuar el ingreso. De ello debe de derivarse como consecuencia lógica que no habiéndose pagado el salario, no habría nacido la obligación de hacer la retención, ni por ende, el reverso de la relación, el derecho a exigir el pago de la retención.

Por ello, en el presente caso, el crédito correspondiente a retenciones tributarias no existiría porque el salario no se ha abonado.

Por lo tanto, deben reconocerse estos créditos contra la masa por salarios por su importe bruto, que es el crédito del trabajador frente a la empresa de titularidad del concursado, pero deben pagarse netos, esto es, ingresando contra la masa las retenciones fiscales y de Seguridad Social. Por ello, lo más correcto es que, a efectos informativos, sin perjuicio de su reconocimiento bruto, ya se pormenoricen en el listado de créditos contra la masa, las cantidades que serían detraídas por retenciones.

Créditos contra la masa - Créditos por costas y gastos judiciales

Los tres créditos por costas surgieron tras la entrada en vigor de la Ley 38/2011, tras aprobación del convenio y antes de la apertura de liquidación, para considerarlos contra la masa era aplicable el límite de la anterior redacción del art. 84.2.5.º LCon

TS, Sala Primera, de lo Civil, 419/2019, de 15 de julio

SP/SENT/1013840

En la redacción originaria, anterior a la Ley 38/2011, de 10 de octubre, de reforma de la Ley Concursal, el art. 84.2.5.º LC decía que tenían la consideración de créditos contra la masa:

"5.º *Los generados por el ejercicio de la actividad profesional o empresarial del deudor tras la declaración del concurso, incluyendo los créditos laborales, comprendidas en ellos las indemnizaciones debidas en caso de despido o extinción de los contratos de trabajo, así como los recargos sobre las prestaciones por incumplimiento de las obligaciones en materia de salud laboral, hasta que el juez acuerde el cese de la actividad profesional o empresarial, apruebe un convenio o, en otro caso, declare la conclusión del concurso*".

Tras la reforma efectuada por la Ley 38/2011, pasó a decir:

"5.º *Los generados por el ejercicio de la actividad profesional o empresarial del deudor tras la declaración del concurso, incluyendo los créditos laborales, comprendidas en ellos las indemnizaciones de despido o extinción de los contratos de trabajo, así como los recargos sobre las prestaciones por incumplimiento de las obligaciones en materia de salud laboral, hasta que el juez acuerde el cese de la actividad profesional o empresarial, o declare la conclusión del concurso*".

La variación consistió en el cambio de la limitación temporal para la consideración como créditos contra la masa de los descritos en el precepto. Mientras que en la redacción originaria el límite temporal era hasta que se acordara el cese de la actividad del concursado, se aprobara un convenio o se declarase la conclusión del concurso, en la redacción que entró en vigor el 1 de enero de 2012, dicho límite se situaba en el cese de la actividad o la conclusión del concurso. Es decir, se suprimió la mención a la aprobación de un convenio.

3. A su vez, el apartado 10.º del art. 84.2 LC decía en su redacción original:

"10.º Los que resulten de obligaciones nacidas de la ley o de responsabilidad extracontractual del concursado con posterioridad a la declaración de concurso y hasta la eficacia del convenio o, en su caso, hasta la conclusión del concurso".

Y tras la nueva redacción dada por la Ley 38/2011, dice:

"10.º Los que resulten de obligaciones nacidas de la ley o de responsabilidad extracontractual del concursado con posterioridad a la declaración de concurso y hasta la conclusión de este".

En este caso, la modificación legal consistió también en la supresión de la mención al convenio.

4. En la sentencia 720/2012, de 4 de diciembre, ya declaramos, respecto de la redacción anterior a la Ley 38/2011, que la consideración de tales créditos posteriores a la aprobación del convenio como créditos concursales y no contra la masa resultaba lógica, a la vista de los efectos del convenio. Conforme al art. 133.2 LC, la aprobación del convenio conlleva el cese de todos los efectos de la declaración de concurso y su sustitución por lo que, en su caso, se establezca en el propio convenio (art. 137.1 LC). Las acciones ejecutivas en contra del deudor del art. 56 LC recobran su fuerza y, según el art. 136 LC, los créditos afectados por el convenio quedan novados hasta que se cumpla. Y concluimos:

"En consecuencia, el crédito generado durante el período de cumplimiento del convenio no nace en un contexto propiamente concursal, sino estrictamente negocial. Por esta razón, el art. 84.2.5.º LC, en su originaria redacción, lo excluía de la consideración de crédito contra la masa, lo que determinaba su tratamiento como crédito concursal, en caso de resolución del convenio y apertura de la liquidación".

5. En lo que ahora importa, la Disposición Transitoria Cuarta, apartado 2, de la Ley 38/2011, estableció que la nueva redacción del art. 84.2 LC, a los efectos de la clasificación de los créditos afectados, se aplicaría a los concursos en tramitación, al tiempo de la fecha de su entrada en vigor, en los que aún no se hubiese presentado el informe por la administración concursal.

En la sentencia 342/2014, de 24 de junio, aclaramos que, a efectos del art. 84.2.5.º LC, el informe al que se refiere dicha disposición transitoria es el informe del art. 74 LC, y no el informe actualizado que se prevé en el art. 180 LC.

A diferencia del caso en que se dictó la citada sentencia, en el que se había reabierto un concurso previamente concluido y había que actualizar la lista de acreedores, en este caso lo sucedido es que se incumplió el convenio y hubo que reformular la lista para proceder a la liquidación. Trámite no previsto expresamente en la LC, pero que resulta necesario en función de los posibles cumplimientos parciales del convenio que pudieran haber tenido lugar y que deben coordinarse con las operaciones de liquidación, como ordena el art. 162 LC. Por lo que su procedencia y efectos son perfectamente equiparables a los del art. 180 LC.

6. Dado que los créditos por costas nacen con la sentencia que las impone (sentencias 418/2017, de 30 de junio, y 292/2018, de 22 de mayo), los tres créditos controvertidos

surgieron con posterioridad a la entrada en vigor de la Ley 38/2011 y, en concreto, tras la aprobación del convenio y antes de la apertura de la fase de liquidación.

Por lo que, para su conceptuación como créditos contra la masa, conforme a la Disposición Transitoria Cuarta, apartado 2, de la Ley 38/2011, era aplicable el límite temporal previsto en el art. 84.2.5.º LC antes de la reforma operada por dicha Ley, como acertadamente se ha resuelto en ambas instancias. Y lo mismo cabe decir respecto del apartado 10.º de ese precepto.

El crédito por costas del pleito, iniciado contra la concursada antes de declararse concurso, pero que sigue tras este, es contra la masa, porque, además, la falta de allanamiento o transacción demuestra que fue en interés del concurso

TS, Sala Primera, de lo Civil, 89/2019, de 13 de febrero

SP/SENT/990215

Para resolver el motivo debemos partir de la jurisprudencia de la sala acerca de esta materia, contenida en las sentencias 418/2017, de 30 de junio, y 292/2018, de 22 de mayo. Esta jurisprudencia se refiere al tratamiento concursal del crédito surgido de la condena a la concursada al pago de las costas de un juicio que se había iniciado antes de la declaración de concurso y que fue concluido después. De forma que la sentencia que imponía las costas es posterior a la declaración de concurso.

En los dos precedentes jurisprudenciales reseñados, partíamos de la norma concursal al amparo de la cual se puede pretender considerar este crédito por costas como crédito contra la masa, el art. 84.2. 3.º LC. Este precepto considera créditos contra la masa:

"los de costas y gastos judiciales ocasionados por la asistencia y representación del deudor, de la administración concursal o de acreedores legitimados en los juicios que, en interés de la masa, continúen o inicien conforme a lo dispuesto en esta Ley, salvo lo previsto para los casos de desistimiento, allanamiento, transacción y defensa separada del deudor y, en su caso, hasta los límites cuantitativos en ella establecidos".

Como advertíamos en la sentencia 292/2018, de 22 de mayo:

"el precepto distingue entre costas y gastos judiciales, todos ellos ocasionados en los juicios que, en interés de la masa, continúen o se inicien después de la declaración de concurso. La referencia a los juicios que continúen guarda relación con la previsión contenida en el art. 51 de la Ley Concursal, que regula la incidencia de la declaración de concurso sobre los juicios declarativos pendientes, en los que fuera parte el deudor concursado".

El art. 51 LC, conforme a su redacción originaria, aplicable al caso en atención a la fecha en que fue declarado el concurso de Bodegas Mur Barcelona, S. L. (el 30 de abril de 2010), dispone lo siguiente:

"Los juicios declarativos en que el deudor sea parte y que se encuentren en tramitación al momento de la declaración de concurso se continuarán hasta la firmeza de la sentencia.

No obstante, se acumularán aquellos que, siendo competencia del juez del concurso según lo previsto en el artículo 8, se estén tramitando en primera instancia y respecto de los que el juez del concurso estime que su resolución tiene trascendencia sustancial para la formación del inventario o de la lista de acreedores".

La jurisprudencia de la sala entiende que el pleito iniciado contra la concursada con anterioridad, si continua tras la declaración de concurso lo es en interés del concurso, pues "*si no fuera así cabría haber instado el allanamiento o haber alcanzado una transacción, si hubiera sido posible, con el efecto previsto en el primer párrafo del art. 51.2 de la Ley Concursal, al que también se remite el art. 51.3 LC, de que las costas generadas por el allanamiento fueran consideradas «crédito concursal»*".

En esos precedentes, en que cuando se declaró el concurso de acreedores el pleito estaba tramitándose en primera instancia y la administración concursal tuvo oportunidad de impedir que continuara, con el efecto de que las costas tendrían el tratamiento de créditos concursales, y sin embargo consintió en que continuara, la sala entendió lo siguiente:

"su continuación lo fue en interés del concurso, y por lo tanto se asumía el riesgo de que una eventual sentencia contraria a las pretensiones de la concursada conllevara la condena en costas. Y estas costas encajan en la previsión contenida en el art. 84.2.3.º de Ley Concursal.

El art. 84.2.3.º de la Ley Concursal distingue, como hemos visto, entre costas y gastos judiciales. El crédito por costas requiere que la concursada haya sido condenada al pago de las costas ocasionadas a la otra parte en aquel pleito que, iniciado antes de la declaración de concurso, continuó en interés del concurso porque no se provocó su terminación mediante allanamiento, teniendo en cuenta que la concursada era la demandada, o mediante transacción.

El crédito por costas nació con la sentencia dictada en primera instancia que las impuso a la concursada, sin perjuicio de que la determinación de su cuantía quedara pendiente de la posterior tasación. De este modo, este crédito por costas que es posterior a la declaración de concurso, conforme al art. 84.2.3.º de la Ley Concursal debe ser considerado «crédito contra la masa»".

3. De acuerdo con esta jurisprudencia que interpreta el art. 84.2.3.º LC, en relación con el art. 51 LC, en supuestos como el presente, el primer presupuesto para que el crédito por costas frente al deudor concursado pueda considerarse crédito contra la masa es que sea posterior a la declaración de concurso. Esto es, que el crédito por costas haya nacido después de la declaración de concurso. Como el crédito por costas nace con la sentencia que las impone, la fecha de la sentencia ha de ser posterior a la declaración de concurso.

Pero no basta este presupuesto. Es necesario también que la sentencia que condena en costas se haya dictado en un procedimiento continuado después de la declaración de concurso, en interés de este último, por no haber hecho uso la administración concursal de la facultad de allanamiento o, en su caso, de desistimiento, que hubiera impedido cargar a la masa directa y totalmente las correspondientes costas.

Nos hallamos ante un supuesto especial, pues el pleito en el que era parte el deudor concursado quedó para sentencia el 1 de febrero de 2010, y esta no se dictó hasta el 8 de noviembre de 2010. Entre tanto, casi tres meses después de que quedara para sentencia, el 30 de abril de 2010, se declaró el concurso de acreedores.

4. En cuanto al presupuesto de que el crédito de costas haya nacido después de la declaración de concurso, la anterior apreciación de que surge con la sentencia y que por lo tanto hay que estar a su fecha, no queda alterada por la demora del juzgador en resolver. Esta larga demora no justifica que anticipemos la fecha del nacimiento del crédito al momento en que quedó el pleito para sentencia. Sigue siendo la fecha de la sentencia el momento relevante para entender nacido el crédito por costas, y por razones de seguridad jurídica no conviene generar una ficción de que, en supuestos de gran demora, durante la cual se abrió el concurso, el crédito a estos efectos habría surgido al quedar el procedimiento para sentencia.

La segunda exigencia, que la sentencia que condena en costas se hubiera dictado en un procedimiento seguido –continuado– en interés del concurso, al haberlo consentido la administración concursal que es quien lo hubiera podido impedir, también se cumple porque no nos consta que hubiera sido su intención evitar el pleito, ya que apeló la sentencia de primera instancia. Lo que muestra su decisión de discutir la cuestión en segunda instancia, con el riesgo de que hubiera una condena en costas en apelación, como de hecho hubo, y hubiera que satisfacerlas directamente con cargo a la masa.

5. En consecuencia, procede estimar el recurso de casación, dejar sin efecto la sentencia de apelación y, en su lugar, estimar el recurso de apelación en el sentido de estimar la demanda y declarar que el crédito por costas de Héctor tiene la consideración de crédito contra la masa.

El crédito nació tras sentencia firme, en donde se condenaba a la sociedad limitada al pago de las costas del proceso, sin embargo, su administrador solidario ya había sido declarado en concurso, por lo que debe tener la consideración de crédito contra la masa

TS, Sala Primera, de lo Civil, 650/2017, de 29 de noviembre

SP/SENT/929920

En consecuencia, el crédito que los acreedores sociales tienen contra el administrador social con base en el art. 367 TRLSC se encuadra, por su naturaleza, entre los previstos en el art. 84.2.10 de la Ley Concursal.

3. Respecto de la fecha de nacimiento del crédito, afirmamos también en la citada sentencia 55/2011, de 23 de febrero, que lo que verdaderamente importa en orden a la calificación de los créditos a que se refiere el art. 84.2. 10.º de la Ley Concursal es cuándo se produce su nacimiento, y no su reconocimiento. Por tanto, lo que hay que tener en cuenta es la fecha en que se produce el acaecimiento del que nace la obligación.

En el caso del crédito que los acreedores sociales tienen contra el administrador social con base en el art. 367 TRLSC, el acaecimiento que origina el crédito es el nacimiento de una obligación social en un momento en que los administradores sociales responden solidariamente de las obligaciones sociales, lo que tiene lugar cuando haya concurrido una causa legal de disolución de la sociedad y los administradores hayan incumplido la obligación de convocar en el plazo de dos meses la junta general para que adopte, en su caso, el acuerdo de disolución o no soliciten la disolución judicial o, si procediere, el concurso de la sociedad, en el plazo de dos meses a contar desde la fecha prevista para la celebración de la junta, cuando esta no se haya constituido, o desde el día de la junta, cuando el acuerdo hubiera sido contrario a la disolución.

4. En el supuesto objeto del recurso, el crédito de los demandantes nació cuando se dictó la sentencia, que quedó firme, que condenaba a Dosamboas 2006 S. L. al pago de las costas del proceso, el 18 de marzo de 2013, pues los requisitos necesarios para la aplicación del art. 367 TRLSC concurrían desde varios años antes. Dado que D. Alexis, administrador solidario de Dosamboas 2006 S. L., había sido declarado en concurso mediante auto de 26 de enero de 2012, el crédito de los demandantes contra el administrador social es posterior a la declaración de concurso.

5. Ciertamente, la deuda que para la masa supone el crédito de los demandantes no responde a la naturaleza que tradicionalmente se atribuía a estas deudas de la masa, como era la de subvenir a las necesidades del concurso, por lo que debían haberse generado tras la declaración del mismo. Pero esta caracterización tradicional de las deudas de la masa ha resultado modulada por la regulación que se contiene en el art. 84.2 de la Ley Concursal, en la que algunos de los supuestos de créditos contra la masa no responden a esta finalidad, como es el caso del apartado 10.º en que se encuadra el crédito de los demandantes, o que no cumplen el requisito temporal de haberse generado con posterioridad a la declaración del concurso, como es el caso del apartado 1.º, los créditos por salarios de los últimos treinta días anteriores a la declaración de concurso.

6. La consecuencia de lo expresado es que concurren los requisitos necesarios para que el crédito de los demandantes tenga la consideración de crédito contra la masa del concurso de D. Alexis: es un crédito que resulta de una obligación nacida de la ley y es posterior a la declaración de concurso de la persona contra la que se tiene el crédito.

7. Lo expuesto determina que el recurso deba ser estimado sin necesidad de resolver el segundo motivo, que además se formuló para el caso de que fuera desestimado el primero.

Es contra la masa el crédito por costas al que fue condenada la concursada en el pleito iniciado antes de la declaración de concurso y que continuó en interés del concurso, porque aquella no promovió su terminación por desistimiento o transacción

TS, Sala Primera, de lo Civil, 418/2017, de 30 de junio

SP/SENT/911789

El pleito iniciado por Hirma, S. L. debe entenderse que, después de su declaración en concurso, continuó en interés del concurso, pues si no fuera así cabría haber instado el desistimiento, con el efecto previsto en el primer párrafo del art. 51.2 LC, al que también se remite el art. 51.3 LC, de que las costas generadas por el desistimiento fueran consideradas "crédito concursal". A esto es a lo que se refiere el art. 84.2.3.º LC cuando apostilla "*salvo lo previsto para los casos de desistimiento, allanamiento, transacción y defensa separada del deudor...*". De este modo, los pleitos pendientes en primera instancia cuando se declara el concurso de acreedores de una de las partes se entienden que continúan en interés del concurso cuando no se provoca su terminación mediante el desistimiento, el allanamiento o la transacción.

En nuestro caso, después de la declaración de concurso, no se solicitó ni la acumulación del pleito pendiente al concurso, que en aquel momento era posible, ni tampoco su terminación mediante el desistimiento. Luego, debe entenderse que su continuación lo fue en interés del concurso, y por lo tanto se asumía el riesgo de que una eventual sentencia desestimatoria de las pretensiones de la concursada conllevara la condena en costas. Y estas costas encajan en la previsión contenida en el art. 84.2.3.º LC.

El art. 84.2.3.º LC distingue, como hemos visto, entre costas y gastos judiciales. El crédito por costas requiere que la concursada haya sido condenada al pago de las costas ocasionadas a la otra parte en aquel pleito que, iniciado antes de la declaración de concurso, continuó en interés del concurso porque no se provocó su terminación mediante desistimiento —teniendo en cuenta que la concursada era la demandante— o transacción.

El crédito por costas nació con la sentencia dictada en primera instancia que las impuso a la concursada, sin perjuicio de que la determinación de su cuantía quedara pendiente de la posterior tasación. De este modo, este crédito por costas que es posterior a la declaración de concurso, conforme al art. 84.2. 3.º LC debe ser considerado "*crédito contra la masa*".

Al no hacerlo así, la sentencia recurrida ha infringido este precepto (art. 84.2.3.º LC). Razón por la cual se estima el motivo primero de casación, sin que sea necesario entrar a analizar los restantes motivos.

3. La estimación del motivo conlleva la casación de la sentencia recurrida, cuya parte dispositiva dejamos sin efecto. En su lugar, acordamos la estimación del recurso de apelación interpuesto por Máximo y la comunidad hereditaria de Antonia contra la sentencia dictada en primera instancia, en el sentido de que se tenga por estimada la demanda formulada por Máximo y la comunidad hereditaria de Antonia y se declare que su crédito por costas de 143.238,22 euros merece la consideración de crédito contra la masa.

Dado que la intervención del actor fue en calidad de coadyuvante de la Administración Concursal, no procede reconocerle el crédito contra la masa por los gastos judiciales ocasionados por la defensa en interés de la masa

AP Segovia, Sec. 1.ª, 376/2019, de 18 de noviembre

SP/SENT/1041667

Por la parte recurrente, en su largo recurso con unos antecedentes que ocupan 16 folios, viene a sostener como motivos de recurso en primer lugar infracción de garantías procesales y de la cosa juzgada, con error en la valoración de la prueba por entender que la juez de instancia no ha tomado en consideración que el juez de lo mercantil previo habría reconocido la legitimación exclusiva de la actora y el desistimiento de la administración concursal (AC desde este momento). En segundo lugar, se entra a valorar los motivos de oposición de fondo de la parte demandada relativa al valor de las facturas acreditativas de los gastos. En tercer lugar, se impugna la imposición de costas en este incidente por su complejidad procesal y la mala fe de la demandada.

SEGUNDO. - En cuanto al primer motivo de recurso y principal, la parte en el desarrollo del mismo viene a reiterar lo que de otra forma ya relata en los amplios antecedentes.

La juez de instancia ha considerado que su actuación fue como coadyuvante en el juicio incidental de 2009, porque así lo determina la sentencia en que se tiene en todo momento como parte actora a la AC, que fue la que planteó la demanda, sin que en momento alguno la tuviese por desistida ni apartada del proceso; sin que se recurriese la sentencia en tal sentido.

La recurrente no niega que la sentencia sea en ese sentido, sino que lo que pretende sostener es que en el acto del juicio se habría reconocido, en forma de resolución oral, un desistimiento tácito de la AC. Para ello hace cita expresa de lo que el juez de instancia habría decidido en el minuto 12:54:03 de la grabación. Las citas descontextualizadas tienen escaso recorrido cuando es posible comprobar el contenido íntegro de la grabación. El juez de lo mercantil en aquella vista no declaró, como tal resolución en ningún momento, ni de forma expresa ni de forma tácita, que la AC hubiese desistido del procedimiento. En cuanto al pasaje que cita es cierto que el juez llegó a decir en el curso del debate planteado que la única parte que quedaba era la ahora recurrente, pero como decimos, lejos de ser una decisión no fue sino un comentario, comentario que fue seguidamente aclarado y rebatido por el AC, a las 12:55:30, en que afirmó de forma indubitada que él no había renunciado a la acción inicial, incluso sosteniendo la falta de legitimación de la coadyuvante.

Por tanto, en el juicio quedó claro que la AC mantuvo su pretensión inicial que así fue admitido por el juez de instancia y que así se manifestó en la sentencia, en plena coherencia con lo sucedido en el juicio.

El hecho de que se hubiese intentado una transacción entre la AC como demandante y los entonces demandados para solucionar el litigio no supuso el apartamiento de la causa de la AC, toda vez que precisamente por la oposición de la ahora recurrente dicha transacción no fue validada por el juez, por lo que como expresamente dijo el AC, continuó con su acción inicial.

Pero en todo caso estas elucubraciones son a la postre indiferentes. Existe una sentencia firme que dice lo que dice, que atribuye la AC el carácter de parte actora y estima parcialmente su demanda; y estas afirmaciones, incontrovertibles la ser aceptadas por las partes, no pueden verse modificadas por el relato que se haga de lo que sucedió en el juicio o de lo que debió haber sucedido, como hace la ahora recurrente.

Por tanto, lo único que atentaría a la cosa juzgada sería admitir la tesis que planeta la actora, pues de la anterior sentencia queda patente que su participación en el incidente concursal lo fue como coadyuvante, por lo que no tiene a su favor el derecho previsto en el art. 54.4 LC.

El crédito del actor, correspondiente a costas devengadas cuya imposición fue durante la pendencia del concurso, debe clasificarse como crédito contra la masa

AP Madrid, Sec. 28.ª, 521/2019, de 4 de noviembre

SP/SENT/1043551

Aunque por lo ya expuesto carece de relevancia analizar otros aspectos, ello determina además que, resultando rectificada dicha información por medio de auto dictado en fecha 17 de noviembre de 2017 y otorgando expresamente la resolución el carácter de rectificación de la sentencia, el tratamiento que debe otorgarse con respecto al plazo para la interposición de recurso es el que corresponde a las sentencias rectificadas por medio de auto.

En estos casos, el plazo de interposición de recurso no se reanuda, sino que se inicia.

Como señala la STS 673/2015, de 9 de diciembre:

2. La cuestión que plantea la recurrida al alegar esta causa de inadmisión es si el plazo para interponer los recursos solamente se suspende y, por tanto, a partir del auto que concede o deniega la rectificación, aclaración o complemento solamente se cuentan los días que restaban cuando se presentó la solicitud, que es lo propuesto por la recurrida con base en el art. 215.5 de la Ley de Enjuiciamiento Civil, o si el plazo se cuenta de nuevo íntegramente desde la notificación de dicho auto, lo que tendría un apoyo claro en los arts. 448.2 de la propia Ley de Enjuiciamiento Civil y 267.9 de la Ley Orgánica del Poder Judicial.

Esta Sala, con base en la doctrina mantenida por el Tribunal Constitucional en la STC 90/2010, de 15 de noviembre, ha establecido que las resoluciones aclarada y aclaratoria, o denegatoria de la aclaración (y lo mismo cabría decir cuando lo solicitado es la rectificación de error material o complemento) se integran formando una unidad lógico-jurídica que no puede ser impugnada sino en su conjunto a través de los recursos que pudieran interponerse contra la resolución aclarada, por lo que se ha entendido tradicionalmente que en la determinación del *dies a quo* o día inicial para el cómputo del plazo de un recurso contra una resolución que ha sido objeto de solicitud de aclaración, rectificación o complemento, se debe tomar necesariamente en consideración la fecha de la notificación de la resolución que dé respuesta a tal solicitud, estimándola o denegándola, lo que se tiene apoyo en el tenor literal de los arts. 448.2 de la Ley de Enjuiciamiento Civil y 267.9 de la Ley Orgánica del Poder Judicial, habiendo sido este último objeto de reforma mediante Ley Orgánica 1/2009, de 3 de noviembre, en la que se mantiene el criterio de iniciar el cómputo del plazo para el recurso desde la notificación del auto o decreto que acuerde o deniegue la aclaración, rectificación o complemento.

Atendiendo al criterio jurisprudencial expresado, lo relevante no es el hecho mismo de la solicitud o las facultades de actuación de oficio del tribunal, sino que el Juzgado dictó auto de rectificación de sentencia que establecía la posibilidad de interponer recurso de apelación, lo que forma una unidad lógico-jurídica con la resolución rectificada.

Debemos añadir que, en realidad, quien pone de manifiesto el error en la instrucción de recursos es la propia parte demandante, que cautelarmente seguía el cauce de impugnación erróneo facilitado por el Juzgado a los efectos de que quedase patente su voluntad de impugnar la resolución.

Finalmente, en cuanto se refiere a la indicación de los recursos pertinentes, el artículo 208 LEC –tras la reforma operada por la Ley 13/2009, de 3 de noviembre– en su apartado cuarto, establece que toda resolución incluirá la mención del lugar y fecha en que se adopte y si la misma es firme o si cabe algún recurso contra ella, con expresión, en este último caso, del recurso que proceda, del órgano ante el que debe interponerse y del plazo para recurrir. No se trata de una indicación al margen de la sentencia, como se desprendía de lo dispuesto en la redacción anterior de dicho precepto, sino que nos encontramos ante una rectificación de la propia sentencia en cuanto se trata de una mención que debe figurar en la misma.

El Tribunal Constitucional ya tenía declarado que, aunque la instrucción de recursos no forme parte del *decisum* de la resolución judicial, no puede afectar a la parte una errónea indicación consignada en la instrucción de recursos –STC 308/2006–. En definitiva, difícilmente se puede computar el inicio del plazo para interponer recurso de apelación desde la notificación de una sentencia que erróneamente señalaba que contra dicha resolución no cabía recurso de apelación ni cabe que la parte padezca las consecuencias de un error del Juzgado.

CUARTO. Por lo que se refiere al fondo del recurso, las demandadas reproducen los argumentos ya sustentados en la primera instancia y el criterio expuesto en la resolución recurrida.

No podemos aceptar dicho criterio atendiendo a la jurisprudencia del Tribunal Supremo que se expone en su Sentencia 418/2017 y reitera en la Sentencia 292/2018, y más recientemente se reproduce en su Sentencia 448/2019, en la que se refiere a la distinción entre costas y gastos judiciales.

Los créditos por costas requieren una previa condena y su posterior tasación. Las costas impuestas al deudor concursado, dentro o fuera del concurso, tienen la consideración de créditos contra la masa si hubieran sido impuestas después de la declaración de concurso y durante su pendencia –como es el caso que nos ocupa–.

En consecuencia, el momento relevante para la calificación del crédito no es el de interposición de la demanda de la que resulta la condena sino el de la imposición de costas. El crédito por costas nace con la sentencia que las impone a la concursada, sin perjuicio de que la determinación de su cuantía quede pendiente de la posterior tasación.

Por otra parte resulta indiferente la posición de demandante o demandada de la concursada, la doctrina emanada del Tribunal Supremo resulta aplicable en ambos casos, en la medida en que ha establecido un criterio que comprende ambas situaciones al indicar que: "*De este modo, los pleitos pendientes en primera instancia cuando se declara el concurso de acreedores de una de las partes, se entiende que continúan en interés del concurso cuando no se provoca su terminación mediante el desistimiento, el allanamiento o la transacción*".

Lo relevante es la intervención del deudor concursado como parte, independientemente de su posición en el pleito, sin que se hubiere provocado su terminación:

El precepto distingue entre costas y gastos judiciales, todos ellos ocasionados en los juicios que, en interés de la masa, continúen o se inicien después de la declaración de concurso. La referencia a los juicios que continúen guarda relación con la previsión contenida en el art. 51 de la Ley Concursal, que regula la incidencia de la declaración de concurso sobre los juicios declarativos pendientes, en los que fuera parte el deudor concursado.

Debemos añadir que en resoluciones anteriores ya hemos seguido el criterio jurisprudencial referido –Sentencia 502/2017, de 17 de noviembre–.

Para concluir, no resulta aplicable a los créditos contra la masa la suspensión del devengo de intereses prevista en el artículo 59 LC –SSTS 149/2013, de 15 de marzo, 266/2014, de 21 de mayo y 423/2015, de 1 de julio–.

Visto lo expuesto, el recurso debe ser estimado a fin de revocar la sentencia y estimar la demanda incidental y declarar el crédito derivado de las costas devengadas en el procedimiento sustanciado, con sus intereses, como crédito contra la masa.

Se estima la impugnación de la rendición de cuentas, debiendo incluir un crédito contra la masa correspondiente a los honorarios del procurador

AP A Coruña, Sec. 4.ª, 237/2019, de 12 de junio

SP/SENT/1015035

TERCERO. En efecto, el Real Decreto 1373/2003, de 7 de noviembre, regula el vigente arancel de derechos de los procuradores de los tribunales, en cuyo capítulo I, sección 3.ª, se regulaban los derechos a percibir en los juicios concursales, y concretamente en la suspensión de pagos, quitas y esperas y en las quiebras y concursos de acreedores.

Con la entrada en vigor de la Ley 22/2003, de 9 de julio, Concursal, se produjo una sustancial modificación del régimen relativo a los juicios concursales, lo que exigía la consiguiente adaptación a la misma del sistema perceptivo de los derechos de los procuradores de los tribunales, lo que se llevó a efecto mediante Real Decreto 1/2006, de 13 de enero, que da una nueva redacción a los arts. 18, 19, 20 y 21.

Posteriormente se dictó el Real Decreto-ley 5/2010, de 31 de marzo, por el que se amplía la vigencia de determinadas medidas económicas de carácter temporal, en cuya exposición de motivos se señalaba que su disposición adicional única pretende evitar situaciones disfuncionales derivadas de la aplicación de la normativa reguladora de los aranceles de los Procuradores de los Tribunales, dado que no se acomoda en sus tramos más elevados a la realidad de la situación económica de nuestro país, estableciendo un tope máximo que impida liquidaciones manifiestamente desproporcionadas, de manera tal que se garantice que la masa no se reduzca de tal manera que frustre el objetivo final del cobro por los acreedores.

Pues bien, en tal disposición normativa, se establecieron los límites siguientes:

La cuantía global por derechos devengados por un procurador no podrá exceder de 300.000 euros, salvo casos excepcionales apreciados por el Juez.

La base para regular los derechos que se devenguen será el 60 por 100 del pasivo resultante de la lista definitiva de acreedores presentada por la administración concursal, no obstante, cuando el número de acreedores que figuren en la lista fuera superior a 300, la base de cálculo se elevará al 70 por 100 del pasivo.

En este caso, la cuantía del procedimiento es la de 5.100.970 euros, equivalente al 60 % de 8.501.617,51 euros, que es el pasivo del concurso, según resulta de la lista definitiva de acreedores elaborada por la administración concursal. Por aplicación del artículo 19 del Arancel hasta la cuantía de 601.012,10 euros los derechos serán de 2.115,56 euros. Por cada 6.010,12 euros o fracción que exceda de 601.012,10 euros, el procurador devengará 16,52 euros, esto es, 12.369.02 euros (748 x 16,52), por lo que los derechos del procurador ascienden a la cantidad de 14.484,58 euros. Mientras que los otros conceptos minutados por los arts. 21.4 y 83, además de que no se aporta documental justificativa, dado que no se acompañó al incidente, carecen de la consideración de crédito contra la masa respeto de los gastos judiciales causados al instante del concurso, dado que tan solo se refieren a los necesarios para la solicitud y declaración del concurso, pero no a los generados por el desarrollo del procedimiento concursal, máxime cuando debe hacerse una interpretación restrictiva sobre su calificación jurídica, dadas las preferencias y privilegios que otorgan.

Si aplicamos ahora el 21 % en concepto de IVA (3.041,76) los derechos de la recurrente arrojan la suma 17.526,34 euros (sin perjuicio de la retención que proceda de IRPF), que consideramos proporcional a su intervención en el procedimiento, con lo que en ese sentido debe ser estimada la demanda, sin que se pueda, de conformidad con la normativa de aplicación, efectuar corrección alguna para su adaptación a las circunstancias concurrentes y evitar de esta forma injustos beneficios, en perjuicio de los acreedores y en relación con la entidad del procedimiento e intervención profesional de la parte aquí apelante.

Se le reconoce al actor un crédito contra la masa correspondiente a sus honorarios, por un procedimiento judicial tramitado fuera del concurso, debiendo minorarse su importe, dada la escasa complejidad del asunto

AP Barcelona, Sec. 15.ª, 21/2019, de 9 de enero

SP/SENT/987994

Sobre la cuantía del crédito contra la masa por la asistencia jurídica prestada por la actora.

12. Cuestión distinta es la relativa al importe del crédito. La demandante considera que debe aplicarse el pacto de honorarios firmado con FLOCH S. L. el 23 de mayo de 2011 (documento uno de la demanda), que contempla una cantidad fija de 20.000 euros, ya

percibida, y una parte variable en función del resultado del pleito (cuota litis), con el límite máximo 202.440 euros. Dado que aplicado el porcentaje convenido (el 12 %) al importe de la condena resulta una cantidad superior al límite máximo (246.352,40 euros), la actora interesa le sea reconocido un crédito contra la masa de 202.440 euros.

13. Las demandadas consideran que el derecho a la parte variable, en función del resultado del pleito, no llegó a devengarse, ya que, al haberse sobreseído la ejecución por desistimiento del ejecutante, el mandamiento de devolución se giró a favor de BANCO DE SANTANDER. No podemos acoger esa alegación. Aunque formalmente FLOCH S. L. desistió de la ejecución, al mismo tiempo que BANCO DE SANTANDER desistía de la apelación, el archivo del proceso tuvo por causa el acuerdo alcanzado por ambas partes (documento cuatro de la contestación). Tal y como hemos relatado al reseñar de forma sucinta el contenido del acuerdo, el importe de la consignación formó parte de la contraprestación de la concursada, que obtuvo a cambio y de forma simultánea la cancelación de toda la deuda concursal y la liberación de las cargas que pesaban sobre cinco inmuebles integrados en la masa activa. Como señala el recurso, el retorno de la cantidad consignada es incuestionable, por más que esa suma materialmente se devolviera a la entidad de crédito.

14. Ahora bien, el Tribunal Supremo, en Sentencia de 18 de julio de 2014 (ECLI ES:TS:2014/3162), señala que no son oponibles en el concurso los pactos a los que hubiera llegado el deudor con su letrado, criterio sentado en un incidente de reconocimiento de un crédito contra la masa por la asistencia letrada al deudor en el proceso concursal, pero que es extrapolable a los honorarios convenidos para procedimientos tramitados extramuros del concurso o para valorar si ha existido perjuicio para la masa en una acción de reintegración. Dicha Sentencia dice al respecto lo siguiente:

"*Por esta razón, la administración concursal deberá decidir qué servicios profesionales de asistencia letrada al concursado merecen que su retribución sea pagada como crédito contra la masa, de acuerdo con las restricciones previstas en el art. 84.4. 2.º LC; y precisar hasta qué cuantía está justificado el pago contra la masa, sin que resulte necesariamente vinculante el pacto de honorarios que pudieran haber alcanzado el deudor común y su letrado, antes de la declaración de concurso. Del mismo modo, si no se está de acuerdo con el parecer de la administración concursal y se acude al incidente concursal, el tribunal tampoco está vinculado por el pacto de honorarios, sin que sea necesario que previamente hubiera sido impugnado*".

15. Por tanto, el hecho de que los honorarios puedan tener cobijo en una hoja de encargo y en un presupuesto previamente aceptado, no impide que su importe pueda ser revisado en el concurso. Es más, el Tribunal Supremo también ha sentado como criterio que no son vinculantes en el concurso las normas orientadoras de los Colegios de Abogados (Sentencia de 21 de julio de 2014, ECLI ES:TS:2014/3564). Dicha Sentencia sostiene que "*dentro del concurso y con ocasión de la reclamación de los honorarios de letrado al amparo del art. 84.2. 2.º LC, cuando haya existido condena en costas, regirá esta última doctrina sobre la impugnación por excesivos de los honorarios de letrado, en la que está claro que ni la cuantía ni los criterios orientadores del Colegio de Abogados son determinantes (el supuesto se refería a los honorarios del instante de un concurso necesario)*".

16. En definitiva, debemos de determinar el crédito por honorarios que corresponde a CAMPRUBÍ ABOGADOS prescindiendo de los pactos contenidos en la hoja de encargo. A partir de ahí, tomamos en consideración los siguientes factores; (i) que de acuerdo con los criterios del Ilustre Colegio de Abogados de Barcelona resultarían unos honorarios, por primera instancia y apelación, de aproximadamente 111.000 euros; (ii) que el procedimiento no revistió especial complejidad (o al menos no se ha justificado lo contrario): (iii) que el resultado fue muy positivo para la masa activa, (iv) y que, por encontrarse el deudor en concurso, situación sobrevenida al proceso judicial, concurren conjuntamente con la demandante una pluralidad de acreedores concursales y contra la masa. Valorados todo ellos, estimamos ajustado reconocer a la entidad demandante un crédito de 35.000 euros (a añadir a los 20.000 euros ya percibidos), crédito que deberá atenderse con cargo a la masa.

Se reconoce un crédito contra la masa al actor por los honorarios devengados como letrado del concurso, minorando su cuantía por existir serios defectos en su actuación

AP Murcia, Sec. 4.ª, 570/2018, de 20 de septiembre

SP/SENT/980435

Ello es así porque se dice que debe descartarse el criterio general establecido en situaciones extra concursales a efectos del cómputo del plazo de prescripción, según el cual los servicios profesionales de los abogados y procuradores en un determinado asunto deben considerarse como un todo, es decir como el conjunto de los trabajos desarrollados para la defensa del asunto, y no de forma aislada respecto de cada una de sus actuaciones; salvo que por voluntad de las partes proceda fragmentar y dividir el cobro de cada una de las actuaciones del profesional, como si se tratara de encargos diferentes, aunque versen sobre un mismo asunto (verbigracia, sentencias 96/2006, de 14 de febrero; 338/2014, de 13 de junio; y 266/2017, de 4 de mayo, y las que en ellas se citan). Argumenta el Alto Tribunal.

"*(...) en sede concursal, la solución debe ser diferente, a fin de salvaguardar el principio* par condicio creditorum. *En las sentencias 590/2009, de 1 de septiembre, y 486/2013, de 22 de julio, establecimos que, para preservar la igualdad de trato a los acreedores, y a efectos de la conceptuación de un crédito como concursal o contra la masa, debe estarse a la fecha del nacimiento de la obligación. De manera que, desde el punto de vista concursal, rige el principio del devengo y no el de la exigibilidad.*

...Interpretado el precepto transcrito a la luz de esta última jurisprudencia, resulta que, a efectos concursales, las fechas determinantes son las de la realización de los efectivos trabajos que se minutan".

Por ello concluye que al ser en ese caso la redacción y presentación de la demanda y la redacción e interposición del recurso de apelación anteriores a la declaración del concurso, los créditos derivados de su realización tienen el carácter de concursales, conforme a los arts. 84.1 y 89 LC.

3. Aplicado al caso que nos ocupa, solo las actuaciones procesales realizadas por el actor en ese procedimiento extraconcursal tras la declaración de concurso pueden justificar la reclamación pretendida.

4. Al margen de lo que diremos sobre su cuantificación, la realidad de esos servicios jurídicos no ofrece duda, por lo que la oposición frontal de la AC a reconocer suma alguna no es atendible.

4.1 En primer lugar, carecen de eficacia las dudas planteadas sobre quien presta los servicios reclamados.

Descartado en otro incidente concursal que los mismos honorarios fueran debidos a la mercantil INTERNACIONAL DE ABOGADOS GARCÍA MORCILLO, S. L, debemos concluir que el legitimado activo es el abogado Belarmino, que es quien aparece identificado en el escrito pidiendo la homologación judicial del acuerdo y en los correos electrónicos cruzados con la AC, que en ningún momento negara desconocer que dicho letrado era el encargado de la asistencia técnica de la concursada en ese litigio ante los juzgados de Cieza.

4.2 En segundo lugar, el que la "factura proforma" sea insuficiente para soportar la cuantía reclamada, como veremos a continuación, no significa que los servicios no se prestaran cuando la AC reconoce en sus correos no solo que el actor era el letrado encargado de la asistencia técnica de la concursada en ese litigio ante los juzgados de Cieza, sino que había un juicio señalado para mayo de 2011 y que se puso fin al litigio mediante acuerdo (folios 14 y ss.).

4.3 En tercer lugar, al margen de lo que dirá en orden a su cuantificación, no hay infracción del art. 85.3 de la Ley Concursal, que se refiere a la comunicación de los créditos concursales, no contra la masa. Otra cosa es que la documentación que acompaña a la demanda no permita con precisión valorar la entidad de los trabajos realizados y ahora reclamados, pero ello se analizará al tratar de la cuantificación de los servicios prestados.

5. Tampoco es admisible la prescripción invocada al amparo del art. 1.967 del Código Civil.

El que el procedimiento judicial en virtud del cual se reclama se trate de un procedimiento ordinario del año 2008 no significa que el plazo trianual debe computarse desde su inicio, según constante jurisprudencia, arriba referida. Lo determinante es la finalización de los servicios al haber alcanzado un acuerdo extrajudicial en dicho procedimiento judicial (año 2011).

Y constan en los *e-mails* que se aportan a la demanda, fechados a 29 y 30 de junio de 2011, que indistintamente por Belarmino o Internacional de Abogados GM S. L. se reclaman los honorarios por ese litigio, si se pone en relación con el resto de correos previos.

Si bien la demanda inicial en reclamación de los honorarios presentada el 20 de junio de 2014 (según consta en la sentencia aportada por la AC, folios 49 y ss.) lo fue por la mercantil citada, compartimos con el juez *a quo* que ello revela una intención evidente de mantener el derecho por el titular de este, incompatible con el instituto de prescripción.

No podemos perder de vista que debe interpretarse de forma restrictiva, según constante jurisprudencia de cita ociosa, y que su estimación supone un abandono del derecho por su titular, que no se puede en este caso predicar. Máxime atendida las circunstancias concurrentes, pues las comunicaciones previas con la AC se habían mantenido indistintamente por la AC con Belarmino o la mercantil Internacional de Abogados GM S. L., sin queja alguna al respecto, generando la confianza de que eran ambos interlocutores válidos. Por ello el que la fecha de la factura proforma aquí aportada sea del 7 de julio de 2015 no es determinante ni concluyente, como pretende la AC.

6. Finalmente, no hay preclusión del art. 21 LC, pues ese plazo se prevé para los casos de créditos concursales, no contra la masa, que es lo pretendido por el actor. Cosa distinta es que parte del crédito reclamado se haya devengado antes de la declaración de concurso, y, por ende, sea crédito concursal, según la doctrina jurisprudencial expuesta *ut supra*.

Los créditos del letrado y el procurador, correspondientes a sus honorarios por la solicitud del concurso, deben clasificarse como créditos contra la masa

AP Almería, Sec. 1.ª, 549/2017, de 21 de noviembre

SP/SENT/973000

El letrado y el procurador solicitantes del Concurso de Acreedores en nombre y representación de la Concursada reclaman su retribución. Y esta es considerada crédito contra la masa de conformidad a lo previsto en el artículo 84.2 LC. No se discute la cuantía de la misma (salvo en la entrega a cuenta) ni la misma existencia de esa retribución necesaria que la administración concursal quiere llevar a crédito subordinado como si de una clasificación general del pasivo del concurso se tratara. Los créditos contra la masa son gastos y obligaciones derivados del concurso con categoría de preferentes y prededucibles y pagaderos con criterios devengo y vencimiento con algunas excepciones de anticipación previstas en el citado precepto o en lo previsto en el artículo 176 bis LC. No se alega o se discute nada de esto en el incidente concursal y solo se cuestiona la necesidad de ese reconocimiento como crédito contra la masa y su calificación.

La administración concursal ha alegado en su escrito cierto fraude por la representación y confusión entre abogado y procurador y el allanamiento de la concursada. No puede existir fraude en quien usa de sus derechos procesales y más si tenemos en cuenta que abogado y procurador reclaman para ellos los servicios prestados en el citado concurso. También alega que se puso en contacto con los mismos para que presentaran su crédito y que no lo hicieron, lo que no impide su reconocimiento posterior, su clasificación y el sistema de pago previsto en la norma conforme se reconozcan, se hayan prestado los servicios y exista liquidez para ello. El Tribunal Supremo ha matizado la forma en la que podrá la administración concursal moderar o cuantificar dichos servicios, pero este no es el caso en el presente donde ni siquiera se ha alegado (STS 11 DE FEBRERO DE 2013 (33/13). STS 18 DE JULIO DE 2014. STS 3162/2014 - ECLI:ES: TS: 2014:3162. Sentencia TS de 21 de julio de 2014).

Por lo tanto, dichos créditos han de ser reconocidos en el momento en que se pongan de manifiesto (incluso la administración concursal podría haber recogido y moderado los mismos aún a pesar de no haberse comunicado de forma prudente para el propio concurso y salvo renuncia expresa de quien es el legítimo titular de ellos) y procederá su pago (aunque sea posterior al criterio de clasificación establecido en la norma concursal respecto de los créditos vencidos para ello) partiendo de esos criterios de vencimiento y disponibilidad de liquidez para ello y no estar incurso en ninguna de las excepciones que hemos señalado.

No existe una clasificación de los créditos contra la masa en nuestro derecho concursal que no sea la prevista en el artículo 84 de la misma (devengo y vencimiento con las excepciones allí previstas) y su subordinación solo podrá articularse por alguno de los supuestos previstos en la norma cuando así proceda (i. e. En supuestos de afectación, reintegración, etc.) y no como sistema calificatorio por tardío que es lo que pretende la administración concursal.

Nada tiene que ver a tales efectos ese reconocimiento con la presentación de facturas proforma sin perjuicio de las obligaciones tributarias de quienes las presentan. Si existen dichos créditos han de reconocerse y evidentemente se exigirá esa factura plena en el supuesto de pago y se reflejará en las declaraciones tributarias correspondientes.

Dado que el letrado actor ha llevado a cabo procedimientos extraconcursales, que se iniciaron en interés de la masa en un ámbito externo al concurso, procede reconocerle un crédito contra la masa por el importe de los honorarios pactados

AP Madrid, Sec. 28.ª, 382/2017, de 21 de julio

SP/SENT/932562

II. RESPUESTA DEL TRIBUNAL

5. La sentencia de este tribunal en la que dice inspirarse el juzgador de la instancia precedente contempla un supuesto distinto del que aquí nos ocupa. En efecto, lo que se juzgaba en esa otra sentencia era una reclamación de honorarios por el concepto de defensa letrada proporcionada al concursado en la fase de convenio, subsumible en el artículo 84.2.2.º LC. El criterio inspirador de dicha resolución coincide con el expresado por el Tribunal Supremo en sentencia de 18 de julio de 2014 (ECLI:ES:TS: 2014:3162), cuando señala lo siguiente:

"Los créditos por servicios jurídicos prestados con posterioridad a la declaración de concurso, que se correspondan con la mención del art. 84.2.2.º LC (los necesarios para la asistencia y representación del concursado durante toda la tramitación del procedimiento y sus incidentes, cuando su intervención sea legalmente obligatoria o se realice en interés de la masa, con excepción de los ocasionados por los recursos que interponga contra resoluciones del juez cuando fueren total o parcialmente desestimados con expresa condena en costas), pueden ser satisfechos con cargo a la masa en la cuantía que, como ya hemos apuntado, se considere adecuada y proporcionada. Esta valoración no se ve determinada por el pacto de honorarios, que no vincula a los acreedores del deudor común, en cuyo interés se restringe a lo estrictamente necesario la admisión y cuantificación de los créditos contra la masa por la asistencia letrada del concursado, sin que sea necesario que previamente se haya impugnado el pacto de honorarios".

6. Como explica la sentencia de la Sección 1 de la Audiencia Provincial de Oviedo de 10 de diciembre de 2014 (ECLI:ES:APO:2014:2738), en línea con los razonamientos desplegados en nuestra sentencia invocada por la aquí recurrida, la tesis de la inoponibilidad del pacto de honorarios en el seno del concurso tiene su razón de ser en la protección de la masa y con ello del resto de los acreedores frente al resultado lesivo que pudiera deparar un eventual contenido abusivo o desproporcionado de los acuerdos alcanzados el deudor concursado con su letrado para minutar los honorarios por la llevanza de las actuaciones en seno del procedimiento concursal. Tal criterio, prosigue la sentencia, tiene todo su sentido en el ámbito de los llamados juicios internos del concurso a los que se refiere el artículo 84.2.2.º LC, pero no así cuando se trata de juicios externos al concurso contemplados en el artículo 84.2.3.º LC, por cuanto en este caso no se trata de trámites procesales que sean consecuencia necesaria o que se deriven de la apertura del concurso, sino de procedimientos extraconcursales que se han iniciado o continuado en interés de la masa, esto es, en un ámbito externo al concurso y en interés del conjunto de los acreedores.

7. Por todo ello, concluye la sentencia que la sustancial diferencia existente entre los supuestos contemplados en el artículo 84.2. 2.º LC y 84.2. 3.º LC justifica que no resulte de aplicación en este último caso el criterio de la no vinculación del pacto de honorarios, corolario que compartimos.

Procede reconocer al actor un crédito contra la masa, correspondiente a una condena en costas impuesta al concursado, por un procedimiento iniciado antes de la declaración del concurso, pero concluido después de la misma

AP Granada, Sec. 3.ª, 5/2017, de 17 de enero

SP/SENT/899902

La actora invoca la existencia de un crédito por una condena en costas a la concursada, impuesta en un procedimiento iniciado antes de la declaración del concurso, pero concluido después.

No estamos ante la reclamación de un crédito por los servicios prestados por un letrado o procurador, ni ante la exigencia de honorarios del letrado de la concursada, recayendo sobre estas cuestiones, distintas de la que aquí nos ocupan, las sentencias de Audiencias Provinciales alegadas por la apelante.

La condena en costas comprende también otros gastos distintos de los de asistencia y representación. El crédito por costas es un crédito de la parte, no de los profesionales, y es una obligación legal de carácter procesal impuesta en sentencia o en resolución equivalente, en función del resultado del pleito y que se ejecuta como un aspecto más de ella. Con la condena en costas se resarce al beneficiario de la condena de los gastos soportados durante el proceso, naciendo un derecho de crédito a favor de la parte beneficiaria, a los efectos de que le sean resarcidos los desembolsos, que tengan su origen directo e inmediato en la existencia de dicho proceso.

El derecho de crédito del apelante nace de la condena en costas que contiene una resolución procesal, en este caso las sentencias dictadas en las distintas instancias procesales; y no de la tasación, imponiéndose tras la declaración de concurso, surgiendo por mandato de lo dispuesto en los arts. 394 y ss. de la LEC.

Conforme al artículo 51.2 de la Ley Concursal, párrafo primero, en caso de suspensión de facultades, la administración concursal sustituye al concursado en los procedimientos judiciales pendientes en el momento de declararse el concurso, precisando autorización judicial para "*desistir, allanarse, total o parcialmente, y transigir litigios*". En tal caso, "*las costas impuestas a consecuencia del allanamiento o desistimiento autorizados tendrán la consideración de crédito concursal; en caso de transacción, se estará a lo pactado en materia de costas*". De dicha previsión legal se deduce que, de optar la administración concursal por continuar con el procedimiento pendiente, la condena en costas deberá atenderse con cargo a la masa.

El párrafo segundo del mismo artículo 51.2 corrobora la anterior conclusión. Dicho párrafo permite al concursado, no obstante, la sustitución, mantener su representación y defensa separada con abogado y procurador propio, siempre que garantice que los gastos de su actuación judicial "*y, en su caso, la efectividad de la condena en costas no recaerá sobre la masa del concurso*". La norma tiene como premisa que la condena en costas al concursado que intervenga por sus propios medios en el proceso pendiente tendrá la consideración de crédito contra la masa y por eso le obliga a prestar garantía suficiente para que esa condena no se haga efectiva sobre el patrimonio del deudor.

El artículo 51.3 LC, *in fine*, señala que, en caso de intervención, en cuanto a las costas, se estará a lo dispuesto en el párrafo primero del apartado anterior.

En uno y otro caso, suspensión o intervención, el legislador parte de estimar que cuando la acción continua las costas que se generen serán una deuda de la masa y únicamente contempla la posibilidad de que pueda pasar a ser deuda concursal en los casos en los que, a iniciativa de la propia concursada o de la AC, se hubiera puesto fin al proceso de forma anticipada a través del desistimiento, el allanamiento o la transacción, lo que no ha ocurrido en el supuesto que enjuiciamos.

Por tanto, el crédito reclamado por el acreedor, que ni la AC ni Naviro han discutido en cuanto a su existencia y cuantía, tiene el carácter de deuda contra la masa, fundamentalmente por razón de estar ante una obligación del concursado nacida por la ley, 84.2.10.º LC, con posterioridad a la declaración de concurso y hasta la conclusión del mismo, y merecer tal consideración el crédito derivado de la condena en costas impuesta en nuestro caso, por virtud de lo previsto en el artículo 84.2.12.º LC, en relación con el 51 del mismo texto legal.

Por tanto, con el reducido alcance señalado en el segundo fundamento jurídico de esta resolución, debemos estimar el recurso, sin que exista justificación para excluir la condena en costas impuesta por ministerio legal, de la previsión del art. 84.2.10.º LC, sin que tampoco debamos prescindir del contenido del artículo 84.2.12.º LC, en relación con lo dispuesto en el artículo 51 LC, debiendo considerar el crédito objeto del proceso como contra la masa.

Procede reconocer al actor un crédito contra la masa correspondiente a las costas de un juicio ordinario

Juzgado de lo Mercantil Murcia, n.º 2, 300/2018, de 10 de diciembre

SP/SENT/999243

SEGUNDO. APLICACIÓN DE LA LEGISLACIÓN EXPUESTA AL CASO. ANÁLISIS DE LA PRUEBA OBRANTE EN AUTOS.

Partiendo de que la regla general sería la de reconocer el crédito por costas como un crédito contra la masa, la cuestión estriba en determinar si es posible el cambio de calificación, a ordinario, atendidas las circunstancias que pone de manifiesto la Administración Concursal.

En primer lugar, la postura del Administración Concursal no tiene suficiente apoyo en la legislación. Tampoco se hace alegación de alguna jurisprudencia que pudiera articular la propuesta del Administración Concursal.

Asimismo, se aporta la página cinco de la memoria económica presentada por la concursada, manteniendo la Administración Concursal que no se informaba del juicio ordinario (documento 4 de la contestación, acont. 39). Pero esta afirmación no es sólida. En la relación de procedimientos aparece don Obdulio, con referencia al Procedimiento Monitorio 411/16. Resulta que de este procedimiento monitorio derivó el juicio ordinario, como se desprende del encabezamiento de la sentencia aportada como documento 1 de la demanda (dentro del acont. 11).

Tampoco se argumenta suficientemente la razón que hubiera llevado al allanamiento o transacción.

Aún sin dudar del escaso tiempo entre la aceptación del cargo y el dictado de sentencia, lo expuesto impide que pueda calificarse el crédito del actor como ordinario.

Visto el allanamiento de la Administración Concursal procede reconocer al actor un crédito contra la masa correspondiente a sus honorarios por la preparación y presentación de la demanda de concurso

Juzgado de lo Mercantil Palma de Mallorca, n.º 3, 237/2018, de 22 de octubre

SP/SENT/994334

Tercero. La aplicación de dicha doctrina al caso de autos.

Aplicado al caso de autos toda la doctrina del anterior fundamento, queda clara la existencia de un crédito contra la masa a favor de la defensa letrada de la concursada, y que ese crédito le corresponde reconocerlo y cuantificarlo a la administración concursal, para lo que esta debe efectuar un juicio de cuantificación atendiendo a los factores concurrentes, que no son otros que los servicios jurídicos prestados por el Letrado a la concursada, y que los mismos resultan ser necesarios o en interés de la masa.

Para ello, y dado que existe discrepancia de valoración, el demandante debería haber traído al expediente el conjunto de datos que permitieran al Tribunal alcanzar la conclusión que pudiera dar lugar a la estimación de sus pretensiones. Debe aportar el conjunto de datos referentes a qué actuaciones concretas se han ejecutado, en qué forma resultan necesarias o de interés de la masa, la onerosidad y dificultad del trabajo realizado y su concreta cuantificación. En modo alguno resulta suficiente la genérica referencia a la personación, seguimiento y asistencia de la concursada, cuando como dice la administración concursal, no consta ninguna actuación adicional de dicho letrado al margen de la preparación y presentación de la demanda de concurso.

En modo alguno cabe remitirse a las normas orientadoras del colegio de abogados dado que, como recuerda la STS de 21 de julio de 2014, con la Ley 17/2009, de 23 de noviembre, sobre el libre acceso a las actividades de servicios y su ejercicio, que traspone la Directiva 2006/123/ CE del Parlamento Europeo y del Consejo, de 12 de diciembre, relativa a los servicios en el mercado interior, se prohíbe toda *"restricción a la libertad de precios, tales como tarifas mínimas o máximas o limitaciones a los descuentos"* [art. 11. g)]. Y por la Ley 25/2009, de 22 de diciembre, de modificación de diversas leyes para su adaptación a la Ley sobre el libre acceso a las actividades de servicios y su ejercicio, que introduce un nuevo art. 14 a la Ley de 2/1974, de 13 de febrero, sobre Colegios Profesionales, según el cual *"(l)os Colegios Profesionales y sus organizaciones colegiales no podrán establecer baremos orientativos ni cualquier otra orientación, recomendación, directriz, norma o regla sobre honorarios profesionales, salvo lo establecido en la Disposición Adicional Cuarta"*. Esta disposición adicional justifica la existencia de los baremos orientativos para la tasación de costas y la jura de cuentas.

No son créditos contra la masa los honorarios de letrado por oposición a la solicitud de declaración de concurso y vista ni los honorarios de la fase común, al no estar especificado su carácter necesario

Juzgado de lo Mercantil Bilbao, n.º 1, 26/2018, de 17 de enero

SP/SENT/957596

La demanda debe ser íntegramente desestimada. Tiene razón la AC. Los honorarios reclamados por la Letrada de la concursada, en este caso, no tienen la consideración de crédito contra la masa, al no encontrar encaje en el art. 82.2.2.º (y menos en el 82.2.3.º, que es el que cita y transcribe parcialmente la demandante en apoyo de su pretensión).

2. Los honorarios devengados por la redacción del escrito de oposición a la solicitud de concurso de necesario, y de asistencia a la vista correspondiente, desde luego no entran dentro del concepto de *"gastos necesarios para la solicitud y declaración de concurso"* (precisamente la intervención de la concursada en este caso persigue lo contrario). La STS de 21.07.2014 analiza el precepto interpretando el concepto de "costas", de "gastos judiciales" y fijando aquellos que, conforme a este inciso, tienen la consideración de crédito contra la masa, sin incluir en ellos, en ningún caso, los gastos derivados de la oposición a la solicitud instada por el acreedor.

3. Y los gastos de asistencia letrada de la concursada durante la tramitación del procedimiento concursal únicamente tendrá la consideración de crédito contra la masa cuando, como dice el precepto, "*resulten necesarios (inciso incluido en la reforma del 2011, que sustituyó la palabra «ocasionados») para llevar a cabo actuaciones que, además, resulten obligatorias para la concursada (no meramente potestativos) o que, aunque no lo sean, resulten de interés para la masa*" (SAP de León de 29.04.2015). Continúa esta resolución explicando que "*la exigencia de intervención «obligatoria» se ha de entender a aquellas actuaciones que resultan impuestas y no al carácter precepto de la intervención del letrado para la defensa del concursado*" lo que supone que, "*en cada caso concreto se han de analizar las circunstancias concurrentes para determinar qué gastos son necesarios y qué actuaciones se han de entender como obligatorias o en interés de la masa*".

Y en este caso, esta tarea de fiscalización de las actuaciones practicadas resulta fácil, porque la demandante no ha concretado en su demanda (donde debe hacerlo) ninguna intervención o asistencia a la concursada, ni obligatoria, ni necesaria, ni en interés de la masa, ni tan siquiera potestativa. Por tanto, sus honorarios resultarán o no adeudados por su cliente, pero no pueden ser calificados como crédito contra la masa, como solicita en este incidente.

Procede reconocer al letrado un crédito contra la masa correspondiente a sus honorarios por la preparación del concurso, pero moderando la cantidad reclamada

Juzgado de lo Mercantil San Sebastián, n.º 1, 173/2017, de 5 de julio

SP/SENT/919455

Cabe, por tanto, una facultad moderadora de los honorarios por parte de la ad. concursal.

En esta facultad moderadora deben de tenerse en cuenta las siguientes directrices:

– No serán vinculantes las normas orientadoras del correspondiente Colegio de Abogados.

– La cuantía debe ser adecuada a la dificultad y onerosidad del trabajo realmente realizado y a las circunstancias concurrentes.

Los criterios para cuantificar honorarios utilizados más comúnmente son:

– Complejidad del concurso.

– Intervención del deudor en relación con la llevada a cabo por el AC.

– Patrón habitual: los honorarios de la ad. concursal como tope. (SAP Córdoba, secc. 3.ª, de 22 de marzo de 2011 y SAP Madrid, secc. 28, de 18 de marzo de 2011).

En el caso presente, la administración concursal utiliza también un criterio diferente y que no consideramos de recibo: la situación real de la masa activa, no entendemos que el que la masa activa sea suficiente o no para pagar los créditos contra la masa es un criterio para moderar los honorarios, cuestión diferente es que parte de los honorarios que se consideren procedentes queden impagados, como, por lo demás, ocurre con carácter frecuente en relación a los créditos contra la masa en su conjunto en los supuestos de insuficiencia en los que, por otro lado, recordemos, rige un criterio de pago diferente al del vencimiento.

Indicado lo anterior, lo primero que hace la ad. concursal es indicar que no discute el trabajo realizado por el Sr. Bartolomé, que valora, pero considera que no se debe de tener en cuenta sino el trabajo desarrollado desde el 11 de enero, fecha de notificación del acta de liquidación de hacienda que es cuando, según el propio impugnante, la sociedad se ve abocada al concurso.

La hoja de encargo en cuestión está fechada el 7-11-16 y contiene dos tipos de actuaciones:

a) Asistencia y representación para las sucesivas actuaciones ante la Hacienda Foral.

b) Para el caso de que la liquidación de la hacienda foral sea definitiva, asesoramiento y presentación de la demanda de concurso voluntario, así como todas las cuestiones derivadas de la tramitación del procedimiento, recursos e incidentes.

En cuanto al precio, se indica que (sorprendentemente) la primera actuación no genera honorarios, y que la propuesta solo sería vinculante para el caso de que deba procederse a prestar el asesoramiento y servicios relativos a la presentación del concurso.

Decimos que es sorprendente, pues el letrado impugnante, a la hora de intentar demostrar la complejidad e importancia de los trabajos desarrollados, con detalle de actuaciones concretas, *emails*, llamadas, tiempo empleado en documentos esenciales, etc., se refiere a momentos muy anteriores a la solicitud y actuaciones relacionadas con las actuaciones ante hacienda, que se supone que eran gratuitas, según la hoja de encargo.

Se fija unos honorarios de 12.000 euros, de los que 6.000 se cobrarían antes de la presentación y el resto al momento de presentar el concurso.

Teniendo en cuenta lo anterior, debemos de sentar los siguientes criterios:

– Se puede considerar que existe un trabajo previo importante, pero no tanto como indica el letrado; hay que discriminar solo lo que está relacionado con la solicitud de concurso y es necesario para la misma.

– El encargo es para todo el concurso, no solo la solicitud, por lo que no se puede pretender ser acreedor de toda la suma fijada cuando el concurso está en tramitación, ¿o es que se pretende ya cobrar por actuaciones no realizadas o futuras?

– Del mismo modo, no es procedente que por parte de la ad. concursal se fije al letrado, como retribución automática, la misma que el administrador concursal, independientemente de la labor que desarrolle, de si existe o no y si es o no necesaria o en interés de la masa.

Expuesto lo anterior, se puede considerar aceptable, pues así se puede deducir de los porcentajes que fijan las normas de honorarios, que de los 12.000 euros, 4.500 se corresponderían con la solicitud, otros 4.500 con la fase común y unos 3.000 con la liquidación fijar en las normas orientadoras de los Colegios de Abogados, que el 50 % de la retribución se corresponda con la solicitud de concurso.

Siendo así, se puede considerar que la complejidad del concurso (no es un concurso de una gran dimensión) puede corresponderse con unos honorarios de 4.500 euros por la solicitud, de los que le quedaría por cobrar al actor 500.

En cuanto al resto, no es lo mismo que se hayan pactado y que sean considerados como créditos contra la masa; para ello, como ya hemos indicado, deben resultar necesarios para llevar a cabo actuaciones que, además, resulten obligatorias para la concursada (no meramente potestativos) o que, aunque no lo sean, resulten de interés para la masa.

No cabe, por tanto, una equiparación automática de los honorarios de la ad. concursal con los del letrado de la concursada, sin perjuicio de que se pueda utilizar lo cobrado por la ad. concursal como límite retributivo.

Indicado lo anterior, por razones de congruencia, tampoco podemos darle al demandante menos de lo que le reconoce la ad. concursal.

Dado que por esta ya se le reconocen como créditos 643,88 euros por la fase común y 1.393,16 por la de liquidación, como se desprende de su contestación, si a los mismos le sumamos los 500 que entendemos quedarían por cobrar por la solicitud, fijamos el crédito a reconocer en 2.537,04 euros.

Todo ello sin perjuicio de que, a lo largo del procedimiento, el letrado pueda generar más créditos contra la masa con arreglo a los criterios indicados y no admitiendo su equiparación automática al ad. concursal, por entenderla no conforme a la norma y perjudicial al resto de los acreedores, por lo que no se aceptaría aquí el allanamiento del ad. concursal a la petición subsidiaria del demandante por ir en perjuicio de tercero.

El actor no ha litigado en interés de la masa del concurso, motivo por el cual su crédito, correspondiente a las costas procesales, no puede clasificarse como crédito contra la masa

Juzgado de lo Mercantil Burgos, n.º 1, 34/2017, de 8 de febrero

SP/SENT/898966

Debe recordarse que la categoría de créditos contra la masa tiene una extensión que debe ser delimitada por medio de una interpretación restrictiva, ya que la naturaleza de tales créditos hace que estos escapen del principio general de universalidad del concurso y de sometimiento a la *pars condictio creditorum*. En tal sentido la STS n.º 33/2013, de 11 de febrero en su FJ 12.º señala que: "*Para que un crédito contra un deudor concursado tenga la consideración de crédito contra la masa es necesario que pueda merecer esta consideración de acuerdo con la regulación contenida en el apartado 2 del art. 84 LC (...)*". Desde esta perspectiva es lógico que, como argumentábamos en la Sentencia 720/2012, de 4 de diciembre, "*la enumeración de créditos contra la masa se interprete de forma restrictiva, porque, en la medida que gozan de la reseñada «preferencia de cobro»*", merman en la práctica las posibilidades de cobro de los créditos concursales, en función de los cuales y para cuya satisfacción se abrió el concurso. De este modo, resulta de aplicación la mención que la exposición de motivos de la Ley Concursal hacía al carácter restrictivo de los privilegios y preferencias de cobro: "*(s)e considera que el principio de igualdad de tratamiento de los acreedores ha de constituir la regla general del concurso, y que sus excepciones han de ser muy contadas y siempre justificadas*".

Es evidente que el Incidente Concursal se está refiriendo, no a las costas o gastos ocasionados por la defensa o representación del deudor o de su administración concursal, si no a los de un acreedor, única condición subjetiva que concurre en la Mercantil demandante.

Pero la posibilidad de que el crédito por costas a favor de un acreedor, en el marco de tal precepto, se repute crédito contra la masa aparece delimitada por un requisito esencial, consistente en que tal acreedor esté legitimado conforme a la Ley Concursal para litigar en interés de la masa del concurso. Con ello el precepto se está refiriendo a aquellos casos en los que específicamente la LC permite a los acreedores entablar litigios en interés de la masa, como es, v. gr., la interposición de acciones de reintegración, art. 72.1, 2.º inc., LC; procedimientos de carácter patrimonial cuya promoción hubiera sido instada a la administración concursal, sin que esta hubiera deducido la acción, art. 54.4 LC; o acciones de impugnación a las que se refiere el art. 176 bis.5 pf. 2.º, ult. inc., LC.

Es decir, los términos legitimación e interés de la masa apuntados en el art. 84.2. 3.º LC en relación con la posición del acreedor, lleva a concluir que dicha norma se está refiriendo a los supuestos en los que el acreedor ha ejercitado a su costa una acción prevista en la Ley Concursal en interés de la masa, y respecto de la cual cobró la legitimación para entablarla gracias a los especiales mecanismos previstos para ello, en cada caso, en la propia Ley Concursal.

Nada de ello aparece como aplicable al supuesto de la condena en costas obtenida a favor de la actora, lo que impide cobijar dicho crédito en la previsión del art. 84.2. 3.º LC, lo que determina la desestimación de la Demanda Incidental interpuesta.

Créditos contra la masa - Créditos públicos

Los créditos de la Agencia Estatal de Administración Tributaria correspondientes a las retenciones del IRPF de los salarios adeudados, antes de la declaración de concurso y pendientes de pago, surgirán cuando la concursada lleve a cabo su pago. Son créditos contra la masa *ex* art. 84.2 LCon

TS, Sala Primera, de lo Civil, 436/2018, de 11 de julio

SP/SENT/962194

Como muy bien advierte el recurrente, esta jurisprudencia surgida en aplicación de la Ley del Impuesto sobre la Renta de 2004 resulta igualmente aplicable bajo la legislación posterior aplicable a nuestro caso, la Ley 35/2006, de 28 de noviembre, cuyo art. 99.2 regula en parecidos términos la obligación de retener. Y el reglamento del impuesto, ahora en el art. 78.1 del RD 439/2007, de 30 de marzo, vuelve a remarcar que, "*con carácter general, la obligación de retener nacerá en el momento en que se satisfagan o abonen las rentas correspondientes*".

De este modo, en nuestro caso los créditos de la AEAT correspondientes a las retenciones del IRPF de los salarios adeudados antes de la declaración de concurso y pendientes de pago surgirán cuando la concursada lleve a cabo el pago de los correspondientes salarios, que por ser posterior a la declaración de concurso tendrán la consideración de crédito contra la masa, conforme a lo previsto en el art. 84.2.10 LC.

3. Estimado el motivo, casamos la sentencia de apelación, sin que sea necesario entrar a analizar los otros dos motivos.

Al asumir la instancia, en aplicación de lo razonado hasta ahora, estimamos el recurso de apelación y modificamos la sentencia de primera instancia en el sentido de estimar la impugnación de la lista de acreedores en el siguiente extremo: los créditos correspondientes a las retenciones por IRPF de las retribuciones de los trabajadores no satisfechas tienen la consideración de crédito contra la masa.

Será crédito contra la masa el que corresponde a la actora para recuperar la cantidad prestada en garantía a la concursada para recurrir ante la Agencia Estatal de Administración Tributaria cuando se estima el recurso y se anula la resolución tributaria

AP Valencia, Sec. 9.ª, 646/2019, de 20 de mayo

SP/SENT/1014369

Ello implica que la sala confirme la sentencia apelada en lo que se refiere a la desestimación de la acción de separación del artículo 80 de la Ley Concursal, así como la acción de nulidad de la entrega de la cantidad reclamada por falta de causa con amparo en el artículo 1.275 del C. Civil.

Ahora bien, dicho esto, no compartimos la calificación que se contiene en el Fundamento Jurídico Tercero de la Sentencia apelada (párrafos segundo y tercero) porque la resolución toma como referencia para fijar sus conclusiones el momento en que la actora entregó a la demandada la cantidad cuya recuperación postula (antes de la declaración del concurso) como consecuencia de su compromiso de indemnidad por su actuación profesional. Desaparecida la causa de la entrega de dicha suma por mor de la resolución dictada por el TEAR —ya declarado el concurso— nace el derecho de la actora a la recuperación del importe, y por tanto, como sostiene la concursada, la calificación del crédito de la demandante frente a ella es la de crédito contra la masa.

Procede reconocer a la Tesorería General de la Seguridad Social los créditos obrantes en la certificación administrativa con la clasificación de créditos contra la masa

AP Cádiz, Sec. 5.ª, 194/2019, de 12 de marzo

SP/SENT/1004142

Por lo que se refiere a los créditos reconocidos por certificación administrativa, esto es, los reconocidos por acto administrativo del que se ha expedido certificación, con independencia de que pongan fin o no a la vía administrativa, el precepto comentado, basándose en la facultad de autotutela de las Administraciones Públicas, reconoce a las certificaciones administrativas la condición de título ejecutivo, por lo que su reconocimiento es imperativo para la administración concursal, que puede, no obstante, si discrepa de su existencia o cuantía, acudir a la vía administrativa o contencioso-administrativa. En relación con lo especificado por la administración en la certificación administrativa cabe señalar que en el propio documento de certificación constarán no solo los créditos cuantificados, sino también la calificación que el órgano certificante considera oportuna para el crédito. Por lo tanto, el acto administrativo incluye la calificación jurídica. No obstante, es pacífica tanto en la doctrina como en la jurisprudencia la cuestión de la no vinculación por la calificación solicitada en la certificación.

Así pues, el legislador considera que en una serie de supuestos ya está suficientemente acreditada la existencia de un derecho y por tanto en estos casos la administración concursal debe reconocer necesariamente los créditos. El fundamento de esta exigencia de reconocimiento necesario tiene su base en la presunción de validez de los derechos de crédito representados por los documentos contemplados en el precepto legal que venimos analizando, y, así el acreedor que tenga acreditada a su favor la existencia de un derecho no tiene que soportar que la administración realice las tareas de comprobación exigidas para el resto de los créditos a fin de poner en entredicho la pretensión de tal acreedor. Una vez más, debemos recordar el principio de ejecutividad inmediata y presunción de legitimidad de que gozan los actos administrativos, de conformidad con los artículos 56 y 57 de la Ley 30/1992, de 26 de noviembre, de Régimen Jurídico de las Administraciones Públicas y del Procedimiento Administrativo Común, de ahí el supuesto de reconocimiento forzoso de este supuesto. De modo que, la administración concursal debe incluir en la lista de acreedores la suma certificada por una administración pública como crédito de su titularidad, siendo así que el único margen de decisión posible para el órgano concursal queda limitado a la clasificación que merece dicha suma. Todo ello, sin perjuicio de la posibilidad que le asiste de impugnar el acto administrativo de que se trate a través de los cauces admitidos al efecto por su legislación específica, y de solicitar del Juez del concurso la adopción de las medidas cautelares que en su caso estime oportunas para tutelar el interés de la masa y asegurar las consecuencias de una eventual resolución que acoja la ineficacia del acto administrativo impugnado. En definitiva, los créditos administrativos deben reconocerse si no son impugnados en la vía adecuada no siendo la impugnación de la lista de acreedores no es la vía adecuada para combatir la procedencia y cuantía de los mismos, sino que, tal y como se dice en la Sentencia del Tribunal Supremo de fecha 15 de marzo de 2017, deben ser atacados por el deudor o la administración concursal, mediante los recursos administrativos y judiciales pertinentes.

Sentado cuanto antecede, que ya sería suficiente para la estimación del recurso, a mayor abundamiento de lo anterior, como bien expone la apelante en el escrito de interposición del recurso que consta unido a las actuaciones, se ha procedido a una interpretación errónea de las sentencias que constan como documentales, las cuales se dictan en una jurisdicción y procedimiento en el que la misma no interviene y que no afectan al crédito certificado, ya que conformidad con el artículo 43.3 del Estatuto de los Trabajadores tanto el cedente como el cesionario responderán de forma solidaria de las obligaciones contraídas con la Seguridad Social.

Por lo anteriormente expuesto procede la estimación del recurso de apelación interpuesto por la representación de la Tesorería General de la Seguridad Social y revocarse la sentencia apelada en el sentido de estimar la demanda inicial de las actuaciones y declarar que deben reconocerse los créditos contra la masa a favor de la apelante con los importes certificados por la misma que habrán de pagarse a sus respectivos vencimientos.

La Tesorería General de la Seguridad Social ha presentado su demanda incidental antes de que concluyera el concurso, teniendo derecho a que se le reconozca el crédito contra la masa reclamado

AP Cádiz, Sec. 5.ª, 114/2019, de 19 de febrero

SP/SENT/1004433

Pues bien, la interpretación rigorista de la resolución recurrida no puede ser compartida a los efectos de entender que la demanda se ha interpuesto con posterioridad al Auto de fecha 21 de septiembre de 2016. Además, ha sido el propio órgano el que ha ofrecido una respuesta tardía a la petición principal que debió ser resuelta con anterioridad, sobre todo puesto que de esa contestación ha dependido el propio ejercicio de la acción.

Por otra parte, en fecha posterior fue interpuesta la demanda el 26 de septiembre de 2016 y la juez *a quo* ha realizado una interpretación rigorista del momento en que finalmente se tuvo en cuenta la reclamación, para entender finalizada la posibilidad de hacer alegaciones o de formular peticiones a la administración concursal, ya que días antes dictó Auto de conclusión del concurso. Dicha interpretación obviando los datos antes señalados vulnera el principio *pro actione* antes indicado, considerando esta Sala que, aunque finalmente se admitió a finales de septiembre de 2016, desde el 20 de julio de 2016, el propio Juzgado tuvo conocimiento de la petición. Estimando el recurso revocamos la decisión de instancia y consideramos que se ha acreditado que la demanda se interpuso antes de que se concluyera el concurso y por ello debemos entrar a analizar el, fondo de la cuestión, ya que no se ha solicitado en el recurso la declaración de nulidad de la resolución apelada.

CUARTO. Como se señala en numerosas resoluciones, como la Sentencia del Tribunal Supremo de 18 de febrero de 2015 o la más reciente de 15 de marzo de 2017, las certificaciones administrativas impiden que la administración concursal discutir sobre la existencia del crédito y tienen que reconocer los créditos que figuran en las certificaciones de tal carácter, según impone el art. 86.2 de la Ley Concursal, salvo que se trate de conceptos o partidas que conforme a la propia Ley Concursal no sea reconocible como crédito en el concurso.

Pues bien, en este caso consta unas certificaciones de la Tesorería General de la Seguridad Social de fecha 2 de julio de 2015, (docs. n.os 1 y 2 de la demanda) con importes de 365.310,96 y 131.156,52 euros, procedentes de la actuación de dicha entidad, otra de fecha 17 de septiembre de 2015, (doc n.º 5 de la demanda) por cuantía de 597.991,57 euros, así como otro posterior de fecha 3 de junio de 2016, (doc. n.º 7) por cuantía de 617.104,97 euros. Figuran también los intentos de comunicación a la administración concursal, solicitando su inclusión al no observar que fueran recogidos en los informes trimestrales sucesivos y posteriores a la propia petición inicial realizada por la Tesorería, reclamaciones pese a lo que la administración concursal señala en su condición de apelada, ostentan la condición de créditos contra la masa y el caso omiso que recibió la entidad pública por parte de los mencionados administradores concursales (doc. n.º 8) en una misiva donde señalan unas cantidades muy inferiores que se recogerían en los textos definitivos, lo que finalmente obligó a la interposición de la demanda.

Pues bien, habiendo acreditado la parte apelante que los créditos objeto de reclamación reúnen los requisitos del art. 86.2 de la Ley Concursal, debemos estimar el recurso y la demanda en su integridad acordando reconocer los créditos antes señalados por importe conjunto de 617.104,97 euros contra la masa.

Constando en la certificación administrativa que los créditos reclamados surgieron con posterioridad a la fecha del convenio, se le reconoce a la Tesorería General de la Seguridad Social un crédito contra la masa

AP Zaragoza, Sec. 5.ª, 382/2018, de 17 de mayo

SP/SENT/961980

TERCERO. Por la TGSS en fecha de 17 de septiembre de 2013 se remitió a la administración concursal un certificado pretendiendo la calificación como crédito contra la masa de 64.828,15 euros. La AC contestó reconociendo como tal la suma de 57.305,46 euros, entendiendo que, en cuanto a la suma restante, 7.522,69 euros, no constaba hecho o circunstancia que amparase la calificación pretendida, abonando únicamente la cantidad reconocida como crédito contra la masa e iniciando una serie de conversaciones en las que la AC solicita datos que permitan tal calificación limitándose la TGSS a aportar sucesivas certificaciones sin explicación alguna.

Pues bien, conforme a lo expuesto, la presunción de veracidad no alcanza a la calificación como crédito contra la masa. No obstante, en la propia certificación consta la fecha de devengo de las sumas reclamadas, siendo todas ellas posteriores al 2 de septiembre de 2011, fecha de declaración de concurso y, por tanto, merecedoras de la calificación de crédito contra la masa. Frente a ello, la administración concursal se limita a requerir explicaciones y datos sobre el origen y devengo de tales sumas sin argumentar el motivo por el que les niega tal calificación. Así pues, ante la ausencia de datos en contrario y constando en la certificación administrativa que se trata de créditos surgidos con posterioridad a la fecha del contrato, procede estimar el recurso presentado por la TGSS, reconociendo la suma de 9.435,22 euros como crédito contra la masa.

Procede reconocer los créditos contra la masa derivados de los recargos de apremio, tal y como reconoce el allanamiento íntegro de la demandada en este punto

AP Baleares, Sec. 5.ª, 135/2018, de 24 de abril

SP/SENT/958717

TERCERO. Debemos comenzar señalando la dificultad de tener por acreditados hechos derivados de la gestión del concurso durante tantos años con los documentos que hemos detallado en esta resolución, en caso de insuficiencia probatoria resolveremos con las normas de carga de prueba *ex* art. 217 LEC. En este punto el Tribunal Supremo en reciente sentencia en STS de 21 de marzo de 2018 (ECLI:ES:TS: 2018:1113) ha recordado: "*La carga de la prueba no tiene por finalidad establecer mandatos que determinen quién debe probar o cómo deben probarse ciertos hechos, sino establecer las consecuencias de la falta de prueba suficiente de los hechos relevantes. De tal manera que solo se infringe art. 217 LEC si la sentencia adopta un pronunciamiento sobre la base de que no se ha probado un hecho relevante para la decisión del litigio, y atribuye las consecuencias de la falta de prueba a la parte a la que no le correspondía la carga de la prueba según las reglas aplicables para su atribución a una y otra de las partes, establecidas en el art. 217 LEC y desarrolladas por la jurisprudencia (sentencias de esta sala 244/2013, de 18 de abril, 742/2015, de 18 de diciembre, y 164/2016, de 16 de marzo, entre otras muchas)*".

En cuanto al primer objeto del recurso, AEAT discrepa de la significación recogida en el fallo como consecuencia del allanamiento tal y como consta en la parte dispositiva.

Atendido el hecho de que la demandada se allana íntegramente las cantidades de la certificación presentada con la demanda y detalla el total (1.666.318,94) en el que habría un error material (de 2 €) respecto a la certificación aportada por la actora no apreciamos el gravamen que denuncia el recurrente. Además, hubiera podido solicitar aclaración al fallo que el interpreta como restrictivo de sus pretensiones, por lo demás íntegramente acogidas en este punto como razona el Juez *a quo* en su fundamento primero.

Ello, no obstante, para mayor claridad y pese a que el allanamiento y el razonamiento coinciden en estimar esta pretensión, es cierto que el fallo delimita a "*cantidades e intereses de demora*". Omitida la aclaración por el aquí apelante procedemos a precisarlo en esta alzada.

Así respecto a la inclusión de los recargos como crédito contra la masa, en aplicación de la jurisprudencia de la SALA PRIMERA DEL TRIBUNAL SUPREMO, procede la inclusión tal y como razona la STS 15 de marzo de 2017 (Roj Sts 983/2017) que resolvió:

"*2. La impugnación de la lista de acreedores no es la vía adecuada para combatir la procedencia o cuantía de los recargos de apremio referidos a deudas tributarias anteriores a la declaración de concurso, sino que los mismos deben ser atacados, por el deudor o por la administración concursal, mediante los recursos administrativos y judiciales (contencioso-administrativos) previstos en su legislación específica (Ley General Tributaria, Ley General de la Seguridad Social, etc.). De no ser así, la administración concursal, tiene que reconocer los créditos administrativos en los términos contenidos en la correspondiente certificación de tal carácter, según impone el citado art. 86.2 LC; salvo que se trate de conceptos o partidas que, conforme a la propia Ley Concursal, no sean reconocibles como créditos en el concurso.*

Así lo han declarado también las sentencias del Tribunal de Conflictos de Jurisdicción 4/2013, de 4 de abril, y 2/2014, de 31 de marzo.

Cuestión distinta sería que tales recargos tuvieran su origen en incumplimientos de deudas tributarias posteriores a la declaración de concurso, en cuyo caso no tendrían la consideración de créditos concursales, sino de créditos contra la masa (SSTS 237/2013, de 9 de abril; 379/2013, de 4 de junio; 315/2013, de 23 de mayo; 246/2013, de 14 de mayo; 321/2013, de 9 de mayo; 295/2014, de 14 de mayo; 262/2014, de 2 de junio; 273/2014, de 4 de junio; 275/2014, de 4 de junio; y 46/2015, de 18 de febrero), con el específico régimen que ello conlleva".

En este punto el recurso formalmente debe prosperar y procede ordenar expresamente el reconocimiento de los créditos contra la masa derivados de los recargos de apremio, tal y como reconoce el allanamiento íntegro de la demandada en cuanto a este punto de la demanda.

El crédito de la Tesorería General de la Seguridad Social, correspondiente a intereses y recargos de las deudas que contrajo la concursada con posterioridad a la declaración del concurso, debe clasificarse como crédito contra la masa

AP Sevilla, Sec. 5.ª, 318/2017, de 25 de julio

SP/SENT/932952

SEGUNDO. Pues bien, una vez delimitados los términos del debate en esta alzada, que vienen a reducirse a la determinación de si es aplicable o no en este caso la doctrina de los actos propios y la del retraso desleal, que son una consecuencia de la buena fe conforme a la cual han de ejercitarse los derechos, como dispone el artículo 7, 1 del Código Civil, hay que poner de manifiesto, desde un primer momento, que no comparte el tribunal, en absoluto, el criterio de la administración concursal y de la sentencia de instancia.

Y es que la doctrina de los actos propios, que compendia el aforismo "*venire contra factum propium non potest*", exige para su aplicación, como expone la sentencia del Tribunal Supremo de 28 de enero de 2000, la observancia de un comportamiento con plena conciencia de crear, definir, modificar, extinguir o esclarecer una determinada situación jurídica, que después es abiertamente contradicho, algo que no advierte el tribunal con respecto a la actuación, en este caso, de la Tesorería General de la Seguridad Social.

Para ello sería preciso que, por su parte, se diera una actuación de la que, de manera clara e inequívoca, se dedujera su intención de renunciar al cobro de los intereses y recargos como crédito contra la masa, actuación suficiente como para hacer creer, en este caso a la administración concursal, que ya no serían reclamados como tal crédito contra la masa, actuación que no consta que se haya producido, puesto que el silencio de la Tesorería General de la Seguridad Social, durante un determinado período de tiempo, frente a la calificación que por la administración concursal se daba a los intereses y recargos en cuestión, no puede equipararse a una renuncia.

TERCERO. Por otra parte, por lo que respecta a la doctrina del retraso desleal, que vienen acogiendo los tribunales en casos muy excepcionales, como en las sentencias del Tribunal Supremo de 29 de enero de 1965, 21 de mayo de 1982 y 2 de febrero de 1996, exige también, para su aplicación, que se aprecie la existencia de una actuación de mala fe por parte del acreedor, como podría ser la de no reclamar la deuda, durante un prolongado período de tiempo, haciendo creer al deudor que ya no le sería reclamada, con la intención de que se vea sensiblemente agravada con los intereses cuando, después, se reclama, actuación de mala fe que en este caso no aprecia el tribunal.

Por otra parte, tratándose de deudas de dinero, en las que, en principio, nada impide que el deudor cumpla su obligación, sería preciso, para apreciar un retraso desleal, que, para el pago y consiguiente liberación del deudor, existiera un obstáculo, como pudiera ser la necesidad de practicar una liquidación dependiente de la voluntad del acreedor, y, debido a la falta de actividad de este, se viera sensiblemente aumentada la deuda con los intereses moratorios devengados durante el tiempo transcurrido, sin poder evitarlo el deudor, circunstancias que, evidentemente, no concurren en este caso.

En este caso, aunque con el transcurso del tiempo, hasta que se produjo el cambio de criterio en esta materia y la parte actora decidió reclamar que se reconocieran, como crédito contra la masa, los intereses y recargos, se haya producido ese incremento de los intereses moratorios, no existía, sin embargo, obstáculo alguno al cumplimiento que dependiera de la voluntad del organismo demandante.

CUARTO. Consecuentemente, sin necesidad de entrar en más consideraciones, procede estimar el recurso de apelación interpuesto y, revocando la sentencia de instancia, reconocer, como crédito contra la masa, la cantidad correspondiente a los intereses y recargos de las deudas que la concursada contrajo con la Seguridad Social con posterioridad a la declaración de concurso y correspondientes al período de tiempo que va del día 17 de junio de 2008 al mes de febrero de 2009, imponiendo a la parte demandada, como no podía ser de otra manera, conforme a lo dispuesto en el artículo 394 de la Ley de Enjuiciamiento Civil, el pago de las costas causadas en la primera instancia, sin que se haga imposición, en cambio, dado el signo de la presente resolución, de las de esta alzada.

Al no existir oposición de la Administración Concursal procede reconocer a la Tesorería General de la Seguridad Social los créditos contra la masa contenidos en la certificación administrativa

Juzgado de lo Mercantil San Sebastián, n.º 1, 240/2019, de 15 de julio

SP/SENT/1022545

En relación con el contenido de estos informes, la Ley dice en primer lugar que los informes versaran *"sobre el estado de las operaciones"*, sin dar mayor explicación; ello ha de ponerse en relación con el contenido del plan de liquidación, de modo que en los informes se relacionen las operaciones de liquidación realizadas y las que se hayan pendientes, con detalle suficiente para que se sepa que activos han sido realizados, que ingresos de efectivo ha existido en el concurso, que gastos ha tenido la actividad liquidatoria y que créditos contra la masa han sido saldados con el producto de la liquidación.

Como medio para que el cumplimiento de estas reglas pueda ser supervisado por las partes y evitar conflictos incidentales sobre el pago de créditos contra la masa, se introduce la información sobre los mismos en los informes trimestrales. Esta prioridad informativa se trasluce cuando la L.C. indica que el informe quedará de manifiesto en la oficina judicial; es decir, a disposición de acreedores y otros posibles interesados para su informe.

Este informe no es objeto de aprobación por el Juez, ni tampoco se prevé un trámite contradictorio en el que puede plantearse oposición frente al mismo como ocurre con el informe final sobre la conclusión del concurso.

En todo caso, aunque no esté expresamente previsto, nada impide que al amparo del art. 192 y del art. 84.4 de la L.C., cualquier acreedor pueda plantear incidente concursal en relación a los pagos o el reconocimiento de créditos contra la masa, las alteraciones del orden del vencimiento y los gastos necesarios e imprescindibles de la liquidación (arts. 84.3 y 176 bis2 de la L.C.). La sentencia que se dicte en estos incidentes será directamente apelable, al tratarse de una cuestión suscitada durante la fase de liquidación (art. 197.5 LC).

SEGUNDO. El reconocimiento de créditos contra la masa que obran en certificación administrativa.

El art. 86.2 LC dispone que *"se incluirán necesariamente en la lista de acreedores aquellos créditos (...) reconocidos por certificación administrativa (...). No obstante, la administración concursal podrá impugnar (...), a través de los cauces admitidos al efecto por su legislación específica, los actos administrativos"*.

Por ello, la Administración Concursal debe incluir en la lista de acreedores, en principio, el importe total de los créditos certificados por administraciones públicas, sin perjuicio de la impugnación en vía administrativa y contencioso-administrativa de la cuantía o de los créditos certificados.

Pero, no obstante, esta regla que ordena la inclusión sin cuestionamiento del crédito certificado tiene unos límites, impuestos por la exigencia de que ha de tratarse de créditos concursales, de modo que si se advierte la inclusión en la certificación de créditos o conceptos que no son concursales, porque son contra la masa, o bien porque con claridad se evidencia que no han podido nacer o generarse debido precisamente a los efectos legales de la declaración de concurso, tanto la Administración Concursal como el Juez al resolver la impugnación podrán excluir de la certificación tales partidas o créditos [a tal respecto, SAP Barcelona (Sección 15) 10.11.2008 (Rollo 494/2008)].

En todo caso, aquí, la ad. concursal, que no ha comparecido, no ha impugnado, ni discutido la existencia ni calificación de los créditos recogidos en la certificación administrativa que se acompaña a la demanda, por lo que hay que darla por correcta, dictando sentencia en los términos solicitados, salvo en lo relativo a los créditos contra la masa futuros, remitiendo a la parte a que los reclame en su día si no le son abonados, dada su falta de existencia actual.

La totalidad del crédito contra la masa titularidad de la Tesorería General de la Seguridad Social devengará intereses por el principal, así como por los recargos e intereses generados

Juzgado de lo Mercantil Gijón, n.º 3, 171/2018, de 2 de noviembre

SP/SENT/986774

SEGUNDO. Tanto la Administración Concursal como la mercantil instante del Concurso consideran que el cómputo utilizado por la actora para el cálculo del importe de los intereses reclamados no es correcto, no pudiendo atenderse, en el cómputo del *dies a quo*, a la fecha de la compraventa de la nave sino a la de conocimiento por la Administración Concursal de la firmeza del auto de adjudicación y cancelación de cargas, tesis que no puede compartirse plenamente, pues la Administración Concursal podría haber tenido conocimiento de su firmeza en cualquier momento anterior al de la expedición de los mandamientos el 17 de Enero de 2018 teniendo en cuenta la facultad de impulso procesal que le corresponde y de conocimiento puntual del estado del procedimiento.

Lo anterior no significa que deba atenderse a la fecha de la compraventa para el inicio del cómputo ni tan siquiera, como subsidiariamente interesa la Entidad pública actora, a la fecha del Auto de adjudicación y cancelación de cargas, 14 de Julio de 2017, y sí, en cambio, a la fecha de la firmeza de dicha resolución, que, repasados los autos, tuvo lugar el 27 de Noviembre de 2017, pues resulta una exigencia para la inscripción en el Registro de la Propiedad y la plena transmisión a favor del adjudicatario la cancelación de las cargas que pesaban sobre el referido inmueble, lo que no es posible en tanto en cuanto no se dicte la indicada resolución judicial y esta adquiera firmeza. Por tanto, aunque la inscripción no tenga carácter constitutivo, en el ámbito de un proceso concursal y como consecuencia de la enajenación por venta directa, el adjudicatario no será pleno propietario en tanto en cuanto la resolución judicial que así lo considera no alcance firmeza y será a partir de su firmeza cuando pueda acceder al Registro y producirse la cancelación de las cargas y gravámenes que pesaban sobre la nave. Así pues, el inicio del cómputo del plazo para el abono de intereses debe identificarse con el 27 de noviembre de 2017, toda vez que el Auto de fecha 14 de Julio de 2017 no fue firme, al ser impugnado por la Entidad actora mediante recurso de reposición, que fue estimado por Auto de fecha 27 de Noviembre de 2017, contra el que no cabía interponer recurso alguno, alcanzando firmeza.

En cuanto al *dies ad quem*, este debe identificarse con la fecha en que la Administración Concursal cumple con su obligación profesional de solicitar del órgano judicial el abono a la Tesorería General de la Seguridad Social de su crédito, no siendo imputable la demora en el pago a la Administración Concursal ni tampoco al resto de los acreedores. El tiempo que medió entre la solicitud de pago y el pago efectivo es propia del devenir de los procedimientos, no solo judiciales sino también administrativos, como bien conoce la dirección letrada de la Entidad pública actora, resultando acreditado en autos que la fecha de la solicitud de la Administración Concursal al Juzgado para la entrega de la cantidad a la Tesorería General de la Seguridad Social fue la del 5 de marzo de 2018.

TERCERO. Determinados el momento inicial (27 de noviembre de 2017) y final del devengo de intereses (5 de Marzo de 2018), queda por concretar la cuantía sobre la que han de ser calculados los intereses moratorios. Entiende la Administración Concursal que tal importe debe limitarse al principal de 531.518,09 €; pues es el que se corresponde con la comunicación inicial del crédito efectuada por la Tesorería General de la Seguridad Social. La falta de pago de las cuotas de la Seguridad Social en el período reglamentariamente determinado provoca el devengo tanto del recargo como de los intereses, no impidiendo la exigibilidad como crédito contra la masa del importe correspondiente a principal, recargo e intereses, a su vencimiento. Por tanto, tanto el recargo como los intereses tendrán la misma calificación que el crédito cuyo impago determina su devengo, que es la de crédito contra la masa, conforme a la regla de que lo accesorio sigue la naturaleza de lo principal a falta de regla que determine un régimen distinto.

Lo expuesto lleva a que no pueda acogerse la tesis de la Administración Concursal, devengando intereses la totalidad del crédito contra la masa titularidad de la Entidad actora, que lo es por el importe no solo del principal, sino también de los recargos e intereses generados, suma que se corresponde con el importe reclamado por la Tesorería General de la Seguridad Social de 611.014,62 €.

En consecuencia, procede estimar parcialmente el incidente planteado y, conforme al cálculo que sigue, la suma que en concepto de intereses de demora corresponde a la Tesorería General de la Seguridad Social asciende a la cantidad de 6.214,77 € (seis mil doscientos catorce euros con setenta y siete céntimos de euro).

Los recargos derivados del impago de los IBI tienen consideración de créditos contra la masa de la concursada porque, pese a que la Administración Concursal entiende que no pueden ser reconocidos como tal porque debe aplicarse el art. 84.2.5, se aplica el art. 84.2.10

Juzgado de lo Mercantil Murcia, n.º 1, 94/2018, de 9 de abril

SP/SENT/960716

Respecto a los recargos derivados del impago de los IBI, la AC entiende que no pueden ser reconocidos como créditos contra la masa en el presente caso pues estos recargos no han sido generados derivados del impago de un crédito contra la masa por la continuación de la actividad comercial de la concursada. En primer lugar, porque la concursada es persona física que entra en liquidación el 17 de noviembre de 2011 y por tanto entiende que cesa en su actividad desde esa fecha. Y, en segundo lugar, porque el recargo, no es generado como consecuencia de actividad profesional o empresarial, que no existía en el presente concurso de persona física, y por tanto, no puede tener la consideración de crédito contra la masa.

Respecto a los IBI de las dos plazas de garaje del año 2017, la Administración Concursal no se opone al reconocimiento, y únicamente realiza precisiones en cuanto a la oportunidad de reclamar este reconocimiento con ocasión del presente incidente.

SEGUNDO. APLICACIÓN DE LA LEGISLACIÓN EXPUESTA AL CASO. ANÁLISIS DE LA PRUEBA OBRANTE EN AUTOS.

En cuanto a los IBI correspondientes a 2015 relativos al local comercial objeto de adjudicación en octubre de ese año, asiste la razón a la administración concursal, de tal forma que ha de ser el adjudicatario el que se haga cargo del pago del impuesto devengado el año de la adjudicación y el inmediatamente anterior.

En este sentido puede mencionarse, la Sentencia de la Audiencia Provincial de Murcia, Sección 4.ª, de 24 de septiembre de 2015:

"Hemos de tener en cuenta que conforme al artículo 75 del Real Decreto Ley 2/2004 que recoge el Texto Refundido de la Ley de Haciendas Locales, el IBI se devenga el día 1 de enero de cada ejercicio, aunque su exigibilidad se fija en un momento temporal distinto tal y como permite el artículo 21.2 de la Ley General Tributaria 58/2003. Por tanto, declarado el concurso con posterioridad a esa fecha, debe calificarse como concursal el crédito devengado con anterioridad, ya que lo determinante al respecto es la fecha de devengo del impuesto. En consecuencia, cabe afirmar que solo aquellas obligaciones tributarias y entre ellas el IBI, nacidas con posterioridad a la fecha de declaración de concurso, gozarían de la naturaleza de créditos contra la masa a tenor de lo dispuesto en el art. 84.2.10 LC. Por el contrario, las deudas tributarias anteriores a la declaración del concurso serían concursales, aunque sean exigibles con posterioridad a dicha declaración. En este caso el auto de declaración del concurso es de fecha 16 abril 2012, y la deuda tributaria reclamada es la correspondiente al ejercicio de 2013, por lo que, de acuerdo con lo expuesto, debe calificarse como crédito contra la masa.

Hemos de tener en cuenta que el IBI goza de la consideración de hipoteca legal tácita, como alega la Administración Concursal, dada su naturaleza de tributo directo de carácter real, como establece el artículo 60 del TRLHL, que grava el valor de los bienes inmuebles en los términos establecidos en dicha ley, por lo que le resulta aplicable lo dispuesto en el artículo 78 LGT. Sin embargo, tal garantía real, no constituye óbice alguno que impida la referida calificación de crédito masa en función de las fechas de su devengo y de declaración del concurso. En este caso, como hemos señalado, el IBI de la concursada correspondiente al ejercicio 2013, es crédito contra la masa, sin perjuicio de su afección real, lo que determina que, en su momento, el adquirente del bien vendría obligado al pago de dicho impuesto correspondiente al año de su adjudicación y al inmediatamente anterior".

En cuanto a los recargos, la Administración Concursal no refiere el precepto legal que fundamenta su oposición. No obstante, por la mención al ejercicio de la actividad profesional o empresarial, pudiera entenderse que considera que sería de aplicación el artículo 84.2.5.º, y no el artículo 84.2.10.º. Al respecto dado que el apartado quinto hace referencia a recargos sobre prestaciones relativas a obligaciones de materia de salud laboral, considero que el párrafo a aplicar es el 10.º, y como obligación nacida de la ley debe ser reconocido como crédito contra la masa el correspondiente a los recargos.

En atención a lo expuesto, se estima parcialmente la demanda, debiendo incluirse como créditos contra la masa los correspondientes a los recargos por importe de 65,72 €; y los correspondientes a los dos IBI de 2017 (referencias NÚM002 y NÚM001), por importe cada uno de 59,80 €; lo que hace un total de 185,32 €; para su pago según corresponda.

Estando debidamente probada su existencia, procede reconocer a la Tesorería General de la Seguridad Social el crédito contra la masa reclamado

Juzgado de lo Mercantil Burgos, n.º 1, 39/2017, de 16 de febrero

SP/SENT/898435

Conforme a lo expuesto, el problema de fondo se reduce a una cuestión estricta de prueba, para lo habrá que tener en cuenta el art. 217 LEC. Este precepto ha de ser entendido en el sentido de que al actor le basta con probar los hechos normalmente constitutivos de su derecho, pues si el demandado no se limita a negar aquellos sino que alega otros, con el objeto de impedir, extinguir o modificar el efecto jurídico pretendido en la demanda, tendrá que probarlos, de la misma forma que habrá de acreditar también aquellos eventos que por su naturaleza especial o su carácter negativo no podrían ser demostrados por la parte adversa sin graves dificultades. En definitiva, en términos generales, cuando se invoca un hecho que sirve de presupuesto al efecto jurídico que se pretende y el mismo no ha sido probado, las consecuencias de esa falta de prueba son que se tendrá tal hecho por inexistente en el proceso, en contra de aquel sobre quien pesaba la carga de su demostración.

En este punto debemos recordar que la finalidad del procedimiento concursal, en lo referente a la masa pasiva, consiste en averiguar la verdadera situación en que se encuentra el deudor, averiguar cuáles son todos y cada uno de los créditos que ostentan terceros frente al concursado, para lo cual se acude a la propia documentación de que disponga este, así como la que se aporte por los propios interesados. Con ello la Administración Concursal deberá formar un estadio completo de los acreedores del deudor, indicando la cuantía de sus créditos, para a continuación clasificarlos de acuerdo con el sistema legal previsto, formándose de esta forma la masa pasiva.

Y así se recoge en el art. 86 LC, al especificar que "*Corresponderá a la administración concursal determinar la inclusión o exclusión en la lista de acreedores de los créditos puestos de manifiesto en el procedimiento. Esta decisión se adoptará respecto de cada uno de los créditos, tanto de los que se hayan comunicado expresamente como de los que resultaren de los libros y documentos del deudor o por cualquier otra razón constaren en el concurso...*

Se incluirán necesariamente en la lista de acreedores aquellos créditos que hayan sido reconocidos por laudo o por sentencia, aunque no fueran firmes...".

De dicha norma se infiere la obligación ya apuntada, aquella consistente en que la relación de créditos frente al deudor se formará a partir de los libros y documentos de que posea este como de las comunicaciones que efectúen los acreedores, a los cuales se les hace un doble llamamiento, a través de la comunicación que la Administración del concurso debe hacer una vez que hubiere aceptado el cargo y siempre partiendo de los datos que se le hubiesen suministrado por el deudor (art. 21.1.5 LC) o a través de las publicaciones (en el BOE, en un diario y en los Registros Públicos) que exigen los arts. 23 y 24 LC. Es una exigencia imperativa que incumbe a los administradores concursales, la de formar un inventario completo para conocer con exactitud el alcance y volumen de las deudas del concursado que deberán ser satisfechas con los bienes y derechos existentes en la masa activa, o que pueden ser objeto de negociación al objeto de conseguir una quita o una espera.

Créditos contra la masa - Créditos de contratos

No es crédito contra la masa porque no se acredita que la sociedad siguiera ejecutando la obra una vez declarado el concurso, de modo que la cantidad reclamada se corresponde con trabajos realizados con anterioridad del concurso

AP Guipúzcoa, Sec. 2.ª, 804/2019, de 16 de diciembre

SP/SENT/1043902

Sin embargo, esta Sala estima que, si bien de la prueba practicada cabe alcanzar la primera conclusión, no así la segunda, sin que de la primera conclusión se deduzca necesariamente la segunda.

En efecto, no es cuestión controvertida la existencia de una relación jurídica entre PROMOLAND y NABAR calificable como de contrato de obra en virtud de la cual esta realizaba por encargo de aquel las obras de instalación eléctrica en el local bar-restaurante que la mercantil TRASLAPAPA, S. L. iba a abrir en la calle Usandizaga n.º 17 de esta ciudad.

Tampoco resulta controvertido en esta alzada que PROMOLAND no resolvió el citado contrato y ello se desprende de la comunicación de fecha 19/11/2018 dirigida por la administración concursal de PROMOLAND a NABAR (documento n.º 3 adjuntado a la demanda incidental).

Ahora bien, del citado documento no se concluye que la administración concursal de PROMOLAND asuma que NABAR ha realizado trabajos con posterioridad a la declaración del concurso. Lo que se dice es que de un burofax que TRASLAPAPA, S. L. ha remitido a PROMOLAND (y que no se ha aportado a los autos, ni se ha interesado su aportación) se desprende que NABAR ha alcanzado un acuerdo con la promotora para la continuación de los trabajos pendientes apartando de forma unilateral a PROMOLAND y que "*en el supuesto de que su Empresa (NABAR) ejecute los trabajos que quedan pendientes en el referido local procederemos a la reclamación del margen comercial que nos corresponde como contratista principal de la obra*".

Y tampoco cabe entender probada la ejecución de trabajos con posterioridad a la declaración del concurso por el mero hecho de que la factura reclamada lleve fecha posterior a la declaración del concurso, así como tampoco de las manifestaciones de parte efectuadas por el legal representante de NABAR en prueba de interrogatorio, ni de la testifical del legal representante de GIROLAN, que mantiene un contencioso en procedimiento concursal en los mismos términos que NABAR. Y si bien es cierto que también debe tomarse con cautela la declaración en sentido contrario a lo mantenido por la demandante efectuada por el testigo Sr. Santiago, administrador de PROMOLAND, que fue removido tras la declaración del concurso y que tiene evidente interés en el concurso, sí que ofrece más garantías de imparcialidad la declaración del testigo Roque, que no consta que en la actualidad guarde relación con ninguna de las partes, ni tenga especial interés en el concurso, y que manifestó que existieron conversaciones con TRASLAPAPA, S. L. a efectos de que esta asumiera el pago de lo ejecutado hasta ese momento, pero que fracasaron porque la misma no quiso aceptarlo y que entiende que la cantidad reclamada, que figura en el documento n.º 1 de la demanda incidental, se corresponde con lo ejecutado hasta mediados de septiembre y, por tanto, con anterioridad a la declaración del concurso.

Por último, se ha de manifestar que entendemos que la situación del caso presente no es asimilable al supuesto abordado en la STS n.º 632/2014, de 18 de noviembre, pues en aquel caso fue la propia concursada, con la conformidad de la administración concursal, la que solicitó del contratista la finalización de los trabajos para poder entregar la obra en plazo, mientras que en el presente supuesto lo que la administración concursal transmite es que se trata de un acuerdo a espaldas de la concursada.

En consecuencia, y por todo lo anteriormente expuesto, procede, con estimación del recurso de apelación interpuesto, desestimar la demanda incidental formulada.

Se le reconoce a la entidad actora un crédito contra la masa correspondientes a las rentas de su local que ha dejado de abonar el concursado, hasta la firma del acuerdo de resolución del contrato de arrendamiento

AP León, Sec. 1.ª, 285/2017, de 12 de julio

SP/SENT/918908

La parte apelante apoya ahora fundamentalmente sus argumentos en que aportó en el acto de la vista los dos originales de cada uno de los acuerdos de resolución de los contratos de arrendamiento, entiende que si dichos originales estaban en su poder los acuerdos de resolución no pudieron surtir efecto alguno. Añadiendo, además, que la sentencia no tiene en cuenta el Acuerdo que dejo sin efecto los acuerdos de resolución que también fue aportado en el acto de la vista, acuerdo que es de la misma fecha de los acuerdos de resolución por lo que entiende que estos no llegaron a desplegar sus efectos siendo su firma un mero error. Sostiene que la sentencia no se refiere a este documento dejando sin efecto los acuerdos y que si se valora correctamente las pruebas aportadas se ha de concluir sobre la ineficacia de los acuerdos de resolución.

La administración concursal se opone a pago de las rentas alegando inexistencia de la obligación por extinción de los contratos de arrendamiento que tuvo lugar entre las partes por acuerdos de fecha 1 de abril de 2015. La sentencia recurrida considera en efecto resueltos los contratos en la fecha citada y desestima la reclamación de rentas que se hace en la demanda.

La cuestión controvertida, con iguales perfiles facticos y jurídicos a los que aquí se plantean, fue objeto de análisis en nuestra sentencia de fecha 2 de junio de 2017, Rollo de Apelación n.º 58/2017, siendo partes contendientes las mismas, en ella decíamos que la parte apelante admite como cierto el pacto de extinción del contrato de arrendamiento suscrito el día 1 de abril de 2015, e incluso afirma que *"mi mandante aportó en dicho acto los dos originales del acuerdo de resolución"*, y explica que *"Lógico es que si ambos originales se encontraban en poder mi mandante el «acuerdo» no pudo haber surtido efectos"*. Es decir, se admite como cierto y se reconoce por el apelante el acuerdo de resolución del contrato, hasta el punto de que ella misma aportó lo que considera como *"los dos originales del acuerdo"*. Sin embargo, parece cuestionar la veracidad de lo que ella misma suscribió al poner entre comillas la palabra acuerdo. No es creíble ni merece relevancia que en el mismo día se firme un acuerdo de resolución de los contratos y a la vez otro en el que se deja sin efecto dicha resolución.

Decíamos en nuestra sentencia que sorprende que este documento dejando sin efecto la resolución se ha puesto de manifiesto cuando la demandada aporta los pactos de extinción de los contratos, debiendo tenerse por autentico los acuerdos de resolución que no han sido cuestionados o impugnados por la entidad demandante y ahora recurrente, lo que no es aplicable al documento que se aporta dejando sin efecto dichos acuerdos que únicamente lo será a efectos de terceros (y esa condición tiene la administración concursal en cuanto representa la masa activa) cuando se cumplan los requisitos del art. 1.227 del CC respecto a su fecha.

Llegamos ahora a la conclusión de que el mero hecho de que los documentos lleven la misma fecha es indicativo de alguna simulación o maniobra oculta, porque no tiene sentido alguno firmar la resolución de los contratos y, a la vez, sin solución de continuidad dejar sin efecto lo acordado. Reforzando el argumento en que la fecha de resolución de los contratos de arrendamiento ha de tenerse por cierta por no ser discutida, mientras que la fecha del acuerdo que lo deja sin efecto no está reconocida, por lo que solo se puede tener como cierta desde el momento mismo en que se presenta en este procedimiento.

En suma, estamos nosotros de acuerdo con lo decidido en la sentencia que considera acreditada la resolución de los contratos de arrendamiento con el documento aportado por la administración concursal y así se dice: *"pues fue obtenido del archivo de la concursada en el que únicamente se almacenaban originales, y facilitados a la administración concursal"*. Lo que aparece corroborado por la prueba testifical de Antonio Blanco que tenía un conocimiento directo y próximo a esta cuestión, afirmando que los documentos en los que se contienen los acuerdos de resolución contractual son originales pues fueron obtenidos de los archivos de la concursada y así facilitados a la administración concursal.

No se explica por la entidad demandante, como ya decíamos en nuestra anterior sentencia, por qué se suscribió un acuerdo de resolución de los contratos y el mismo día se dejó sin efecto, ni tampoco explica por qué no se destruyeron unos documentos que podían inducir a error (el pacto resolutorio y el que lo deja sin efecto), siendo altamente chocante la confección de un documento y el contrario claramente contradictorio todo ello el mismo día, ante estas evidencias así puestas de manifiesto en las actuaciones y correctamente valoradas en la sentencia apelada, no cabe otra decisión que confirmar lo resuelto por el Juez "a quo".

Acreditado que el incumplimiento del concursado del contrato de prestación de servicios fue posterior al concurso, procede reconocer al actor un crédito contra la masa por el importe debido

AP Valladolid, Sec. 3.ª, 143/2018, de 20 de marzo

SP/SENT/955425

Es más, ante la ausencia de compromiso contractual para ejecutar el servicio contratado, conviene acudir al concreto tipo de prestación incumplida al objeto de analizar si, en atención a las circunstancias concurrentes, el contrato pudiera ser entendido como resuelto por inacción en el mentado plazo de cuarenta días. Sin embargo, no parece que el tiempo transcurrido haya sido excesivo o, al menos, no con la suficiencia laxitud como para estimar que, por el simple transcurso de este, la demandada dejó de cumplir de forma definitiva sus obligaciones. Debe tomarse en consideración que el contrato no versaba exclusivamente sobre el suministro de los muebles y electrodomésticos y otros elementos auxiliares de cocina, sino que también comprendía su montaje e instalación, lo que sin duda ofrecía una mayor complejidad en la prestación del servicio en la medida en que exigía la disponibilidad de la mercancía y del personal necesario para ello, amén de la conformidad de la actora en la planificación de las fechas. En todo caso, no parece dudoso que la parte incumplidora es quien cuenta con mayor disponibilidad y facilidad probatoria (art. 217.7 LEC) del momento exacto en que incumplió su obligación o, en su caso, de la fecha en que comunicó a la parte actora la imposibilidad de llevarla a cabo, motivo suficiente para fijar como postconcursal el incumplimiento de la concursada de las obligaciones asumidas.

En base a lo expuesto, encontrándonos ante un supuesto de obligaciones recíprocas de tracto único pendientes de cumplimiento por ambas partes, cuyo incumplimiento se concreta temporalmente en un momento posterior a la declaración del concurso, procede revocar la sentencia dictada en primera instancia y reconocer a la parte demandante la facultad de resolver el contrato suscrito con la concursada el 20 de abril de 2017.

TERCERO. Sobre los efectos de la resolución contractual: calificación del crédito como contra la masa.

Con carácter previo hemos de poner de relieve que la actora no se conformó con la calificación del crédito como concursal que figura en la lista de acreedores del informe, obrando en las actuaciones una demanda incidental de impugnación vía art. 96.1 LC con la que se pretendía la consideración de dicho crédito como contingente a la espera de la resolución definitiva del presente incidente concursal (demanda fechada el 26.9.2017).

Por lo que se refiere a la cuestión estricta de los efectos resolutorios en el crédito reclamado por la actora, y más allá del planteamiento temporal relativo a la determinación de la fecha de incumplimiento por aplicación del art. 62.4 LC, nos hacemos eco de la sentencia del Tribunal Supremo de fecha 19 de julio de 2016 (y la posterior de 12 de mayo de 2017), en la que el Alto Tribunal reitera su doctrina en relación con la correcta aplicación del mencionado apartado (4) del art. 62 LC, en el sentido que la discriminación temporal (antes/después a la declaración del concurso) únicamente será relevante respecto de las obligaciones recíprocas pendientes de cumplimiento por ambas partes de tracto sucesivo, pero en ningún caso serán aplicables sus consecuencias a las obligaciones de tracto único. En su opinión las consecuencias jurídicas del incumplimiento de tales obligaciones deberán ser resultas por las normas generales de resolución contractual (arts. 1.123 y 1.124 CC, y art. 61.2 LC).

La citada resolución establece en su FD 2.º que: "*En principio, esta norma es la contenida en el art. 62.4 LC, cuyo tenor literal es el siguiente: «Acordada la resolución del contrato, quedarán extinguidas las obligaciones pendientes de vencimiento. En cuanto a las vencidas, se incluirá en el concurso el crédito que corresponda al acreedor que hubiera cumplido sus obligaciones contractuales, si el incumplimiento del concursado fuera anterior a la declaración de concurso; si fuera posterior, el crédito de la parte cumplidora se satisfará con cargo a la masa. En todo caso, el crédito comprenderá el resarcimiento de los daños y perjuicios que proceda»*".

Pero esta norma, en realidad, regula los efectos de la resolución sobre los contratos de tracto sucesivo, en los que es posible distinguir entre las obligaciones pendientes de vencimiento y las vencidas, y dentro de estas últimas según el incumplimiento por parte del concursado fuera anterior o posterior a la declaración de concurso. La norma prevé los efectos liberatorios, liquidatorios de la relación jurídica contractual e indemnizatorio propios de la resolución de un contrato de tracto sucesivo.

Procede conceder a los actores un crédito contra la masa correspondiente a las cantidades entregadas a cuenta a la concursada para la compra de la vivienda

Juzgado de lo Mercantil Burgos, n.º 1, 155/2019, de 31 de julio

SP/SENT/1037337

De todos modos, en la medida en que en el informe provisional, textos definitivos y plan de liquidación ya se prevé que el importe de la carga abonada por el adquirente se descuente del precio, en principio, esto debería determinar el no abono de un importe superior al precio establecido contractualmente. Ciertamente el problema es otro: el tratamiento concursal que deba darse a los dichosos anticipos.

En tercer lugar, se cuestiona que los inmuebles hayan sido gravados, además de con la hipoteca "original", con otra posterior que ahora titula SAREB. La Calificación Definitiva y la normativa aplicable lo que hacen es regular el préstamo subsidiado por la Junta de Castilla y León, pero realmente no prohíben el gravamen con otras cargas hipotecarias no subsidiadas. Quizá esto pueda generar responsabilidad frente a la administración, pero la hipoteca adicional constituida difícilmente puede considerarse nula. Ciertamente, esto también podría llegar a ser un obstáculo para el ejercicio futuro de una opción de compra contenida de los iniciales contrato de arrendamiento; sin embargo, tal cuestión entra ya dentro de la dinámica contractual y, en su momento, deberían establecerse las responsabilidades que pudieran derivarse para el caso de no poder dar cumplimiento a la opción de compra, por ejemplo, por no ser posible la entrega del inmueble libre de cargas y gravámenes. Y eso es lo que ha tratado de "arreglarse" en este caso, dando la posibilidad de ejercitar la opción de compra a los arrendatarios abonando estos el gravamen hipotecario y descontándolo del precio. Podría no haberse hecho esto y, entonces, lo que habría que discutir es la consecuencia del incumplimiento de la opción de compra en los términos contractualmente pactados.

En cuarto lugar, aunque la línea argumental no me resulta del todo clara, los demandantes parecen aseverar que para determinar la responsabilidad hipotecaria de cada finca habría que determinar qué parte de los préstamos hipotecarios "globales" ha resultado pagada. Es decir, los demandantes afirman que de cobrar los créditos con privilegio especial que gravan las concretas fincas objeto de litigio, podría ser que, en virtud de otros cobros, los acreedores hipotecarios percibiesen un importe de principal superior al prestado. Sin embargo, no alcanzo a comprender el fundamento de esta argumentación. Las hipotecas "globales" concedidas a JOVILMA fueron objeto de redistribución entre las fincas registrales, conforme la LH y, por tanto, a ello debe estarse. Por otro lado, la cesión del crédito de IBERCAJA a GOYA DEBTCO no cambia lo anterior, pues únicamente supone un cambio de acreedor sin que, además, en este caso, sea verdaderamente relevante lo que GOYA DEBTCO hubiere pagado por la cesión, en tanto en cuanto no se dan los presupuestos para ningún tipo de retracto de créditos (retracto que, en cualquier caso, correspondería, por ahora, a JOVILMA, que es el dueño de las vivienda a expensas de dar cumplimiento del contrato de compraventa ya perfeccionado).

Finalmente, respecto del crédito actualmente a favor de GOYA DEBTCO, debe tenerse en cuenta que en escrito de 22 de abril de 2014 la extinta CAJATRES informó al juzgado de que a tal fecha la deuda pendiente era de 11.560.234,81 € (frente al importe inicial de 11.488.597,50 €); por tanto, parece que el crédito hipotecario, lejos de haberse extinguido si quiera parcialmente, se ha incrementado por impagos. Por otro lado, aunque se haya producido ya la venta de varios inmuebles del Edifico Flex, a partir de la distribución de la responsabilidad hipotecaria, lo razonable es considerar que se ha ido satisfaciendo el crédito hipotecario en función de la extinción de la concreta responsabilidad de cada finca enajenada. Por tanto, la responsabilidad de las fincas litigiosas que nos ocupan, están perfectamente determinada a partir de la información obrante en las notas registrales. Por último, aunque, ciertamente, la responsabilidad hipotecaria no solo lo es por el principal ya que puede haber intereses devengados y no satisfechos, comisiones..., de los que responde la finca hasta los máximos establecidos, debe reseñarse que en los contratos de adjudicación se estipuló únicamente el abono del principal y así se verificó sin incidencia alguna que conste en los contratos de compraventa que se instrumentaron en escritura pública ulterior (así, el contrato de doña María Inés, que obra en autos).

4. Sobre la pretensión subsidiara de las demandas incidentales.

Llegados a este punto y descartada la posibilidad de estimar tanto la pretensión principal ejercitada en las demandas incidentales como la pretensión reconvencional formulada por la administración concursal, solo resta abordar la pretensión subsidiaria que ejercitan los demandantes.

Tal es pretensiones subsidiarias solicitan la entrega la vivienda (y sus anexos) por un precio igual a la valoración establecida en el informe provisional más IVA, descontando las cantidades anticipadas en la suma de 57.400 € o 67.400 € según el caso (como ya se ha visto, no todos los demandantes desembolsaron los 10.000 € que la administración concursal califica como "reserva").

En primer lugar, como ya se ha quedado dicho, el precio de venta debe ser el establecido en los contratos de adjudicación visados más IVA; es decir, los importes reseñados en la última columna del segundo cuadro del primer fundamento jurídico de esta sentencia, a los que debe añadirse el IVA.

En segundo lugar, la pretensión subsidiaria de los incidentantes obvia la existencia de la carga hipotecaria sobre los inmuebles y pretende, sin más, la transmisión del inmueble libre de cargas y gravámenes. Cabe entender que los demandantes pretenden que tales cargas hipotecarias sean satisfechas en los términos del apartado b) del suplico; es decir, con cargo a la masa. Esto plantea diversos problemas. Para empezar, la regla general del art. 155.1 LC es que el pago de créditos con privilegio especial se haga con cargo a tales bienes. Ciertamente, el art. 155.2 LC da la posibilidad a la administración concursal de pagar el crédito privilegiado a cargo de la masa, de modo que los bienes gravados no sean realizados para el pago del gravamen. Sin embargo, esta posibilidad está limitada temporalmente a que se haga valer (...)en tanto no transcurran los plazos señalados en el apartado 1 del artículo 56 o subsista la suspensión de la ejecución iniciada antes de la declaración de concurso conforme al apartado 2 del mismo artículo (...). De acuerdo con este límite, dado que el concurso fue declarado el 25 de julio de 2013 y la fase de liquidación se abrió el 28 de noviembre de 2014, tal posibilidad de pago por la administración concursal del crédito privilegiado con cargo a la masa habría precluido el 25 de julio de 2014, un año después de la declaración de concurso sin apertura de fase de liquidación. Abierta la fase de liquidación, orientada, precisamente, a la realización del activo de la concursada, tal operación de pago del crédito privilegiado con cargo a la masa carece concursalmente de sentido. Del mismo modo, en fase común, una actuación de tal índole realmente solo tiene razón de ser cuando estamos ante bienes que son necesarios para la actividad de la concursada y existe alguna expectativa de no llegar a la fase de liquidación. Fuera de estos casos, una operación de esta índole difícilmente está justificada, pues supone cargar a la masa activa con unos pagos innecesarios, dado que el acreedor privilegiado puede cobrar su crédito a partir de la realización del inmueble hasta donde llegue. A partir de ahí, si lo obtenido de la realización es insuficiente, concurrirá ya con los demás acreedores concursales bajo la par *conditio creditorum*; y si hubiese remante, incluso habría un ingreso adicional para la masa activa en favor de otros acreedores ya contra la masa, ya concursales, según los créditos pendientes de pago. Por tanto, me resulta difícil considerar que la operación que pretenden los actores sea beneficiosa para el concurso. Puede ser beneficiosa para ellos e incluso para los acreedores hipotecarios, pero no para otros acreedores, que pueden llegar a ver como la masa activa se "consume" en levantar cargas hipotecarias para favorecer a unos concretos acreedores.

Además, la aplicación del art. 61.2 LC debe matizarse en este caso. Efectivamente, al tiempo de declararse el concurso el único contrato con obligaciones recíprocas para las partes vigentes era el de arrendamiento. Como ya he apuntado, la opción de compra, en la forma que estaba contractual y legalmente configurada, constituía un contrato unilateral que, en ese momento, no podía determinarse si iba a llegar a cumplir o no. Es en sede concursal cuando se ejercita la opción de compra y, a partir de ahí, vigente el concurso, surgen nuevas obligaciones recíprocas para las partes, las propias de un contrato de compraventa: entrega de cosa y entrega de precio. Esa relación contractual, válida conforme lo dicho más arriba, define los términos de la compraventa que con ellos se perfecciona; por tanto, tales contratos deberán cumplirse en los términos pactados, lo que supone, de acuerdo con el anexo correspondiente, el abono por los compradores de la carga hipotecaria. Este extremo, además, conecta con el informe provisional/textos definitivos/plan de liquidación, que disponen que el ejercicio de la opción otorga derecho a su satisfacción, únicamente mediante la entrega del inmueble objeto del contrato, y por el importe de las cantidades entregadas a cuenta resultando de restar al precio de venta el importe de las cargas hipotecarias que gravan el inmueble. Una vez formalizada la escritura de compraventa, el remanente que, en su caso, de ellos quedase se calificará como crédito "ordinario". Es decir, el contrato de compraventa se perfecciona en coherencia con lo dispuesto en los documentos reseñados, de modo que los adquirentes, al tiempo de suscripción de los contratos de adjudicación podían conocer el tratamiento concursal de la cantidades abonadas tanto para el caso de ejercicio de la opción como para el caso contrario; además, existió la posibilidad de haber cuestionado esos documentos a través de los oportunos recursos o exigiendo la clasificación de créditos contra la masa en otros términos.

El crédito del actor, correspondiente a su derecho de repetición por el pago de parte de la deuda solidaria que tenía con el concursado, debe clasificares como crédito contra la masa

Juzgado de lo Mercantil San Sebastián, n.º 1, 251/2019, de 19 de julio

SP/SENT/1023020

En suma, como recoge la doctrina del Tribunal supremo, el deudor solidario que paga o cumple en su totalidad con el acreedor extingue el vínculo obligatorio, adquiriendo por ministerio de la ley un derecho a repetir en la esfera interna exclusivamente contra el conjunto de obligados unidos por vínculos de solidaridad su parte correspondiente. Siendo dicho crédito ajeno por completo al que ostentaba el acreedor primigenio y desprovisto además de las garantías que tenía el crédito extinguido.

La acción de reembolso que tiene el deudor solidario que paga la parte de otros codeudores para reclamarles el importe correspondiente tiene el plazo de prescripción previsto en el artículo 1.964.2 del Código Civil de cinco años contados desde que pueda exigirse el cumplimiento de la obligación.

Así, se recoge en la Jurisprudencia, pudiéndose poner como ejemplo las siguientes resoluciones:

AP Valencia, sentencia de 30.12.2014:

"las cuotas pagadas por la demandante extinta la relación de pareja de hecho, generan en aquel un crédito frente a la comunidad, en base al art. 393 Código Civil y frente a la demandada, por haber suscrito conjuntamente el préstamo, con derecho de cobro de la mitad del importe de aquella (art. 1.145 Código Civil)".

AP Barcelona, sentencia 27.11.2012:

"El art. 1.145 código Civil otorga al codeudor solidario que paga al acreedor acción para reclamar a los demás codeudores la parte que a cada uno corresponda".

AP Baleares, sentencia 3.03.2014:

"Al hallarse gravado el piso con una hipoteca constituida en garantía de un préstamo del que ambos prestatarios son deudores solidarios, el que paga puede reclamar del codeudor la parte que le corresponda (art. 1.145 Código Civil), tal como hace la actora reconviniente".

AP Baleares, sentencia 31.01.2014:

"En consecuencia, en su caso, el que sería de aplicación sería el artículo 1.145 del Código Civil. En virtud del derecho de repetición previsto en el segundo párrafo de dicho precepto, el deudor solidario que ha pagado al acreedor «puede reclamar de sus codeudores la parte que a cada uno de estos corresponda, con los intereses del anticipo», presumiéndose que la obligación solidaria en la relación interna entre deudores se divide a tal efecto en partes iguales, en aplicación del art. 1.138 del Código Civil (SS TS 29 diciembre 1987, 17 diciembre 1992, 22 julio 1994, 4 enero 1999, 16 julio 2001, 11 marzo 2002, 4 mayo 2006 y 26 junio 2009). Este derecho de crédito nacido «ex novo» como consecuencia de dicho pago se basa en la necesidad de evitar un enriquecimiento injusto a los codeudores que no hicieron frente al cumplimiento de su obligación".

SEGUNDO. No estamos, por tanto, aquí, ante una subrogación, sino ante un reembolso del deudor solidario que pagó; no es objeto de discusión que ese reembolso alcanza a la integridad de lo pagado; la parte demandante no discute la cantidad del crédito, sino su calificación.

No estamos ante un crédito concursal, es obvio que nace después de la declaración de concurso y no le son aplicables los preceptos referidos en la demanda, por no tener esa consideración de concursal.

No estaríamos ante un crédito del art. 84.2. 5.º, como hemos indicado, no es una subrogación en el crédito pagado, sino un crédito nuevo subsumible, a nuestro entender en el apartado 10.º del art. 84.2 LC al resultar de obligaciones nacidas de la Ley.

Como indica la STS de 7 de mayo de 2010 *"pagado el total de lo adeudado por uno solo de los deudores solidarios, no se produce una subrogación por este en el crédito, sino que se extingue el mismo, y para que no haya enriquecimiento indebido, el párrafo segundo del artículo 1.145 del CC concede un derecho de repetición para reclamar a cada uno de los codeudores la parte que le corresponde y los intereses del anticipo".*

De esta forma, el deudor solidario que paga o cumple en su totalidad con el acreedor extingue el vínculo obligatorio, adquiriendo por ministerio de la ley, un derecho a repetir en la esfera interna, exclusivamente contra el conjunto de obligados unidos por vínculos de solidaridad, y tan solo lo que pagó más los intereses del anticipo. Es este, añade la sentencia, *"un crédito ajeno por completo al que ostentaba el acreedor primigenio y desprovisto además de las garantías que tenía el crédito extinguido".*

Se trata, por tanto, de un crédito nacido del pago de parte de la deuda solidaria y subsumible en el apartado 10.º del art. 84.2.10.º, en cuanto nacido por ministerio de la Ley después de la declaración de concurso.

El crédito por contrato de obra, servicios y suministro de material, a favor de la actora, debe calificarse como crédito contra la masa

Juzgado de lo Mercantil San Sebastián, n.º 1, 172/2019, de 23 de mayo

SP/SENT/1015601

Efectivamente, las partes, de acuerdo con el contrato, han diferido el cumplimiento de sus recíprocas obligaciones, la ejecución de la obra, de una parte, y el correspondiente pago del precio, de otra. Una de ellas, CONSTRUCCIONES MON S. L., estaba pendiente de cumplimiento parcial en el pago del precio antes de la declaración de su concurso, como también, el subcontratista recurrente, pendiente de terminar la ejecución de obra.

Ambas, pues, se encuentran pendientes del íntegro cumplimiento de la obligación que configura su objeto unitario, según se ha visto. La recurrente, estaba pendiente de ejecutar la total obra encomendada, razón por la cual se le solicitó por la propia concursada, con la conformidad de la administración concursal, *"que termine[n] dichos trabajos para poder entregar la obra en los plazos previstos a la propiedad"* (Documento n.º 2 del escrito de demanda incidental).

Por ello, en el caso enjuiciado, se da el supuesto contemplado en el art. 61.2.I LC al señalar que *"la declaración de concurso, por sí sola, no afectará a la vigencia de los contratos con obligaciones recíprocas pendientes de cumplimiento tanto a cargo del concursado como de la otra parte. Las prestaciones a que esté obligado el concursado se realizarán con cargo a la masa".*

3. La obra parcialmente ejecutada por el recurrente, como contrato de tracto único, no es susceptible de un aprovechamiento independiente, por lo que aceptada por el recurrente su continuación hasta ultimarla, cumplirá con el objetivo de su prestación debida integrándose la obra terminada en la masa actora del concurso. El precio debido a cargo del concursado, aunque diferido en el tiempo antes y después del concurso, es también una prestación única, sin perjuicio de que se ejecute por partes. Los principios de identidad e integridad de la prestación debida como requisitos objetivos del pago que consagran los

arts. 1.157, y 1.169 todos del Código Civil, obligan a satisfacer el total precio de la obra convenida con cargo a la masa, tanto las facturas giradas antes de la declaración de concurso como las devengadas con posterioridad.

El caso que nos ocupa es similar, no consta resuelto el contrato; hemos dado por acreditado, por los propios hechos de la concursada (doc. n.º 3 de la demanda) la continuación de la ejecución de la obra después de la declaración de concurso y, si bien es cierto que no consta que la concursada haya solicitado la terminación de los trabajos, si ha llegado a admitir, al menos, así lo indicó su anterior administrador único que la mayor parte de los mismos estaban ejecutados (casi todos) y, en el referido documento n.º 3 de la demanda se indica la intención de reclamar el margen industrial de las unidades contratadas dentro del presupuesto firmado, lo cual incide en la intención de obtener un beneficio de la continuación de la obra después de la declaración del concurso, lo cual, a nuestro entender, es una situación análoga a solicitar la terminación de los trabajos; es por ello de aplicación los arts. 61.2 y 84.2.6 LC y todas las prestaciones debidas a la actora se deben de satisfacer con cargo a la masa.

El crédito correspondiente a la obra ejecutada y al material suministrado debe clasificarse como crédito contra la masa

Juzgado de lo Mercantil San Sebastián, n.º 1, 173/2019, de 23 de mayo

SP/SENT/1017012

Efectivamente, las partes, de acuerdo con el contrato, han diferido el cumplimiento de sus recíprocas obligaciones, la ejecución de la obra, de una parte, y el correspondiente pago del precio, de otra. Una de ellas, CONSTRUCCIONES MON S. L., estaba pendiente de cumplimiento parcial en el pago del precio antes de la declaración de su concurso, como también, el subcontratista recurrente, pendiente de terminar la ejecución de obra.

Ambas, pues, se encuentran pendientes del íntegro cumplimiento de la obligación que configura su objeto unitario, según se ha visto. La recurrente, estaba pendiente de ejecutar la total obra encomendada, razón por la cual se le solicitó por la propia concursada, con la conformidad de la administración concursal, "*que termine[n] dichos trabajos para poder entregar la obra en los plazos previstos a la propiedad*" (Documento n.º 2 del escrito de demanda incidental).

Por ello, en el caso enjuiciado, se da el supuesto contemplado en el art. 61.2.I LC al señalar que "*la declaración de concurso, por sí sola, no afectará a la vigencia de los contratos con obligaciones recíprocas pendientes de cumplimiento tanto a cargo del concursado como de la otra parte. Las prestaciones a que esté obligado el concursado se realizarán con cargo a la masa*".

3. La obra parcialmente ejecutada por el recurrente, como contrato de tracto único, no es susceptible de un aprovechamiento independiente, por lo que aceptada por el recurrente su continuación hasta ultimarla, cumplirá con el objetivo de su prestación debida integrándose la obra terminada en la masa actora del concurso. El precio debido a cargo del

concursado, aunque diferido en el tiempo antes y después del concurso, es también una prestación única, sin perjuicio de que se ejecute por partes. Los principios de identidad e integridad de la prestación debida como requisitos objetivos del pago que consagran los arts. 1.157, y 1.169 todos del Código Civil, obligan a satisfacer el total precio de la obra convenida con cargo a la masa, tanto las facturas giradas antes de la declaración de concurso como las devengadas con posterioridad.

El caso que nos ocupa es similar, no consta resuelto el contrato; hemos dado por acreditado, por los propios hechos de la concursada (doc. n.º 4 de la demanda) la continuación de la ejecución de la obra después de la declaración de concurso y, si bien es cierto que no consta que la concursada haya solicitado la terminación de los trabajos, si ha llegado a admitir, al menos, así lo indicó su anterior administrador único que la mayor parte de los mismos estaban ejecutados y, en el referido documento n.º 4 de la demanda se indica la intención de reclamar el margen industrial de las unidades contratadas dentro del presupuesto firmado, lo cual incide en la intención de obtener un beneficio de la continuación de la obra después de la declaración del concurso, lo cual, a nuestro entender, es una situación análoga a solicitar la terminación de los trabajos; es por ello de aplicación los arts. 61.2 y 84.2.6 LC y todas las prestaciones debidas a la actora se deben de satisfacer con cargo a la masa.

Habiendo el concursado incumplido con su obligación de entregar las viviendas en el plazo establecido, procede resolver el contrato de compra venta reconociendo al actor un crédito contra la masa correspondiente a las cantidades entregadas a cuenta

Juzgado de lo Mercantil Baleares, n.º 1, 581/2018, de 2 de octubre

SP/SENT/984778

Tercero. Cuestiones previas.

En función de la tutela peticionada en el presente incidente, sobre la base de los hechos declarados como probados, procede efectuar una serie de consideraciones previas en orden a esclarecer las cuestiones litigiosas, su enfoque y su solución.

En primer lugar, en el marco de las relaciones contractuales, el contrato de compraventa, y en lo que ahora se refiere, es un contrato de tracto único. Así lo declara la STS de 19 de julio de 2016, empleando los siguientes términos: "*Como declaramos en la Sentencia 505/2013, de 24 de julio, «en el contrato de tracto único la prestación se configura como objeto unitario de una sola obligación, al margen de que se realice en un solo acto o momento jurídico, o bien se fraccione en prestaciones parciales que se realizan en períodos de tiempo iguales o no»*".

En segundo lugar, visto el estado del concurso y lo allí acontecido, especialmente el reconocimiento del crédito del actor como crédito contra la masa y no como concursal, existe una vinculación de las partes a lo plasmado en el concurso, sin que por parte del Tribunal quepa en esta sede revisar las conclusiones alcanzadas por la administración concursal, la concursada y, en definitiva, todos los personados, en relación con el reconocimiento de créditos efectuado en el informe definitivo de la administración concursal (así se expresa en la mencionada STS de 19 de julio de 2016). esta, ante la comunicación de créditos efectuada por el Sr. Bruno, consideró que debía reconocerle un crédito contra la masa, al entender que la relación contractual de compraventa con la concursada se mantenía "viva", que no estaba resuelta y que procedía aplicar las consecuencias del art. 61.2 LC. No puede ser de otra forma, porque la solución alternativa habría sido aplicar la regla del art. 61.1 LC, que concedería al Sr. Bruno un crédito concursal por los importes abonados por la mencionada compraventa.

En los contratos de compraventa, ante el incumplimiento de la concursada, cuando este se produce previamente a la declaración de concurso, se permite su resolución en sede concursal. Así se deduce de los arts. 61 y 62 LC. No obstante, en un supuesto como el de autos, la STS de continua referencia, la de 19 de julio de 2016, nos indica que la resolución, además del efecto liberatorio, trae consigo un efecto *ex tunc* restitutorio, debiendo ambas partes restituir lo recibido (todo ello en aplicación de los arts. 1.124 y 1.123 CC). Pero lo que es más importante, y como dice el Alto Tribunal, "*Es connatural al carácter recíproco de las obligaciones y se acomoda mejor a la previsión contenida en el art. 61.2 LC, que para estos casos en que las obligaciones estaban pendientes de cumplimiento al tiempo de la declaración de concurso, califica como crédito contra la masa la obligación pendiente de cumplimiento por la concursada. Al margen de si debía o no resolverse el contrato, porque el incumplimiento era anterior, si se resuelve, el efecto restitutorio se aplica indistintamente a todos los contratos y el crédito restitutorio de la parte* in bonis *es contra la masa*".

Cuarto. La aplicación al caso de las conclusiones anteriores.

En el caso de autos, extiendo el contrato de compraventa suscrito por las partes, estando en vigor, acreditado el incumplimiento por la concursada, lo procedente es acceder a la resolución interesada.

De hecho, la administración concursal se allana a dicha petición, sin que la entidad bancaria hubiera formulado oposición, ni hubiera impugnado la validez del contrato o cualquier otra circunstancia invalidante.

Quinto. De los efectos de la resolución.

El primer efecto consustancial con la resolución es la desvinculación de las partes que suscriben el contrato, por lo que queda resuelto el contrato de compraventa concertado entre el demandante y la concursada de fecha 12 de junio de 2009, respecto de la vivienda 8 y su parking, del edificio en construcción sobre el solar sito en la CALLE000 de Puerto Pollença.

En segundo lugar, procede estimar la petición de restitución de las cantidades entregadas por la parte *in bonis*, los 100.000 € surgiendo a su favor un crédito contra la masa.

Finalmente, procede estimar la solicitud de condena de Bankia (anterior) Banco Mare Nostrum, al pago de dichas cantidades, de forma solidaria. A esta reclamación se efectúa oposición por la entidad financiera al entender que en ningún momento consta que el eventual ingreso efectuado por el demandante lo fuera en una cuenta especial de las reguladas en la ley 57/68, sin que existiera una mención específica en el contrato acerca de esta garantía; y finalmente por no constar acreditado el ingreso reclamado en una cuenta especial aperturada en Banco Mare Nostrum.

En cuanto al último punto expuesto, nos remitimos a lo que hemos concluido en el anterior fundamento sobre la realidad del pago efectuado, y que el ingreso (mediante transferencia), se realizó en la cuenta de la concursada.

Una cuenta que no consta que sea de las especiales que refiere la ley 57/68. Pero ello no obsta a la responsabilidad de Banco Mare Nostrum. Así lo ha concluido de forma tajante la STS 23 de noviembre de 2017 cuando señala lo siguiente: "*Esta sala en sentencia 733/2015, de 21 de diciembre, declaró: «En las compraventas de viviendas regidas por la Ley 57/1968 las entidades de crédito que admitan ingresos de los compradores en una cuenta del promotor sin exigir la apertura de una cuenta especial y la correspondiente garantía responderán frente a los compradores por el total de las cantidades anticipadas por los compradores e ingresadas en la cuenta o cuentas que el promotor tenga abiertas en dicha entidad»*".

En nuestro caso no se ha discutido la condición de promotor de la concursada, y como hemos visto, se ha acreditado el ingreso del precio en una cuenta de esta, lo que conduce a estimar la demanda, sin que el desconocimiento por el banco del contrato firmado, o del ingreso excluya su responsabilidad. Porque a la entidad financiera le incumbe la diligencia mínima de comprobar el estado de las obras, la finalización o no de las mismas, así como exigir la apertura de la cuenta garantizada, sin que se le pueda permitir eludir su responsabilidad por no cumplir con estos extremos.

De ahí que proceda estimar la condena, la cual será con la naturaleza de solidaria que se extiende a los intereses legales, tal y como también fija la mencionada STS de 23 de noviembre de 2017.

La pretensión de la parte compradora y su crédito restitutorio debe incluirse como crédito contra la masa, ya que, al tratarse de un contrato de tracto único y no sucesivo, no puede distinguirse entre incumplimiento anterior o posterior al concurso

Juzgado de lo Mercantil Murcia, n.º 1, 107/2018, de 13 de abril

SP/SENT/960556

La parte codemandada interesa que su crédito restitutorio sea clasificado como crédito contra la masa. Y ello con fundamento en los artículos 61.2 y 62.4, y la jurisprudencia recaída en torno a estos preceptos.

Establece también el artículo 84.2. 6.º: "*tendrán la consideración de créditos contra la masa: los que, conforme a esta ley, resulten de prestaciones a cargo del concursado en los contratos con obligaciones recíprocas pendientes de cumplimiento que continúen en vigor tras la declaración de concurso, y de obligaciones de restitución e indemnización en caso de resolución voluntaria o por incumplimiento del concursado*".

En relación al crédito de restitución en caso de resolución de contrato de tracto único, como lo es el de compraventa, establece lo siguiente la Sentencia del Tribunal Supremo, del 12 de mayo de 2017:

"1. En el motivo primero, la recurrente denuncia la infracción del artículo 84.1 y 2. 6.º de la Ley Concursal 22/2003, por cuanto la calificación de crédito contra la masa de las cantidades objeto de devolución, como consecuencia de la resolución de un contrato por incumplimiento anterior a la declaración del concurso, es contraria a la literalidad del mencionado precepto y a la jurisprudencia del Tribunal Supremo que lo desarrolla. Entiende el recurrente que la admisibilidad del motivo viene justificada por la existencia de jurisprudencia del Tribunal Supremo que distingue los créditos concursales de los créditos contra la masa, sin perjuicio de otros supuestos, en función de si el incumplimiento generador de la existencia de la obligación de reintegración de las prestaciones tiene lugar, antes o después a la declaración de concurso. Se citan las SSTS de 3 de octubre de 2011 y 3 de marzo de 2011.

2. El motivo debe ser desestimado.

Con relación a los efectos de la resolución de un contrato de tracto único, como es la compraventa objeto del presente caso, debe tenerse en cuenta la doctrina jurisprudencial de esta contenida en la sentencia 500/2016, de 19 de julio, que establece lo siguiente:

«[...]. Como declaramos en la Sentencia 505/2013, de 24 de julio, 'en el contrato de tracto único la prestación se configura como objeto unitario de una sola obligación, al margen de que se realice en un solo acto o momento jurídico, o bien se fraccione en prestaciones parciales que se realizan en períodos de tiempo iguales o no'. De modo que, en principio, un cumplimiento parcial de esta obligación no satisface el interés y la obligación correlativa de la contraparte.

De ahí que, además del efecto liberatorio, la resolución en estos contratos traiga consigo, cuando alguna de las prestaciones hubiera sido ejecutada, un efecto ex tunc, *restitutorio, debiendo ambas partes restituir lo recibido. La doctrina justifica la procedencia de este efecto, en caso de resolución por incumplimiento contractual* ex art. *1.124 CC, en la aplicación de lo dispuesto en el art. 1.123 CC para las genuinas condiciones resolutorias, que impone a los interesados la restitución de lo que hubieren percibido. Esta restitución será in natura, cuando pueda ser posible, y de no serio, por equivalente.*

El que este efecto restitutorio no venga expresamente previsto en el art. 62.4 LC no significa que no resulte de aplicación en caso de resolución por incumplimiento contractual del concursado. Es connatural al carácter recíproco de las obligaciones y se acomoda mejor a la previsión contenida en el art. 61.2 LC, que para estos casos en que las obligaciones estaban pendientes de cumplimiento al tiempo de la declaración de concurso, califica como crédito contra la masa la obligación pendiente de cumplimiento por la concursada. Al margen de si debía o no resolverse el contrato, porque el incumplimiento era anterior, si se resuelve, el efecto restitutorio se aplica indistintamente a todos los contratos y el crédito restitutorio de la parte in bonis *es contra la masa»".*

La doctrina expuesta implica la estimación de la pretensión de la parte compradora y su crédito restitutorio debe incluirse como crédito contra la masa, ya que, al tratarse de un contrato de tracto único y no sucesivo, no puede distinguirse entre incumplimiento anterior o posterior a la declaración de concurso. En este caso a los efectos restitutorios se distinguiría entre crédito concursal y crédito contra la masa. Pero reitero, no es el caso.

Se estima la pretensión del comprador. Su crédito restitutorio debe incluirse como crédito contra la masa, al tratarse de un contrato de tracto único y no sucesivo del que no puede diferenciarse entre incumplimiento anterior o posterior al concurso

Juzgado de lo Mercantil Murcia, n.º 1, 103/2018, de 11 de abril

SP/SENT/959563

Con relación a los efectos de la resolución de un contrato de tracto único, como es la compraventa objeto del presente caso, debe tenerse en cuenta la doctrina jurisprudencial de esta contenida en la sentencia 500/2016, de 19 de julio, que establece lo siguiente:

"*[...]. Como declaramos en la Sentencia 505/2013, de 24 de julio, «en el contrato de tracto único la prestación se configura como objeto unitario de una sola obligación, al margen de que se realice en un solo acto o momento jurídico, o bien se fraccione en prestaciones parciales que se realizan en períodos de tiempo iguales o no». De modo que, en principio, un cumplimiento parcial de esta obligación no satisface el interés y la obligación correlativa de la contraparte.*

De ahí que, además del efecto liberatorio, la resolución en estos contratos traiga consigo, cuando alguna de las prestaciones hubiera sido ejecutada, un efecto ex tunc, *restitutorio, debiendo ambas partes restituir lo recibido. La doctrina justifica la procedencia de este efecto, en caso de resolución por incumplimiento contractual* ex *art. 1.124 CC, en la aplicación de lo dispuesto en el art. 1.123 CC para las genuinas condiciones resolutorias, que impone a los interesados la restitución de lo que hubieren percibido. Esta restitución será in natura, cuando pueda ser posible, y de no serio, por equivalente.*

El que este efecto restitutorio no venga expresamente previsto en el art. 62.4 LC no significa que no resulte de aplicación en caso de resolución por incumplimiento contractual del concursado. Es connatural al carácter recíproco de las obligaciones y se acomoda mejor a la previsión contenida en el art. 61.2 LC, que para estos casos en que las obligaciones estaban pendientes de cumplimiento al tiempo de la declaración de concurso, califica como crédito contra la masa la obligación pendiente de cumplimiento por la concursada. Al margen de si debía o no resolverse el contrato, porque el incumplimiento era anterior, si se resuelve, el efecto restitutorio se aplica indistintamente a todos los contratos y el crédito restitutorio de la parte in bonis *es contra la masa*".

La doctrina expuesta implica la estimación de la pretensión de la parte compradora y su crédito restitutorio debe incluirse como crédito contra la masa, ya que, al tratarse de un contrato de tracto único y no sucesivo, no puede distinguirse entre incumplimiento anterior o posterior a la declaración de concurso. En este caso a los efectos restitutorios se distinguiría entre crédito concursal y crédito contra la masa. Pero reitero, no es el caso.

Resolución de contrato de compraventa, con reserva de dominio, por el bien del concurso de acreedores tras la solicitud de la Administración Concursal. Se reconoce crédito contra la masa a favor de la parte compradora por las cantidades entregadas a cuenta

Juzgado de lo Mercantil Murcia, n.º 1, 91/2018, de 9 de abril

SP/SENT/960033

La situación del contrato expuesta por la Administración Concursal permite advertir con suficiente claridad la necesidad de la resolución y el beneficio que ello conlleva para el concurso.

No ha de mantenerse una situación sin solución de continuidad paralizada por más de 10 años, en la que la vivienda, que no es susceptible de ser entregada en condiciones de habitabilidad, ha sido transmitida con una reserva de dominio a favor de la parte vendedora (estipulación sexta), hasta que el comprador pague la totalidad del precio. Y el comprador, sin límite de tiempo establecido, puede retener el último pago.

La resolución permitirá liberar a la vivienda de esta situación, permitiendo en su caso su enajenación en beneficio del concurso.

Advertido este interés, procede acordar la resolución del contrato solicitada por la Administración Concursal.

CUARTO. CRÉDITO A FAVOR DE LA PARTE COMPRADORA Y SU CLASIFICACIÓN.

La parte codemandada interesa que su crédito restitutorio sea clasificado como crédito contra la masa. Y ello con fundamento no solo en el artículo 61.2, sino también en el artículo 84.2.6.º: "*tendrán la consideración de créditos contra la masa: los que, conforme a esta ley, resulten de prestaciones a cargo del concursado en los contratos con obligaciones recíprocas pendientes de cumplimiento que continúen en vigor tras la declaración de concurso, y de obligaciones de restitución e indemnización en caso de resolución voluntaria o por incumplimiento del concursado*".

En relación al crédito de restitución en caso de resolución de contrato de tracto único, como lo es el de compraventa, establece lo siguiente la Sentencia del Tribunal Supremo, del 12 de mayo de 2017:

"*1. En el motivo primero, la recurrente denuncia la infracción del artículo 84.1 y 2.6.º de la Ley Concursal 22/2003, por cuanto la calificación de crédito contra la masa de las cantidades objeto de devolución, como consecuencia de la resolución de un contrato por incumplimiento anterior a la declaración del concurso, es contraria a la literalidad del mencionado precepto y a la jurisprudencia del Tribunal Supremo que lo desarrolla. Entiende el recurrente que la admisibilidad del motivo viene justificada por la existencia de jurisprudencia del Tribunal Supremo que distingue los créditos concursales de los créditos contra la masa, sin perjuicio de otros supuestos, en función de si el incumplimiento generador de la existencia de la obligación de reintegración de las prestaciones tiene lugar, antes o después a la declaración de concurso. Se citan las SSTS de 3 de octubre de 2011 y 3 de marzo de 2011.*

2. El motivo debe ser desestimado.

Con relación a los efectos de la resolución de un contrato de tracto único, como es la compraventa objeto del presente caso, debe tenerse en cuenta la doctrina jurisprudencial de esta contenida en la sentencia 500/2016, de 19 de julio, que establece lo siguiente:

«[...]. Como declaramos en la Sentencia 505/2013, de 24 de julio, 'en el contrato de tracto único la prestación se configura como objeto unitario de una sola obligación, al margen de que se realice en un solo acto o momento jurídico, o bien se fraccione en prestaciones parciales que se realizan en períodos de tiempo iguales o no'. De modo que, en principio, un cumplimiento parcial de esta obligación no satisface el interés y la obligación correlativa de la contraparte.

De ahí que, además del efecto liberatorio, la resolución en estos contratos traiga consigo, cuando alguna de las prestaciones hubiera sido ejecutada, un efecto ex tunc, *restitutorio, debiendo ambas partes restituir lo recibido. La doctrina justifica la procedencia de este efecto, en caso de resolución por incumplimiento contractual* ex *art. 1.124 CC, en la aplicación de lo dispuesto en el art. 1.123 CC para las genuinas condiciones resolutorias, que impone a los interesados la restitución de lo que hubieren percibido. Esta restitución será in natura, cuando pueda ser posible, y de no serio, por equivalente.*

El que este efecto restitutorio no venga expresamente previsto en el art. 62.4 LC no significa que no resulte de aplicación en caso de resolución por incumplimiento contractual del concursado. Es connatural al carácter recíproco de las obligaciones y se acomoda mejor a la previsión contenida en el art. 61.2 LC, que para estos casos en que las obligaciones estaban pendientes de cumplimiento al tiempo de la declaración de concurso, califica como crédito contra la masa la obligación pendiente de cumplimiento por la concursada. Al margen de si debía o no resolverse el contrato, porque el incumplimiento era anterior, si se resuelve, el efecto restitutorio se aplica indistintamente a todos los contratos y el crédito restitutorio de la parte in bonis *es contra la masa»".*

La doctrina expuesta implica la estimación de la pretensión de la parte compradora y su crédito restitutorio debe incluirse como crédito contra la masa, ya que, al tratarse de un contrato de tracto único y no sucesivo, no puede distinguirse entre incumplimiento anterior o posterior a la declaración de concurso. En este caso a los efectos restitutorios se distinguiría entre crédito concursal y crédito contra la masa. Pero reitero, no es el caso.

En cuanto los daños y perjuicios, con referencia a la sentencia del Tribunal Supremo de 10 de noviembre de 2016, ya mencionada, no se alega ni se prueba este perjuicio, por lo que no cabe pronunciamiento al respecto.

Créditos contingentes

Los créditos titulados como contingentes tenían suspendido su derecho de voto, no habiéndose iniciado, por tanto, para ellos el plazo previsto en el convenio

AP Valencia, Sec. 9.ª, 1476/2019, de 11 de noviembre

SP/SENT/1044833

SEGUNDO. 1. Sobre la legitimación de la Administración concursal.

Ciertamente, no se advierte la legitimación de un órgano de administración cesado por efecto de la sentencia y lo previsto en el art. 133 LC, solo conservando legitimación para "*continuar los incidentes en curso, pudiendo solicitar la ejecución de las sentencias y autos que se dicten en ellos, hasta que sean firmes, así como para actuar en la sección sexta hasta que recaiga sentencia firme*".

No es este el caso.

No obstante, habiendo sido admitida su intervención en primera instancia, no puede privarse ahora de su acceso al recurso.

2. Sobre el fondo. Ejercicio por el acreedor de la opción prevista en estipulación sexta del convenio, plazo y efectos.

Como señala CAIXABANK al final de su escrito, cualquier discusión sobre el *dies a quo* para el ejercicio de la opción que previene el convenio, queda excluida por la sentencia dictada por esta sala en 11 de noviembre de 2015 (Rollo 529/15). En aquel asunto, era la TESORERÍA GENERAL DE LA SEGURIDAD SOCIAL la que recurría la sentencia aprobatoria del convenio de acreedores de 29 de abril de 2014 por lo que hacíamos examen, no ya del comportamiento del creedor, sino del propio convenio y la controvertida estipulación sexta que reza:

"*Cualquier acreedor podrá, no obstante, optar por dicha propuesta base o por la variante prevista al apartado B...*" "*...en un plazo que comenzará a contar en el momento en que otorgue su adhesión a este convenio y finalizará al transcurrir diez días contados desde la fecha de eficacia del mismo...*". "*... En el supuesto de que el acreedor nada manifestase al respecto, se entenderá que renuncia a la alternativa prevista, por lo que le será abonado su crédito conforme al contenido de la propuesta base del presente convenio (capitalización)*".

Entonces, expresábamos:

"*Deben señalarse dos cuestiones.*

La primera es que el plazo que establece el convenio para optar (desde la adhesión y hasta diez días después de la eficacia del convenio) no parece compatible con el contenido del art. 102.2 LC («El plazo para el ejercicio de la facultad de elección no podrá ser superior a un mes a contar desde la fecha de la firmeza de la resolución judicial que apruebe el convenio»). El precepto no solo está fijando el plazo máximo para llevar a cabo el ejercicio de la opción, sino que está señalando el dies a quo *(la firmeza de la sentencia). Este es el parecer general, como lo es también que tal defecto en la propuesta del convenio no determinaría la nulidad absoluta del mismo, sino una nulidad parcial ya que no afecta al contenido esencial de la propuesta de convenio, por el principio del favor convenio y la doctrina de la conservación de los negocios. (En este sentido Sentencia de AP Barcelona, sección 15.ª, de 19 de junio de 2010, en un caso en que se había establecido un plazo superior al máximo legalmente establecido).*

Aunque lo anterior es objeto de discusión por las partes, lo cierto es que, desde la perspectiva del apelante, ha de considerase inane la misma. Y es que la estipulación en cuestión está referida al acreedor que formalmente preste su adhesión al convenio: «...en un plazo que comenzará a contar en el momento en que otorgue su adhesión a este convenio y finalizará al transcurrir diez días contados desde la fecha de eficacia del mismo...»".

No se establece plazo expreso en el convenio para optar por aquellos acreedores que no se hayan adherido al convenio (silentes o votantes en contra). Nada dice al respecto el convenio y no cabe dar a lo enunciado en él una interpretación extensiva, más allá de su literalidad.

La respuesta que emite la administración concursal a la observación realizada por la acreedora HOLMIN CEMENTOS S. L. en 26 de febrero de 2014 (f. 75), reconoce que de la lectura de la estipulación pudiera parecer que los acreedores silentes no tenían plazo para optar. Manifiesta allí que sí lo tienen, hasta 10 días después de la aprobación del convenio. Esa interpretación (realizada por la administración concursal que no por la concursada) no se compadece con lo dicho más arriba. La estipulación señala un dies a quo *(fecha de adhesión, a la que podemos equiparar el voto), y solo eso, no recoge el caso en que no se haya hecho tal adhesión. Luego se aplica, para el acreedor silente la TGSS recurrente, el plazo del art. 102.2 LC.*

Así, en este caso, no cabe más que aplicar el plazo previsto en el art. 102.2 LC, plazo máximo de un mes y que se computa desde la firmeza de la sentencia".

Este fue el parecer de la sala al interpretar la estipulación que ha resultado firme al no haber sido recurrida. Interpretación que se mantiene y ha de aplicarse aquí.

3. No cabe duda de que los créditos titulados como contingentes por la apelante tenían suspendido su derecho de voto (ni posibilidad de adhesión) en el convenio (art. 87.3 LC) y que, por tanto, no se había iniciado para ella el plazo previsto en el convenio. Luego el ejercicio de la opción en 13 de mayo de 2014 se realizó tempestivamente. Se trata de una declaración formal de voluntad de optar por el cobro en efectivo que no puede eludirse

por la concursada pese a que se formulase prematuramente. La declaración se hizo y, salvo revocación de esta que no consta, debe producir sus efectos.

El anterior razonamiento es eficaz tanto para los créditos contingentes entonces como para los créditos concursales ordinarios que resultaron de las sentencias estimatorias de la rescisión de garantías reales (con la consiguiente desaparición del privilegio especial), pues no consta que como acreedor privilegiado especial votara o se adhiriera al convenio.

La declaración formal de opción llevada a cabo en 13 de mayo de 2014 titula en su condición de acreedor ordinario, sin concretar los créditos, sino identificándose como sujeto. De este modo, abarcaba tanto los créditos contingentes como a los que en el futuro pudieran surgir como ordinarios. No hacía falta que expresamente se señalara tal futurible, dado los términos de la declaración que no resulta excluyente o limitada.

El crédito reclamado, por responsabilidad extracontractual por las nóminas dejadas de percibir, perjuicios causados por el embargo y daño moral, se debe clasificar como contingente sin cuantía

AP León, Sec. 1.ª, 469/2019, de 21 de octubre

SP/SENT/1027558

En la demanda inicial se reclama por los siguientes daños y perjuicios:

1. Nóminas dejadas de percibir.

2. Perjuicios causados por embargo y subasta de vivienda.

3. Gastos de traslado.

4. Diferencia de pensión.

5. Daño moral.

6. Cantidades indebidamente percibidas por Canteras y Concretos, S. L., en la ejecutoria 22/03 del Juzgado de lo Penal de Ponferrada.

A) Calificación de los créditos de los apartados 1 a 5, ambos inclusive.

Los créditos que tienen por objeto las cinco primeras reclamaciones citadas se vinculan en la demanda a responsabilidad extracontractual, por lo que, respecto de ellos, se ha de mantener la calificación de la sentencia recurrida. Son reclamaciones que se fundan en daños exclusivamente consecuenciales que se imputan a la demandada por culpa y abuso de derecho, pero no por enriquecimiento injusto ni por cobro de lo indebido: la demandada no ha experimentado mejora patrimonial alguna con las nóminas que el demandante dejó de percibir ni con los perjuicios causados por el embargo y subasta de vivienda ni con los gastos de traslado del demandante ni con la diferencia experimentada por su pensión, como tampoco ha cobrado nada indebido por tales conceptos. Por ello, a partir de la propia delimitación de los hechos y fundamentos de la demanda podemos afirmar, sin género de duda, que, por tales conceptos, no se reclama nada por enriquecimiento sin causa o cobro de lo indebido por parte de la demandada.

Descartadas las acciones por enriquecimiento sin causa y cobro de lo indebido en relación con tales reclamaciones, las debemos englobar en el ámbito de la reclamación por responsabilidad extracontractual, ya sea por culpa (apartado "A" del fundamento sexto) o por abuso de derecho (apartado "B" del fundamento sexto). En el primer caso es evidente la subsunción en el artículo 1.902 del Código Civil, pero también lo es en caso de abuso de derecho, del que no surgen acciones específicas, sino que es un presupuesto jurídico-valorativo que puede servir tanto para obstar el ejercicio de una acción (rechazo de pretensiones ejercitadas con abuso de derecho) como para fundarla (el ejercicio abusivo de un derecho puede generar daños a terceros), pero en ningún caso el abuso de derecho da lugar a una acción autónoma, como sí ocurre, por ejemplo, en el caso del enriquecimiento sin causa.

En este caso, por ejemplo, el abuso de derecho se funda en el uso abusivo del proceso, que tiene su encaje en el artículo 7 del Código Civil, y también en el artículo 11 de la LOPJ. Ahora bien, el abuso del derecho solo "*actúa como límite al derecho subjetivo, y de ahí su carácter de remedio extraordinario, su índole excepcional y su alcance singularmente restrictivo*" (STS de 22 de junio de 2010, RC 1664/2006 y STS de 265 de noviembre de 2014, RC 754/2013). El abuso de derecho no se hace valer mediante el ejercicio de una acción, sino que es el presupuesto jurídico-valorativo que opera para calificar una conducta considerada antijurídica por más que esté vinculada al ejercicio de un derecho. Por lo tanto, el abuso del derecho es la calificación jurídica de unos hechos (denuncia/acusación con extralimitación) de la que se derivan unos daños, por lo que la acción se ha de incardinar en el ámbito de lo dispuesto en el artículo 1.902 del Código Civil: acción u omisión que causa daño interviniendo culpa. (Si nos planteáramos una conducta dolosa trascenderíamos al proceso civil, y, aunque en la demanda se dice que "*podríamos hablar de denuncia falsa, estafa y/o fraude procesal*", la inexistencia de proceso penal sobre tales imputaciones y el ejercicio de acciones en el ámbito civil nos lleva a descartar, a efectos de la presente calificación, cualquier ilícito penal).

En definitiva: si no se ejercita acción por enriquecimiento sin causa y/o cobro de lo indebido en relación con los citados daños y si el abuso de derecho —en este caso— se plantea solo para calificar los hechos causantes del daño como antijurídicos, las reclamaciones para su reparación se ha de calificar como responsabilidad extracontractual.

En el recurso de apelación se plantea un "tertium genus": responsabilidad derivada de la anulación de una sentencia por otra dictada para resolver el recurso de revisión. En primer lugar, esta acción no se ejercita en la demanda y, en segundo lugar, el artículo 960 de la Ley de Enjuiciamiento Criminal remite al "derecho común" para dar cauce a las indemnizaciones a que hubiere lugar "*(C)uando en virtud de recurso de revisión se dicte sentencia absolutoria*". Y en el "derecho común" la reparación del daño causado por actos u omisiones antijurídicas tiene su encaje en lo dispuesto en el artículo 1.902 del Código Civil.

B) En relación con el reintegro previsto en el apartado 6: cantidades indebidamente percibidas por Canteras y Concretos, S. L., en la ejecutoria 22/03 del Juzgado de lo Penal de Ponferrada.

La reclamación por este daño se puede fundar tanto en la responsabilidad extracontractual a la que se alude en el apartado anterior como en el enriquecimiento sin causa y el cobro de lo indebido.

No corresponde a este tribunal hacer indicación alguna más allá de la mera calificación de las acciones ejercitadas, y tomando como referencia absoluta la demanda –sin prejuzgar, en absoluto, la resolución que se pueda dictar en el proceso ordinario de referencia–. Por ello dejamos claro que este tribunal es completamente ajeno a cualquier decisión sobre tales acciones, pero sí podemos afirmar que la restitución de tales cantidades tiene su fundamento en la demanda tanto en la responsabilidad extracontractual como en el enriquecimiento injusto como en el cobro de lo indebido.

A efectos meramente hipotéticos decimos que si no prosperara la acción por responsabilidad extracontractual (inexistencia de los presupuestos del art. 1.902 del Código Civil o prescripción de la acción, que se alega en la contestación a la demanda) el tribunal que resuelva en el procedimiento ordinario de referencia podría, sin embargo, estimar la acción por enriquecimiento sin causa y/o cobro de lo indebido, y estas son acciones dotadas de sustantividad propia, previstas legal y/o jurisprudencialmente, que se fundan en intereses jurídicos diferentes a la responsabilidad extracontractual (esta última ampara el daño causado por conducta antijurídica y aquellas amparan la integridad patrimonial alterada por un pago o por una transferencia patrimonial no fundada en causa alguna).

Por todo ello, no resulta procedente efectuar anticipadamente una calificación de este crédito (apartado 6), por lo que se ha de mantener como contingente sin cuantía y con la calificación que corresponda, que se determinará cuando cese la contingencia con la firmeza de la sentencia que se dicte en el juicio ordinario 108/2018 del Juzgado de 1.ª Instancia e Instrucción n.º 1 de Ponferrada (artículos 87.3 y 97. 3. 4.º de la Ley Concursal).

La existencia de un procedimiento penal por delito contra la Hacienda Pública no paraliza las actuaciones administrativas dirigidas al cobro de la deuda tributaria liquidada, teniendo dicho crédito la clasificación de contingente

AP Valencia, Sec. 9.ª, 260/2019, de 1 de marzo

SP/SENT/1003196

Por el contrario, frente a la liquidación que resulte del acta con la regularización de los elementos y cuantías que no se encuentren vinculados con el posible delito, cabrá interponer los recursos y reclamaciones previstos con carácter general en el Título V de la LGT.

d) Efectos de la resolución judicial sobre la liquidación tributaria. La liquidación provisional dictada por la Administración Tributaria en relación con los elementos de la obligación tributaria que se encuentren vinculados con el posible delito se ajustará a lo que se determine finalmente en el proceso penal sobre la existencia y la cuantía de la defraudación de acuerdo con lo establecido en el artículo 257 de la LGT 2003.

g) Si la jurisdicción competente o el Ministerio Fiscal no aprecian la existencia de delito y devuelven el expediente, la Administración Tributaria iniciará o continuará sus actuaciones de acuerdo con los hechos que los órganos jurisdiccionales hubieran considerado probados, en el período de tiempo que reste hasta la conclusión del plazo del artículo 150.1 de la LGT 2003 o en el plazo de 6 meses si este fuese superior, a computar desde la recepción por el órgano administrativo competente para continuar el procedimiento, de la resolución judicial o del expediente devuelto por el Fiscal.

Lo anterior, debe ponerse en relación con el art. 255 LGT, sobre la eficacia inmediata de tal liquidación provisional:

En los supuestos a que se refiere el artículo 250.2 de esta Ley, la existencia del procedimiento penal por delito contra la Hacienda Pública no paralizará las actuaciones administrativas dirigidas al cobro de la deuda tributaria liquidada, salvo que el Juez hubiere acordado la suspensión de las actuaciones de ejecución.

Las actuaciones administrativas dirigidas al cobro a las que se refiere el párrafo anterior se regirán por las normas generales establecidas en el Capítulo V del Título III de esta Ley, salvo las especialidades establecidas en el presente Título.

Una vez que conste admitida la denuncia o querella por delito contra la Hacienda Pública, la Administración Tributaria procederá a notificar al obligado tributario el inicio del período voluntario de pago requiriéndole para que realice el ingreso de la deuda tributaria liquidada en los plazos a que se refiere el artículo 62.2 de esta Ley.

Y de todo ello se concluye que, con la nueva regulación, el inicio y pendencia de la vía penal no impide ni la liquidación administrativa de la deuda tributaria (que no la sanción), ni el cobro de la misma, pendiente, no obstante, de la decisión del juez penal en sentencia final (art. 254 LGT) y de la posible suspensión cautelar (que no conste se haya dado en el presente caso).

2. Art. 87.2 LC señala:

"2. A los créditos de derecho público de las Administraciones y sus organismos públicos recurridos en vía administrativa o jurisdiccional, aun cuando su ejecutividad se encuentre cautelarmente suspendida, les será de aplicación lo dispuesto en el apartado anterior.

Por el contrario, los créditos de derecho público de las Administraciones y sus organismos públicos que resulten de procedimientos de comprobación o inspección se reconocerán como contingentes hasta su cuantificación, a partir de la cual tendrán el carácter que les corresponda con arreglo a su naturaleza sin que sea posible su subordinación por comunicación tardía. Igualmente, en el caso de no existir liquidación administrativa, se clasificarán como contingentes hasta su reconocimiento por sentencia judicial, las cantidades defraudadas a la Hacienda Pública y a la Tesorería General de la Seguridad Social desde la admisión a trámite de la querella o denuncia".

El supuesto presente, en el que contamos con una liquidación provisional que sería ejecutable de no darse la situación concursal, no puede incardinarse en el párrafo segundo del art. 87.2 LC por lo siguiente:

a) Se trata de un crédito de derecho público que resulta de un procedimiento de "*comprobación o inspección*" que ha sido cuantificado (existe liquidación), por lo que no concurren los presupuestos de la frase primera del párrafo segundo para calificarlo de contingente.

b) Tampoco cabe en la frase segunda por cuanto, pese a que se encuentra pendiente de un procedimiento penal, por virtud de la reforma operada por la Ley 35/2015, la AEAT ha podido efectuar liquidación. Por ello se desactiva la posibilidad de calificar el crédito como contingente.

Sobre la posibilidad de incardinarlo en el art. 87.2 I LC. Se trata, según lo dicho más arriba, de un crédito de derecho público pendiente de la decisión en jurisdicción penal, la única posible ante la inviabilidad del procedimiento administrativo tal y como señala el art. 254 LGT ("*Impugnación de las liquidaciones. 1. Frente a la liquidación administrativa dictada como consecuencia de lo dispuesto en el artículo 250.2 de esta Ley, no procederá recurso o reclamación en vía administrativa, sin perjuicio del ajuste que proceda con arreglo a lo que se determine en el proceso penal, de acuerdo con lo dispuesto en el artículo 305 del Código Penal y en él, correspondiendo al Juez penal determinar en sentencia la cuota defraudada vinculada a los delitos contra la Hacienda Pública que hubiese sido liquidada al amparo de lo previsto en el apartado 5 del artículo 305 del Código Penal y en el Título*").

3. Podríamos considerar que esa dependencia de la decisión que habrá de recaer en el procedimiento penal puede equipararse al recurso de la decisión administrativa o a la jurisdicción contenciosa. Pero esta sala considera que no puede ser así ya que el art. 87.2 I LC se está refiriendo al recurso administrativo o jurisdiccional que el contribuyente puede emplear para cuestionar la deuda tributaria.

El supuesto que nos ocupa ha de equipararse al previsto en el art. 87.1 LC. De esta manera, la hipotética decisión penal que dejase sin efecto el crédito tributario, pesa como condición resolutoria de este, debiendo calificarse, así como condicional.

No puede considerarse como incongruente (contraria al art. 218 LEC) esta decisión con lo pretendido por la administración pública ya que se trata de incardinar los hechos en la norma (tan próxima a la impetrada por la actora), y otorgar el efecto interesado: declarar el carácter condicional del crédito (carácter condicional al que se accede tanto por la vía del art. 87.1. LC como por la del art. 87.2.I LC de haberse considerado aplicable).

Dado que el apelante ha acudido a la jurisdicción social, su crédito debe clasificarse como contingente, por quedar su importe fijado en virtud de sentencia judicial

AP Alicante, Sec. 8.ª, 194/2019, de 20 de febrero

SP/SENT/1004238

La sentencia dictada en la instancia ha desestimado la demanda, considerando, tal y como hizo la administración concursal, que los créditos de su titularidad son contingentes, conforme al art. 87.3 LC, por tratarse de créditos litigiosos.

Aduce el recurrente que tuvo que reclamar su crédito ante la jurisdicción social y que la administración concursal ha incumplido con sus obligaciones en cuanto a la verificación de su crédito.

Lo cierto es que el crédito fue calificado en su integridad como contingente, por importe de 13.177,43 €; y que el demandante promovió proceso ante la jurisdicción social, en el que ha sido dictada sentencia de 15 de enero de 2018, en la que, a pesar de reclamarse la condena al pago de dicha cantidad, se accedió tan solo parcialmente a dicha pretensión, condenando a la empresa ahora concursada al pago de 4.512,94 €.

No existen las dudas de hecho que el apelante alega. La calificación como contingente de su crédito no ofrece duda alguna, visto que se había acudido a la jurisdicción social. Y su importe ha quedado fijado en virtud de la sentencia dictada por el Juzgado de lo Social. Por tanto, ninguna duda de hecho existía, relacionada con los hechos sustentadores de su pretensión.

A mayor abundamiento, en ningún momento de la primera instancia se ha defendido la existencia de las dudas que ahora se invocan, para la no imposición de las costas.

Hasta que no finalice el procedimiento de comprobación de las facturas que a raíz del concurso se va a rectificar su IVA, el crédito de la Agencia Estatal de Administración Tributaria debe clasificarse como contingente

AP Baleares, Sec. 5.ª, 48/2019, de 25 de enero

SP/SENT/994455

Del mecanismo descrito fácil es deducir que ante la facultad que la LIVA concede al acreedor de rectificar las facturas a consecuencia de la declaración en concurso de su deudor, se produce una situación de indefinición, hasta que terminen los procedimientos de comprobación por la Agencia Tributaria, único órgano competente; y esta situación de indefinición es la que la que la legislación concursal solventa a través del artículo 87.2, al calificar como contingentes *"los créditos de derecho público de las Administraciones públicas y sus organismos públicos que resulten de procedimientos de comprobación o inspección"*, pues como bien indica la Administración Concursal en su escrito de oposición al recurso, al momento de la emisión su informe, se desconoce si los acreedores emisores de dichas facturas rectificativas han cumplido con su obligación de comunicar a la AEAT la modificación del IVA repercutido, si se ha cumplido o no con dicha obligación dentro del plazo e incluso si la propia AEAT la considera o no correcta, lo que justifica a su vez, que igualmente se reconozca como contingente tanto a favor de la AEAT como del propio acreedor en el propio informe impugnado, al resultar también "incierto" si se ha producido o no la novación subjetiva en dicho crédito por cambio de acreedor.

Es por todo ello, que convenimos con el Juez *a quo*, que hasta tanto no finalice dicho procedimiento de comprobación y/o se concrete su importe definitivo por la Agencia Tributaria, debe considerarse como contingente, sin perjuicio de su clasificación posterior y en su caso, conforme a lo previsto en el artículo 91.4 LC que es, como se dijo, lo que se indica en el informe impugnado, por lo que el recurso debe ser desestimado.

El recurso por la denegación de las ayudas públicas del Plan del Carbón se encuentra en sede judicial. Al ser una mera expectativa de cobro, los créditos deben ser incluidos en el inventario como contingentes *"sin cuantía propia"* ex art. 87.3 LCon

AP Asturias, Sec. 1.ª, 1/2019, de 14 de enero

SP/SENT/989352

La Sentencia que resuelve el incidente rechaza esta pretensión al entender que la pendencia del recurso de casación conduce a que la partida deba ser incluida en el inventario, con la advertencia de su contingencia, sin que proceda revisar su cuantía puesto que lo que la impugnante discute realmente es la sucesión procesal en la titularidad de los derechos de cobro.

De los datos obrantes en las actuaciones aparece que suscitada ente la jurisdicción contencioso-administrativa la cuestión relativa al cobro de las ayudas al carbón correspondientes a los años 2012 a 2014, el Juzgado Central de lo Contencioso-Administrativo n.º 2 dispuso que no procede acordar la sucesión procesal de CMAL, por transmisión del objeto litigioso, en la posición procesal de CMC, decisión que fue confirmada por la Sentencia de 22 febrero 2017 dictada por la Sección Cuarta de la Sala de lo Contencioso-Administrativo de la Audiencia Nacional al considerar que el derecho de CMAL al cobro de las ayudas aparece reconocido tan solo a partir del año 2014, único momento posible para acreditar posibles pérdidas y demás requisitos para ser titular de los derechos mineros controvertidos. Consta asimismo que esta última Sentencia ha ganado firmeza a la vista de la Providencia de 21 septiembre 2017 dictada por la Sección Primera de la Sala de lo Contencioso-Administrativo del Tribunal Supremo en la que se acuerda la inadmisión a trámite del recurso de casación que había sido preparado por CMAL.

Asiste por tanto la razón a la parte apelante de "Coto Minero Cantábrico, S. A. (en liquidación)" cuando solicita la exclusión del inventario de tales derechos de crédito, aun cuando para lograr tal propósito hubiera bastado con que la Administración concursal diera cumplimiento a la modificación sobrevenida de los textos definitivos conforme lo dispuesto en el art. 97 bis-3-4.º LC (*a contrario sensu*) una vez que los créditos litigiosos han sido definitivamente rechazados.

E idéntica suerte estimatoria habrá de correr el recurso en cuanto a las ayudas que comprenden los años 2014 en adelante y cuya concesión a CMAL ha sido denegada por parte del Instituto para la Reestructuración de la Minería del Carbón y Desarrollo Alternativo de las Comarcas Mineras, decisión que ha sido recurrida por la concursada. Tales créditos deberán ser efectivamente incluidos en el inventario como contingentes *"sin cuantía propia"* (art. 87-3 LC), por lo que tratándose de una mera expectativa de cobro la única finalidad de su reconocimiento será la de servir como referencia informativa, sin que puedan ser utilizados para configurar el avalúo de la masa activa.

Existiendo un procedimiento penal sobre el crédito del actor, el mismo debe ser clasificado de crédito contingente

AP Madrid, Sec. 28.ª, 675/2018, de 17 de diciembre

SP/SENT/995974

QUINTO. El apartado segundo del recurso se refiere a la contingencia del crédito reconocido a INVERSIONES REGGIM, S. L.

Sostiene el recurso que la querella no fue admitida frente a la recurrente por lo que no existe litigio pendiente en relación con la deuda que mantiene la concursada.

El argumento no puede aceptarse pues la influencia que pueda tener el proceso penal no depende de los elementos subjetivos, aunque aquí la querella –también dirigida frente a INVERSIONES REGGIM, S. L.– se admitió sin más –y lo determinante es la parte dispositiva del auto de admisión–, sino de los hechos que sean objeto de conocimiento del proceso penal.

Como señala la STS 548/16, de 20 de septiembre sobre la contingencia derivada de procesos penales:

El art. 87.3 LC dispone que *"los créditos (...) litigiosos serán reconocidos en el concurso como créditos contingentes sin cuantía propia y con la clasificación que corresponda (...)"*. Esta condición de litigioso la tiene cualquier crédito cuya existencia haya sido directamente cuestionada en un procedimiento judicial, mientras no recaiga una resolución firme o susceptible de ejecución provisional que lo reconozca.

Lo normal es que este litigio sea civil, y que en él se cuestione la existencia del crédito y su exigibilidad por su titular. Pero no existe objeción alguna para que pueda serlo también penal, cuando claramente sea objeto de controversia la validez o existencia del crédito. En nuestro caso, no existe duda de que así era, como se aprecia del contenido de la sentencia que finalmente dictó la sección penal de la Audiencia de Barcelona que ha juzgado la causa penal: expresamente declara hecho probado que la asunción de la obligación cambiaria no respondía a la existencia de ningún crédito y que los documentos elaborados para tratar de justificar su existencia (facturas, presupuesto y asunción de deuda) eran falsos. Lo cual justifica la condena del administrador de la concursada que emitió la declaración cambiaria como autor de un delito de estafa procesal, en grado de tentativa, en concurso real con un delito de falsedad en documento mercantil.

Es decir, es necesario valorar si se cuestiona la validez o existencia del crédito y habrá finalmente que atender a los hechos probados, aunque quien resulte condenado sea un administrador social.

Los hechos de la querella también se refieren aquí a los administradores de la concursada y expresamente se sostiene en relación con el contrato de prestación de servicios suscrito con INVERSIONES REGGIM, S. L. en 2004 (en consecuencia, a los créditos derivados de dicho contrato) que los querellados se valieron de sus cargos de administradores –y recuérdese que fueron administradores de ambas sociedades– para saquearla, y se niega que prestaran servicio alguno de asesoramiento y gestión.

Y la querella fue admitida a trámite, sin más, como se desprende de la parte dispositiva del auto dictado por el Juzgado de Instrucción n.º 27 de Madrid, sin perjuicio de las diligencias que se acordasen.

Esto supone que, de continuar dicho proceso hasta que se dicte sentencia, dicha resolución podría contener una declaración de hechos probados que afectase a la *"validez o existencia del crédito"* en los términos empleados por el Tribunal Supremo.

Lo expuesto justifica que el crédito se califique como contingente.

Habiéndose ejercitado el derecho de separación, el socio ya no es persona especialmente relacionada con el concursado, siendo titular de un crédito de reembolso, clasificado como contingente por estar su importe pendiente de impugnación

AP A Coruña, Sec. 4.ª, 113/2018, de 28 de marzo

SP/SENT/956376

Incluso se procedió, antes de la declaración de concurso, a la determinación de dicha valoración por auditor de cuentas, llevándose a efecto la comunicación de la misma el 14 de octubre de 2014, lo que coloca a la sociedad demandada en situación de mora, ya que debió de proceder a su reembolso en el plazo de los dos meses siguientes a tenor del art. 356 LSC o consignar la suma correspondiente.

Es cierto que dicha valoración ha sido impugnada, pero ello no cercena o interrumpe la salida del socio, incluso para los partidarios de la doctrina del pago. Primero, porque la sociedad tiene opción de consignar, en el caso de que sea el socio el que se niega a la percepción del importe de la valoración de sus acciones o participaciones sociales y, por otra parte, por la inexistencia de un precepto, como el existente en la regulación de la liquidación, que exija para proceder al cobro de la cuota, que transcurra el plazo para impugnar el balance de liquidación sin que se hayan formulado reclamaciones o sea firme la sentencia que las haya resuelto.

Es evidente que la actora ejerció en tiempo y forma su derecho de separación, incluso despreciado por la sociedad fue judicialmente reconocido, y condenada a reembolsarle el valor razonable. Determinado este y notificado a la sociedad, por la misma se cuestionó tal valoración, pero ello no significa que la demandante conserve la condición de socio que lo convierta, por su porcentaje en el capital social, en persona especialmente vinculada con la concursada. De lo que realmente es titular, una vez ejercitado su derecho de separación, es de un crédito al reembolso del art. 356 de la LSC, que ya ha sido legalmente cuantificado, si bien hallándose su importe pendiente de impugnación, y no de un derecho de crédito a participar en los beneficios sociales vía art. 93 a) LSC, que no son compatibles.

Es más, el propio Tribunal Supremo, en STS 32/2006, de 23 de enero, bajo la legalidad societaria precedente, pero extrapolable al presente marco litigioso, considera que ejercitado el derecho subjetivo y potestativo a la separación, este despliega su eficacia, sin que quepa ya el arrepentimiento de la sociedad, dejando sin efecto el acuerdo social, que propició la modificación estatutaria, con base a la cual se ejercitó tal derecho de separación, sino que, a partir de tal momento, son actos debidos los que deben ser ejecutados por la sociedad, razonando dicha sentencia que: "*No puede justificarse esta suerte de «derecho al arrepentimiento» ni presentando la posición de la sociedad frente al derecho de separación del socio como la de quien ha de consentir, en definitiva, y hasta el momento del pago de la cuota, como presupuesto de eficacia, ni entendiendo el derecho de separación del socio como un derecho* in fieri, *hasta el punto de negar que pueda exigir el valor de reembolso. No lo primero, que carece del mínimo apoyo en los textos legales aplicables, puesto que los artículos 97, 100, 101 y 102 contienen la exposición de auténticos deberes para la sociedad, sin la dependencia de un suceso exterior (artículo 1.113 CC) ni menos de la voluntad de la compañía o de sus administradores (lo que generaría un derecho ilusorio por parte del socio, en una suerte de dependencia de la mera potestad de la compañía, que repugna a la idea de vinculación por razón del contrato social y del legítimo ejercicio de los derechos que de él derivan:* arts. *1.256, 1.115, inciso primero del Código Civil, Sentencias de 27 de febrero de 1997, 9 de enero de 1995) y, por tanto, «exigibles desde luego», como dice el mencionado precepto del artículo 1.113 CC. Los actos para realizar por la sociedad son actos debidos, y no condiciones potestativas. La sociedad ha de publicar, ha de informar para obtener la fijación del valor, si no llega a un acuerdo sobre valoración, en base a un comportamiento que se ha de llevar a efecto en buena fe (artículos 7.1 y 1.258 CC, 57 del CCom), ha de pagar al auditor y, dentro de los dos meses siguientes a la recepción del informe de valoración, ha de reembolsar el valor de las participaciones o lo ha de consignar (artículo 101, inciso segundo) y, finalmente, los administradores han de otorgar la escritura de reducción de capital (art. 102), incluso cuando la sociedad quede por debajo del mínimo legal (arts. 102.2 y 108 LSRL). Visto así, no puede compartirse la opinión de quien entiende que no hay un «derecho inmediato» del socio al reembolso del valor, a menos que quiera decirse que ese derecho se habrá de llevar a efecto tras las operaciones de valoración, en los términos y plazos que señala el texto legal*".

A más abundamiento, de considerarse, por el contrario, persistente la condición de socio, hasta que unilateralmente decida la sociedad abonar su derecho de reembolso, o se impusiese a través de la vía de apremio, tampoco se daría el presupuesto para la subordinación del crédito.

En efecto, conforme al art. 92.5 LC se reputan subordinados "*los créditos de que fuera titular alguna de las personas especialmente relacionadas con el deudor a las que se refiere el artículo siguiente, excepto los comprendidos en el artículo 91.1.º cuando el deudor sea persona natural y los créditos diferentes de los préstamos o actos con análoga finalidad de los que sean titulares los socios a los que se refiere el artículo 93.2.1.º y 3.º que reúnan las condiciones de participación en el capital que allí se indican*".

No podemos considerar, por consiguiente, que el crédito de la actora, que además solo ostenta el 4 % del capital social, en contra de las exigencias del art. 93.2.1.º LC, sea equivalente a un préstamo o acto análogo, pues el mismo no deriva de una entrega a la sociedad de ninguna cosa fungible o dinero para usar de ella y devolver otro tanto de la misma especie y calidad, en los términos del art. 1.740 del CC, sino del ejercicio de un derecho societario a la separación por falta de reparto de beneficios y frustración de la finalidad de toda sociedad mercantil, que es cuestión asaz diferente.

Pese a que la redacción del art. 92.5 LC podría ser más clara, del mismo deriva que la subordinación se produce sobre los préstamos o actos de análoga finalidad de los que son acreedores personas especialmente relacionadas con la persona jurídica concursada, quedando, por consiguiente, excluidas otras posiciones crediticias.

Por actos de análoga o similar finalidad podrán considerarse comprendidos aquellos realizados a efectos de financiación, sobre los que late un propósito similar al del otorgamiento de un préstamo, ahora bien, difícilmente encaja en tal calificación jurídica, que ha de ser restrictiva, el crédito del socio al reembolso de su participación en la sociedad, cuando precisamente no quiere mantenerse ligado a la misma y ejercita su derecho de separación, cinco años antes además de la declaración del concurso, en una situación económico generadora de dividendos, sin atisbo alguno de ejercicio de tal facultad legal, de forma contraria a la buena fe o incurriendo en abuso de derecho, separación que además fue judicialmente reconocida, contando con el refrendo de una sentencia firme.

Desde luego, sería una interpretación extensiva, y, por lo tanto, inasumible, considerar que la aportación que el socio hace al capital social constituye una forma de financiación a la sociedad y que debe asimilarse a una operación de préstamo a los efectos analizados. Al realizar la aportación al capital social el socio sabe que esta es una cantidad de garantía, a la que no tiene derecho a devolución, como, por el contrario, acontece en el supuesto de que se tratase de un préstamo, sin perjuicio de lo que resulte de las operaciones liquidatorias, una vez disuelta la sociedad, que conforma una situación jurídica muy diferente.

O, dicho de otra forma, mientras que el capital es inamovible, el patrimonio social es variable, dependiendo del mayor o menor éxito que tenga la persona jurídica en la realización de su objeto social, en definitiva, de su actividad en el mercado.

El crédito del actor, correspondiente a su derecho de reembolso por haber ejercitado su derecho de separación de la sociedad concursada, debe clasificarse como crédito contingente ordinario sin cuantía propia

AP A Coruña, Sec. 4.ª, 11/2018, de 15 de enero

SP/SENT/944188

A más abundamiento, de considerarse, por el contrario, persistente la condición de socio, hasta que unilateralmente decida la sociedad abonar su derecho de reembolso, o se impusiese a través de la vía de apremio, tampoco se daría el presupuesto para la subordinación del crédito.

En efecto, conforme al art. 92.5 LC se reputan subordinados "*los créditos de que fuera titular alguna de las personas especialmente relacionadas con el deudor a las que se refiere el artículo siguiente, excepto los comprendidos en el artículo 91.1.º cuando el deudor sea persona natural y los créditos diferentes de los préstamos o actos con análoga finalidad de los que sean titulares los socios a los que se refiere el artículo 93.2.1.º y 3.º que reúnan las condiciones de participación en el capital que allí se indican".*

No podemos considerar, por consiguiente, que el crédito de la actora, que además solo ostenta el 4 % del capital social, en contra de las exigencias del art. 93.2.1.º LC, sea equivalente a un préstamo o acto análogo, pues el mismo no deriva de una entrega a la sociedad de ninguna cosa fungible o dinero para usar de ella y devolver otro tanto de la misma especie y calidad, en los términos del art. 1.740 del CC, sino del ejercicio de un derecho societario a la separación por falta de reparto de beneficios y frustración de la finalidad de toda sociedad mercantil, que es cuestión asaz diferente.

Pese a que la redacción del art. 92.5 LC podría ser más clara, del mismo deriva que la subordinación se produce sobre los préstamos o actos de análoga finalidad de los que son acreedores personas especialmente relacionadas con la persona jurídica concursada, quedando, por consiguiente, excluidas otras posiciones crediticias.

Por actos de análoga o similar finalidad podrán considerarse comprendidos aquellos realizados a efectos de financiación, sobre los que late un propósito similar al del otorgamiento de un préstamo, ahora bien, difícilmente encaja en tal calificación jurídica, que ha de ser restrictiva, el crédito del socio al reembolso de su participación en la sociedad, cuando precisamente no quiere mantenerse ligado a la misma y ejercita su derecho de separación, cinco años antes además de la declaración del concurso, en una situación económico generadora de dividendos, sin atisbo alguno de ejercicio de tal facultad legal, de forma contraria a la buena fe o incurriendo en abuso de derecho, separación que además fue judicialmente reconocida, contando con el refrendo de una sentencia firme.

Desde luego, sería una interpretación extensiva, y, por lo tanto, inasumible, considerar que la aportación que el socio hace al capital social constituye una forma de financiación a la sociedad y que debe asimilarse a una operación de préstamo a los efectos analizados. Al realizar la aportación al capital social el socio sabe que esta es una cantidad de garantía, a la que no tiene derecho a devolución, como, por el contrario, acontece en el supuesto de que se tratase de un préstamo, sin perjuicio de lo que resulte de las operaciones liquidatarias, una vez disuelta la sociedad, que conforma una situación jurídica muy diferente.

O dicho de otra forma, mientras que el capital es inamovible, el patrimonio social es variable, dependiendo del mayor o menor éxito que tenga la persona jurídica en la realización de su objeto social, en definitiva de su actividad en el mercado.

SEXTO: Impugnación por incongruente de la consideración del crédito del actor como contingente sin cuantía del art. 87.3 LC.

El Juzgado no incurre en incongruencia, sino que califica el crédito conforme a Derecho, al hallarse su cuantía judicialmente impugnada, y disponer el art. 87.3 LC, que los créditos sometidos a condición suspensiva y los litigiosos serán reconocidos en el concurso como créditos contingentes sin cuantía propia y con la calificación que corresponda —en este caso ordinario por el principal y subordinado por los intereses—, admitiéndose a sus titulares como acreedores legitimados en el juicio sin más limitaciones que la suspensión de los derechos de adhesión, de voto y de cobro. En todo caso, la confirmación del crédito contingente o su reconocimiento en sentencia firme o susceptible de ejecución provisional otorgará a su titular la totalidad de los derechos concursales que correspondan a su cuantía y calificación.

Es por ello, que no podemos considerar la sentencia como incongruente, sino que aplica la más estricta legalidad. La cuantía será la que corresponda con el resultado del proceso de impugnación del informe del auditor, no la fijada por este, hasta que no sea indiscutible.

Por lo que respecta a los intereses se requiere que la sentencia condene al pago de una cantidad líquida, lo que no es el caso que nos ocupa, en que la misma está pendiente de determinar. La aplicación del art. 576 LEC requiere la liquidez.

Son créditos contingentes hasta su cuantificación los de derecho público de las Administraciones que resulten de procedimientos de comprobación o inspección

AP Barcelona, Sec. 15.ª, 110/2017, de 21 de marzo

SP/SENT/901233

Los créditos de derecho público de las Administraciones y sus organismos públicos que resulten de procedimientos de comprobación o inspección se reconocerán como contingentes hasta su cuantificación, a partir de la cual tendrán el carácter que les corresponda con arreglo a su naturaleza sin que sea posible su subordinación por comunicación tardía. Igualmente, en el caso de no existir liquidación administrativa, se clasificarán como contingentes hasta su reconocimiento por sentencia judicial, las cantidades defraudadas a la Hacienda Pública y a la Tesorería General de la Seguridad Social desde la admisión a trámite de la querella o denuncia.

3. Los créditos sometidos a condición suspensiva y los litigiosos serán reconocidos en el concurso como créditos contingentes sin cuantía propia y con la calificación que corresponda, admitiéndose a sus titulares como acreedores legitimados en el juicio sin más limitaciones que la suspensión de los derechos de adhesión, de voto y de cobro. En todo caso, la confirmación del crédito contingente o su reconocimiento en sentencia firme o susceptible de ejecución provisional otorgará a su titular la totalidad de los derechos concursales que correspondan a su cuantía y calificación.

4. Cuando el juez del concurso estime probable el cumplimiento de la condición resolutoria o la confirmación del crédito contingente, podrá, a petición de parte, adoptar las medidas cautelares de constitución de provisiones con cargo a la masa, de prestación de fianzas por las partes y cualesquiera otras que considere oportunas en cada caso.

Procede reconocer al actor un crédito contingente ordinario derivado de la enajenación que la Junta de Compensación efectúe del resto de la finca no permutada del concursado

AP Madrid, Sec. 28.ª, 2/2017, de 10 de enero

SP/SENT/899763

SÉPTIMO: CRÉDITO CONTINGENTE POR EL DERECHO DE ZAPATA A PARTICIPAR EN EL PRODUCTO DE FUTURAS ENAJENACIONES.

46. ZAPATA mantuvo en su contestación que, si se reducía su crédito ordinario con cuantía propia, debía reconocérsele en sustitución un crédito contingente derivado de su derecho a participar en la enajenación de las fincas 1.4.1 y resto de la finca matriz de la finca 1.5 que en su día lleve a efecto la Junta de Compensación.

47. Esta cuestión no tuvo necesidad de ser abordada en la sentencia de primera instancia porque el juez "a quo" no acordó la reducción del crédito ordinario de ZAPATA. Sin embargo, como esa reducción sí se va a acordar en segunda instancia, es necesario dar respuesta ahora al problema que surge de la reducción del crédito ordinario de ZAPATA.

48. La finca 1.4.1 es la finca de reemplazo adquirida por la Junta de Compensación como consecuencia de la permuta. Dicha parcela no es la contemplada en el laudo ni en el acuerdo de extensión de efectos del laudo a otras fincas. Por hipótesis no era posible que así fuera, ya que la finca 1.4.1 no pertenecía a la Junta de Compensación cuando las partes decidieron someter la cuestión litigiosa a arbitraje.

49. Lo que Zapata plantea es una suerte de subrogación real entre la parcela 1.5.1, que pertenecía a la Junta de Compensación con anterioridad a la permuta, y la finca 1.4.1., que es la finca adquirida con posterioridad. Pero esa subrogación real no está prevista en modo alguno, ni legal ni convencionalmente.

50. El derecho de ZAPATA a participar en el producto de la enajenación de la parcela 1.5.1, se agotó naturalmente con dicha enajenación. Ello es así porque, por definición, la Junta de Compensación no podría volverla a enajenar, salvo que la adquiriera posteriormente, pero ya sería por otro título distinto del que nace el derecho de ZAPATA.

51. Por consiguiente, no cabe reconocer a favor de ZAPATA un crédito contingente sin cuantía propia en relación con su derecho a participar en el producto de la enajenación de la parcela 1.4.1 que lleve a efecto la Junta de Compensación.

52. Distinta suerte debe correr la petición de ZAPATA relativa a que la reducción de su crédito ordinario con cuantía propia postulada por la actora lleve aparejado un efecto colateral, cual es la necesidad de reconocer un crédito contingente sin cuantía propia en relación a su derecho a participar en el producto de la enajenación del resto de la parcela matriz 1.5 que lleve a efecto la Junta de Compensación.

53. En este punto hemos de dar la razón a ZAPATA porque el motivo de la reducción del crédito ordinario con cuantía propia ha sido, precisamente, que el resto de la finca matriz 1.5 no ha sido objeto de enajenación por la Junta de Compensación.

54. Precisamente por esta razón, ZAPATA mantiene su derecho a participar en el producto de la enajenación del resto de la finca matriz 1.5 que la Junta de Compensación pueda efectuar en el futuro.

55. El reflejo de este derecho en la lista de acreedores debe realizarse mediante el reconocimiento de un crédito contingente sin cuantía propia, al amparo del artículo 87.3 LC., ya que se trata de un crédito sujeto a condición suspensiva, de conformidad a lo dispuesto en los artículos 1.113 y siguientes del Código Civil.

56. Contrariamente a lo afirmado en la sentencia de primera instancia, el suceso que condiciona la efectividad del derecho es la futura enajenación de la finca. Se trata de un suceso futuro e incierto para las partes, cual es el hecho de que se produzca un concierto de voluntades entre terceros, a saber, la Junta de Compensación y el adquirente de la finca.

57. Esta cuestión no se altera por el hecho de que la Junta de Compensación tenga por finalidad la venta de las parcelas y que tales enajenaciones entren dentro de su giro o tráfico. Tal circunstancia no convierte la futura enajenación en un suceso cierto, ya que no solo depende de la Junta de compensación, sino de que se encuentre a un tercero dispuesto a adquirir la finca y de que se alcance un concierto de voluntades entre ellos.

58. En definitiva, procede la estimación parcial de la demanda y en consecuencia procede sustituir el crédito ordinario de 304.802,27 euros a favor de ZAPATA por otro de 169.169, 94 euros más un crédito contingente sin cuantía propia con la calificación de ordinario, derivado del derecho que ZAPATA S. A. a recibir el 50 % del producto que corresponde a REYAL URBIS en la enajenación que la Junta de Compensación efectúe del resto de la finca matriz no permutada, que está referenciada con la numeración 1.5 y que se describe en la escritura de segregación y permuta de fecha 19 de mayo de 2011.

El crédito del actor, correspondiente a la cantidad que el concursado debió de aportar en virtud de un pacto de socios, debe clasificarse como crédito contingente, dado que existe un litigio en relación con el mismo

Juzgado de lo Mercantil Madrid, n.º 7, de 3 de octubre de 2019

SP/SENT/1039077

Conclusión.

En el presente caso, constamos con, al menos, una sentencia firme en la que se reconoce la existencia del crédito, si bien, a fecha de la misma no cumplía con los requisitos de vencimiento y exigibilidad.

La sentencia de apelación alegada por la actora, si bien parece no ser firme, acoge por cosa juzgada los hechos probados de la de instancia (ojo, distinta de la de instancia apelada, causa de dicha sentencia) y entiende existente el crédito de AURANTIA 2003 S. L. contra AURANTIA 2003 S. L. en las cuantías reconocidas en el concurso.

Por tanto, pretender extraer del texto de las sentencias arriba referidas la inexistencia del crédito no se sostiene. Por efecto de la cosa juzgada no es admisible entrar a discutir otra vez, como parece pretender la concursada, sobre la existencia o inexistencia del crédito derivada de una u otra naturaleza del tipo de contrato del que trae causa. Es por ello que debemos desestimar de plano la petición principal de la demanda.

Ahora bien, derivado el crédito de un aval en el que no consta el pago por el avalista y los consiguientes pactos de no pedir y acuerdos de refinanciación, debe reconocerse el crédito como contingente, pero por las cuantías declaradas probadas, pero no exigibles, en las sentencias civiles arriba referidas. Es decir 7.174.361,08 de euros de principal y 2.152.000 euros de intereses fijados en el *"Acuerdo de Refinanciación"* suscrito entre y CREDIT SUISSE el 9 de noviembre de 2012, con la calificación que corresponda.

Todo ello sin perjuicio de que, durante la tramitación del concurso, resulte cumplida la contingencia por pago, total o parcial, de las cantidades arriba referidas, en los términos establecidos en el artículo 87.8 LC. Este es el sentido que parece extraerse de la petición de reconvención. Pero como se ha dicho más arriba, no es una petición de condena puramente reconvencional, sino de excepción de compensación, por lo que no puede ser estimada como tal.

Ante la falta de colaboración de la concursada y la imposibilidad de acceder a la contabilidad, el crédito ordinario a favor de la Sociedad de Gestión de Activos no puede clasificarse como contingente

Juzgado de lo Mercantil Badajoz, n.º 1, 202/2018, de 3 de diciembre

SP/SENT/997709

SEGUNDO. Objeto del procedimiento, valoración de la prueba. Solución: La demanda ha de ser desestimada.

En el caso que nos ocupa se solicita por el demandante que se dé la calificación de crédito subordinado, el crédito de la Agencia Tributaria por sanción tributaria, de 150 euros.

Que el AC reconoce como crédito con privilegio especial por importe de 1.578.420,10 euros a la Sociedad de Gestión de Activos, procedentes de la reestructuración bancaria, sin la limitación establecida en la Ley. Por otro lado, el importe de 585.358,32 euros se reconoce a aquella entidad como crédito ordinario, considerando que es un crédito contingente pues la concursada es fiadora.

Las demandadas se oponen a la demanda con las alegaciones que constan en sus respectivos escritos.

Así, el AC, resalta la falta de colaboración de la concursada, motivo por el cual el informe provisional se realiza sin visitar los inmuebles y sin poder tasar adecuadamente los mismos, por lo que no se efectúa la limitación legal, ya que se desconoce la valoración del mercado del bien al no poder comprobar su estado. Alegaciones semejantes efectúan el resto de las demandadas.

Dicha pretensión ha de ser desestimada puesto que resulta imposible realizar la tasación de los inmuebles ante la falta de colaboración de la concursada, sin que la misma aporte una tasación objetiva que determine que la valoración del bien sea otra.

En cuanto al crédito de la Agencia Tributaria ya ha sido modificada la lista de acreedores por parte de la AC, por lo que dicha pretensión ha de ser desestimada.

En cuanto al crédito ordinario a favor de La Sociedad de Gestión de Activos, al igual que sucede en el supuesto anterior, la falta de colaboración de la concursada y la imposibilidad de acceder a la contabilidad impide a la AC la calificación del crédito como contingente puesto que ha realizado su informe provisional con la información suministrada por los acreedores, y fue aquella entidad la que insinuó su crédito a la AC con dicho importe y dicha calificación.

Por otra parte, según las alegaciones del SAREB, no procede la calificación de contingencia del crédito citado por cuanto la concursada es fiadora solidaria con renuncia a los beneficios de orden y excusión. (documento n.º 1).

El juez del concurso carece de competencia para cuantificar una obligación de alimentos paterno filial, siendo el crédito contingente hasta que el Tribunal competente resuelva el litigio

Juzgado de lo Mercantil Madrid, n.º 6, de 13 de noviembre de 2018

SP/SENT/989990

TERCERO. Examen de la pretensión.

A. Si lo que define al crédito contingente es la sujeción del mismo a un hecho futuro e incierto que determine su eficacia, vigencia y exigibilidad (condición suspensiva) o sujetos a la decisión o resolución de Autoridad competente (crédito litigioso); y si lo que impone el art. 87.3 LCo es su reconocimiento e inclusión sin cuantía determinada, debe entonces concluirse que la cuantía de tal crédito no puede constituir objeto de impugnación del informe provisional del art. 96 LCo, y menos aún pretender su adición a cuantías ya definitivas incluidas como crédito ordinarios, so pena de permitir traer a tal vía impugnatoria datos del informe meramente informativos. En tal sentido señala la Sentencia del Juzgado Mercantil n.º 1 de Sevilla, de 30.12.2005, que "... *la expresión «sin cuantía propia» significa que dichos créditos contingentes no pueden ser reconocidos en el pasivo, a efectos de mayoría y* quorum *(de ahí que sus titulares tienen suspendidos los derechos de adhesión, voto y cobro). Distinto es que pueda hacerse constar la cuantía de esos créditos a efectos informativos, pero sin computar en el pasivo...*".

Debe tenerse en cuenta que el reconocimiento y clasificación de un crédito como contingente es calificado por la propia norma concursal como supuesto especial de reconocimiento crediticio, de tal modo que apartándose de las reglas generales de los arts. 85 y 86 LCo, se disponen normas específicas para ello, de tal modo que tratándose de crédito sujeto a contingencia se articula en torno a él una evidente consecuencia, cual es la incertidumbre en su final importe y cuantía.

B. Haciendo aplicación de tal doctrina al presente supuesto resulta que reconocido a favor de sus hijos una pensión alimenticia sometida a ejecución judicial y posterior procedimiento de modificación de medidas, serán las liquidaciones realizadas por los tribunales competentes para ello la que determine el total importe adeudado por el concursado; resoluciones judiciales que por el cauce de los arts. 53 y 86.2 LCo serán objeto de inmediato reconocimiento una vez establezcan cantidades líquidas y firmes o definitivas, de modo total o parcial.

C. Pero aún más, el art. 8. 1.º LCo excluye de la competencia del juez del concurso las acciones patrimoniales contra el deudor relativas a procedimientos de matrimonio y filiación y menores, de lo que resulta que para la definitiva cuantificación de las cantidades nacidas de tales obligaciones dinerarias carece de competencia el juez del concurso para su determinación por el cauce del listado de acreedores y su eventual impugnación del art. 96.1 LCo.

Cierto es que el 47 LCo atribuye al juez del concurso competencia para fijar alimentos a favor o a cargo del concursado, pero ello solo a los fines de fijar qué importe será abonado con cargo a la masa, exista o no sentencia de alimentos o procedimiento de familia; pero en modo alguno ostenta competencia ni para determinar, declarar y cuantificar una obligación de alimentos paternofilial ni para fijar las cantidades adeudadas en procedimientos competencia de aquellos tribunales.

Procede, por ello, desestimar la demanda manteniendo el carácter contingente del crédito por alimentos y el importe meramente informador y orientativo recogido en el informe; a la espera de la desaparición de la contingencia a que se refiere el art. 97.3. 4.º LCo.

Acreditada la posición del actor como fiador en las dos compraventas, se le debe reconocer un crédito con la calificación de ordinario contingente

Juzgado de lo Mercantil San Sebastián, n.º 1, 213/2018, de 26 de junio

SP/SENT/975726

Otra cuestión es la litigiosidad derivada de que la sentencia en cuestión está recurrida cuando se declara el concurso de Tornillería Elcoro; de lo anterior se desprende que estamos ante un crédito contingente por litigioso; entendemos que esta es la contingencia a que se refiere el ad. concursal y no a la condicional.

Por lo tanto, aquí se desestima impugnación.

SEGUNDO. Crédito de 156.000 euros.

Ya examinamos en el incidente 382 17 del concurso de Topac Hammer la compraventa de participaciones sociales de Topac Hammer y otras entidades formalizada entre Elgeta Cartera S. L. y D. Argimiro; tal como se refiere en la demanda y se desprende de los documentos acompañados a la misma, dicha compraventa sufrió diversas modificaciones en cuanto al precio, plazo de pago y garantías.

Entre esas garantías estaba una hipoteca sobre un pabellón de su propiedad que se comprometía a constituir la concursada, obligación que figuraba en la *addenda* modificativa del contrato originario de 1 de julio de 2010; el incumplimiento de esa obligación dio lugar a otra modificación mediante contrato de 4-10-12 en el que Topac Hammer pasaba a ser garante del precio total, 765.000 euros, en el caso de que no se pagara la rebaja pactada en el plazo indicado.

En ese contrato de 4-10-12, en su clausula Segunda, efectivamente, D. Argimiro vende a Elgeta Cartera S. L. unas participaciones diferentes de las que eran objeto del contrato de 8 de enero de 2009 y sus posteriores modificaciones.

Se pacta un precio conjunto de 232.001 euros y, también que, en caso de pago de ese precio en la fecha pactada, 30/12/12, el resto de la suma pendiente de pago de la previa compraventa de participaciones, 765.000 euros, sería condonada.

El 31 de diciembre de dos mil doce (doc. 13 de la demanda) se da una novación de las relaciones contractuales de las partes que, en lo que aquí nos ocupa, implica, suponía un aplazamiento de la fecha de pago de la segunda compraventa de acciones, con la entrega de la suma de 72.000 euros y aplazar el resto del pago del precio al 15 de abril de 2013.

La condición de fiadora de Tornillería Elcoro es en relación con ambas compraventas.

El pago de parte del precio, 72.000 euros es una clara prueba de la perfección del contrato.

Siendo así, clara la condición de fiadora de Tornillería Elcoro en cuanto a las dos compraventas, incluida la segunda, debe de reconocerse el segundo crédito postulado.

El crédito por costas debe clasificarse como contingente, porque a la fecha de declaración del concurso estaba pendiente de tasación

Juzgado de lo Mercantil San Sebastián, n.º 1, 277/2017, de 28 de diciembre

SP/SENT/944759

En lo que respecta las costas, la concursada es condenada en costas en el Juicio verbal n.º 667/2016 del Juzgado de Primera Instancia n.º 1 de San Sebastián; al figurar la condena en costas en la sentencia no se le puede atribuir al crédito por costas una subordinación por comunicación tardía, pues figura en un documento de carácter ejecutivo, sin perjuicio de su contingencia por tasación y forzosamente debe de figurar en la documentación del deudor (otra cuestión es que no haya tenido acceso a él el administrador concursal).

Se aporta un decreto de tasación firme de fecha posterior a la declaración de concurso, pero está incompleto, dado que falta el folio correspondiente a la resolución, por lo que no está acreditada la suma objeto de la tasación de costas.

Dicho así, el crédito por costas debe de calificarse como contingente del art. 87.3. LC, dado que a la fecha de declaración de concurso estaba pendiente de tasación y ordinario, dado que no está incluido en ninguno de los supuestos del art. 92 L.C., y ello sin perjuicio de que se recoja en los textos definitivos su cuantificación definitiva, una vez se aporte al ad. concursal el decreto en cuestión en su integridad.

Al existir un recurso en vía administrativa en relación con la liquidación tributaria reclamada, el crédito de la Agencia Estatal de Administración Tributaria debe calificarse como contingente sin cuantía, hasta la fijación definitiva de su cuantía y calificación

Juzgado de lo Mercantil Bilbao, n.º 1, 3/2017, de 2 de enero

SP/SENT/896053

Este crédito ha sido reconocido por la AC como ordinario, al 50 %, y privilegiado general, el otro 50 % restante. La demandante, concursada, dice que como la liquidación sancionadora ha sido recurrida por los interesados ante el Tribunal Económico Administrativo (doc. 1), el crédito debe tener la consideración de "contingente", por litigioso (art. 87.2), sin perjuicio también de la atribución de la deuda final en un 50 %, al no constar la solidaridad del crédito.

2. LA VALORACIÓN JUDICIAL.

Al acreditarse recurrida en vía administrativa la liquidación tributaria que se reclama a la deudora derivada de un expediente sancionador de derivación de responsabilidad debe calificarse el crédito como *"contingente sin cuantía"*, a la espera de la fijación definitiva de su cuantía y calificación, de conformidad con lo dispuesto en el segundo párrafo del art. 87.2 de la LC. Ni la AC, que contesta la demanda incidental pero no argumenta su oposición a la pretensión ejercitada, ni la Agencia Tributaria, que no se persona en autos, ofrecen argumento jurídico o fáctico alguno que fundamente la pretensión de rectificación esgrimida por la concursada.

Créditos con privilegio especial

El privilegio especial en un crédito con garantía real abarca el principal y los intereses remuneratorios o moratorios, devengado antes o después de la declaración de concurso, siempre que estén cubiertos por el valor de realización de la garantía

TS, Sala Primera, de lo Civil, 227/2019, de 11 de abril

SP/SENT/999633

Para determinar lo que entonces podía considerarse crédito con privilegio especial, en un supuesto como este, resulta de aplicación la doctrina contenida en la reciente sentencia 112/2019, de 20 de febrero, con alguna matización.

En esta sentencia declaramos que el privilegio especial en un crédito con garantía real abarca no solo al principal, sino también a los intereses remuneratorios o moratorios, ya se hubieran devengado antes o después de la declaración de concurso, siempre que estén cubiertos por el valor de realización de la garantía:

Los arts. 59 y 92. 3.º LC permiten el devengo, sin postergación, de los intereses generados por los créditos con garantía real "*hasta donde alcance la respectiva garantía*"; lo que supone la afección de la garantía al pago de tales intereses con el límite indicado. El art. 90 LC no establece expresamente que esos intereses tengan el carácter de crédito con privilegio especial, pero porque es innecesario, una vez que el privilegio abarca la totalidad del crédito garantizado, conforme a lo expresado en el título.

"Además, conforme a esta regulación, los intereses devengados por el crédito hipotecario serán privilegiados con privilegio especial, con independencia de su fecha de devengo –anterior o posterior a la declaración del concurso– si están cubiertos por el valor de realización del bien que sirve de garantía. Si el valor de realización no cubre los intereses, debe entenderse que los devengados con anterioridad a la declaración de concurso son subordinados (art. 92.3.º LC), mientras que los posteriores no pueden ser reclamados, por exceder de la garantía".

Y, más adelante, advertíamos que el privilegio que le confiere al acreedor la garantía real, no le dispensa, en caso de concurso de acreedores de su deudor, del deber de comunicar su crédito, conforme a lo previsto en el art. 85.3 LC. Con la siguiente advertencia:

"Si (...), cuando se realizó la comunicación de créditos todavía no se había alcanzado el límite garantizado, debería haberse comunicado la cantidad devengada hasta esa fecha como crédito con privilegio especial y la parte todavía no devengada como crédito contingente sin cuantía propia (hasta que se cumpliera la contingencia) y con la calificación de privilegio especial".

Cumplidos estos presupuestos, en principio, el acreedor hipotecario tiene derecho a que lo obtenido con la realización de las dos fincas afectadas al cobro de su crédito, se destine a su satisfacción hasta el importe cubierto con la garantía. Por lo tanto, también alcanza a los intereses cubiertos por la garantía que se hubieran devengado con posterioridad a la declaración de concurso.

No procede reconocer como crédito con privilegio especial o contingente el que derive de la hipoteca de máximo cuando no se ha incluido crédito alguno en dicha cuenta

AP Pontevedra, Sec. 1.ª, 521/2019, de 2 de octubre

SP/SENT/1023319

La aplicación de lo anteriormente razonado conlleva la desestimación del recurso de la parte apelante en orden a su pretensión de que se califique el crédito relacionado con la hipoteca de máximo como crédito con privilegio especial.

También debe rechazarse la pretensión de calificación como crédito contingente cuando en realidad el crédito no ha nacido, no tiene existencia en tanto en cuanto la obligación no surge al tráfico hasta la anotación en cuenta y cierre de la cuenta (art. 153 LH y art. 245 RH), por lo que el crédito no adquiere naturaleza real hasta ese momento. Y hasta ese momento el crédito tiene la calificación que corresponda en función del negocio o acto jurídico de procedencia. No existe la contingencia, en cuanto incertidumbre, que se pretende.

Además, no se ha dispuesto de cantidad alguna de la póliza de crédito por lo que no existe crédito/deuda alguna a la fecha de la solicitud (art. 94.1 LC) o de la declaración del concurso –todos los efectos, tanto sustantivos como procesales, tienen en común que el momento temporal esencial que se toma como referencia es el de la declaración del concurso. Y especialmente, en orden a la formación de la masa pasiva, también el art. 49 LC establece la integración de la masa pasiva con todos los acreedores, una vez declarado el concurso, es decir, como efecto de la declaración del concurso plasmada en el auto del art. 21 LC, tal y como titula el Capítulo II, del Título III LC. Es precisamente el momento de la declaración del concurso con todos los efectos que conlleva, el instante a partir del cual no se producirá variación de los acreedores del deudor, pues solo desde ese momento los créditos que nazcan con posterioridad no tendrán ya la consideración, en su caso, de créditos concursales, sino que se tratará de créditos contra la masa (art. 84.2 LC). Entre la solicitud de concurso y su declaración, sin embargo, puede producirse una variación de la lista de acreedores ya que nada impide el normal desarrollo de relaciones contractuales durante ese período, más allá de lo que exija la prudencia en relación a posibles acciones de reintegración. Por ello, a pesar de la literalidad del art. 94.1 LC, la fecha de cierre de la lista de acreedores debe fijarse en función de la fecha del dictado del auto de declaración de concurso, no de su solicitud–.

Al no disponer de cantidad alguna, no existe deuda o crédito que recoger en la lista de acreedores. El concursado nada adeuda al momento de tener que definir quién tiene la condición de crédito y las características y circunstancias del crédito. Tampoco con el pretendido carácter de contingente, no tratándose de un crédito sometido a condición suspensiva o litigioso, siendo sabido que el elemento temporal es extremadamente relevante en el concurso pues la inmensa mayoría de los surgidos con posterioridad a la declaración del concurso de acreedores tendrán la consideración de créditos contra la masa en aplicación del art. 84.2 LC, en especial tras la reforma llevada a cabo por la Ley 38/2011, de 10 de octubre.

El art. 90 LCon no impone la inscripción registral, además de la forma pública, sino que solo exige que la prenda de crédito figure en *"un documento con fecha fehaciente"* para que pueda ser reconocida como crédito especialmente privilegiado

AP Murcia, Sec. 4.ª, 391/2019, de 23 de mayo

SP/SENT/1014279

El recurso debe ser estimado porque no se participa de la exégesis mantenida por la sentencia de instancia por las razones siguientes:

i) la literalidad del precepto con el uso de la conjunción disyuntiva "o" pone de manifiesto que el requisito formal se establece de forma alternativa;

ii) exigir la inscripción registral implica reducir la prenda sobre créditos futuros solo a la prenda sin desplazamiento de la posesión, cuando ello no lo dice la norma.

Ya fue descartada esta opción reductora por la DGRN en la Resolución de 18 de marzo de 2008 al responder a la consulta de la Asociación Española de Banca sobre el alcance del art. 54 LHPSD según redacción dada por la Ley 41/2007 ("Los derechos de crédito, incluso los créditos futuros... podrán igualmente sujetarse a prenda sin desplazamiento. Para su eficaz constitución deberán inscribirse en el Registro de Bienes Muebles) en la que dijo que el sentido de esa norma era abrir la posibilidad a que se pueda constituir prenda sin desplazamiento de créditos, más en modo alguno impedir, limitar o menoscabar la posibilidad de prenda ordinaria de tales créditos iii) imponer la inscripción registral, además de la forma pública, no se entiende ni casa con un sistema que solo exige a la prenda de crédito con carácter general en el mismo art. 90.1.6 LC *"un documento con fecha fehaciente"*. Tampoco concuerda con otros cuerpos legales (art. 11 del RDL 5/2005).

Por tanto, si ya ha sido criticada doctrinalmente esa exigencia documental pública, no tiene soporte sistemático alguno la exigencia añadida de la inscripción registral.

5. Limitada la controversia a esta cuestión (que es la que delimita nuestra respuesta por imperativo de los arts. 218 y 465 LEC) debemos estimar el recurso, al no plantearse si solo

el crédito por principal reconocido a la AEAT derivado de esa escritura merece esa calificación.

Tampoco se suscita que los derechos de crédito pignorados no formen parte de la masa activa de los concursados por carecer la comunidad de bienes, como realidad estática, de personalidad jurídica propia y diferenciada de sus miembros. La respuesta variaría si, bajo esa apariencia, se escondiera en realidad una sociedad con personalidad jurídica propia, pero ello no se ha planteado en este incidente.

El crédito correspondiente al saldo deudor dispuesto a la póliza de crédito, sobre *stock* de vehículo nuevo con prenda sin desplazamiento, debe clasificarse como crédito privilegiado especial

AP Baleares, Sec. 5.ª, 207/2019, de 26 de marzo

SP/SENT/1003227

CUARTO En el caso, los documentos obrantes en las actuaciones acreditan que la póliza de crédito de fecha 23 de febrero de 2007, intervenida por Notario, está garantizada con un prenda sin desplazamiento, constituida *"sobre el conjunto de existencias en poder de aquel (Concesionario) consistentes en vehículos nuevos sin matricular de la marca SEAT que el Concesionario adquiera de SEAT S. A."*, existencias que comprenden *"todos los tipos, clases y modelos (turismos, industriales pesados y ligeros, comerciales, derivados y todo terreno) de la citada marca que se encuentren en poder del Concesionario, con un mínimo de dos vehículos y un máximo de trescientos vehículos, quien se obliga a depositarlos en los siguientes locales utilizados por él para su negocio"* que se describen a continuación.

Póliza y prenda sin desplazamiento que, junto con sus novaciones posteriores de fechas 27 de marzo de 2012, 13 de abril de 2012 y 12 de noviembre de 2014 (que afectaban únicamente a la identificación de los locales utilizados por el concesionario para su negocio), consta inscrita en el Registro de Bienes Muebles de Baleares, tal y como resulta de las certificaciones que se aportan y por tanto, a tenor de lo dispuesto en el artículo 90.1.1 LC, estamos ante un privilegio especial, pues la garantía está constituida con los requisitos y formalidades previstos en su legislación específica para su oponibilidad a terceros, como exige el artículo 90.2 LC.

En la propia resolución recurrida (Fundamento de Derecho Quinto) el juez *a quo* reconoce que se trata de un crédito documentado en una póliza intervenida que incluye la garantía pignoraticia (prenda sin desplazamiento) que cumple con la totalidad de los requisitos que la normativa especial impone para su reconocimiento, con los privilegios que dicha garantía real comporta dentro del concurso de acreedores, no obstante, desestima la demanda, con base a unos razonamientos que a tenor de lo actuado no podemos compartir.

Así, refiere que dicha garantías aparece inscrita en el Registro a favor de un tercero (WOLKSWAGEN FINANCE) y lo cierto es que se trata de un simple error material acaecido cuando se procedió a la inscripción de la novación operada en fecha 12 de noviembre de 2014, al equivocar el nombre propio de quien como acreedor garantizado figura en el propio título objeto de inscripción (la actora); simple error material, que fue objeto de la oportuna rectificación y que pudo llevarse a cabo, por no cambiar el sentido general de la inscripción ni ninguno de sus conceptos; y prueba de ello es que el propio Registro y tras la solicitud cursada por el verdadero titular (la actora), procedió sin más a la rectificación interesada.

Ni tan siquiera cabe considerar que dicha rectificación no pueda hacerse valer en el procedimiento, al haberse solicitado y subsanado con posterioridad a la declaración del concursado, por perjudicar a terceros de buena fe (acreedores de la concursada), pues no cabe apreciar perjuicio alguno, desde el momento en que no altera la naturaleza y calificación del crédito y la propia Administración Concursal estaría obligada a incluirlo en el listado de acreedores (aun cuando fuera a favor de quien como tal aparecía en el Registro), porque así lo impone específicamente el artículo 86.2 LC, con independencia de que reciba o no solicitud al efecto por el acreedor, siendo la propia Administración concursal la obligada a accionar contra tales créditos, impugnándolos en juicio ordinario, caso de que cuestione su existencia y validez.

En segundo lugar, refiere la resolución de instancia para justificar la desestimación de la demanda, que en el año 2014 la financiera limitó el conjunto de mercaderías afectas a la prenda constituida, sobre unos determinados vehículos que no aparecen incluidos en la masa activa del concurso, cuando lo cierto es que no consta dicha limitación; como ya hemos expuestos la garantía prendaria se extiende al *stocks* de vehículos almacenados antes de su puesta en circulación (mercadería) y en la propia póliza se expresan las circunstancias que contribuyen a identificar dicho *stocks*, a saber, *"conjunto de existencias en poder de aquel, consistentes en vehículos nuevos sin matricular de la marca SEAT que el concesionario adquiera de SEAT S. A. Estas existencias comprenden todo los tipos, clase y modelos (turismos, industriales pesados y ligeros, comerciales, derivados y todo terreno de la citada marca que se encuentren en poder del Concesionario, con un mínimo de dos vehículos y un máximo de trescientos vehículos, quien se obliga a depositarlos en los locales utilizados por él para su negocio"* (Cláusula decimonovena 1 de la póliza) y lo cierto, es que el juez *a quo*, confunde la identificación de unos vehículos concretos tomando como referencia un número de serie/número de fabricación según certificación del Registro (doc. 3 del escrito de contestación a la demanda), que en realidad no hace referencia a un vehículo concreto, sino al número registral de las fincas donde se hallan almacenados, de acuerdo con la novación operada en fecha 12 de noviembre de 2014.

La falta de identificación en el modo interesado por la administración concursal de los concretos bienes pignorados (núm. de bastidor, modelo, color, serie de fabricación, etc.) no implica la imposibilidad de reconocerle el privilegio que se solicita, pues la garantía se extiende en su integridad sobre todos y cada uno de los bienes pignorados (*stock* adquirido en el modo identificado en la escritura) y a los que obviamente no estarían sujetos, de existir, los vehículos que hubiera adquirido la concursada al margen de dicha operación crediticia pues, se insiste, lo que resulta del contenido de la póliza es que cualquier vehículo adquirido a través de dicha financiación quede incluido automáticamente en el *stock* (mercadería), gravado con la prenda y afectó al privilegio que se reconoce, al concurrir todos los requisitos necesarios para la válida constitución de dicha garantía.

Habiéndose realizado el bien afecto a crédito con privilegio especial, el acreedor hace suyo el montante resultante de la cantidad que no exceda la deuda originaria, debiendo reintegrar el resto a la masa activa del concurso

AP Alicante, Sec. 8.ª, 363/2019, de 20 de marzo

SP/SENT/1004239

SEGUNDO. Aplicación al caso de los razonamientos contenidos en la STS de 20 de febrero de 2019.

La STS de 20 de febrero de 2019 contiene una serie de razonamientos que resultan de plena aplicación al caso que nos ocupa:

i) Los arts. 59 y 92. 3.º LC permiten el devengo, sin postergación, de los intereses generados por los créditos con garantía real "*hasta donde alcance la respectiva garantía*"; lo que supone la afección de la garantía al pago de tales intereses con el límite indicado.

ii) Dichos intereses tienen carácter de crédito con privilegio especial, aunque no lo diga expresamente el art. 90 LC, ya que el privilegio abarca la totalidad del crédito garantizado, conforme a lo expresado en el título.

iii) Los intereses serán privilegiados con privilegio especial, con independencia de su fecha de devengo −anterior o posterior a la declaración del concurso− si están cubiertos por el valor de realización del bien que sirve de garantía. Si el valor de realización no cubre los intereses, debe entenderse que los devengados con anterioridad a la declaración de concurso son subordinados (art. 92. 3.º LC), mientras que los posteriores no pueden ser reclamados, por exceder de la garantía.

iv) La realización del bien hipotecado, que garantiza el crédito con privilegio especial (art. 90. 1.º LC), supondrá el pago de dicho crédito (art. 155.1 LC) y dará lugar a la cancelación de la carga. Ese crédito no abarca solo el principal, sino también los intereses devengados y cubiertos por la garantía, como se desprende tanto de los preceptos de la LC citados, como del art. 692 LEC, supletoriamente aplicable por mor de la disposición final quinta LC, que establece que el precio del remate se destinará, sin dilación, a pagar al acreedor su crédito, intereses devengados y costas causadas y el resto se depositará a disposición de los titulares de derechos posteriores inscritos o anotados, sobre el bien hipotecado (STS n.º 491/2013, de 23 de julio).

v) Tales previsiones normativas no exoneran al acreedor hipotecario de su deber de comunicación del crédito, de modo que, si dicha comunicación fue errónea o incompleta, no puede pretenderse una alteración de la cantidad reconocida en la lista definitiva.

En el caso que nos ocupa, cuando se comunicó el crédito tan solo se hizo respecto del principal, intereses remuneratorios e intereses de demora devengados hasta la fecha de cierre de la cuenta, sin referencia alguna a otros conceptos que pudieran devengarse con posterioridad.

De ese modo, la cantidad reconocida como crédito en la lista definitiva de acreedores fue la comunicada.

Siguiendo el razonamiento vertido en la STS a que nos venimos refiriendo, si "*...cuando se realizó la comunicación de créditos todavía no se había alcanzado el límite garantizado, debería haberse comunicado la cantidad devengada hasta esa fecha como crédito con privilegio especial y la parte todavía no devengada como crédito contingente sin cuantía propia (hasta que se cumpliera la contingencia) y con la calificación de privilegio especial*".

Pero no se hizo así, lo que significa que la ejecutante ha hecho suya una cantidad superior a la reconocida en la lista definitiva de acreedores, lo que la STS indica que no es "correcto" (ya que, en el caso enjuiciado, "*...lo correcto es que le hubiera abonado el total de la cantidad reconocida en la mencionada lista definitiva*").

Por lo dicho, cuando el art. 155.5 LC establece que "*En los supuestos de realización de bienes y derechos afectos a créditos con privilegio especial previstos en este artículo, el acreedor privilegiado hará suyo el montante resultante de la realización en cantidad que no exceda de la deuda originaria, correspondiendo el resto, si lo hubiere, a la masa activa del concurso*", lo que se establece es la prohibición de que el acreedor privilegiado haga suyo el montante resultante de la realización por encima del límite máximo de la deuda originaria, pero en el bien entendido caso de que haya comunicado correctamente su crédito (tanto la parte devengada a la fecha de la comunicación como la no devengada), lo que no sucedió en el caso que nos ocupa.

Las cuotas de urbanización a favor de la junta de compensación anteriores al concurso tienen la clasificación de créditos concursales con privilegio especial, dado su carácter real al constar la afección de los inmuebles en el registro de la propiedad

AP Madrid, Sec. 28.ª, 438/2018, de 20 de julio

SP/SENT/972258

A la vista de cuanto precede, cabe concluir que las obligaciones derivadas de los planes de ordenación urbanística, concretamente las derivadas de la urbanización de la unidad de actuación, son obligaciones de carácter real, que dan una preferencia de cobro sobre el bien afectado, por encima de cualquier otro derecho inscrito con anterioridad, por lo que cabe hablar, de conformidad con el art. 90.1.1.º LC, de una hipoteca legal tácita, cuya constancia en el Registro de la Propiedad, sea mediante una inscripción de los planes de equidistribución, sea mediante anotaciones marginales (actos a los que nos hemos referido), aunque no haya sido inscrita como tal hipoteca, da derecho a exigir que se convierta de forma expresa con tal carácter (art. 158.2 LH). Sin embargo, ello no impide que ostente la condición de hipoteca legal tácita a efectos del reconocimiento del privilegio especial, pues en el apartado 2 del art. 90 LC, se establece que, para que pueda ser clasificada con tal carácter, "*la respectiva garantía deberá estar constituida con los requisitos y formalidades previstos en su legislación específica para su oponibilidad a terceros, salvo que se trate de hipoteca legal tácita o de los refaccionarios de los trabajadores*".

Este mismo criterio se ha mantenido con posterioridad en la sentencia núm. 438/2015 de 23 de julio de 2015, que se expresa como sigue:

"Esta Sala, con posterioridad a la resolución recurrida, dictó la Sentencia núm. 379/2014, de 15 de julio, que resolvió la misma cuestión que el planteado en el presente recurso, al considerar que las derramas o cuotas de urbanización giradas por la Junta de compensación, devengadas con anterioridad a la declaración del concurso, cuya afectación constaba en el Registro de la Propiedad, son créditos concursales con privilegio especial, tienen la consideración de hipoteca legal tácita, y cumplen los requisitos establecidos en el art. 90.2 LC a los efectos de reconocerles el privilegio especial del art. 90.1.1.º LC. Las cuotas giradas después de la declaración de concurso tienen la consideración de créditos contra la masa".

La concursada no introduce en su escrito de oposición ningún argumento en relación con la cuestión planteada. La AC, por su parte, viene a reconocer la aplicación al caso de la jurisprudencia a la que se ha hecho mención por lo que muestra su conformidad a que se califique como crédito con privilegio especial la cantidad insinuada de 94.116,93 €. En esta tesitura, debemos estimar el recurso formulado.

Las sumas debidas por el concursado al actor, por el pago efectuado por este derivadas del aval, deben clasificarse como crédito con privilegio especial, por devenir del cumplimiento del aval y no constar que superen la cobertura hipotecaria

AP Murcia, Sec. 4.ª, 391/2018, de 14 de junio

SP/SENT/971614

El art. 87.6 LC tiene la finalidad de evitar que a través del afianzamiento de un crédito se puedan violar las normas sobre graduación de los créditos establecidas en la Ley Concursal. El precepto no da lugar a una reclasificación al alza del crédito, lo que ocurre es que, al pagar el fiador, este ocupa el lugar del anterior acreedor, surge un crédito nuevo con sus propias características.

En sintonía con ella, el AAP de Valencia, Sección 9.ª, de 7 de febrero de 2018 estima que no procede degradar el crédito del acreedor que paga por una obligación contractual, un aval como es el caso, que ostenta una contragarantía real, precisamente constituida como condición de tal obligación asumida.

Por su parte, el TS en la reciente sentencia de 23 de mayo de 2018, en un caso de pago de aval por un avalista público (el gobierno vasco), efectúa las siguientes consideraciones.

"Como consecuencia de la ejecución de los avales, el Gobierno Vasco se subrogó en el crédito por pago del mismo. Tiene derecho a que le sea reconocido en el concurso de acreedores el importe del crédito satisfecho y respecto del que se subroga, pero su clasificación está sujeta a la regla del segundo inciso del art. 87.6 LC.

No se discute que la clasificación que correspondía a los créditos de las entidades financieras de no haber existido la subrogación por pago hubiera sido la de «créditos ordinarios»; mientras que la clasificación que hubiera correspondido al fiador, en atención a que reúne los requisitos del art. 91.4.º LC, sería la de crédito con privilegio general respecto de la mitad y crédito ordinario respecto de la otra mitad. De entre estas dos clasificaciones, la menos gravosa para el concurso es la primera, razón por la cual, en aplicación del art. 87.6 LC, debía optarse por ella y clasificar el crédito del Gobierno Vasco de crédito ordinario.

Al no hacerlo, la sentencia recurrida ha infringido lo previsto en el art. 87.6 LC, lo que justifica la estimación del recurso de casación".

4. En esta tesitura, la Sala no aprecia motivos para degradar el crédito del acreedor (aquí AVALUNION) que paga un aval cuando ostenta una contragarantía real, precisamente constituida como condición para asumir tal aval. Son varias las razones para ello:

i) el crédito del fiador está garantizado con hipoteca que despliega su eficacia al no estar purgada.

Atribuirle la condición de crédito concursal ordinario (la que tenía el originario de Caixabank) implicaría desconocer una hipoteca constituida, que despliega sus efectos cuando surge el crédito del avalista (por el pago del aval) y que implica su clasificación como privilegio especial. Si la garantía real inscrita no se purga por el art. 87.6 LC (nada dice al respecto), debe desplegar su eficacia. Solo tendría sentido su eliminación si el fiador fuera persona especialmente relacionada, pero en ese caso la desaparición de la garantía se produciría por la aplicación del art. 97.2 LC.

La propia seguridad del mercado financiero exige que la desaparición de los efectos privilegiados que supone la hipoteca como instrumento de garantía solo tenga lugar cuando la ley expresamente lo disponga (vgra. art. 71.3. 2.º o art. 97.2 LC) Y este no es uno de esos casos;

ii) la calificación de los créditos a la que se refiere el inciso final del art. 87.6 pivota, como dice la AAP de Valencia citada, en las circunstancias subjetivas de los acreedores, y añadimos nosotros, que afectan a la totalidad de la masa activa. No toma en consideración elementos objetivos que predeterminan la calificación del crédito, como la existencia de garantías reales, que predeterminan la afectación de unos concretos y determinados bienes al pago de unos específicos créditos (art. 90 LC). No concurre, pues, el elemento de generalidad o afectación a la totalidad de la masa que presupone el art. 87.6 LC;

iii) el que el fiador (AVALUNION SGR) pueda subrogarse por el pago en los derechos que el acreedor (Caixabank) tenía contra el deudor (la concursada) con arreglo al art. 1.839 CC, no debe implicar que el primero se vea privado de aquellas preferencias que le son propias por vía convencional frente al deudor.

Dicho de otro modo, la subrogación no puede acarrear que el fiador pagador pierda las garantías específicas sobre unos determinados bienes que pueda tener frente al deudor derivadas de negocios distintos a la propia fianza; en este caso, la hipoteca otorgada a su favor por el deudor. En ningún caso se infiere del art. 1.839 CC ni del art. 87.6 LC que el fiador que atiende sus obligaciones tenga que ver degradada su posición privilegiada obtenida por otra causa. Tal exégesis, además, resulta contraria a la finalidad del art. 1.839 CC y del art. 97.4. 3.º como mecanismo de protección del fiador;

iv) a ello podemos añadir que el art. 1.838 CC confiere al fiador que paga (como es el caso) una acción de reembolso, que según la doctrina civil más autorizada –Díez Picazo– es independiente de la acción de subrogación en los derechos del acreedor prevista en el art. 1.839 CC, sin que haya norma legal que impida al fiador hacer valer sus garantías propias al reclamar ese crédito de reembolso.

De esta manera si el derecho de reintegro de la SGR apelante está dotado de una garantía específica –hipoteca– de la que no goza el acreedor afianzado, la calificación del crédito de uno –fiador SGR– y otro –acreedor afianzado Caixabank– no es equiparable.

El banco concede el préstamo al contar con la seguridad que le otorga el aval/fianza de AVALUNION SGR, y esta asume tal afianzamiento al asegurarse a su vez su recobro (y con ello su indemnidad económica) con una garantía real sobre bienes del deudor afianzado, que, en caso de concurso de este último le otorgan un privilegio especial (art. 90.1.1). El crédito del fiador goza de preferencia por causas ajenas al cambio producido, y previas a la declaración de concurso, de manera que los activos aparecen ya con el gravamen a favor del fiador *ab initio*.

Así consta ya para el crédito avalado abonado antes del concurso. Y sería ilógico con la naturaleza de la hipoteca que las fincas gravadas estén afectas en cuanto a ese importe, y no por el crédito pagado tras la declaración de concurso, cuando ambos están amparados por la misma garantía.

5. No entendemos que la sentencia del TS citada sea bastante para variar nuestra conclusión por cuanto el supuesto de hecho no es idéntico. Aquí la distinta calificación crediticia no deriva de las condiciones subjetivas del que paga, sino de las condiciones objetivas del crédito, producto de un negocio de garantía real distinto, de manera que mientas en el primer caso la modificación afecta a toda la masa activa, aquí, en cambio, solo se produce respecto de bienes concretos, por lo que no hay identidad de razón entre uno y otro caso. En conclusión, nada impide que siga desplegando su eficacia la contragarantía real en caso de concurso del avalado.

6. En definitiva, la calificación de las sumas debidas a Avalunion por el pago efectuado por esta derivadas del aval, deben ser calificadas como crédito con privilegio especial del art. 90.1.1 LC, incluidos intereses y gastos, al devenir del cumplimiento del aval y no constar que superen la cobertura hipotecaria (art. 90.1. 1.º y art. 59).

Se excepciona de esa clasificación las sumas ya reconocidas en la lista de acreedores definitiva como créditos ordinarios y subordinados, por una errónea insinuación del acreedor, pero a ellas no se refiere la modificación pretendida, pues la apelante expresamente las excluye.

Dado que el actor ha pagado un préstamo concertado por el concursado, en su cualidad de avalista, se le reconoce un crédito con privilegio especial por dicho importe abonado

AP La Rioja, Sec. 1.ª, 197/2018, de 4 de junio

SP/SENT/968606

No se trata de un formalismo retórico o injustificado, sino que es una regla que entronca con la esencia de recurso de apelación. La pretensión que se haga valer en segunda instancia ha de coincidir con la planteada en la primera. El tribunal de apelación solo podrá revocar la sentencia por aquellas cuestiones que, habiendo sido objeto de invocación en la primera instancia, no hubieran sido resueltas por el juez conforme a lo que la Audiencia Provincial entienda que era la solución jurídicamente correcta. Por no ser un nuevo proceso, las partes no pueden pretender articular pretensiones nuevas o solicitudes no deducidas oportunamente en aquella. No solo no cabe modificar el objeto de las actuaciones de manera improcedente respecto de la primera instancia, sino que tampoco cabe convertir la apelación en un juicio nuevo. Declara al efecto la sentencia de la Sala 1.ª del Tribunal Supremo de 18 de mayo de 2005 que: "*Es cierto que, por el respeto debido a la congruencia, la preclusión y la contradicción, en cuanto principios informadores del proceso civil, la jurisprudencia rechaza, como nuevas, las cuestiones planteadas después de la fase procesal destinada a definir el objeto del proceso, en la primera instancia. Así lo declaró esta Sala en las Sentencias invocadas en el motivo. Concretamente, en la de 15 de abril de 1991 se definieron las cuestiones nuevas como aquellas que debieron formularse en tiempo que permitiese su sometimiento al principio de contradicción y correspondiente prueba...*".

Nos encontramos en el presente caso, al apuntarse por la parte recurrente a unos términos del debate que exceden de lo cuestionado en la primera instancia, ante un planteamiento novedoso, cuya posibilidad está proscrita, según se deduce de la previsión del artículo 456.1 de la Ley de Enjuiciamiento Civil, a la luz de los principios procesales antes expuestos. Hay que tener presente que la jurisprudencia (entre las más recientes, SSTS. 95/2007, de 30 de enero y 1010/2008, de 30 de octubre) ha señalado que el concepto de pretensiones nuevas comprende no solo las que resulten totalmente independientes de las planteadas en tiempo y forma (lo que excluye, de entrada, las variaciones que ya entonces hubieran sido extemporáneas) ante el tribunal "a quo", sino también las que suponen cualquier modo de alteración o de complemento de estas.

Hemos de subrayar que rige en el proceso civil la prohibición de cambiar el objeto del proceso, una vez que ya se ha conformado en la fase alegatoria del mismo (artículos 399, 400 y 412 de la LEC), a fin de no sorprender al contrario y ocasionarle indefensión si se cambiasen argumentos en fases ulteriores del litigio. Así, como se desprende del artículo 426 de la LEC, al realizar alegaciones complementarias en la audiencia previa o aclarar las previamente realizadas en la fase alegatoria lo que ya no podría hacerse es alterar sus pretensiones ni tampoco los fundamentos en que se sustentaban estas. Por lo que ni mucho menos podría pensarse en la posibilidad de introducir en fases ulteriores del proceso nuevos alegatos ni pretensiones. No resulta, por lo tanto, admisible suscitar en apelación cuestiones nuevas que debieron formularse en tiempo que permitiese su sometimiento al principio de contradicción y correspondiente prueba. Esto último es, sin embargo, lo que estaría tratando de hacer aquí la recurrente, que ha pretendido introducir nuevos motivos de defensa que "*(...)no adujo en su contestación, lo cual no le puede ser permitido por este tribunal porque supondría quebrar las reglas del juego limpio procesal que son una garantía preestablecida en beneficio de ambas partes. Basta con la constatación de que se está pretendiendo incurrir en tal maniobra procesal para que este tribunal tenga que rechazar dicho motivo de recurso*".

TERCERO. Que, conforme a la cláusula decimoprimera del contrato suscrito entre la concursa y Elkargi SGR pudiera esta proceder contra aquella, tras la solicitud o declaración del concurso o que, según la cláusula decimotercera, tras el pago a Banco Popular Español quede subrogada en los derechos y acciones de la entidad prestamista, no excluye la contingencia del crédito incluido con tal condición en la lista definitiva de acreedores.

La contingencia concursal afecta a la existencia misma y cuantía del crédito concursal (artículo 87.3 de La Ley Concursal), pero no a su clasificación concursal. Abona tal idea el tratamiento del crédito contingente que realiza el artículo 87.3 de La Ley Concursal, al admitir tal crédito en el concurso sin cuantía alguna, por lo que la cuantía de 103.952,57 euros con la que se incluyó en la lista de acreedores el crédito contingente de Elkargi SGR, en contra de lo pretendido por la administración concursal, no debe ser considerada como máxima, ni cabe admitir que así fuera porque dispusiera la acreedora de las herramientas necesarias para su determinación, precisamente por la inclusión del crédito en la lista de acreedores como contingente.

Como expresa la Sentencia de la Sala 1.ª del Tribunal Supremo n.º 335/2016, de 20 de mayo (que se refiere a una demanda de incidente concursal de modificación de los textos definitivos de la lista de acreedores al amparo del artículo 97 bis de La Ley Concursal formulada, como en el caso que consideramos, por una mercantil) la vía de la modificación de la lista de acreedores no es un cauce adecuado para pedir la inclusión de créditos de forma extemporánea, una vez ha precluido el trámite ordinario de la comunicación de créditos, elaboración de la lista de acreedores y, en su caso, impugnación de la lista, sin perjuicio de que cuando los créditos concursales contingentes se liquiden y dejen de ser contingentes, proceda su incorporación por la cuantía correspondiente, que es lo que se ha declarado procedente por la sentencia recurrida, y resulta conforme a la previsión del artículo 87-3 de La Ley Concursal que en su inciso final expresa "*En todo caso, la confirmación del crédito contingente... otorgará a su titular la totalidad de los derechos concursales que correspondan a su cuantía y calificación*".

Conforme a lo expuesto y no cuestionado que Elkargi SGR abonase 131.134,55 euros a Banco Popular Español S. A., en base al contrato de afianzamiento concertado (folios 56 a 58 de las actuaciones) con la concursa, respecto al préstamo por esta concertado con Banco Popular Español S. A., con extensión del afianzamiento a principal y a intereses, comisiones y gastos, como la sentencia de instancia resuelve, ha de reconocerse a favor de Elkargi SGR un crédito a su favor con privilegio especial por importe de 131.134,55 euros, confirmando la sentencia recurrida.

No se ha acreditado que el actor tuviese la condición de administrador de hecho de la entidad concursada, debiendo cambiarse la clasificación de sus créditos subordinados por créditos con privilegio especial

AP Madrid, Sec. 28.ª, 200/2018, de 23 de marzo

SP/SENT/957654

La sentencia del Tribunal Supremo de 22 de julio de 2015 (ECLI:ES:TS:2015:3442), a partir de la de 4 de diciembre de 2012 (ECLI:ES:TS:2012:9191), sintetiza la doctrina jurisprudencial sobre el concepto de administrador de hecho en los siguientes términos:

"*Conforme a esta jurisprudencia, la noción de administrador de hecho presupone un elemento negativo (carecer de la designación formal de administrador, con independencia de que lo hubiera sido antes, o de que lo fuera después), y se configura en torno a tres elementos caracterizadores: i) debe desarrollar una actividad de gestión sobre materias propias del administrador de la sociedad; ii) esta actividad tiene que haberse realizado de forma sistemática y continuada, esto es, el ejercicio de la gestión ha de tener una intensidad cualitativa y cuantitativa; y iii) se ha de prestar de forma independiente, con poder autónomo de decisión, y con respaldo de la sociedad*".

14. La sentencia de 8 de abril de 2016 (ECLI:ES:TS:2016:1502) reproduce dicha formulación, después de advertir que la única definición que del administrador de hecho existe en nuestro Derecho positivo se recoge, a efectos de extensión de la responsabilidad societaria, en el artículo 236.3 de la Ley de Sociedades de Capital, y subrayar el carácter orientador del precepto para delimitar los perfiles de la figura, aunque no resultara de aplicación al caso. Según establece la meritada norma, "*tendrá la consideración de administrador de hecho tanto la persona que en la realidad del tráfico desempeñe sin título, con un título nulo o extinguido, o con otro título, las funciones propias de administrador, como, en su caso, aquella bajo cuyas instrucciones actúen los administradores de la sociedad*".

15. Teniendo en cuenta los anteriores parámetros, las actuaciones destacadas por las apeladas a las que hemos hecho referencia en anteriores líneas (recogidas en esencia en la sentencia impugnada como justificación del fallo) no constituyen motivo suficiente para catalogar a HF como administrador de hecho de Chamartín La Grela. Por un lado, dichas actuaciones, en sí mismas consideradas, no suponen la actuación de funciones de positiva dirección y gestión de la sociedad sino más bien actos de control o supervisión de la administración efectivamente llevada a cabo. Por otra parte, no hay rastro de que HF se sirviera de las actuaciones en cuestión o de las disposiciones negóciales que las amparaban para influir activamente en la gestión de la sociedad, determinando o modulando las decisiones del órgano de administración en relación con el desarrollo de la actividad que constituía el objeto social de Chamartín La Grela, y mucho menos que lo hiciera de forma reiterada y sistemática o en relación con decisiones cruciales, como exigiría el rol que le atribuyen las apeladas y la jueza de primera instancia. De hecho, en las alegaciones de las apeladas solo se registran dos episodios en los que no se pudieron efectuar los pagos previstos debido a la falta de autorización de HF: uno, en abril de 2010, relativo a un proveedor del mismo grupo que la concursada, al que también hace referencia HF en su recurso, explicando que

así sucedió porque no había saldo suficiente en la cuenta; y, otro, el que debería haberse realizado a una de las apeladas, Iberhealth Coruña - Explotación de Health Clubs, S. L., que, según se desprende del relato del escrito de impugnación de la Administración Concursal, no autorizó HF por los impagos de deuda que frente a esta acumulaba Chamartín La Grela, desconociéndose otras circunstancias en ambos supuestos. De esta forma, faltaría en todo caso lo que se ha dado en llamar por un sector de la doctrina la "injerencia cuantitativa".

16. Los factores destacados por la Administración Concursal y los otros apelados (y, con ellos, por la sentencia impugnada) son mera consecuencia del método de financiación por el que se optó para llevar a cabo el proyecto de puesta en funcionamiento y explotación del centro comercial "Dolce Vita", sin que en modo alguno supongan la asunción por parte de HF del rol de administrador de la concursada.

17. Hemos de recordar que el control por parte del beneficiario constituye una de las notas que caracteriza a una garantía financiera, según resulta del artículo 2.2 de la Directiva 47/2002, de 6 de junio de 2002, sobre acuerdos de garantía financiera, habiendo establecido el Tribunal de Justicia que solo cabe considerar que concurre tal elemento en el caso de una garantía financiera pignoraticia sobre fondos depositados en una cuenta corriente si se impide al garante disponer de ellos (sentencia de 10 de noviembre de 2016, C-156/15, Private Equity Insurance Group, ECLI:EU:C:2016:851, ap. 44). El pacto de indisponibilidad recogido en la cláusula 1.1.a) de la póliza de prenda de crédito en cuenta corriente [vid. apartado 5(i) *supra*] y el rango de pagos ("waterfalll payments") establecido en la cláusula decimotercera 16 de la escritura de préstamo con garantía hipotecaria tras la novación operada el 17 de diciembre de 2009 [vid. apartado 5(ii) *supra*] obedecen a la lógica de dicha exigencia.

18. Por su parte, los *"barridos de caja"* a los que se alude y el ingreso de las rentas arrendaticias en cuenta de la titularidad de HF no constituyen más que actos de ejecución de las garantías constituidas (en un caso, de la prenda sobre crédito en cuenta corriente y, en el otro, de la cesión en garantía de rentas).

19. Por otro lado, no podemos ver en el hecho de que a la hora de ejecutar la prenda de cuenta corriente se dejase en esta dinero suficiente para atender los costes de mantenimiento del centro comercial otra decisión estratégica que la de procurar la continuidad del proyecto, lo que se corresponde naturalmente con la configuración de los flujos de caja generados por su explotación como elemento principal de financiación del mismo.

20. Finalmente, a efectos de apurar las posibilidades imaginables de una administración de hecho en relación con los alegatos de los apelados, hemos de señalar que el propio tenor de la cláusula novena de la póliza de pignoración de participaciones sociales (*vid.* apartado 6 *supra*) pone de manifiesto la inexistencia de disposición estatutaria que, a tenor de lo establecido en el artículo 37 de la Ley de Sociedades de Responsabilidad Limitada (texto aplicable por razones de vigencia temporal), atribuyera a HF el ejercicio de los derechos de socio.

Procede reconocer al actor un crédito con privilegio especial correspondiente a las cuotas de urbanización impagadas, declarando los bienes inmuebles del concursado afectos al pago de los costes de urbanización

AP Madrid, Sec. 28.ª, 114/2016, de 16 de febrero de 2018

SP/SENT/952983

SEGUNDO. El Tribunal Supremo (sentencias de la Sala 1.ª números 379/2014, de 15 de julio, 396/2014, de 21 de julio y 438/2015, de 23 de julio) se ha pronunciado a propósito de la clasificación que debe merecer el crédito por obras de urbanización, que sea anterior a la declaración de concurso (pues las cuotas giradas después de la declaración de concurso merecerían la consideración de créditos contra la masa), y ha zanjado la controversia señalando que ha de ser considerado como dotado de un privilegio especial, ya que lo equipara a una hipoteca legal tácita. La sección 28.ª de la Audiencia Provincial se ha venido plegando a este criterio jurisprudencial desde que el mismo fue sentado. En palabras del alto tribunal: "*...las obligaciones derivadas de los planes de ordenación urbanística, concretamente las derivadas de la urbanización de la unidad de actuación, son obligaciones de carácter real, que dan una preferencia de cobro sobre el bien afectado, por encima de cualquier otro derecho inscrito con anterioridad, por lo que cabe hablar, de conformidad con el art. 90.1.1.º LC, de una hipoteca legal tácita, cuya constancia en el Registro de la Propiedad, sea mediante una inscripción de los planes de equidistribución, sea mediante anotaciones marginales (actos a los que nos hemos referido), aunque no haya sido inscrita como tal hipoteca, da derecho a exigir a que se convierta de forma expresa con tal carácter (art. 158.2 LH). Sin embargo, ello no impide que ostente la condición de hipoteca legal tácita a efectos del reconocimiento del privilegio especial, pues en el apartado 2 del art. 90 LC, se establece que, para que puedan ser clasificada con tal carácter, «la respectiva garantía deberá estar constituida con los requisitos y formalidades previstos en su legislación específica para su oponibilidad a terceros, salvo que se trate de hipoteca legal tácita...»*".

TERCERO. La precedente conclusión no resulta alterada, en contra de lo que alega la administración concursal de Gestesa Desarrollos Urbanos S. L., por la circunstancia de que quien insinuó el crédito en el concurso no lo fuera directamente una junta de compensación o la propia Administración Pública competente en materia urbanística. El privilegio no solo opera en el ámbito de los sistemas de gestión directa de las actuaciones urbanizadoras, sino que también puede hacerlo en los de la indirecta. Ello se debe a que está ligado de forma objetiva al crédito por razón del origen de este, con independencia de quien ostente luego su titularidad.

La actividad de la ejecución no deja de efectuarse por cuenta de la Administración Pública cuando esta actúa mediante un sistema de gestión indirecta a través de un agente urbanizador (artículo 117 de la LOTAU). Los propietarios de terrenos afectados por la urbanización responden directamente ante el agente urbanizador (artículo 118 de la LOTAU). Este último tiene, además, derecho a que la Administración reclame en beneficio de aquel las cuotas impagadas mediante el empleo de la vía de apremio (artículo 119 LOTAU).

En consecuencia, no podemos sino reconocer en el seno de concurso de Gestesa Desarrollos Urbanos S. L. el privilegio a favor del crédito esgrimido por UTE Hercesa Inmobiliaria S. A. - Quabit Inmobiliaria S. A., ya que se corresponde con las cuotas impagadas por contribuciones debidas por obras de urbanización y es reclamado, precisamente, por quien ostenta la condición de agente urbanizador.

CUARTO. El artículo 82.2 de la Ley Concursal dispone que en el inventario de la masa activa del concurso deberá expresarse, ente otros datos, la indicación de los gravámenes, trabas y cargas que afecten a los bienes y derechos inventariados. Consideramos justificado, en consonancia con nuestras precedentes consideraciones, que haya de efectuarse la mención explícita en el inventario de la masa activa de que los bienes inmuebles de la concursada, Gestesa Desarrollos Urbanos S. L., se encuentran afectos, con el carácter de carga real, al pago de los costes de urbanización, en los términos que resultan de la normativa urbanística aplicable. Así se desprende del artículo 119 de la LOTAU y de las previsiones del Real Decreto 1093/1997.

Por lo tanto, también en ese aspecto estimaremos el recurso, limitando muestra mención a los términos que resultaban de lo solicitado en la demanda, sin adicionar declaraciones que excedan de lo que se peticionaba en ella.

Procede reconocer al actor un crédito con privilegio especial por el importe máximo garantizado con la hipoteca de autos, modificando la liquidación de intereses que se efectuará según las cláusulas financieras del préstamo

AP Madrid, Sec. 28.ª, 106/2018, de 9 de febrero

SP/SENT/953784

Sí hemos de dar la razón al apelante en punto a que la concursada no es simplemente un tercer poseedor de la finca hipotecada, ya que la obligación personal garantizada fue transmitida universalmente a la concursada en virtud de la operación de segregación de rama de actividad a que se ha hecho referencia.

Ahora bien, Saladillo Sport S. A. U. no puede considerarse deudora personal de la totalidad del saldo deudor de todo el préstamo no segregado, sino únicamente de la parte del mismo incluida dentro del perímetro de la rama de actividad segregada en favor de la concursada, es decir, de un principal inicial de 2.700.000 euros, según consta en el Proyecto de escisión (folio 261 de las actuaciones). En definitiva, en este caso, el principal objeto de garantía hipotecaria coincide con el principal objeto del préstamo garantizado. Por ello tampoco puede prosperar la pretensión de que se reconozca como crédito ordinario según su naturaleza la parte del principal no cubierta por la garantía hipotecaria.

La consecuencia inherente a la consideración de la concursada como obligada personal por un importe de 2.700.000 euros de principal, es que el cálculo de los intereses no puede sufrir la limitación contenida en el artículo 114 LH, que únicamente protege a terceros poseedores. En este sentido, la sentencia del Tribunal Supremo núm. 1332/2007 de 13 de diciembre de 2007 dispone lo siguiente:

"Dispone el artículo 114 de la Ley Hipotecaria que «salvo pacto en contrario, la hipoteca constituida a favor de un crédito que devengue interés no asegurará, con perjuicio de tercero, además del capital, sino los intereses de los dos últimos años transcurridos y la parte vencida de la anualidad corriente. En ningún caso podrá pactarse que la hipoteca asegure intereses por plazo superior a cinco años»". En el ámbito hipotecario se considera "tercer poseedor" al adquirente de bienes hipotecados, el cual es ajeno a la relación obligatoria asegurada con hipoteca y no asume la deuda garantizada como propia. Lo que sucede es que el crédito hipotecario es fuente de una responsabilidad personal e ilimitada para el deudor, que responde de su satisfacción con todos sus bienes presentes y futuros (artículos 105 de la LH y 1.911 del Código Civil), pero al mismo tiempo genera una responsabilidad real o hipotecaria que se hace efectiva sobre el bien hipotecado. Por ello, si el bien se transmite tras la constitución de la hipoteca, ambas responsabilidades se disocian de modo que la responsabilidad real afecta al adquirente del bien dado el carácter oponible "erga omnes" del derecho real cualquiera que sea su titular. Pero tal afectación no puede ir más allá de la cantidad garantizada por la hipoteca y en el caso presente la propia escritura de constitución previó que la misma garantizaba el pago del principal y de los intereses de un año, reduciéndose así por pacto el alcance normal establecido en el artículo 114 LH.; previsión que igualmente se incorporó a la escritura de compraventa posterior, sin que el hecho de que los compradores retuvieran parte del precio pactado para el pago de aquello que resultaba garantizado con la hipoteca constituida sobre el bien que adquirían suponga que los mismos perdieran la condición de "terceros" prevista en el artículo 114 LH, pues como ya se razonó anteriormente no existió una asunción de deuda por los compradores con efectos liberatorios para el vendedor, mediando el consentimiento del acreedor, y buena prueba de ello es la propia actuación del actor —hoy recurrente— al dirigir su demanda tanto frente a los compradores (sujetos a obligación real derivada de la hipoteca) como frente a los vendedores (sujetos a obligación de carácter personal).

La AC reconoció íntegramente a favor de la actora un crédito con privilegio especial por el importe máximo garantizado con la hipoteca de autos, es decir, 2.700.000 euros. Esta cantidad tampoco se discute por la concursada. En consecuencia, dicha cifra no puede ser reducida por esta Sala, por exigencias del principio de congruencia.

En cambio, procede efectuar un incremento, de la cantidad reconocida en concepto de intereses, pues los demandados reconocen que el cálculo se ha efectuado aplicando la limitación prevista en el artículo 114 LH, que, como hemos visto, no puede ser aceptada. Por ello, procede modificar la liquidación de intereses, que se efectuará conforme a las cláusulas financieras aplicables al préstamo objeto de autos, sin la limitación prevista en el artículo 114 LH. Estos intereses gozarán de privilegio especial en la medida en que estén incluidos dentro de los límites pactados de la responsabilidad hipotecaria y dentro del valor de la garantía, mientras que la parte que exceda, si la hubiere, será calificada según su naturaleza. Como se trata de intereses, la calificación que corresponde es la de crédito subordinado, conforme dispone el artículo 92.3.º LC.

El hecho de que el actor haya interesado que su crédito se califique íntegramente como privilegiado especial, no empece a que la Sala considere que, en su caso, una parte deba merecer otra calificación, sin incurrir por ello en incongruencia "extra petita", pues la decisión de la Sala se ha efectuado conforme a los preceptos legales aplicables, dentro del marco del debate suscitado por las partes.

Si bien el actor se considera persona especialmente relacionada con el concursado, por ser cónyuge de uno de sus socios, su crédito se clasifica como privilegiado especial, por no derivar de un préstamo o actor de igual finalidad

AP Barcelona, Sec. 15.ª, 538/2017, de 11 de diciembre

SP/SENT/936858

El demandante admite que es persona especialmente relacionada con el deudor por ser cónyuge de una de las socias de la concursada que ostenta una participación en el capital social superior al 10 % (artículo 93. 2.º, 1.º de la Ley Concursal). Sin embargo, aunque el artículo 92. 5.º considera subordinados los créditos de personas relacionadas con el deudor, el mismo precepto excepciona los créditos salariales del deudor persona natural y los créditos diferentes de los préstamos o actos con análoga finalidad de los que sean titulares los socios a los que se refiere el artículo 93.2. 1.º y 3.º que reúnan las condiciones de participación en el capital que allí se indican. Pues bien, contra lo sostenido por la administración concursal y por la sentencia apelada, entendemos que la excepción del artículo 92. 5.º alcanza no solo al socio persona relacionada con el deudor persona jurídica, sino también a quien de igual modo es persona relacionada con el deudor por su vinculación con el socio (en este caso, por ser su cónyuge), siempre, claro está, que el crédito no provenga de un préstamo o actos con análoga finalidad. Con ello no se realiza una interpretación extensiva de la norma, aplicándolo a un supuesto no contemplado en ella, sino que, superando la literalidad del precepto, se llega a la única interpretación lógica y acorde con la razón o su espíritu (artículo 3 del Código Civil). En efecto, el artículo 93. 2.º, 1.º de la LC, tras señalar como persona relacionada con el deudor persona jurídica al socio, extiende tal condición a las personas vinculadas con el socio por tener alguna de las relaciones de parentesco del apartado primero del mismo precepto (en este caso, por ser cónyuge del socio). Delimitado el perímetro de las personas relacionadas con el deudor (el socio y sus familiares hasta un determinado grado), el crédito de uno y otros debe merecer el mismo tratamiento. La regla general, con arreglo al artículo 92. 5.º, es que el crédito se subordina, a salvo las excepciones que el propio precepto contempla, entre las que se encuentra el crédito de los socios con una participación superior al 10 %. Estimamos que esa excepción abarca también a las personas vinculadas con el socio, precisamente por estar sujetos al mismo régimen jurídico y sometidos a un mismo tratamiento.

8. Resulta del todo punto ilógico que el crédito del socio con un origen distinto al préstamo escape de la regla de la subordinación y, por el contrario, el crédito del familiar del socio, persona más alejada de la sociedad, con un interés menor y menos responsabilidad en el devenir económico de la empresa, deba ser subordinado. Es cierto que aquel no se menciona en el artículo 92. 5.º de la LC, que solo se refiere expresamente al socio, pero hemos de entenderlo comprendido en la excepción al estar mencionado en el artículo 93.2.º. 1.º, precepto al que se remite el artículo 92.5.º.

9. Por lo expuesto, debemos estimar el recurso. El crédito del Sr. Luis Francisco, cuya existencia y cuantía no se discute, no proviene de un préstamo u otro acto análogo, sino que tiene su origen en los servicios prestados como transportista. Por tanto, el crédito devengado durante los seis meses anteriores a la declaración de concurso debe ser calificado como privilegiado especial del artículo 91. 3.º de la Ley Concursal y el resto como ordinario. Declarado el concurso por auto de 17 de mayo de 2016, las facturas anteriores a 17 de noviembre de 2015, que en total suman 11.158,74 euros, tendrán la consideración de crédito ordinario y el resto privilegiado.

Procede reconocer a los actores un crédito privilegiado especial, correspondiente a la legítima que deberían percibir del causante sobre la cual hay constituida una hipoteca legal a favor de los legitimarios

AP Baleares, Sec. 5.ª, 100/2017, de 31 de marzo

SP/SENT/904230

Todos los bienes de la herencia están afectos al pago en metálico de la legítima, pero, respecto a terceros hipotecarios y en garantía de los legitimarios, será aplicable, en lo pertinente, el artículo 15 de la Ley Hipotecaria.

Por tanto, la legítima en Mallorca es *pars bonorum* pero puede convertirse en *pars valoris bonorum* cuando se autorice su pago en metálico y no en bienes de la herencia. Este es nuestro caso.

El heredero –aquí apelado junto con la administración concursal– pudo haber liberado los bienes trabados por la hipoteca legal tácita –primera anotación en todas y cada una de las fincas– para ello tenía la responsabilidad de llevar a cabo la inscripción de las hipotecas pues solicitó y obtuvo el consentimiento de los legitimarios como consta en la escritura pública de constante referencia. A pesar de que los hermanos apelantes habían consentido en sustituir esa traba por concretas hipotecas en garantía del pago de la deuda reconocida (en metálico) estas nunca llegaron a constituirse por lo que el heredero debe pechar ahora con las consecuencias de no haber cumplido ni con el pago de la legítima ni con la constitución de la garantía que actúa como una suerte de "cancelación" de la hipoteca legal tácita.

La legítima como *pars valoris bonorum* consiste en una "*parte del valor de los bienes*", que atribuye al heredero la facultad de hacerla efectiva en numerario. La legítima concebida de tal modo:

– Constituye una titularidad sobre el valor de los bienes, que puede entrañar una afección de estos al pago de dicho valor.

– El tracto sucesivo no protege al legitimario, ya que el heredero podría inscribir a su favor y disponer registralmente de los bienes hereditarios, sin la concurrencia del legitimado.

En otro caso resuelve como decidió la Resolución de 13 de junio de 2013, de la Dirección General de los Registros y del Notariado, en el recurso interpuesto contra la negativa del Registrador de la Propiedad de Felanitx n.º 2 a la inscripción de una adquisición por sucesión hereditaria. Allí era *pars bonorum* y no constaba la participación de un legitimario en actos derivados de la sucesión.

Cuando la legítima es *pars valoris bonorum* opera a modo de *ius in re alieno* sobre los bienes hereditarios, es decir, el legitimario tiene derecho a percibir un valor patrimonial que el obligado al pago puede satisfacer en dinero o en bienes de la herencia, muebles o inmuebles; de ahí que, como dice el art. 82 de la Comp. Balear, pueda, sin intervención de los legitimarios, acerar la herencia, inscribir los bienes en los Registros públicos, enajenarlos o gravarlos por cualquier título, y pagar la legítima en dinero aunque no lo haya en la herencia, salvo disposición en contrario del testador o del instituyente.

El hecho de que la legítima funcione como un gravamen implica que perjudicará o no a terceros adquirentes, según que figure o no registrada, lo que hace necesario arbitrar un sistema de constancia registral para la legítima, al que se refiere el art. 15 LC. Específicamente en el derecho aplicable la Compilación de Derecho Civil de las Islas Baleares.

Sobre la clasificación concursal de los créditos concursales garantizados con hipoteca legal tácita, el Tribunal Supremo tiene resuelto en sentencia de 15 de julio de 2014 (379/2014) y sentencia de 23 de julio de 2015 (438/2015); esta última razonó en el fundamento de derecho tercero:

"A la vista de cuanto precede, cabe concluir que las obligaciones derivadas de los planes de ordenación urbanística, concretamente las derivadas de la urbanización de la unidad de actuación, son obligaciones de carácter real, que dan una preferencia de cobro sobre el bien afectado, por encima de cualquier otro derecho inscrito con anterioridad, por lo que cabe hablar, de conformidad con el art. 90.1.1.º LC, de una hipoteca legal tácita, cuya constancia en el Registro de la Propiedad, sea mediante una inscripción de los planes de equidistribución, sea mediante anotaciones marginales (actos a los que nos hemos referido), aunque no haya sido inscrita como tal hipoteca, da derecho a exigir a que se convierta de forma expresa con tal carácter (art. 158.2 LH). Sin embargo, ello no impide que ostente la condición de hipoteca legal tácita a efectos del reconocimiento del privilegio especial, pues en el apartado 2 del art. 90 LC, se establece que, para que puedan ser clasificada con tal carácter, la respectiva garantía deberá estar constituida con los requisitos y formalidades previstos en su legislación específica para su oponibilidad a terceros, salvo que se trate de hipoteca legal tácita o de los refaccionarios de los trabajadores".

Esta es la doctrina que debe aplicarse al caso concreto que se examina en el presente recurso. La afección estaba anotada en el Registro de la Propiedad cuando fueron comunicados los créditos a la administración concursal, a partir de cuyo momento la preferencia se predica *erga omnes*.

En este caso, consta inscrita la afección sobre la legítima y al no haberse pagado la deuda, esta subsiste y está garantizada.

Procede calificar como crédito privilegiado especial en coherencia con la certificación registral del Registro de la Propiedad que avala la subsistencia del privilegio especial sobre el principal sin que la hipoteca legal abarque los intereses.

Es crédito con privilegio especial y no ordinario el derivado por las obras de urbanización a favor de la junta de compensación, por la afección real del inmueble que lo hace equiparable a una hipoteca legal tácita

AP Madrid, Sec. 28.ª, 111/2017, de 6 de marzo

SP/SENT/900656

La cuestión controvertida ha sido resuelta por el Tribunal Supremo en su sentencia de 15 de julio de 2014, relativa precisamente a derramas devengadas por la pertenencia de la concursada a una Junta de Compensación. Establece dicha sentencia que las derramas o cuotas derivadas de la urbanización giradas por la Junta de Compensación, devengadas con anterioridad a la declaración de concurso, son créditos concursales con privilegio especial pues tienen la consideración de hipoteca legal tácita (art. 90.1.1.º LC) y las giradas con posterioridad al concurso tienen la consideración de créditos contra la masa pues resultan de la obligación que nace de la ley de contribuir a los gastos de urbanización (art. 84.2.10.º LC). Señala la citada sentencia lo siguiente en relación a lo que aquí se discute:

A la vista de cuanto precede, cabe concluir que las obligaciones derivadas de los planes de ordenación urbanística, concretamente las derivadas de la urbanización de la unidad de actuación, son obligaciones de carácter real, que dan una preferencia de cobro sobre el bien afectado, por encima de cualquier otro derecho inscrito con anterioridad, por lo que cabe hablar, de conformidad con el art. 90.1.1.º LC, de una hipoteca legal tácita, cuya constancia en el Registro de la Propiedad, sea mediante una inscripción de los planes de equidistribución, sea mediante anotaciones marginales (actos a los que nos hemos referido), aunque no haya sido inscrita como tal hipoteca, da derecho a exigir a que se convierta de forma expresa con tal carácter (art. 158.2 LH). Sin embargo, ello no impide que ostente la condición de hipoteca legal tácita a efectos del reconocimiento del privilegio especial, pues en el apartado 2 del art. 90 LC, se establece que, para que puedan ser clasificada con tal carácter, "*la respectiva garantía deberá estar constituida con los requisitos y formalidades previstos en su legislación específica para su oponibilidad a terceros, salvo que se trate de hipoteca legal tácita o de los refaccionarios de los trabajadores*".

El crédito del actor, correspondiente al importe que tuvo que abonar en nombre del concursado, por su condición de avalista, debe clasificarse como privilegiado especial

AP Ávila, Sec. 1.ª, 41/2017, de 16 de febrero

SP/SENT/894673

Tanto en la sentencia atacada como en el recurso articulado se cita abundante jurisprudencia de Audiencias Provinciales que analizan las dos tesis doctrinales sobre la interpretación de este apartado segundo del art. 87.6 LC, la tesis literal y la tesis correctora, esta última mayoritaria. Por razones de económica procesal no podemos analizar todas las sentencias aportadas, dándolas por reproducidas.

La interpretación literal sostiene que el crédito del fiador sea calificado con la categoría menos gravosa para el concurso entre las que corresponda al acreedor y el fiador.

La segunda postura, que hace una interpretación más sistemática y teleológica de la norma, trata de evitar que al amparo de vías oblicuas pueda aludirse la aplicación de las normas concursales sobre la clasificación de los créditos y, en particular, evitar que el fiador, cuando es persona especialmente relacionada con el deudor, pueda aludir la calificación de su crédito como subordinado al invocar la subrogación en el derecho del acreedor principal por efecto del art. 1.839 complementado con el art. 1.212 CC.

Si bien, el caso que nos ocupa no tiene que ver con esta tesis, Iberaval SGR no es fiador especialmente relacionado con el deudor principal, no se encuentra en los casos del art. 92.5.º LC, que trata de evitar el precepto.

Esta Sala, aun reconociendo lo dudosa que resulta la cuestión, en trance de tener que resolver el conflicto concreto planteado, se decanta por la segunda de dichas posturas. No es solo que la misma viene ya avalada por diversos pronunciamientos judiciales, no conociendo hasta la fecha resolución alguna que siga el contrario, sino que además la consideramos como más conforme al espíritu y finalidad del precepto, que no es otra que la de evitar el referido fraude en la calificación del crédito del fiador frente al deudor principal, situación que solo es posible que se produzca o pueda producir cuando el fiador paga al acreedor principal, no habiendo razón alguna para entender que el legislador haya querido convertir en subordinado todo crédito contra el concursado que esté garantizado con fiador especialmente relacionado con este, y de, haberlo querido, debió decirlo expresamente (se trata, sin duda, de una consecuencia excesivamente dura para el acreedor) incluyendo el supuesto claramente en la lista de los créditos "subordinados" del Art. 92, mientras que el pronunciamiento del Art. 87.6 no hace una clasificación de los créditos sino que supone una mera prevención ante la posibilidad del citado fraude, siendo tal interpretación perfectamente compatible con la dicción del precepto cuyo texto no ha de ser forzado en momento alguno. Concluyendo con la Stc. Aud. Prov. Salamanca 28 de Diciembre de 2012, citada tanto en la sentencia como en el recurso, que "*Sin embargo, como razona la Sentencia apelada el sentir mayoritario en la doctrina y en las resoluciones de los tribunales a la hora de aplicar el art. 87.6, la interpretación ajustada al sentido y finalidad de la norma es la aplicación en sus propios términos cuando el fiador, estando especialmente relacionado con el deudor, pague la deuda y sustituya a la persona del acreedor principal, consiguiendo por medio del instituto de la subrogación (art. 1.839 del CC) eludir la subordinación a que está afectado el crédito (arts. 92.5 y 93 de la Ley Concursal), en estos casos si será de aplicación el inciso segundo del art. 87.6 y el crédito será reconocido como subordinado.*

Por tanto, en aplicación de la referida doctrina jurisprudencial, si ni la entidad acreedora principal Caja España De Inversiones S. A. ni la fiadora o avalista, la entidad ahora demandante Iberaval S. G. R., se encontraba en relación con la concursada Carpiroble S. L. en ninguna de las situaciones a que se refiere el artículo 93 de la Ley Concursal, no resulta de estricta aplicación el artículo 87.6 de la referida Ley Concursal a la hora de determinar la calificación que ha de merecer el crédito de la referida entidad demandante".

Y en esta misma línea cabe citar la Sentencia de la Audiencia Provincial de Albacete de 30 de marzo de 2012, o la de la Audiencia Provincial de Córdoba de 7 de mayo de 2013.

La acreedora tiene crédito con privilegio especial por hipoteca a su favor sobre la finca de la concursada, que consintió que se otorgara siendo ya parte de su patrimonio por aportación de los socios fundadores para conseguir préstamos y avales

AP A Coruña, Sec. 4.ª, 2/2017, de 10 de enero

SP/SENT/887801

En este caso, es precisamente la cuestión que era objeto del incidente, la de la clasificación del crédito de AFIGAL, la que la sentencia resuelve desestimando la pretensión impugnatoria de la demandante. Y lo hace negando que sea nula la hipoteca que lo garantiza y que el Registro de la Propiedad pública. La sentencia, por lo tanto, resuelve en todos sus extremos la cuestión planteada.

TERCERO. Aplicación del artículo 34 de la LH. Buena fe de AFIGAL. Mala fe de la demandante.

1. Dispone el artículo 34 de la Ley Hipotecaria que el tercero que de buena fe adquiera a título oneroso algún derecho de persona que en el Registro aparezca con facultades para transmitirlo, será mantenido en su adquisición, una vez que haya inscrito su derecho, aunque después se anule o resuelva el del otorgante por virtud de causas que no consten en el mismo Registro. La buena fe del tercero se presume siempre mientras no se pruebe que conocía la inexactitud del Registro.

2. Si la buena fe se traduce, como dicen las STS de 19 de diciembre de 1964 y de 29 de septiembre de 2003, en "*la ignorancia de la inexactitud registral concretada, en este caso, a que el Registro da como existente una titularidad que en la realidad jurídica es inexistente*", nada permite en este caso sostener que AFIGAL fuera o debiera ser conocedora de que la finca había sido aportada cinco años antes a la sociedad por los titulares registrales. La mera reseña que el Notario hizo de la escritura de ampliación de capital del año 2001, a los efectos de justificar la representación que el Sr. Casimiro se arrogó como administrador solidario de VIVEROS LA GARANTÍA S. L., no supone, contra lo que la apelante mantiene, que AFIGAL dispusiese de dicha escritura ni, mucho menos, que su deber de diligencia amparase la obligación de examinarla y detectar la inexactitud del Registro de la Propiedad que, por otra parte, tampoco detectó el Notario autorizante. Como la apelada razona, de haber conocido la inexactitud registral le habría bastado con exigir la previa inscripción de la finca a nombre de la avalada para que esta, y no un tercero, constituyera directamente la garantía.

3. No tiene sentido que VIVEROS LA GARANTÍA S. L. sostenga la mala fe de AFIGAL cuando es claro que la primera, que concurrió al acto de constitución de la hipoteca por medio de su administrador solidario y representante legal, sí era perfecta conocedora de la aportación del año 2001 y de la discordancia registral. Fue la ahora demandante la que consintió, con pleno conocimiento de que la finca formaba parte de su patrimonio en virtud del

negocio de aportación del año 2001, que los esposos titulares registrales gravaran con hipoteca la finca en garantía del préstamo que la sociedad recibió de BANCO POPULAR S. A. en 2004, y del mismo modo obraran en la constitución de la hipoteca a favor de AFIGAL del año 2006, interviniendo incluso en el otorgamiento de la escritura. No conocemos las razones por las que VIVEROS LA GARANTÍA S. L. decidió no inscribir la finca a su nombre y operar con ella a través de sus socios y administradores, los titulares registrales. Pero si algo revelan los hechos probados es, desde luego, la mala fe de VIVEROS LA GARANTÍA S. L. que, sin inscribir su derecho de propiedad consintió la constitución de garantías hipotecarias sobre su finca y se sirvió de ellas para acceder a préstamos y avales, pretendiendo ahora la nulidad de la hipoteca que dota de privilegio especial a AFIGAL sobre la base de que esta debía ser conocedora de lo que la propia demandante conscientemente le ocultó y pudo oportunamente revelar. El recurso de apelación debe ser, por ello, desestimado, con confirmación de la sentencia apelada.

Será crédito concursal con privilegio especial el que resulta de una póliza de crédito con garantía de hipoteca flotante, si bien el crédito de la hipoteca flotante no se reconocerá hasta que no se haya cancelado la cuenta

Juzgado de lo Mercantil Pontevedra, n.º 2, 57/2019, de 4 de abril

SP/SENT/1001932

En el supuesto enjuiciado, no se ha probado por parte de ABANCA que se haya procedido al vencimiento anticipado en los términos estipulados en la cláusula quinta. Tampoco se ha podido constatar que se haya procedido al adeudo en cuenta al cliente y que, transcurrido el plazo concedido para el abono sin que este tuviese lugar, se hubiese procedido al cierre de la cuenta especial de liquidación, conforme prevé la cláusula sexta del contrato. Sin embargo, como se desprende de esta última estipulación contractual (folio 27 de la escritura), el transcurso del plazo señalado sin que el cliente haya hecho el reembolso del importe adeudado permitirá a la entidad cerrar la cuenta, "*cuyo saldo será inmediatamente exigible en vía ejecutiva*". La cláusula séptima se refiere al ejercicio de acciones y se pacta la posibilidad de acudir a la acción ejecutiva ordinaria o a la especial sobre bienes hipotecados y se establece que "*la cantidad exigible, en caso de ejecución judicial, será la resultante de la liquidación efectuada por la entidad en la forma convenida por las partes en este contrato, lo que se podrá acreditar mediante certificación expedida por la misma*".

En la hipoteca flotante del artículo 153 bis LH, a diferencia de lo que sucede con la hipoteca de máximo del artículo 153 LH, que la operación quede o no garantizada por la hipoteca no se hace depender de su asiento en la cuenta especial liquidatoria, pues las obligaciones garantizadas no pierden su individualidad (salvo que se hubiese pactado el efecto novatorio). Si, como aquí ocurre, no se atribuyó al saldo final bancario una virtualidad novatoria, no podrá hacerse depender la cobertura hipotecaria de la operación de que se haya procedido por la entidad bancaria al adeudo de las cantidades debidas por el cliente en la cuenta especial de liquidación —según lo pactado en la estipulación sexta—. El asiento en la cuenta especial liquidatoria pretende facilitar la ejecución del saldo conjunto y así, dado el carácter instrumental de la cuenta, la práctica del asiento solo es útil a efectos contables y de ejecución. Es más, no puede hacerse depender la cobertura de la obligación garantizada de la fijación del saldo deudor en la cuenta especial de liquidación, a salvo el supuesto en que se hubiese concedido al saldo final un carácter novatorio. Por supuesto, la existencia de un pacto de esta índole podrá tener relevancia a los efectos de configurar al certificado del saldo final líquido garantizado como título ejecutivo.

En suma, condicionar en la hipoteca flotante que la obligación garantizada quede integrada en la cobertura de la hipoteca del adeudo del saldo deudor en la cuenta especial liquidatoria supone atribuirle, en todo caso, una aptitud novatoria que la ley no le confiere salvo pacto de las partes, *ex* artículo 153 bis LH.

Por tanto, la acreditación de la existencia de una obligación vencida, líquida y exigible, así como el asiento del saldo deudor en la cuenta especial liquidatoria podrán facilitar la ejecución. Si no puede hacerse depender la cobertura hipotecaria de la obligación de la práctica de aquel asiento, al socaire del carácter flotante de la hipoteca, tampoco puede condicionarse la clasificación del crédito como privilegiado especial al "volcado" de la partida en la cuenta especial.

Por los mismos motivos, tampoco podrá supeditarse la cobertura de la operación al cierre de la cuenta y a la liquidación del saldo deudor en la forma convenida con anterioridad a la declaración de concurso: la facultad de vencimiento anticipado atribuida al acreedor le habilita para exigir la inmediata devolución de los importes adeudados. En efecto, en la hipoteca flotante todas las obligaciones susceptibles de quedar integradas en la cobertura hipotecaria quedan garantizadas con el límite de la responsabilidad hipotecaria pactada, pero contraviene su esencial "indiferenciabilidad" —como garantía que cubre, en palabras de Ginebra Molins, todos los créditos que entran dentro de su ámbito de cobertura— que se exija que la obligación sea líquida, vencida y exigible al tiempo de la declaración de concurso.

Conviene reiterar una vez más que la fijación del saldo final líquido garantizado sirve en la hipoteca flotante al cumplimiento del requisito de liquidez de la deuda, pero a los efectos de que el acreedor hipotecario pueda instar el procedimiento de ejecución. También la notificación al deudor del saldo exigido y el requerimiento de pago sirven a la misma finalidad, ya que la hipoteca flotante se constituye para cubrir un conjunto de operaciones determinadas inicialmente de forma relativa: la inclusión de un pacto conforme al cual el saldo exigible en caso de ejecución sea el resultante de la liquidación que efectúe la entidad, permite al deudor conocer la cantidad que se le reclama; por ello, se sostiene, no se le podrá exigir el pago hasta que tenga lugar su determinación (Arjona Guajardo-Fajardo, La hipoteca flotante y su régimen, *op. cit.*).

De las anteriores consideraciones se puede concluir que la fijación del saldo final líquido garantizado por la entidad acreedora, la notificación al deudor de la cantidad exigida y el requerimiento de pago se precisan para que pueda instarse el procedimiento de ejecución y obedecen a esta finalidad. Ninguno de estos requisitos es exigido para el reconocimiento del carácter privilegiado del crédito. Al respecto, el artículo 90.2 LC solo dispone que "*para que los créditos mencionados en los números 1.º a 5.º del apartado anterior puedan ser clasificados con privilegio especial, la respectiva garantía deberá estar constituida con los requisitos y formalidades previstos en su legislación específica para su oponibilidad a terceros, salvo que se trate de hipoteca legal tácita o de los refaccionarios de los trabajadores*". Así, tratándose de créditos garantizados con hipoteca voluntaria –cfr. artículo 90.1. 1.º LC–, la clasificación del crédito como privilegiado especial no se supedita en ningún precepto de la legislación vigente a la práctica de la liquidación ni a la expedición del saldo que presente la cuenta al día del cierre en documento fehaciente –en el que se haga constar que la liquidación se efectuó en la forma pactada–. Estos requisitos se necesitarán para proceder en vía ejecutiva, pero de ellos no se hace depender de que la obligación quede cubierta por la hipoteca flotante: si la garantía se constituyó con los requisitos y formalidades previstos en su legislación específica para su oponibilidad a terceros, el crédito a favor del acreedor hipotecario ha de merecer en el concurso la clasificación de crédito con privilegio especial.

De este modo, cabe concluir que la póliza de crédito suscrita el día 29 de noviembre de 2017 –por importe de 200.000 euros–, aunque no sea considerada como una renovación de la suscrita en fecha 4 de abril de 2017, sí cuenta con una cobertura como operación futura indicada en el Expositivo III de la escritura de constitución de la hipoteca flotante formalizada en escritura pública de fecha 4 de abril de 2017. En consecuencia, el crédito a favor de Abanca con origen en esta póliza de crédito n.º 550-0528-8360-2 ha de mantener la clasificación de crédito con privilegio especial –crédito n.º 11 de la lista de acreedores referente a Abanca–, al hallarnos ante una obligación garantizada que se integra en la cobertura de la hipoteca flotante constituida sobre las fincas registrales n.º 10.161 y n.º 10.162 del Registro de la Propiedad n.º 2 de Ourense, pertenecientes a la concursada.

Sin embargo, el crédito n.º 10 de los reconocidos en la lista de acreedores a favor de Abanca no puede mantener la clasificación de crédito con privilegio especial por el importe del principal de la operación, pues la hipoteca flotante constituida sobre las fincas registrales n.º 10.161 y n.º 10.162 del Registro de la Propiedad n.º 2 de Ourense se pactó hasta un límite máximo de 200.000 euros en garantía de la devolución de las cantidades adeudadas a la entidad y un límite adicional por intereses de demora, costas y gastos. Téngase en cuenta que la responsabilidad máxima hipotecaria es un elemento esencial de la hipoteca flotante, como medio de protección de terceros, al no poder unirse a la indeterminabilidad del crédito la del gravamen (Calvo, R., y Calvo, D., La ejecución hipotecaria: problemática registral y procesal, Bosch, 2016). Ahora bien, no ocurre lo mismo con los intereses moratorios de esta operación, que podrán ser garantizados por la garantía real hasta el límite pactado en la escritura (80.000 euros), al no haberse excedido respecto de estos –con el reconocimiento del privilegio especial en relación con el crédito n.º 11 de la lista de acreedores de Abanca– el límite pactado en la escritura de 4 de abril de 2017.

El crédito del actor, correspondiente a las cuotas de *leasing* impagadas por el concursado debe clasificarse como crédito especialmente privilegiado

Juzgado de lo Mercantil Burgos, n.º 1, 43/2019, de 18 de febrero

SP/SENT/999926

La segunda pretensión esgrimida por Caixabank es que se acuerde la improcedencia de la modificación realiza en textos definitivos relativa al contrato de arrendamiento financiero "leasing" NÚM001, debiendo permanecer inalterado el reconocimiento del crédito que figura en la lista de acreedores del escrito de modificación al informe provisional de fecha 26 de octubre de 2017.

De la documental obrante en las actuaciones, aportada tanto por la administración concursal, como por la entidad Hermanos Masa demandada, se desprende como en el informe provisional ya se calificó el crédito de *leasing* como crédito con privilegio especial y no contra la masa. Caixabank no impugno dicha calificación entonces, calificación que es la procedente. En efecto pues si bien el contrato de *leasing* es un contrato que genera obligaciones reciprocas, en el presente caso la única obligación que asume Caixabank es la puesta a disposición de la maquina en las instalaciones de Hermanos Masa, por lo tanto el contrato de leasing a fecha de declaración del concurso solo se encuentra pendiente de prestación por parte de la concursada, por ello no es un crédito contra la masa del artículo 61.2 de la LC sino un crédito concursal privilegiado de los artículos 61.1 de la LC y 90.1.4 del mismo texto legal.

El crédito con garantía real sigue devengando intereses de demora con cargo al bien gravado, hasta la cuantía pactada en el contrato, teniendo carácter de privilegiado

Juzgado de lo Mercantil Murcia, n.º 1, 331/2018, de 22 de noviembre

SP/SENT/999250

Conforme a este último precepto, desde la declaración de concurso queda suspendido el devengo de los intereses legales o convencionales, pero a continuación establece una excepción: "*salvo los correspondientes a los créditos con garantía real, que serán exigibles hasta donde alcance la respectiva garantía*". De este modo, los créditos asegurados con garantía real siguen devengando intereses de demora con cargo al bien gravado, hasta la cuantía pactada en el contrato, y tienen el carácter de privilegiados, al igual que el crédito garantizado de cuyo impago derivan.

No cabe acoger las excepciones alegadas por la administración concursal, por cuanto no puede desestimarse por abusiva la cuantía de los intereses pactados en las escrituras públicas que establecía el préstamo hipotecario, puesto que las restricciones del art. 114 LH se refieren a préstamos sobre la vivienda habitual, lo cual no se aplica en este caso de concurso sobre una mercantil que pretendía disponer del préstamos para aplicarlo a su actividad de promoción de viviendas, por lo que debe estimarse la pretensión.

El crédito del actor correspondiente al préstamo hipotecario debe clasificarse como crédito privilegiado especial sin estar el mismo condicionado a la ejecución hipotecaria por haberse renunciado a dicho procedimiento

Juzgado de lo Mercantil Murcia, n.º 1, 269/2018, de 28 de septiembre

SP/SENT/984236

La administración concursal se allanó a la demanda, precisando que en proceso de ejecución hipotecaria a cuyo resultado condicionó la calificación del crédito hipotecario fue suspendido por la declaración del concurso del ejecutado.

TERCERO. Centrada en los anteriores términos la cuestión suscitada en el presente incidente, y vistas las alegaciones de las partes resulta que asiste la razón a la parte actora, y para llegar a esa conclusión basta con leer el contenido del documento n.º 4 acompañado a la contestación de la demanda incidental por de la concursada, que es el escrito presentado ante el Juzgado n.º 4 de Totana con fecha 30 de marzo 2016 por la presentación del Banco Popular, y que dio lugar al proceso de ejecución hipotecaria n.º 136/15.

En dicho escrito se dice textualmente que "*habiendo dejado de tener interés esta parte en la continuación de la tramitación del presente procedimiento, por haberse llegado a un acuerdo extrajudicial que ha satisfecho sus intereses, y sin tener nada más que reclamar en relación con la controversia, se renuncia a la continuación del presente procedimiento y SOLICITA y de conformidad con el artículo 20.2 de la LEC, se proceda sin más trámite a su inmediato archivo*".

Es decir, que el Banco Popular desistió unilateralmente del juicio hipotecario promovido ante el citado Juzgado contra CAMPO DE VUELO S. L., y sobreseído el pleito por esa circunstancia es bien sabido que el actor está facultado para poder entablar posteriormente un nuevo juicio sobre el mismo objeto, pues así lo prevé el párrafo tercero del artículo 20 de la LEC.

Efectivamente, el desistimiento a un proceso iniciado esta previsto en el apartado segundo del citado artículo 20, y no hay que confundirlo, como hace la concursada, con la renuncia a la acción contemplada en el apartado primero del mismo artículo.

Es decir, el desistimiento, como manifestación de índole menor de disponibilidad del proceso constituye una declaración del actor de no continuar el ejercicio de la acción en el proceso por él iniciado, pero, al no afectar a la acción (como la renuncia), no impide su posterior ejercicio en otro proceso (en este sentido SAP Pontevedra secc. 1.ª de 2 de abril de 2009).

En el escrito presentado por el Popular en el primero de los procesos de ejecución dirigidos contra CAMPO DE VUELO no manifestó su renuncia a sus derechos derivados de su condición de acreedor hipotecario, –lo que si hubiese conllevado la pérdida de su privilegio–, y buena prueba de ello es que no se dictó sentencia absolutoria, sino que se limitó a desistir del proceso, lo que le permitió interponer nuevo pleito si bien este se encuentra paralizado por mor del artículo 56 de la LC al ser declarado el ejecutado en concurso.

En consecuencia, de ninguna manera el resultado de aquel proceso podría tener ninguna incidencia en la calificación del crédito de la entidad ahora actora incidental, que merece a todas luces la de privilegio especial.

Si bien la entidad bancaria demandada se adjudicó bienes del concursado sobre los que pesaba una hipoteca, el precio de dicha adjudicación fue menor a la deuda, subsistiendo un crédito privilegiado por dicha diferencia

Juzgado de lo Mercantil Bilbao, n.º 1, 16/2017, de 17 de enero

SP/SENT/897024

La demanda incidental debe ser íntegramente desestimada, puesto que no hay razón jurídica ni fáctica alguna de la que se desprenda la cancelación de estos créditos ordinarios, que resultan, a fecha de hoy, tan impagados en el concurso como el resto de los créditos ordinarios incluidos en la lista de acreedores del informe de la AC.

2. El crédito privilegiado de CAJASTUR (6.5 M aproximadamente) quedó saldado con la operación de compraventa de las 5 fincas documentada en la escritura pública de 09.09.2010 (doc. 1 de la demanda): la acreedora se adjudica las fincas por el precio de 4.2 M de euros, y se cancelan las cargas que a su favor gravaban los inmuebles (por confusión de derechos, como se dice en la escritura notarial). Posteriormente la AC hace constar, en el informe trimestral de la liquidación concursal de 04.11.2010, la extinción ("por pago") del resto del importe a que ascendía el privilegio (2.6 M).

Puede que las cifras exactas no sean coincidentes, puede también que la AC hubiese debido explicar mejor en su informe trimestral la razón por la que incluía en concepto de "pago" lo que era una mera anotación contable de extinción de la parte del privilegio, conforme a lo acordado con la acreedora financiera. Pero, en cualquier caso, de ello no puede desprenderse, como hacer la demandante, que la AC pagó no solo el privilegio (con la operación recogida en la escritura pública), sino también los créditos ordinarios (mediante un pago posterior por importe de 2.6 M de euros). Porque la AC explica en el incidente que este segundo "pago" no se corresponde con una entrega efectiva de metálico a la acreedora salida de la masa activa de la concursada, sino, vuelve a insistirse, de un mero apunte informativo. No ha demostrado la demandante que esta versión de la AC (vuelve a insistirse, órgano imparcial, independiente y responsable encargado de la ordenación de pagos) sea incorrecta o falsa. Téngase en cuenta, además, que, si la AC hubiese pagado el crédito ordinario a una acreedora, sin satisfacer el resto, incumpliría gravemente el orden de pagos legalmente establecido.

Y es irrelevante, a estos efectos de extinción de los créditos, el valor recogido en el inventario de los bienes adjudicados en la fase de liquidación concursal. Lo relevante es el precio de adjudicación: en este caso inferior al del privilegio titulado.

3. Menor recorrido aún tiene la afirmación que se sostiene en la demanda para fundamentar la extinción de los créditos: su cancelación por condonación. Dice la defensa técnica de la demandante en el acto de la vista que *"no ha habido reclamaciones hasta la fecha"* de lo que concluye que los créditos ordinarios han sido condonados. Condonación que no ha quedado demostrada, ni puede desprenderse de esta falta de reclamación de la deuda, y que desde luego casa mal con la transmisión de los créditos que hace LIBERBANK a PROMOTORA HOLDING (hecho indiscutido).

Créditos con privilegio general

No procede clasificar el crédito comunicado tardíamente como subordinado porque constaba en la documentación del deudor, de modo que al tratarse de retenciones tributarias debe reconocerse como privilegiado general, ex art. 91 LCon

TS, Sala Primera, de lo Civil, 280/2019, de 22 de mayo

SP/SENT/1004880

Como el concurso de acreedores fue declarado años después de que hubiera entrado en vigor la reforma de la Ley Concursal operada por la Ley 38/2011, de 10 de octubre, resulta de aplicación el art. 92.1 LC en la redacción dada por esta Ley:

"Son créditos subordinados:

1.º Los créditos que, habiendo sido comunicados tardíamente, sean incluidos por la administración concursal en la lista de acreedores, así como los que, no habiendo sido comunicados, o habiéndolo sido de forma tardía, sean incluidos en dicha lista por comunicaciones posteriores o por el juez al resolver sobre la impugnación de esta. No quedarán subordinados por esta causa, y serán clasificados según corresponda, los créditos del artículo 86.3, los créditos cuya existencia resultare de la documentación del deudor, los que consten en documento con fuerza ejecutiva, los créditos asegurados con garantía real inscrita en registro público, los que constaren de otro modo en el concurso o en otro procedimiento judicial, y aquellos otros para cuya determinación sea precisa la actuación de comprobación de las Administraciones públicas".

La AEAT comunicó su crédito de forma tardía, pero a tiempo de ser reconocido, aprovechando la impugnación de la lista de acreedores, conforme a lo prescrito en el citado art. 92.1 LC y la interpretación que al respecto hizo la sala en su sentencia 10/2011, de 31 de enero:

"(A)unque el artículo 92.1 LC niega que los créditos que resultan de la documentación del deudor tengan la consideración de subordinados, incluso cuando sean objeto de comunicación tardía, el artículo 96.3 LC obliga a que la disconformidad con la clasificación hecha por la administración concursal se haga patente mediante la oportuna impugnación de la lista de acreedores en los diez días siguientes a la notificación efectuada al acreedor interesado, de forma que la falta de impugnación en plazo determina la pérdida del derecho a plantear pretensiones de modificación del contenido de estos documentos".

3. Una vez cumplida esta exigencia para el reconocimiento del crédito comunicado de forma tardía, el art. 92.1 LC establece como regla general que debe clasificarse como crédito subordinado. Viene a ser una sanción o consecuencia negativa de la falta de diligencia del deudor a la hora de cumplir con la exigencia prevista en los arts. 21.1.5.º LC y 85.1 LC, que imponen a los acreedores el deber de comunicar a la administración concursal la existencia de sus créditos en el plazo de un mes.

Este deber de los acreedores de comunicar sus créditos a la administración concursal para que puedan ser reconocidos en la lista de acreedores, no obsta a que la administración concursal pueda incluirlos porque su existencia resulte *"de los libros y documentos del deudor o por cualquier otra razón constaren en el concurso"* (art. 86.1 LC).

4. La regla general de la subordinación del crédito comunicado tardíamente tiene una serie de excepciones, que permiten clasificarlo "según corresponda" con arreglo al resto de las reglas sobre clasificación de créditos. Una de estas excepciones afecta, precisamente, a *"los créditos cuya existencia resultare de la documentación del deudor"*.

Dependiendo de la extensión que demos a esta mención (*"créditos cuya existencia resultare de la documentación del deudor"*), podemos vaciar de contenido este primer grupo de créditos subordinados. Por eso resulta necesaria alguna precisión. En primer lugar, la excepción se refiere a que realmente hubiera constancia de la existencia del crédito en la documentación del deudor, no a que debiera haberla. En segundo lugar, por existencia hay que entender también que, tal y como quedaba constancia del crédito en dicha documentación, era evidente que estaba pendiente de pago y resultaba exigible. En tercer lugar, es necesario que la constancia de la existencia y exigibilidad del crédito sea indubitada, de forma que, si hubiera dudas razonables al respecto, su reconocimiento final tras el incidente de impugnación de créditos conllevaría la subordinación del crédito. Y, finalmente, la constancia del crédito en la documentación del deudor debe ser tal que, en atención a las circunstancias del caso (número de acreedores, características, documentación en la que constare...), fuera claro que no podía pasar inadvertido a la administración concursal al elaborar la lista de acreedores.

En nuestro caso, partimos de una circunstancia hábilmente resaltada por el recurso de casación: la sentencia de apelación admite expresamente que el crédito comunicado tardíamente constaba en la documentación concursal, pero razona que esto no basta para eludir la subordinación del crédito al no haberse comunicado en plazo.

Con ello, la Audiencia confirma la subordinación del crédito de la AEAT, comunicado tardíamente, con arreglo a una interpretación errónea del art. 92.1 LC, pues entiende que resulta irrelevante que quedara constancia de la existencia del crédito en la documentación concursal, y obvia la excepción legal.

5. Por eso casamos la sentencia y, al no existir dudas sobre la constancia en la documentación del deudor del crédito comunicado tardíamente, dejamos sin efecto la subordinación y clasificamos el crédito conforme a lo que le correspondería en aplicación del resto de las reglas legales. En concreto, como se trata de un crédito por retenciones tributarias, merece la consideración de crédito con privilegio general del art. 91. 2.º LC.

Se condena a la sociedad al pago de crédito único como responsable por sucesión de empresa, responsabilidad legal, por lo que aquella es responsable del pago de un crédito por la extinción del contrato de trabajo y que tiene privilegio general

AP León, Sec. 1.ª, 210/2020, de 31 de marzo

SP/SENT/1050055

El crédito cuya clasificación es objeto de este procedimiento se incorporó a la lista provisional por expresa determinación legal: "*2. Se incluirán necesariamente en la lista de acreedores aquellos créditos que hayan sido reconocidos por laudo o por resolución procesal, aunque no fueran firmes [...]*". (Art. 86.2 de la Ley Concursal).

Por lo tanto, y como no podría ser de otra manera, el crédito tiene la naturaleza jurídica que se le reconoce en la sentencia que lo reconoce y que, además, produce efecto de cosa juzgada, tanto por lo que decide como por los fundamentos de tal decisión.

El crédito de Hugo reconocido en la sentencia dictada del juzgado de lo Social tiene una clara naturaleza laboral porque surge de la extinción de un contrato de trabajo: "*[...] las partes alcanzaron en el trámite de conciliación un acuerdo por el cual las partes extinguieron la relación laboral y fijaron la cantidad total a abonar por la empresa al trabajador en la suma de 90.000 euros [...]*". (Hecho probado primero de la sentencia citada).

Es evidente, por otra parte, que "*las indemnizaciones derivadas de la extinción de los contratos*" de trabajo se han de calificar como créditos con privilegio general (art. 91. 1.º LC).

Lo anteriormente indicado tampoco se discute en este procedimiento, pero se afirma que el crédito reconocido con privilegio general no surge para la concursada de un contrato de trabajo, sino de la responsabilidad derivada que se le atribuyó en la sentencia citada. En el recurso de apelación se plantea una disgregación de la naturaleza jurídica del crédito, de modo que es laboral (extinción del contrato de trabajo) para la empresa que contrató al trabajador, y una suerte de categoría diferente para la concursada, que no mantuvo vínculo laboral con él.

El crédito por extinción del contrato de trabajo es único porque solo existía un contrato de trabajo: el que vinculaba al trabajador con Manufacturas Teleno, S. L. Y no deja de ser único porque sean dos las empresas que deban responder de su pago.

Si el crédito es único su calificación también lo es, como no podría ser de otra manera. La parte apelante confunde el concepto de crédito o deuda, que resulta de la obligación de pago (en este caso por extinción del contrato de trabajo), con el concepto de responsabilidad: de una misma deuda pueden surgir una pluralidad de responsables, incluso aunque no sean contratantes. Sin embargo, aunque la responsabilidad sea plural, el crédito sigue siendo el mismo.

En este caso, el crédito surge de un concreto hecho causante: la indemnización convenida por el empresario y el trabajador por la extinción del contrato de trabajo. Sin embargo, la responsabilidad surja de dos hechos diferentes: el vínculo laboral, en caso de Manufacturas

Teleno, S. L., y la adquisición de la unidad productiva por Grupo Texleon Norte, S. L., en relación con esta. Este último hecho genera una sucesión de empresa, de la resulta la responsabilidad legal que se contempla en el apartado 1 del art. 44 del Real Decreto Legislativo 2/2015, de 23 de octubre, por el que se aprueba el texto refundido de la Ley del Estatuto de los Trabajadores.

En la sentencia de 22 de septiembre de 2017 del juzgado de lo Social de Córdoba se condena a Grupo Texleon Norte, S. L., al pago del crédito (crédito único) como responsable por sucesión de empresa (responsabilidad legal), por lo que aquella es responsable del pago de un crédito que resulta de la extinción del contrato de trabajo; no es admisible establecer una dicotomía en relación con el crédito y sí, únicamente, en relación con la responsabilidad, pero es aquel, y no esta, lo que debe ser objeto de clasificación en el concurso de acreedores.

Además, el art. 44.1 del Estatuto de los Trabajadores establece una responsabilidad por subrogación, por lo que, como se indica en el precepto, queda "*el nuevo empresario subrogado en los derechos y obligaciones laborales y de Seguridad Social del anterior, incluyendo los compromisos de pensiones, en los términos previstos en su normativa específica*". Es decir, por subrogación asume la posición del subrogado (asume la misma obligación en relación con el mismo crédito) y, por si todavía queda alguna duda al respecto, la asume "*en los términos previstos en su normativa específica*". Por lo tanto, el crédito del que responde Grupo Texleon Norte, S. L., es el mismo del que responde Manufacturas Teleno, S. L., y de la misma naturaleza jurídica, y se rige por su normativa específica (la normativa laboral).

El crédito de la Agencia Estatal de Administración Tributaria, correspondiente a retenciones no ingresadas, tiene la clasificación de crédito privilegiado

AP Guadalajara, Sec. 1.ª, 164/2019, de 20 de septiembre

SP/SENT/1027545

Así lo señala la STS de fecha 31 de enero del año 2011 cuando declara, "*como doctrina jurisprudencial, que son créditos con privilegio general del artículo 91.2 LC los créditos por retenciones de IRPF practicadas en los dos primeros meses (octubre y noviembre) del último trimestre del año 2004 (eran los salarios abonados con anterioridad a la declaración del concurso), ratificándose en todo lo demás la sentencia recurrida que aplica correctamente la doctrina de esta Sala de que los créditos por retenciones por IRPF contra el deudor correspondientes a rentas o salarios abonados con anterioridad a la declaración del concurso, con independencia del momento de conclusión del plazo para el ingreso, constituyen créditos concursales*".

Se refería a las retenciones por IRPF el Juzgado de lo Mercantil N.º 1 de Oviedo, Sentencia 27/2005 de 31 May. 2005, Proc. 54/2005:

"*las retenciones por IRPF, a efectos concursales, ya no tiene en la actualidad y tras la reforma concursal la naturaleza de depósito a favor de la Hacienda Pública sujeta al derecho de separación* ex iure dominii *de que gozaba en el régimen anterior (tal y como había sentado la STS de 5 julio 2000 en interpretación y aplicación del Art. 96-5 del Reglamento*

General de Recaudación). Siendo el legislador consciente de la ficción que suponía tal asimilación, pues ni estamos en presencia de un contrato de depósito de naturaleza real y consensual como así se conceptúa en el C. Civil y en el C. Com, ni tampoco se puede hablar de un genuino derecho de separación que exige la más perfecta identificación de los bienes a separar, todo ello incompatible con un bien como el dinero habida cuenta de su ultra fungibilidad que le lleva lógicamente a confundirse con el patrimonio del retenedor, es por lo que las cantidades que obedezcan a retenciones tributarias pasan en la nueva regulación de estar sujetas a separación (ya no entran en el ámbito del Art. 80 LC) a configurarse como auténticos créditos a favor de la Hacienda Pública si bien con el reconocimiento del privilegio general previsto en el Art. 91-2.º LC".

También encontramos referencias en la S de la Audiencia Provincial de Madrid, Sección 28.ª, Sentencia 39/2009 de 27 Feb. 2009, Rec. 146/2008:

"Frente a la tesis dominante bajo la vigencia del derecho concursal derogado que mantenía que las sumas retenidas a cuenta de los impuestos no formaban parte de la masa activa, sino que eran propiedad de la Hacienda Pública a quien se reconocía un derecho de separación (separación ex iure dominii*), en este sentido, sentencia del Tribunal Supremo de 5 de julio del 2000, la Ley Concursal atribuye al importe de las retenciones la consideración de crédito concursal con privilegio general del artículo 91.2, sin perjuicio de su consideración de créditos contra la masa cuando concurra alguno de los supuestos del artículo 84 de la repetida Ley Concursal".*

En La Sentencia de la Audiencia Provincial de Barcelona, Sección 15.ª de 28 jun. 2017, Rec. 407/2016 citada por la Juez de instancia se interesaba por la AEAT el reconocimiento de un crédito tributario por la siguiente cuantía y calificación:

a) Un crédito con privilegio general del artículo 91.4.º de la LC por importe de 224.209,81 euros.

b) Un crédito ordinario del artículo 89.3.º de la LC por importe de 224.209,81 euros.

c) Un crédito subordinado del artículo 92 LC por importe de 464.795,67 euros.

En ningún momento se planteaba el tema de las retenciones del IRPF por lo que no coincide con el supuesto que nos ocupa que insistimos no son cuotas tributarias impagadas sino retenciones no ingresadas.

No se discute por tanto si debe reconocerse en el concurso el crédito que nace de un expediente administrativo de derivación de responsabilidad tributaria del artículo 42-1.º, apartado a), de la Ley General Tributaria. Según los recursos, la responsabilidad que contempla dicho precepto tiene naturaleza sancionadora y como tal sanción merece ser calificada en el concurso como crédito subordinado, con arreglo a lo dispuesto en el artículo 92.4.º de la LC. Dicho precepto dispone que son créditos subordinados *"los créditos por multas y demás sanciones pecuniarias"*.

Citar por último la STS Tribunal Supremo, Sala Primera, de lo Civil, Sentencia 589/2009 de 20 Sep. 2009, Rec. 202/2007:

Esta Sala, por razón de interés casacional, ha sentado en la STS de 21 de enero de 2009, Pleno, RC n.º 842/2007, la doctrina de que, para configurar el privilegio genérico establecido en el artículo 91.4 LCon en favor de los créditos de la Hacienda Pública y demás de Derecho público y de la Seguridad Social, no cabe tomar en cuenta para calcular el 50 % de su importe los créditos comprendidos en los artículos 90, 91 y 92 LCon porque estos ya están clasificados con una u otra condición. Según esta doctrina, la exclusión de la base del cálculo de los créditos con privilegio especial (artículo 90 LCon) y de las retenciones (artículo 91. 2.º LCon) se justifica por su específico rango privilegiado (arts. 155 y 156 LCon) y se deduce del texto del artículo 91. 4.º, inciso primero, LCon. La exclusión de los créditos subordinados se justifica, por un lado, porque no es razonable que unos créditos que el legislador posterga o discrimina por unas u otras razones subjetivas u objetivas se tomen en cuenta para incrementar la cuantía del privilegio general en perjuicio de los acreedores ordinarios, y, por otro lado, porque una de las directrices de la LCon es la de limitación de los privilegios.

Pues bien, partiendo de la anterior doctrina jurisprudencial y considerando que nos encontramos ante el supuesto de retenciones no ingresadas y de que en efecto la naturaleza de la deuda no cambia cuando se exige al responsable en lugar de al deudor principal, debe entenderse incardinada en el apartado 91.2 de la LC según el cual son créditos con privilegio general, 2.º las cantidades correspondientes a retenciones tributarias y de Seguridad Social debidas por el concursado en cumplimiento de una obligación legal "*asistiendo pues la razón al abogado del Estado cuya pretensión revocatoria ha de acogerse declarando por tanto que las cinco deudas recogidas en el fundamento de derecho primero del escrito del recurso de apelación correspondientes a retenciones tributarias tienen la calificación de créditos privilegiados del artículo 91.2 de la LC*".

El crédito que la universidad ostenta contra el concurso, correspondiente a su parte de subvención que el demandado recibió en nombre del consorcio y no repartió, no puede considerarse crédito privilegiado general, sino crédito concursal

AP Madrid, Sec. 28.ª, 410/2017, de 22 de septiembre

SP/SENT/924639

Motivo cuarto: clasificación concursal del crédito.

(29). Exposición del motivo. Para el caso de que no se diera lugar a la separación, por la Universidad Politécnica de Valencia se pretende que el crédito concursal que le ha sido reconocido, por cuantía de 62.789 €; con clasificación de ordinario, pasase a ser clasificado como privilegio general en su mitad, por aplicación del art. 91.4 LC, y el resto como ordinario.

La Sentencia apelada desestimó dicha petición bajo la afirmación de que tal clasificación de crédito privilegiado general del art. 91.4 LC solo corresponde a los que son de titularidad de la Hacienda Pública o de la Seguridad Social, lo que en el recurso se manifiesta como errado.

(30). Requisitos para la clasificación de privilegio general. Tal cual señala el recurso de la Universidad Politécnica de Valencia, no es cierto que dicha previsión clasificatoria se aplique tan solo a los créditos de la Hacienda Pública o de la Seguridad Social, como señaló la Sentencia apelada.

Señala el art. 91.4 LC que "*son créditos con privilegio general: (...) los créditos tributarios y demás de Derecho público, así como los créditos de la Seguridad Social que no gocen de privilegio especial conforme al ap. 1 del art. 90, ni del privilegio general del número 2.º de este artículo. Este privilegio podrá ejercerse para el conjunto de los créditos de la Hacienda Pública y para el conjunto de los créditos de la Seguridad Social, respectivamente, hasta el cincuenta por ciento de su importe*". De ello, cabe concluir que:

(i). Son dos los requisitos para reconocer el presente privilegio general del crédito. El primero, de tipo subjetivo, y es que su titularidad recaiga en una persona de naturaleza jurídico-pública.

(ii). El segundo de los requisitos, de tipo objetivo, y es que el crédito sea precisamente de Derecho público, es decir, derivado de la actuación de potestades públicas basadas en previsiones legales específicas que contemplen y regulen dichos derechos de crédito, con tal naturaleza.

(iii). La referencia expresamente hecha en el segundo inciso del precepto, referido específicamente a la Hacienda Pública y a la Seguridad Social, es para establecer que tal privilegio se reconocerá solo de la mitad del conjunto total del importe de los créditos de los que cada una de ellas pueda ser titular. Tal previsión no implica la exclusión del reconocimiento del privilegio en créditos titularidad de otras personas jurídico-públicas, sino tan solo que a estos no se aplicará la regla del cómputo conjunto de todos los conceptos crediticios que le sean debidos.

(31). Conforme a lo anterior, la razón invocada por la Sentencia apelada para denegar el privilegio general a la Universidad Politécnica de Valencia no es admisible. No obstante, no puede ser aceptada su pretensión clasificatoria, ya que su crédito no deriva del ejercicio propio por ella de potestades administrativas. Ello sería así, v. gr., en el caso de que fuera la Administración Pública concedente de la subvención la que reclamase su restitución, pero no en el de la recurrente, quien ejercita tan solo un derecho de reparto de la subvención concedida por una Administración distinta a ella. Este supuesto ya fue resuelto en las SSAP de Madrid, sec. 28.ª (Mercantil), n.º 262/2017, de 26 de mayo, FJ 2.º, y n.º 244/2015, de 18 de septiembre, FJ 3.º, al señalar que:

"*Como ya anticipáramos, la Universidad de Alicante interesó con carácter subsidiario que la mitad de la suma reclamada, que había recibido íntegramente en la lista de acreedores el tratamiento de crédito ordinario, fuera considerada como crédito dotado de privilegio general con base en el art. 91-4.º de la Ley Concursal, precepto a cuyo tenor revisten tal carácter, hasta el 50 % de su importe. Los créditos tributarios y demás de Derecho público, así como los créditos de la Seguridad Social que no gocen de privilegio especial conforme al apartado 1 del artículo 90, ni del privilegio general del número 2.º de este artículo*".

No tratándose, obviamente, de un crédito tributario ni de un crédito perteneciente a la Seguridad Social, la apelante basa su pretensión a este respecto es la consideración de que su crédito debe tener incardinación dentro de la categoría *"demás de Derecho público"* que el precepto mencionado incluye. A la hora de caracterizar adecuadamente lo que puede ser considerado como un crédito de Derecho público, la apelante asume la doctrina contenida en la STS de 16 de julio de 2013 según la cual dentro de la referida mención legal del Art. 91-4.º de la Ley Concursal habría que incluir los derechos de contenido económico que cumplan los siguientes dos requisitos: 1. Que el titular del crédito sea la Administración General del Estado o sus organismos autónomos; y 2. Que el crédito derive del ejercicio de potestades administrativas.

Convenimos con la Universidad de Alicante en que, al concurrir en ella, en tanto que acreedora, la condición de administración pública, se cumpliría el primero de los dos requisitos mencionados. Sin embargo, disentimos de su parecer en cuando al cumplimiento del segundo: la necesidad de que el derecho de crédito de que se trate proceda del ejercicio de potestades administrativas. En efecto, tratándose de subvenciones y ayudas públicas, la única potestad administrativa que se encuentra en el origen del derecho de crédito en cuestión es la potestad que, dentro de la órbita de sus competencias, ejerció el Ministerio de Ciencia e Innovación al resolver sobre su concesión y asignación a la Universidad de Alicante. Las gestiones que esta Universidad pueda haber llevado a cabo para adoptar la decisión de solicitar las ayudas podrán constituir actos administrativos, pero la realización de dichos actos no constituye el ejercicio de la potestad administrativa determinante del nacimiento del derecho, potestad que –se reitera– solamente ejerció la Administración pública concedente. Una vez ejercida esa potestad de concesión, habría nacido en favor de la Universidad un derecho de crédito no originado por sus propias potestades, derecho de crédito inicialmente ejercitable frente al Ministerio de Ciencia de Innovación y, más tarde, una vez transferidas por este las cantidades correspondientes, frente a la concursada CSD en tanto que receptora de las mismas y de representante obligada a su distribución en virtud del acuerdo de colaboración suscrito. En ningún caso, se trata, pues, de un derecho de crédito nacido del ejercicio por parte de la Universidad de Alicante de sus propias potestades administrativas.

Créditos ordinarios

Créditos ordinarios - Contratos

El incumplimiento de la compraventa fue anterior a la declaración de concurso de la vendedora y como los compradores resolvieron antes de dicha declaración, la devolución de las cantidades entregadas a cuenta es un crédito concursal

TS, Sala Primera, de lo Civil, 513/2018, de 20 de septiembre

SP/SENT/971359

En nuestro caso, concurre una circunstancia muy relevante, que nos separa de estos precedentes: el incumplimiento del contrato había sido anterior a la declaración de concurso, en concreto el 9 de febrero de 2008, cuando se cumplieron los 24 meses siguientes a la concesión de la licencia de obras, que era el término convenido en el contrato; y, sobre la base de este incumplimiento, los compradores instaron la resolución del contrato antes de la declaración de concurso, en concreto mediante un requerimiento extrajudicial, un burofax de fecha 4 de junio de 2008, que fue notificado a la demandada al día siguiente.

Conviene advertir que, como recuerda la sentencia 431/2013, de 3 de julio: "*la jurisprudencia (...) ha venido interpretando el artículo 1.124 en el sentido de entender que el mismo también permite un ejercicio de la facultad resolutoria mediante declaración extrajudicial dirigida a la parte incumplidora, siempre a reserva de que esta, si es que no estuviera conforme, acuda a los Tribunales para negar el incumplimiento resolutorio o rechazar la oportunidad de hacerlo valer como causa de extinción sobrevenida de la relación contractual (...). De acuerdo con esa doctrina y tomando en consideración que el artículo 1.124 reconoce al contratante perjudicado la facultad de «escoger entre exigir el cumplimiento o la resolución de la obligación», hay que entender que esta última tiene lugar, no cuando se produjo el incumplimiento, sino cuando aquel, tras optar por resolver la relación, lo comunica a la otra parte –con la que había perfeccionado un negocio jurídico bilateral–, mediante una declaración de naturaleza recepticia –sentencia 639/2012, de 7 de noviembre, entre otras– o, en su caso, mediante un acto concluyente con el mismo significado y eficacia* –facta ex quibus voluntad concludi potest–".

De tal forma que, en el presente caso, los compradores, haciendo uso de la convenida facultad de resolución del contrato en caso de incumplimiento de la obligación de entrega de la vivienda en el término convenido, resolvieron el contrato de compraventa antes de que el concurso fuera declarado. Cuestión distinta es que, ante la negativa de la vendedora, los compradores se vieran compelidos a solicitar la declaración judicial de resolución por incumplimiento, que presupone los efectos resolutorios de la denuncia extrajudicial de resolución realizada por los compradores, y lo que hace es declararlo así.

En consecuencia, la sentencia estimatoria de la demanda no resuelve el contrato de compraventa, sino, más bien, declara la procedencia de la resolución que extrajudicialmente realizaron los compradores. Por ello, los efectos de la resolución se remontan a la resolución extrajudicial y, más en concreto, a la recepción de la declaración unilateral de los compradores que ponía en conocimiento del vendedor su voluntad de resolver el contrato, el 5 de junio de 2008. Lo que conlleva que, al declararse el concurso, el contrato ya estuviera resuelto y que hubiera nacido antes la obligación de restitución de las cantidades entregadas a cuenta, que por ser anterior a la declaración de concurso tendría la consideración de crédito concursal.

En la medida en que el contrato fue resuelto antes del concurso, los eventuales efectos novatorios de un convenio, que cesaron con la apertura de la liquidación, en cualquier caso, no impedían declarar judicialmente la reseñada resolución contractual.

No procede reconocer a la actora crédito en el concurso por una compraventa nula de pleno derecho al no existir pago del precio, solo se le reconoce un crédito concursal por los pagos acreditados sin causa ni concepto alguno

AP Burgos, Sec. 3.ª, 73/2019, de 27 de febrero

SP/SENT/1000436

Consecuencia de lo expuesto es que el informe de la AC excluyó correctamente en su informe *ex* artículo 180 LC el crédito insinuado por D.ª Remedios por inexistente y ser contrario al pronunciamiento judicial recaído en el JPI n.º 4 de Burgos.

No obstante, y pese a que la sentencia del JPI n.º 4 (sin que podamos designar folio al perderse, con la digitalización, la buena costumbre de numerar las páginas de los extensísimos escritos), para justificar la inexistencia de precio en el contrato de compraventa, declara que "*(...) nos encontramos ante cuatro pagos en metálico, uno de ellos efectuado por el legal representante de la propia vendedora y respecto de los restantes, solo consta que la orden de pago de dos de ellos partió de la cuenta de la compradora, sin que la demandada (compradora), en mejor disposición de probar que la parte demandante haya acreditado no ya el origen de ese dinero sino su tenencia a lo largo de un mínimo tiempo*", el juzgado de lo mercantil en la sentencia aquí apelada. si bien no considera aplicable el artículo 1.303 del Código civil (a nuestro juicio acertadamente como hemos expuesto antes), sin embargo considera, contradictoria y sorpresivamente que la compradora (Sra. Remedios) entregó los tres ingresos referidos por importe 2.500 €, 40.000 € y 25.977 € (no así el pago en metálico efectuado directamente por el representante legal de la vendedora, ni el resto de cantidades pretendidas en la demanda incidental por gastos de escritura, impuestos, etc.), entrega que dice el juzgador mercantil no fue como precio de la compraventa, sino "*sin causa legal que justifique la entrega*" y entonces, sencillamente, por aplicación de la doctrina del enriquecimiento injusto, reconoce a la compradora un crédito por importe de 68.477 €.

Al no haber sido objeto de recurso de apelación esta decisión del juzgado de lo mercantil por la administración concursal única perjudicada por esa declaración judicial (la concursada se allanó a la demanda), la sentencia apelada debe ser confirmada.

Finalmente, la apelante discrepa de la calificación otorgada al crédito y pretende que se califique como contra la masa y no como hace el juzgador como crédito concursal; y se base a los artículos 84.2. Apartados 6, 8 y 10 de la LC.

La doctrina del TS es que la extensión de los créditos contra la masa, por su prededucibilidad, debe ser objeto de una interpretación cautelosa y restrictiva. El crédito no reúne los requisitos establecidos en ninguna de las tres categorías que propone la apelante, a saber:

El artículo 84.2.6 LC se refiere a las obligaciones de restitución e indemnización en caso de resolución voluntaria o por incumplimiento del concursado. Aquí el crédito ha sido reconocido por aplicación de la doctrina del enriquecimiento injusto.

Conforme al artículo 84.2.8 LC, hemos de decir que el crédito reconocido a la Sra. Remedios no proviene de una acción de rescisión concursal.

Y tampoco resulta aplicable el artículo 84.2.10 LC en cuanto el crédito NO resulta de obligaciones nacidas de la ley. Como razonadamente hemos expuesto aquí.

Las fincas objeto de permuta han sido transmitidas a la concursada y han de figurar en el inventario de la masa activa, mientras que la cantidad fijada en el contrato como valor de las fincas debe figurar como crédito concursal de los actores

AP Lugo, Sec. 1.ª, 112/2018, de 22 de marzo

SP/SENT/955362

Ninguno de los motivos de recurso formulados por los apelantes puede ser estimado porque parten de la falsa premisa de que los demandantes resolvieron unilateralmente el contrato de permuta celebrado en 2011 y que dicha resolución fue aceptada por la contraparte.

Sin embargo la revisión de la prueba practicada en las actuaciones pone de manifiesto que la demandada no aceptó la resolución unilateral de contrato de permuta sino que por el contrario se opuso a la conciliación formulada por los apelantes sin que por estos se ejercitase la correspondiente acción de resolución del contrato y, por tanto, de conformidad con la doctrina jurisprudencial invocada en la demanda incidental y el recurso, ni puede estimarse que las fincas registrales son propiedad de los actores ni consta que la madre de los contratantes, D.ª María Purificación, sea propietaria de ninguna de las fincas permutadas, sino que como indica la contestación a la demanda, su cuota indivisa de propiedad y usufructo recae sobre una vivienda, finca distinta de las litigiosas.

En consecuencia, las fincas objeto de la permuta han sido transmitidas a la concursada y han de figurar en el inventario de la masa activa mientras que la cantidad fijada en el contrato como valor de las referidas fincas ha de ser la que figure como crédito concursal a favor de los demandantes, por haberlo así fijado convencionalmente las partes en el momento de la contratación, sin que proceda incluir a los cónyuges de los contratantes por no haberse reflejado su participación en el contrato litigioso, sin perjuicio del régimen económico matrimonial que regulará las relaciones entre los cónyuges, y sin que exista ningún allanamiento parcial de la sociedad codemandada.

Tampoco puede pretender la parte apelante el reconocimiento de un crédito por daños y perjuicios por incumplimiento contractual a través de la acción de impugnación de créditos, sino que habrá de ejercitar la acción correspondiente a través del procedimiento incidental.

El crédito del actor, correspondiente a la acción de repetición por el pago realizado por él de la obligación solidaria que tenía con el concursado, debe clasificarse como crédito concursal, porque responder a una obligación anterior al concurso

AP Madrid, Sec. 28.ª, 431/2017, de 29 de septiembre

SP/SENT/942213

El apelante mantiene que el crédito objeto del incidente debe ser considerado contra la masa, de conformidad con lo dispuesto en el artículo 84.2. 6.º de la Ley 22/2003, de 9 de julio, Concursal (en adelante LC), que es del siguiente tenor:

"*6.º Los que, conforme a esta Ley, resulten de prestaciones a cargo del concursado en los contratos con obligaciones recíprocas pendientes de cumplimiento que continúen en vigor tras la declaración de concurso, y de obligaciones de restitución e indemnización en caso de resolución voluntaria o por incumplimiento del concursado*".

Con sustento en dicho precepto, el apelante mantiene que el presente crédito dimana de la obligación de abono de una indemnización por un incumplimiento contractual que judicialmente se imputó de forma solidaria a ACCIONA y al hoy concursado.

El crédito que se reclama en autos trae causa del pago íntegro hecho por ACCIONA de la obligación solidaria impuesta judicialmente a dicha entidad y PROING. En consecuencia, la cantidad reclamada como crédito contra la masa hace mérito a la parte que en la esfera interna de la solidaridad corresponde a la concursada codeudora, conforme al artículo 1.145 del Código Civil.

La acción que se ejercita no tiene cabida en el artículo 84.2.6.º LC porque dicho precepto únicamente admite el caso en que la indemnización reclamada deriva de una resolución contractual, lo cual no se justifica en la demanda.

Es más, aunque se tratara de una indemnización derivada de una resolución contractual, esta Sala también ha sentado el criterio de que el artículo 84.2.6.º LC debe ser interpretado de forma conjunta con los artículos 61 y siguientes LC. Así lo hemos indicado en la Sentencia de esta Sección 28.ª de la Audiencia Provincial de Madrid núm. 230/2015 de 11 de septiembre, que es del siguiente tenor:

"Y así el art. 84.2.6.º LC, al describir los créditos contra la masa, específica que serán tales «los que conforme a esta ley», no de acuerdo con el Derecho común, sino según la especificidad de la normativa concursal, «resulten de prestaciones a cargo del concursado con obligaciones recíprocas de cumplimiento (...) o restituciones e indemnización en caso de resolución», lo que determina que serán créditos contra la masa los que según la Ley Concursal deriven de esa resolución".

Desde ese punto de vista, únicamente puede atribuirse la condición de crédito contra la masa al importe de aquellas indemnizaciones derivadas de resolución contractual que reciban tal consideración conforme a los artículos 61 y 62 LC, lo cual, tampoco se justifica en el caso de autos.

En caso de resolución por incumplimiento de la concursada, como aquí se afirma, sería necesario acreditar, conforme al artículo 62.1 LC, que el contrato resuelto tenía, a la fecha de declaración de concurso, obligaciones recíprocas pendientes de cumplimiento por ambas partes; y que el contrato sea de tracto sucesivo, dado que el incumplimiento que se atribuye a la concursada es anterior a la declaración de concurso.

Incluso en ese caso, el crédito resultante no sería contra la masa, sino concursal, según se colige de lo dispuesto en el artículo 62.4 LC, precisamente por derivarse de un incumplimiento anterior a la declaración de concurso.

Por otro lado, tal y como señala la sentencia del Tribunal Supremo núm. 629/2015 de 17 de noviembre de 2015, *"Analizado el art. 84.2 de la Ley Concursal desde una interpretación finalista o teleológica, la caracterización de un crédito como contra la masa tiene fundamento en su utilidad para la tramitación del propio procedimiento de concurso o en su contribución a la continuación de la actividad del deudor".*

Desde la perspectiva indicada, no resulta aceptable considerar que la reclamación que se efectúa responda a alguna de esas finalidades, ya que el siniestro del que nacen las obligaciones solidarias objeto de autos tuvo lugar muchos años antes de la declaración de concurso.

Acreditado que el concursado ha incumplido su obligación de instalación de calderas, procede reconocer a la comunidad de propietarios un crédito ordinario correspondiente a la indemnización por los daños y perjuicios

AP Asturias, Sec. 1.ª, 191/2017, de 10 de julio

SP/SENT/917800

TERCERO. En cualquiera de los casos esta Sala no comparte que se pueda aplicar al caso examinado un desistimiento voluntario por parte de ambas partes contratantes, y ello a los fines de aplicar las consecuencias contempladas en la cláusula contractual novena.

Por lo que se refiere en primer lugar al desistimiento del comitente la propia estipulación contempla expresamente de acuerdo con lo previsto en el artículo 1.594 del Código Civil, y en este sentido cabe recordar que en el contexto de un contrato de ejecución de obra como el que nos encontramos la facultad de desistimiento unilateral contemplada en el art. 1.594

C. Civil permite al dueño de la obra que en cualquier momento y sin invocación de causa alguna –*ad nutum*– pueda decidir una asignación de sus recursos de manera más eficiente a la que resultaría de continuar la obra hasta su finalización, posibilitando con ello que pueda extinguir anticipadamente la relación contractual que mantiene con el contratista con la correlativa obligación en tal caso de indemnizar a este último de todos sus gastos, trabajo y utilidad que pudiera obtener de ella, es decir, de resarcir el interés positivo. Sentado lo anterior habremos de tener en cuenta asimismo que no cabe identificar esta facultad de desistimiento unilateral que asiste al dueño de la obra conforme le concede el art. 1.594 C. Civil con los supuestos de incumplimiento resolutorio imputable a cualquiera de las partes contractuales, y en este sentido nuestro Alto Tribunal recuerda que el desistimiento unilateral del comitente y la obligada indemnidad del contratista a tenor del artículo 1.594 -–literal reproducción del artículo 1.535 del Proyecto de 1851– responde a una situación distinta a la de resolución del contrato conforme a lo pactado o por aplicación del artículo 1.124, diversidad de hipótesis que no consiente asimilar ni confundir ambos preceptos, por lo mismo que responden a heterogéneos presupuestos, como también son disímiles sus consecuencias en orden a las respectivas indemnizaciones (STS 19 febrero 2010 con cita de las SSTS 24 enero 1970, 19 noviembre 1971, 22 noviembre 1974, y 7 octubre 1982, 8 julio 1983).

Pues bien, en el requerimiento notarial dirigido por la Comunidad de Propietarios a ASENER que le fue entregado el 13 febrero 2013, lo que la primera viene a exponer no es sino una serie de incumplimientos resolutorios imputables a la contratista, al tiempo que manifiesta su voluntad de tener a dicha empresa por desistida unilateralmente en el contrato referido. Esta manera de expresarse debería ser rectamente interpretada como el ejercicio de la facultad resolutoria de la relación contractual por incumplimiento y que aparece ejercitada en vía extrajudicial, si bien debe ser reconducida a la aplicación de las consecuencias previstas en la repetida cláusula contractual novena cuando contempla el supuesto de que sea el contratista quien desiste del contrato en cualquier momento sin que contractualmente le asista razón justificada para ello, pues en dicha estipulación se recogen los efectos de lo que se trata pura y simplemente de un incumplimiento contractual imputable al contratista.

En este sentido del informe de la perita Doña Fermina cabe extraer que aun cuando en la sala de calderas se encuentran instalados los elementos para dar servicio de calefacción y agua caliente (caldera de biomasa de 500 kW, caldera roca, depósito de gasóleo, etc.), el servicio de calefacción y agua caliente ha sido prestado de manera intermitente y deficiente ante la falta de suministro de combustible. Consta además que la instalación no cuenta con ninguna documentación necesaria para poder contar con las licencias administrativas necesarias para su autorización, afirmando la perito en el acto de la vista que el coste de legalizar la instalación sería de unos 3.000 o 4.000 euros, a todo lo cual se añade que la obra civil se encuentra inacabada y la que está ejecutada tiene una serie de deficiencias cuya reparación ascendería a la suma de 50.793,51 euros.

En definitiva existe base suficiente para considerar que la contratista ASENER ha incumplido las obligaciones que le incumben (que comprenden, entre otras prestaciones, no solo la instalación de la caldera y su legalización ante la autoridad administrativa, sino además el mantenimiento y suministro de combustible) y que por tanto resulta aplicable lo dispuesto en la estipulación novena al prever que en tal supuesto el comitente tendrá derecho a quedarse con la instalación en propiedad, sin necesidad de abonar nada por ello, así como a obtener del contratista una indemnización de 86.944 euros por los daños y perjuicios que ello pueda acarrearle. Procede en consecuencia el acogimiento del recurso y con ello la estimación de la pretensión contenida en la demanda.

Estando conformes ambas partes, procede la resolución del contrato de compra venta por incumplimiento de entrega de la cosa, siendo dicho incumplimiento anterior al concurso, el crédito del actor se clasifica de concursal ordinario

AP A Coruña, Sec. 4.ª, 83/2017, de 9 de marzo

SP/SENT/902378

El actor tiene reconocido sus créditos por la administración concursal en la lista definitiva de acreedores con la condición de contingente y ordinario (art. 87.3 LC). El actor estaba pues sometido al convenio aprobado, posteriormente incumplido lo que dio lugar a la apertura de la fase de liquidación.

En efecto, conforme al art. 134.1 de la LC: "*El contenido del convenio vinculará al deudor y a los acreedores ordinarios y subordinados, respecto de los créditos que fuesen anteriores a la declaración de concurso, aunque, por cualquier causa, no hubiesen sido reconocidos*".

Por su parte, el art. 136 LC norma que: "*Los créditos de los acreedores privilegiados que hubiesen votado a favor del convenio, los de los acreedores ordinarios y los de los subordinados quedarán extinguidos en la parte a que alcance la quita, aplazados en su exigibilidad por el tiempo de espera y, en general, afectados por el contenido del convenio*".

El art. 97 de la LC señala que quienes no impugnaren en tiempo y forma el inventario y la lista de acreedores no podrán plantear pretensiones de modificación del contenido de estos documentos, que es lo que se pretende ahora por la actora al intentar transmutar la naturaleza jurídica de su crédito como ordinario tras la resolución del litigio en crédito contra la masa.

Con el pronunciamiento firme resolutorio desaparece la contingencia que pesaba sobre el crédito y en virtud del art. 87.3 LC, se le otorgan a su titular la totalidad de los derechos concursales que correspondan a su cuantía y calificación.

En un caso igual al presente, relativo a la misma concursada, por incumplimiento anterior, y crédito reconocido como contingente ordinario en la lista definitiva de acreedores, la SAP Alicante, sección 8.ª, de 10 de octubre de 2013, comparte el mismo criterio que esta resolución, lo que hace en los términos siguientes:

"*Por más que se empeñe la parte apelante en reiterar que su representado, en el concurso de MARTINSA FADESA, no era titular de ningún tipo de crédito concursal, no se puede negar lo que con meridiana claridad deriva del concurso de dicha mercantil, según la documentación aportada al procedimiento; a saber:*

a) En los textos definitivos elaborados por la administración concursal, sección cuarta (determinación de la masa pasiva, artículo 96.4 LC) aparece incluido el crédito del demandante como un «crédito contingente por la cuantía pagada hasta 24 de julio de 2008», con la calificación de ordinario. No se puede discutir (aunque la parte apelante lo haga) que estos créditos incluidos en la lista de acreedores son créditos concursales (art. 89.1 LC, pues no son créditos contra la masa) y que, obviamente, también los contingentes lo son (art. 87.3). Esta calificación del crédito del demandante no fue impugnada, en modo alguno, en sede concursal.

b) La sentencia dictada por el Juzgado de lo Mercantil n.º 1 de La Coruña, de fecha 11-3-2011, aprobatoria del convenio (sentencia que adquirió firmeza) confirmó (aunque calificándola de dudosa desde un punto de vista jurídico) la tesis mantenida en el concurso por la administración concursal, en el sentido de considerar a los compradores de viviendas futuras como titulares de créditos contingentes, con la calificación de ordinarios. Dicha sentencia resolvió la oposición de un acreedor que entregó cantidades a cuenta y, en relación a la cláusula 1.2 del convenio, se refirió a la problemática de compradores de viviendas con entregas a cuenta (págs. 9-12 de la sentencia de 11-3-2011), indicando, como hemos reseñado, que es discutible su tratamiento concursal, cuestionando especialmente la decisión de la administración concursal de considerarlos créditos contingentes con la clasificación de ordinarios, apuntando como solución más ajustada la de excluirlos porque en realidad no son acreedores concursales. En cualquier caso, como hemos dicho, se mantuvo su carácter de créditos contingentes, con la calificación de ordinarios, fijando su importe en el equivalente a las cantidades entregadas a cuenta.

Pues bien, el crédito del actor está indudablemente sujeto al convenio aprobado, pues le alcanza su eficacia (art. 134 LC). No es dable a este órgano judicial efectuar disquisición alguna sobre materias que han quedado definitivamente resueltas en el procedimiento concursal. Menos aún, ignorarlas o resolver en contra de sus designios.

Desde esta perspectiva, no es aceptable la pretensión de la parte apelante de obtener una condena que le permita el reembolso de las cantidades que, en su día, entregó a cuenta del precio, al margen del concurso, pues ello supondría, de una parte, obviar el convenio aprobado y, de otra, otorgar un trato preferente a este acreedor respecto del resto de acreedores en su misma situación. Con la sentencia a dictar en el pleito que nos ocupa, en tanto se accede a la resolución contractual, desaparece la contingencia que pesaba sobre el crédito y en virtud del art. 87.3 LC, se le otorgan a su titular la totalidad de los derechos concursales que correspondan a su cuantía y calificación: de ahí que, desparecida la contingencia, el crédito del demandante tenga la calificación que se le dio, de crédito ordinario, y la cuantía establecida en el concurso. Por mor del pleito que nos ocupa, el demandante comprueba como su crédito pierde la contingencia y queda sujeto al convenio aprobado, en los términos previstos en el mismo y en la cuantía fijada en su día. No es preciso que la sentencia contenga condena al pago de cantidad alguna, pues esa obligación de pago deriva inexorablemente de la desaparición del carácter contingente del crédito; obligación de pago que deberá cumplirse, reiteramos, en la forma y condiciones que se especifican en el concurso núm. 408/2008 seguido ante el Juzgado de lo Mercantil núm. 1 de La Coruña, sin que este Tribunal pueda interferir ni resolver nada sobre tales extremos".

Esta misma tesis que ha sido seguida, entre otras, por la sentencia de esta misma sección 4.ª de la AP de A Coruña, 492/13, de 20 de enero, fue ratificada por la STS 500/2016, de

19 de julio, cuando establece: "*como muy bien razonó la Audiencia, Carpol está vinculada por su actuación dentro del concurso y en concreto porque hubiera comunicado su crédito a la restitución de las cantidades entregadas a cuenta como crédito concursal contingente, en cuanto que dependería de una resolución del contrato. La administración concursal accedió a incluir este crédito en la lista de acreedores, con la consideración de crédito contingente, lo que, por no ser impugnado devino firme (art. 97.1 LC), y condiciona el resultado de la acción ahora ejercitada*".

CUARTO: Consecuencias jurídicas de lo resuelto:

Por mor de los razonamientos expuestos la resolución del contrato procede por la conformidad de ambas partes.

El crédito del actor, derivado de liquidaciones del contrato de *swap* y de la cancelación de la operación de derivados, debe clasificarse como ordinario

AP Madrid, Sec. 28.ª, 19/2017, de 18 de enero

SP/SENT/894262

---

11. RECOMAR y la AC ya no mantienen en esta segunda instancia el carácter contingente del crédito, pero defienden su calificación como subordinado, tal y como hizo la sentencia de la anterior instancia.

12. Planteados así los términos del debate, hemos de analizar si el crédito que ostenta CATALUÑA BANK es ordinario o subordinado, prescindiendo de su posible calificación como crédito contra la masa al amparo de lo dispuesto en 5.1 y 16.2 del Real Decreto 5/2005 de 11 de marzo, en relación con el artículo 61.2 de la Ley 22/2003, de 9 de julio, Concursal (en adelante LC).

13. La sentencia de la anterior instancia califica el crédito discutido como de subordinado, al amparo de lo dispuesto en el art. 92. 3.º LC, por considerar que las liquidaciones del *swap* de tipo de interés objeto de autos tienen también el carácter de intereses.

14. Los apelados mantienen este mismo criterio, partiendo del hecho de que el *swap* analizado es una operación vinculada a un contrato de préstamo.

15. Este planteamiento es contrario al que ha mantenido esta Sección 28.ª de la Audiencia Provincial de Madrid en sentencias como las de 20 de diciembre de 2013 o 10 de julio de 2015.

16. La finalidad de un contrato de permuta financiera, incluso si está ligado o relacionado con un contrato de préstamo o de crédito, no sería propiamente sustituir el pacto de intereses, sino garantizar la posición económica de las partes ante las modificaciones que el tipo pactado pudiera llegar a experimentar en el futuro.

17. La causa contractual radica en la reducción de los riesgos inherentes a subidas o bajadas de los tipos de interés, pues los de carácter variable están sometidos a los cambios que marque el mercado. La finalidad y causa de los *swaps* sobre tipos de intereses es la gestión y cobertura de los riesgos financieros relacionados con estos.

18. La permuta financiera de tipos de interés es, por lo tanto, desde el punto de vista jurídico, un contrato autónomo e independiente de las operaciones de pasivo cuyo riesgo de tipo de interés pueda estar intentando cubrir. Ello es así porque el *swap* no entraña una novación del pacto de intereses de la operación u operaciones de pasivo a las que brinda cobertura.

19. La función que cumple el pago de intereses en el marco de las relaciones contractuales es, en el caso de los de carácter remuneratorio, la de retribuir el uso de un capital ajeno y, en el caso de los de demora, la de actuar como una indemnización por retraso o por incumplimiento –componente resarcitorio– y como mecanismo desincentivador del incumplimiento o el cumplimiento tardío –componente sancionatorio–. En cambio, la causa del *swap* no es la remuneración de un capital prestado, ni tampoco la de actuar como instrumento para impulsar el cumplimento de otro contrato; y además quién haya de ser el que finalmente quede obligado al pago frente a la otra parte será determinado por las oscilaciones de los tipos de interés, porque de ellas derivan los riesgos que las partes quieren cubrir al suscribir este tipo de contratos.

20. Los pagos que se hagan entre las partes en virtud de las permutas financieras sobre tipos de interés no retribuyen nunca un préstamo o un crédito ni se produce una transferencia de capital en concepto de financiación por la entidad de crédito al cliente o viceversa.

21. El mecanismo de la subordinación diseñado por la Ley Concursal contribuye, con un evidente criterio de justicia, a garantizar que, entre otros efectos, los componentes accesorios de las deudas (como los intereses) no se sobrepongan a los créditos principales. Pero las liquidaciones de un contrato de *swap* no tienen ese carácter accesorio, sino que se derivan del cumplimiento de una obligación principal.

22. La aplicación con carácter extensivo del artículo 92 de la LC para dar cabida a otros créditos, aparte de los que en él se relacionan, que hayan de resultar postergados en el seno de un concurso nos parece fuera de lugar, cuando la Ley Concursal no da pie, precisamente, a ese tipo de interpretaciones, pues se señala en su exposición de motivos (expositivo V) que la calificación de ordinarios de los créditos, constituye la regla general del concurso, a la que solo caben excepciones contadas y muy justificadas, que pueden serlo positivas (los privilegios) y negativas (la subordinación crediticia).

23. Las sentencias del Tribunal Supremo de 8 y 9 de enero de 2013, a que se refieren los apelados en apoyo de su tesis, no entran en este debate. Lo que se afirma en esas resoluciones, es que el contrato de *swap* desvinculado no genera créditos contra la masa, ya que no hay prestaciones recíprocas pendientes de cumplimiento, pero no se analiza si esos créditos concursales deben ser ordinarios o subordinados.

24. En consecuencia, procede la estimación del recurso y el reconocimiento como ordinario del crédito que ostenta CATALUÑA BANK por importe de 48.539,88 euros.

El crédito del actor, derivado de la aplicación de la cláusula penal por incumplimiento contractual del concursado, debe clasificarse como crédito ordinario

AP La Rioja, Sec. 1.ª, 287/2016, de 26 de diciembre

SP/SENT/886757

Pues bien en un caso en cierto modo parecido, la SAP de Alicante, marca comunitaria, núm. 115/09, 11 de marzo, consideró que el hecho de incumplir un contrato de ejecución de obra conllevaba una penalización, considerada como cláusula penal, y por tanto como crédito subordinado, cantidad que no tenía la consideración de indemnización de daños y perjuicios, "*La Sala rechaza que el crédito por importe de 292.472,24 €; tenga naturaleza resarcitoria o indemnizatoria sino que es el resultado de la aplicación de la cláusula penal prevista en la cláusula 23.4 del contrato de ejecución de obra para el caso de resolución contractual por incumplimiento imputable a la constructora bastando para ello con la simple lectura del tenor literal donde se distingue expresamente, de un lado, la penalización por incumplimiento y, de otro lado, la indemnización de daños y perjuicios. El crédito dimanante de la pena convencional, distinto de la indemnización de daños y perjuicios, tiene la naturaleza de crédito subordinado (artículo 92. 4.º LC) al tratarse de una sanción pecuniaria (SAP Barcelona 6 de noviembre de 2006 (AC 2007, 1054). No puede atribuirse a la cláusula penal la naturaleza indemnizatoria que se pretende en el recurso pues de lo contrario no se explicaría que uno de los conceptos derivados de la resolución contractual sea la indemnización de daños y perjuicios, distinta de la penalización por incumplimiento*".

Pues bien, en este caso y de la lectura de la cláusula en cuestión, se puede concluir, que la misma tampoco es una indemnización de daños y perjuicios sino una penalización por retraso en la entrega del vehículo, que va aumentando conforme avanza el tiempo sin la entrega del mismo, estando pues ante una cláusula penal por incumplimiento una vez resuelto el contrato, que no puede incluirse en el apartado 2 del art. 84 LC, ni en el 6 ni en el 10, pues como se ha dicho es una cláusula penal, no una indemnización derivada de un incumplimiento, ni una obligación derivada por ley, ni derivada de responsabilidad extracontractual, pues la cláusula penal deriva de un contrato firmado entre las partes, por lo que estamos ante un crédito subordinado.

En ese sentido, asimismo, SAP Barcelona, Civil sección 15 del 16 de febrero de 2012, número 60/2012, recurso 652/2011 y SAP Logroño, Civil sección 1 del 29 de diciembre de 2015, número 294/2015 recurso 189/2015.

Por tanto, resuelve adecuadamente el Juzgado de instancia al considerar que la Administración Y concursal calificó adecuadamente el crédito derivado de la cláusula penal como un crédito subordinado y no como ordinario.

La referencia que se hace en el recurso de apelación a la circunstancia de que la cláusula penal de la que deriva el crédito de la demandante es indemnizatoria y sustitutiva de los daños y perjuicios, no empece esta valoración que se hace en la sentencia recurrida y que ahora se mantiene en esta alzada, en efecto, como se desprende de SAP Pontevedra, Civil sección 1 del 09 de marzo de 2012, número 120/2012. En relación a la cláusula penal, la STS de fecha 12/1/1999, viene a señalar que la función esencial de la cláusula penal —aparte de su función general coercitiva– es la función liquidadora de los daños y perjuicios que haya podido producir el incumplimiento o el cumplimiento defectuoso de la obligación principal, sustituyendo a la indemnización sin necesidad de probar tales daños y perjuicios; solo excepcionalmente opera la función cumulativa, cuando se ha pactado expresamente que el acreedor pueda exigir la indemnización de los daños y perjuicios causados y probados y, además, la pena pactada como cláusula penal. La sentencia de 8 de junio de 1998 dice, en este sentido: El artículo 1.152 del Código Civil autoriza a insertar en las relaciones obligacionales cláusula penal que actúa para reforzar y garantizar su cumplimiento, al estimular al deudor a llevar a cabo las prestaciones o actividades que asumió contractualmente, generando directamente sus efectos cuando se da el incumplimiento previsto, con un plus más oneroso, viniendo a operar como sustitutoria de la indemnización de daños y perjuicios (SS de 28-6-1991, 7-3-1992, 12-4-1993 y 12-12-1996).

Es decir, que no es una indemnización de daños y perjuicios en sentido estricto como se pretende en el recurso apelación, sino que se trata de una cláusula penal, de carácter coercitivo, que se traduce en la indemnización de un daños y perjuicios derivados de la cláusula penal expresamente pactado entre las partes.

Así, se le atribuye, por ello, la condición de crédito subordinado del art. 92.4 de la LC, de una cláusula penal con finalidad liquidadora del daño.

En efecto, la STS de 2 de julio de 2010 señala: "*la verdadera cláusula penal consiste en «otro tanto en concepto de daños y perjuicios» y tiene la función liquidadora propia de la misma y que expresa el primer párrafo del artículo 1.152 del Código civil y, como dicen las sentencias de 26 de marzo de 2009 y 10 de diciembre de 2009, la pena convencional prevista en la cláusula penal tiene la función liquidadora de los daños y perjuicios que haya podido producir el incumplimiento, sin que sea precisa la prueba de los mismos*".

En el mismo sentido, se expresa la precitada STS de 26 de marzo de 2009, referente a las funciones de tal clase de cláusulas penales, cuando indica que: "*la pena convencional, prevista en la cláusula penal, tiene la función liquidadora de los daños y perjuicios que haya podido producir el incumplimiento, sin que sea precisa la prueba de los mismos y su finalidad es la de evitar la existencia y cuantía de unos perjuicios para los casos previstos de deficiente o total incumplimiento, como dice la sentencia de 2 octubre de 2001*".

En definitiva, la sustitución de la indemnización de daños y perjuicios por la pena pactada supone que el acreedor no tiene que probar los daños que le produce el incumplimiento contractual (STS de 27 de septiembre de 1961 y 28 de noviembre de 1978). El deudor no se puede liberar de la pena demostrando que su incumplimiento no le produjo daño alguno (STS de 10 de abril de 1956), sin que el acreedor pueda solicitar tampoco mayores daños al hallarse sustituidos por la pena (STS de 16 de noviembre de 1992), teniendo en cuenta además que la cuantificación de daños y perjuicios, resuelto el contrato, sea la fijada, aunque la misma tendrá la consideración de crédito subordinado conformar artículo 92. 4 LC. De ese modo ya había resuelto el juzgado de lo mercantil número 1 de Logroño en sentencia 6/2014, de 20 de enero (procedimiento 51/14).

Procede reconocer a la actora un crédito concursal ordinario en la cuantía integrada por facturas por errores de facturación, reclamaciones y por servicios prestados a la concursada tras la declaración, pues los servicios anteriores se han compensado

Juzgado de lo Mercantil Pontevedra, n.º 2, 104/2019, de 20 de mayo

SP/SENT/1009543

La cantidad que habrá de reconocerse en la lista de acreedores como crédito concursal ordinario a favor de la aquí demandante incluye, según reconocimiento de hechos de las partes, las siguientes partidas: facturas por errores de facturación aceptadas por la AC, importe 599,96 euros; facturas por *claims* aceptadas por la AC y con vencimiento posterior a la declaración de concurso –45.912,76 euros–; facturas por servicios prestados aceptadas por la AC con vencimiento posterior a la declaración de concurso, por importe de 3.813,61 euros. Habrá de reconocerse en la lista de acreedores un crédito concursal ordinario a favor de la aquí demandante por importe total de 50.326,33 euros.

Al respecto, conviene aclarar que la AC da respuesta en el escrito de contestación a la demanda a la pretensión de la parte actora relativa al reconocimiento a su favor de un crédito concursal en la lista de acreedores. Tras examinar los errores de facturación, *claims* y facturación por contratación de servicios con las que la actora pretende minorar su deuda con la concursada, se admite la procedencia del reconocimiento de un crédito concursal ordinario de 599,96 euros por errores de facturación (folio 9 de la contestación), de 45.592,76 euros por reclamaciones de clientes (folio 11 de la contestación) y 8.476,58 euros por facturación por contratación de servicios. Solo en lo que atañe a esta última partida se discrepa cuando la actora sostiene que procede la compensación de las facturas con vencimiento anterior al concurso –por importe de 4.662,97 euros– y no de las posteriores a esa fecha –importe total 3.813,61 euros–. En la presente resolución se ha considerado procedente la compensación de las facturas con vencimiento anterior al concurso –por importe de 4.662,97 euros–, de modo que el crédito concursal ordinario que ha de reconocerse en la lista de acreedores a favor de KUEHNE asciende a la mencionada cifra de 50.326,33 euros. En definitiva, constituye una incongruencia con el texto de la contestación la petición final contenida en el Suplico de la contestación a la demanda de la AC cuando se solicita que el crédito concursal ordinario que habría de reconocerse a la demandante sería de 8.476,58 euros.

El concursado tenía la obligación de entregar el inmueble y levantar la hipoteca, procediendo reconocerle al actor un crédito concursal por dichos importes

Juzgado de lo Mercantil Burgos, n.º 1, 60/2019, de 13 de marzo

SP/SENT/1008300

La parte actora pide, bien que el concursado cumpla con su obligación, bien que se declare resuelto el contrato de compraventa. Debe entenderse que las presiones se articulan con carácter subsidiario.

Aunque lo lógico sería analizar en primer lugar la pretensión de cumplimiento y, posteriormente, en su caso, la subsidiaria de resolución; en este caso, conviene invertir el orden de análisis para resaltar que la única posibilidad real es la de cumplimiento.

La resolución contractual, al amparo de los arts. 1.124 y 1.506 CC, sería perfectamente factible. A partir de las aseveraciones que he venido haciendo en el fundamento anterior, puede perfectamente considerarse que incumplimiento del vendedor puede calificarse como grave y esencial y frustra el propósito inherente al contrato de compraventa.

El problema es determinar cómo se verifica tal resolución en sede de concurso. La norma de referencia sería la del art. 62.1 LC. Esta norma solo admite la resolución de contratos con obligaciones recíprocas ajustadas a lo dispuesto en el art. 61.2 LC (es decir, en los casos en que a fecha de declararse el concurso están pendientes de cumplimiento las obligaciones que atañen recíprocamente a ambas partes). Admite también la resolución de contratos de tracto sucesivo cuando el incumplimiento fue anterior a la declaración de concurso. Pero el contrato de compraventa no es un contrato de tracto sucesivo. Por tanto, en un supuesto como el que nos ocupa, encuadrado en el art. 61.2 LC la conclusión sería que la resolución no es factible.

En esta línea STS 505/2013, de 24 de julio y STS 510/2013, 25 de julio. La primera de ellas dice:

Después de la declaración de concurso, conforme al art. 62.1 LC, la parte *in bonis* en un contrato de tracto único tan solo podrá ejercitar la facultad resolutoria por incumplimiento de la concursada si el incumplimiento es posterior a la declaración de concurso; mientras que si se tratara de un contrato de tracto sucesivo, *"la facultad resolutoria podrá ejercitarse también cuando el incumplimiento hubiera sido anterior a la declaración de concurso"*. Consiguientemente, cuando el incumplimiento sea anterior a la declaración de concurso, no cabrá instar la resolución del contrato de tracto único.

Por tanto, no es viable la resolución contractual. Entonces, solo queda disponible la opción del cumplimiento y, esto, también es problemático, pues implica determinar cómo debe cumplirse.

Para empezar, es evidente que el cumplimiento exigiría que el vendedor entregase la propiedad de la cosa vendida. Para ello habría de levantar la hipoteca que grava el inmueble. El problema que se plantea es cómo debería llevarse a cabo tal operación: si con cargo a la masa, o como crédito concursal. La respuesta es la segunda.

El art. 61 LC, como ha quedado dicho más arriba, solo prevé, en su apartado segundo, que se satisfagan con cargo a la masa las prestaciones recíprocas pendientes de cumplimiento por ambas partes al tiempo de declararse el concurso. Sin embargo, conforme el apartado primero, cuando al tiempo de declararse el concurso solo una de las partes tiene pendiente de cumplimiento la obligación recíproca que le incumbe, el crédito se debe satisfacer con cargo a la masa activa. Este es el caso que nos ocupa. Cuando se declara el concurso, conforme lo dicho en el fundamento anterior, los compradores habían cumplido lo que les incumbía; así, la única prestación pendiente de cumplimiento era la del vendedor. Ya he reseñado anteriormente que ese *"pendencia de cumplimiento"* existía desde el momento en que la condición suspensiva que afectaba al contrato privado de compraventa quedó cumplida.

La STS n.º 494/2015, de 12 de septiembre de 2015, dice (la negrita subrayada es mía):

La reciprocidad de los deberes de prestación puede ser advertida en la fase genética de la relación, esto es, en el momento de su nacimiento, con la perfección del contrato y la consiguiente creación de la regulación negocial. Pero, a los efectos del artículo 61 de la Ley Concursal, la reciprocidad debe existir en la fase funcional del vínculo y después de declarado el concurso. Se entiende que las obligaciones que tuvieron inicialmente aquella condición la pierden si una de las partes hubiera cumplido su prestación antes de aquella declaración, lo que determina que el crédito contra el concursado incumplidor sea considerado concursal. La razón de ello es que, durante la tramitación del concurso, la relación funciona, de hecho, igual que las relaciones que por su estructura original no eran recíprocas.

El art. 61.1 LC y el art. 62.1 LC son coherentes entre sí. El primero da por superado el carácter sinalagmático de la prestación recíproca cuando, antes del concurso, una parte ha cumplido y la otra no. Así, a efectos de concurso, realmente, ya no se considera una prestación recíproca, sino una sola prestación que debe el incumplidor a la otra parte; es decir, solo hay un acreedor y un deudor no recíprocos. A partir de esta concepción, se excluye la resolución, pues esta exige una reciprocidad que ya no existe: solo queda el cumplimiento. Ese cumplimiento determina que el crédito que conforma la prestación deba ser considerado como un crédito concursal, pues en virtud de la diferencia entre el art. 61.1 y 62.2 LC e interpretando estos preceptos juntamente con el art. 84.2. 6.º LC, es la consideración que les corresponde.

Por tanto, ciertamente, los actores tienen derecho a que el demandado cumpla con lo debido; ahora bien, ese derecho queda sujeto a la consideración de su crédito como concursal. Es decir, el crédito que los actores tienen frente al concursado se integra por una obligación de entregar un bien inmueble (en el sentido de transmitir la propiedad) y por una obligación de hacer: levantar la hipoteca, en ambos casos computables en dinero. Por tanto, tal crédito debería haber sido comunicado en tales términos en el momento oportuno, a efectos de su reconocimiento, de acuerdo con las disposiciones del art. 88 LC. De este modo, computado el crédito en dinero, la parte garantizada con hipoteca tendría la consideración de crédito con privilegio especial y, en lo restante, de crédito concursal con la calificación oportuna. Llegados a este punto, debe estarse a la clasificación contenida en el informe de la administración concursal, que no ha sido impugnado.

Por tanto, ninguna de las pretensiones formuladas con carácter subsidiario por la parte demandante puede ser acogidas. Ciertamente, el concursado habrá de cumplir con la obligación que tiene frente a los demandantes, pero tal cumplimiento se articulará en los términos reseñados.

Procede declarar la resolución de los contratos privados de arrendamiento para uso distinto de vivienda, reconociendo al actor un crédito ordinario correspondiente a las rentas y cantidades asimiladas impagadas

Juzgado de lo Mercantil Baleares, n.º 1, 649/2018, de 16 de noviembre

SP/SENT/1000297

SEGUNDO. El objeto del incidente concursal, por tanto, se limita a la pretensión declarativa de resolución de dos contratos de arrendamiento, celebrados por la entidad mercantil PLANISI DRIESSEN CORPORACIÓN, S. L. con la entidad mercantil concursada PLANISI, S. A., en condición de arrendataria, en relación con locales comerciales sitos en la calle Marqués de la Fontsanta, números 18.ª y 18-B, locales A y B. Así como con carácter accesorio, a la pretensión de condena acumulada objetivamente en reclamación de rentas y cantidades asimiladas.

No pudiéndose acoger los argumentos de defensa de la concursada PLANISI, S. A. en tanto su contestación se basa en la pretendida simulación absoluta, procede acordar la resolución de los contratos de arrendamientos en los términos invocados, habida cuenta el acto de allanamiento parcial realizado por la Administración Concursal.

Establece así el artículo 62 de la Ley Concursal, 1, que la declaración de concurso no afectará a la facultad de resolución de los contratos a que se refiere el apartado 2 del artículo precedente por incumplimiento posterior de cualquiera de las partes. Si se tratara de contratos de tracto sucesivo, la facultad de resolución podrá ejercitarse también cuando el incumplimiento hubiera sido anterior a la declaración de concurso. Disponiendo el apartado 4 que, "*acordada la resolución del contrato, quedarán extinguidas las obligaciones pendientes de vencimiento. En cuanto a las vencidas, se incluirá en el concurso el crédito que corresponda al acreedor que hubiera cumplido sus obligaciones contractuales, si el incumplimiento del concursado fuera anterior a la declaración de concurso; si fuera posterior, el crédito de la parte cumplidora se satisfará con cargo a la masa. En todo caso, el crédito comprenderá el resarcimiento de los daños y perjuicios que proceda*".

Por regla general, la declaración de concurso no afecta, por sí sola, a la vigencia de los contratos con obligaciones recíprocas pendientes de cumplimiento tanto a cargo del concursado como de la otra parte contratante (art. 61.2 LC). A pesar de la confusión del término "pendiente" resulta aceptado que las prestaciones a cargo del concursado por obligaciones que venzan con posterioridad a la declaración de concurso serán a cargo de la masa, mientras que las vencidas con anterioridad se reputarán créditos concursales, aun con independencia de la vigencia del contrato tras la declaración del concurso.

Sobre esta cuestión, no obstante, y en el marco de la tendencia en interés del concurso de minimizar los créditos contra la masa, se ha conformado por la Sala Primera del Tribunal Supremo un cuerpo doctrinal en relación con la reciprocidad caracterizadora del crédito contra la masa del art. 61.2 LC, consolidada recientemente con las STS de 8 de enero, de 9 de enero y de 19 de febrero de 2013. Aunque no estamos en un supuesto de créditos contra la masa derivados de la necesidad de mantener la continuación de la empresa, por parte de la Administración Concursal, la Administración Concursal no ha cuestionado, dada la naturaleza del contrato, la carencia de reciprocidad funcional en la obligación de pago de rentas. Motivo por el cual, debe aceptarse sin más el carácter de crédito contra la masa de las rentas vencidas con posterioridad a la declaración del concurso de acreedores. Es cierto, no obstante, dado que existe una situación tolerada de impago sin resolución del contrato, que sería cuestionable que ante tal tolerancia pudiera considerarse que los créditos vencidos con posterioridad a la declaración de concurso pudieran impactar a la masa y, por tanto, perjudicar a los acreedores concursales y al interés general del concurso. No obstante, en atención al principio dispositivo, a la vista de la aceptación por parte de la Administración Concursal, tal carácter no se cuestionará.

TERCERO. Como se razonó en la providencia en que se resolvió sobre la prueba admitida, teniendo presente que corresponde al actor probar los hechos constitutivos de su pretensión y que los documentos que fundamenten la pretensión deben aportarse junto con el escrito de demanda (artículo 265 LEC), la resolución de la controversia debe determinarse según la documental aportada puesto que es el medio de prueba idóneo para probar los gastos asimilados que se reclaman. Y, en este sentido, debe acogerse en integridad los argumentos de la Administración Concursal que reconoce exclusivamente los gastos cuya prueba cumple la actora.

– Rentas.

Habida cuenta que se reclaman rentas no prescritas y que la Administración Concursal manifiesta que de la contabilidad de la empresa no se desprende su pago y, por tanto, acepta, procede reconocer la cantidad reclamada.

– IBI y tasas de basura.

Se aceptan completamente los argumentos de defensa de la Administración Concursal. Examinado el documento n.º 10, teniendo presente que conforme a los contratos de arrendamiento (docs. n.os 4 y 5) estos tributos son asumidos por el arrendatario y, por tanto, son cantidades asimiladas a renta. Por consiguiente, solo procede reconocer el pago a las cantidades correspondientes a períodos no prescritos y, lógicamente, respecto de los inmuebles arrendados.

– Agua.

Solo procede reconocer las cantidades por consumos en períodos no prescritos y cuya prueba documental conste. Por tanto, se aceptan las alegaciones de la Administración Concursal.

– Gastos por cuotas de comunidad de propietarios y consumo de electricidad.

No aportándose los documentos n.os 12 y 13 de la demanda, procede desestimar la pretensión de la actora en este aspecto. El medio de prueba idóneo para probar cuotas de comunidad de propietarios son los documentos. No siendo aceptable suplir su prueba mediante testificales.

De tal forma, se reconocen como debidas las siguientes cantidades, según el desglose que realiza la Administración Concursal en la página 21 de su escrito de contestación:

403.476,30 euros por rentas local A.

331.892,21 euros por rentas local B.

9.588,34 euros por rentas local A con consideración de créditos contra la masa.

7.887,19 euros por rentas local B con consideración de créditos contra la masa.

34.806,53 euros por IBI y tasa de basura.

1.390,89 euros por consumos de agua.

De acuerdo con el informe pericial, la mercantil codemandada tiene derecho a que se le reconozca un crédito por importe de 40.160,54 euros, y que debe ser calificado como ordinario y no como subordinado como pretendía la concursada

Juzgado de lo Mercantil Burgos, n.º 1, 139/2017, de 31 de julio

SP/SENT/921619

Aplicando lo anteriormente manifestado al caso enjuiciado, con carácter previo es necesario hacer una serie de consideraciones en cuanto a las fechas de presentación de Concurso, declaración concursal, comunicación del crédito por parte de la Sociedad codemandada: la actora fue declarada en Concurso de Acreedores por medio de Auto de fecha 16 de septiembre de 2014. La Administración Concursal presentó su Informe Provisional con fecha 19 de noviembre de 2014, y los Textos Definitivos el 29 de mayo de 2015. La Mercantil codemandada comunicó su crédito mediante correo electrónico de 25 de febrero de 2015 (en los términos que obran en las actuaciones, alegando básicamente el desconocimiento de que la ahora demandante se encontrara en situación de Concurso de Acreedores, lo que le impidió comunicar su crédito en plazo e impugnar el Informe Provisional confeccionado por la AC).

Estas circunstancias determinan que el crédito que en su caso fuera reconocido a la Mercantil codemandada deba tener la calificación de ordinario y no como subordinado como pretendía la actora en su Incidente Concursal.

Para la resolución de la cuestión de fondo planteada es fundamental tener en cuenta el Informe Pericial emitido por el Economista D. Justino, en el que se hace constar lo siguiente: el importe de las facturas emitidas por las diversas Mercantiles y abonadas por la Mercantil Concursada, imputadas a la promoción Plan Parcial Villa Sur de Valladolid, es el que se reflejaba en las páginas 5 a 7 del Informe Pericial. La facturación total realizada por las Mercantiles Edificaciones y Proyectos Esgueva, Proyectos y Gestión Filis, Arkehi, Finat Arquitectos y D. Prudencio, y abonadas por la Concursada, en relación a trabajos realizados en el citado Plan Parcial asciende a un total de 812.633,08 euros.

Atendiendo a las alegaciones de la demandante realizadas en el Incidente Concursal, existía un pacto entre el Sr. Prudencio y la Concursada que ascendía a una cifra máxima de honorarios a cobrar de 961.619,37 Euros. Según consta en la documentación de la Sociedad actora existen unos pagos de la obra realizada en la Plaza del Viejo Coso de Valladolid a favor del Sr. Prudencio en 2007 y 2008 ascienden a 108.825,75 Euros y se relacionan en el cuadro de la página 8 del Informe Pericial. La suma de ambas partidas da un resultado de 921.458,83 Euros. Esta sería la cantidad realmente pagada por los servicios al Sr. Prudencio.

Por lo tanto, como el referido pacto de honorarios era de 961.619,37 Euros, y la cuantía pagada de 921.458,83 Euros, se mantendría un saldo pendiente a favor del Sr. Prudencio por valor de 40.160,54 Euros.

Teniendo en cuenta este Informe Pericial, puesto en relación con las aclaraciones realizadas por el Sr. Perito en el acto del Juicio y de la documental obrante en este Incidente Concursal, existe un crédito a favor de la Mercantil codemandada por importe de 40.160,54 Euros, este es en definitiva el crédito que debe ser reconocido a la Mercantil codemandada, crédito que deber ser reconocido como Ordinario, y no como subordinado, como pretendía subsidiariamente la representación procesal de la Mercantil Concursada demandante.

Créditos ordinarios - Créditos públicos

Debido a la ejecución de los avales, el Gobierno vasco se subrogó en el crédito por pago de este y tiene derecho a que le sea reconocido en el concurso, pero con la clasificación de ordinario, el menos gravoso para el concurso, *ex* art. 87.6 LCon

TS, Sala Primera, de lo Civil, 296/2018, de 23 de mayo

SP/SENT/954895

Por lo tanto, en principio, el crédito del Gobierno Vasco merecería la calificación prevista en el art. 91. 4.º LC, si no fuera porque existe otra norma especial que lo impide, el art. 87.6 LC.

Este precepto contiene dos reglas aplicables a los créditos en los que el acreedor disfrute de fianza de tercero. El primer inciso se refiere a cómo debe reconocerse el crédito y el segundo a cómo ha de clasificarse:

"Los créditos en los que el acreedor disfrute de fianza de tercero se reconocerán por su importe sin limitación alguna y sin perjuicio de la sustitución del titular del crédito en caso de pago por el fiador. Siempre que se produzca la subrogación por pago, en la calificación de estos créditos se optará por la que resulte menos gravosa para el concurso entre las que correspondan al acreedor o al fiador".

La actual redacción del precepto es fruto de la reforma operada por el RDL 3/2009, de 27 de marzo, para salir al paso de la polémica generada por la primitiva redacción. La reforma deja claro que la regla de clasificación que contiene opera cuando se produzca la subrogación por pago. Es en estos casos, no antes, cuando la administración concursal puede optar por la clasificación del crédito que resulte menos gravosa para el concurso entre las que correspondan al acreedor o al fiador.

5. En el presente caso, el Gobierno Vasco era fiador del crédito que unas entidades financieras tenían frente a la concursada. Como consecuencia de la ejecución de los avales, el Gobierno Vasco se subrogó en el crédito por pago del mismo. Tiene derecho a que le sea reconocido en el concurso de acreedores el importe del crédito satisfecho y respecto del que se subroga, pero su clasificación está sujeta a la regla del segundo inciso del art. 87.6 LC.

No se discute que la clasificación que correspondía a los créditos de las entidades financieras de no haber existido la subrogación por pago hubiera sido la de "créditos ordinarios"; mientras que la clasificación que hubiera correspondido al fiador, en atención a que reúne los requisitos del art. 91. 4.º LC, sería la de crédito con privilegio general respecto de la mitad y crédito ordinario respecto de la otra mitad. De entre estas dos clasificaciones, la menos gravosa para el concurso es la primera, razón por la cual, en aplicación del art. 87.6 LC, debía optarse por ella y clasificar el crédito del Gobierno Vasco de crédito ordinario.

Al no hacerlo, la sentencia recurrida ha infringido lo previsto en el art. 87.6 LC, lo que justifica la estimación del recurso de casación.

6. En consecuencia, al asumir la instancia y de acuerdo con lo razonado, desestimamos el recurso de apelación del Gobierno Vasco y confirmamos la sentencia de primera instancia.

Los créditos contenidos en la autoliquidación de la Agencia Estatal de Administración Tributaria se consideran créditos concursales, no pudiendo equipararse una declaración complementaria a un procedimiento de inspección que justifique clarificarlos de contingentes

AP Zaragoza, Sec. 5.ª, 651/2019, de 2 de septiembre

SP/SENT/1021868

La sentencia de instancia de instancia, con buen criterio, no acogió la tesis de la AC por cuanto conforme se dijo, el juez mercantil carece de competencia para rectificar los créditos certificados por la administración tributaria. Pero entendió, y este es el centro del debate, que, al tratarse de un crédito incurso en un procedimiento de rectificación, se trata de un crédito contingente del art. 87.2 LC.

TERCERO. La recurrente mantiene que la presentación de una autoliquidación complementaria no determina la existencia de un procedimiento de rectificación.

Compartimos tal afirmación pues en sentido estricto, no existe un procedimiento tributario de comprobación pendiente de resolución. Es cierto que hay una autoliquidación complementaria pendiente de resolver que puede modificar la anterior dando lugar a una devolución o compensación. De hecho, no siempre es preciso acudir al procedimiento de rectificación a que se refiere el art. 120.3 LGT. En efecto, el art. 120.2 LGT previene que "*Las autoliquidaciones complementarias tendrán como finalidad completar o modificar las presentadas con anterioridad y se podrán presentar cuando de ellas resulte un importe a ingresar superior al de la autoliquidación anterior o una cantidad a devolver o a compensar inferior a la anteriormente autoliquidada. En los demás casos, se estará a lo dispuesto en el apartado 3 del artículo 120 de esta ley*". Pero la tramitación de una declaración complementaria no puede equipararse al procedimiento de comprobación o inspección a que se refiere el art. 87.2 LC.

Por tanto, dado que existen unos créditos certificados por la administración debidamente cuantificados, no tienen la consideración de contingentes (tampoco de condicionales), por lo que deben ser reconocidos como créditos concursales por los importes certificados.

Todo ello sin perjuicio de que la AC pueda iniciar el correspondiente procedimiento administrativo de rectificación y sin perjuicio del resultado de la autoliquidación complementaria cuestionada.

El pago de la obligación solidaria realizado por el Ayuntamiento no da lugar a la acción de repetición por tratarse de un supuesto de subrogación legal, teniendo su crédito la consideración de concursal

AP Ourense, Sec. 1.ª, 257/2018, de 11 de septiembre

SP/SENT/975836

Así, pues, el artículo 84.2. 10.º considera créditos contra la masa aquellas obligaciones del concursado que sean consecuencia de su continuidad empresarial y que surjan a su cargo después de la declaración del concurso por lo que el crédito derivado de una obligación anterior, como es el aquí discutido, no tendría encaje en el mismo.

El artículo 42.2 del Estatuto de los trabajadores dispone que de las obligaciones de naturaleza salarial contraídas por los contratistas y subcontratistas con sus trabajadores responderá solidariamente el empresario principal durante el año siguiente a la finalización del encargo. Se trata de una responsabilidad solidaria que presenta ciertas peculiaridades, surge por el incumplimiento de obligaciones ajenas (el principal responde de las obligaciones del contratista), sin que propiamente exista deuda propia. Solo se responde cuando existe incumplimiento del contratista y, por tanto, no hay una misma causa de obligación. Esta peculiaridad hace que la solidaridad establecida en el Estatuto de los Trabajadores para el trabajo en contratos no sea una solidaridad sin más, sino algo específico y concreto que tiene la nota común con la solidaridad genérica de la obligación y legitimación del comitente al abono completo de la deuda laboral del contratista. Por ello, la doctrina ha calificado esta especial forma de solidaridad como "*fianza* sui generis", pues al garantizar al comitente el pago por el contratista de sus deudas laborales, está afianzando con una situación evidentemente accesoria la obligación del deudor principal, el contratista.

Lo que se intenta ante todo con esta responsabilidad solidaria es una especial cautela a favor de los trabajadores, al permitirle dirigirse contra el empresario principal y exigirle el pago de la deuda que el contratista no les ha abonado. Pagada la deuda por el comitente en su integridad y con plenos efectos liberatorios y extintivos de la obligación, el mismo podrá reintegrarse de la cantidad abonada, pues ha pagado una deuda que no era suya ni siquiera en parte. Para lograr el reintegro el comitente, al configurarse esta responsabilidad como una fianza especial, habrá que acudir al artículo 1.838 del Código Civil, según el cual el fiador que paga por el deudor deberá ser indemnizado por este y, además, abonarle gastos y perjuicios, subrogándose el fiador en todos los derechos que el acreedor tenía contra el deudor, según dispone el artículo 1.839 del mismo texto legal.

Esta subrogación es una especificación o subespecie de la establecida con carácter general en el artículo 1.210, que en su n.º 3 establece que existe subrogación cuando pague el que tenga interés en el cumplimiento de la obligación, salvo los efectos de la confusión en cuanto a la posición que corresponda, y en el caso de la fianza es indudable el interés del fiador en el cumplimiento de la obligación.

Tanto la facultad subrogatoria del artículo 1.839 del Código Civil, como la acción de reembolso del artículo 1.838, son los mecanismos previstos para asegurar el resarcimiento del fiador, ofreciendo ambas un carácter recíproco y complementario pero distinto en el régimen del Código Civil, por sus presupuestos, forma de originarse y contenido.

En caso de pago de la deuda por el fiador este puede reclamar la totalidad de la deuda, intereses y gastos, a diferencia de lo que ocurre con las obligaciones solidarias, en las que el deudor que paga solo puede reclamar de los codeudores la parte que a cada uno corresponda con los intereses del anticipo. A esta acción se refiere el artículo 1.145 del Código Civil, que es la que dice ejercitar la actora, pero la misma no es la que le faculta para la obtención de lo pagado.

En el caso de la fianza dicho precepto ha de ponerse en relación con el artículo 1.844 que autoriza, en los casos de que existan dos o más fiadores de un mismo deudor y por una misma causa, al que de ellos la haya pagado a reclamar de cada uno de los otros la parte que proporcionalmente le corresponda satisfacer. Esta acción se refiere a las relaciones de los cofiadores entre sí, pero no a la relación entre el fiador y el deudor, como la que aquí se actúa. En este caso el fiador pretende obtener del deudor principal el reintegro de lo pagado y ello puede hacerlo a través de la acción de reembolso del artículo 1.838 del Código Civil, y de la subrogación del artículo 1.839. En ambos casos, a los efectos concursales, la posición del fiador es la misma y la regulación del reconocimiento de su crédito aparece recogida en el artículo 87.6 de la Ley Concursal. Es por tanto preciso acudir a las normas contenidas en la propia Ley Concursal para establecer los derechos y la forma en que, en el seno del concurso y respetando los principios concursales, fundamentalmente la igualdad o trato paritario de los acreedores, el fiador puede obtener el reintegro de lo pagado.

La calificación del crédito ha de ser la misma que correspondía a la trabajadora sin que pueda modificarlo el pago por el Patronato. Así lo ha querido el legislador concursal contemplando el supuesto específico que nos ocupa. Para el caso de modificación o sustitución del acreedor inicial en la lista de acreedores el artículo 97.4. LC establece determinadas reglas, entre ellas la regla 3.ª conforme a la cual, en caso de pago por avalista, fiador o deudor solidario, se estará a lo dispuesto en el artículo 87.6. Este dispone: "*los créditos en los que el acreedor disfrute de fianza de tercero se reconocerán por su importe sin limitación alguna y sin perjuicio de la sustitución del titular del crédito en caso de pago por el fiador. Siempre que se produzca la subrogación por pago, en la calificación de estos créditos se optará por la que resulte menos gravosa para el concurso entre las que correspondan al acreedor o al fiador*". La redacción actual del precepto, llevada a cabo por el Real Decreto ley 3/2009 de 27 de marzo, de medidas urgentes en materia tributaria, financiera y concursal introduce en el inciso segundo la expresión "*siempre que se produzca la subrogación por pago*" poniendo final a las dudas suscitadas en la anterior redacción, fuente de dos interpretaciones divergentes las denominadas literal y correctora. Como dice la STS de 22 de diciembre de 2011, el legislador ha optado con aquella reforma por la denominada tesis correctora limitando el alcance de la norma al supuesto de que se produzca la subrogación por pago del fiador, de forma que habría de acudirse a la calificación propugnada por la AC como la menos gravosa para el concurso. La calificación no se vincula al titular sino al crédito en cuanto tal, manteniendo la correspondiente al acreedor inicial en consonancia con la regla

5.ª del artículo 97.4 (*"fuera de los casos anteriores, se mantendrá la clasificación correspondiente al acreedor inicial"*). y, de otro lado, no constituye una excepción al régimen de subrogación legal previsto en el artículo 1.210-3.º CC que certeramente considera aplicable la sentencia apelada y la AC. A su tenor, se presumirá que hay subrogación cuando pague el que tenga interés en el cumplimiento de la obligación, salvo los efectos de la confusión en cuanto a la porción que le corresponda. En palabras de la STS de 3 febrero de 2009 *"del ámbito del artículo 1.210.3.º CC no están excluidos los obligados al pago de la deuda: es más, el supuesto del* solvens *codeudor solidario constituye el supuesto indiscutido de los que se puedan comprender en el precepto, según se deduce con claridad de la interpretación literal y antecedente histórico del mismo"*. Según la misma sentencia, se trata de un supuesto de subrogación legal y consiguientemente automática, de pleno derecho, sin necesidad de voluntad de las personas ligadas por la relación obligatoria. Así, pues, en virtud de la subrogación que contempla el artículo 87.6 se transmite al tercero que pago el mismo crédito inicial con todos sus accesorios de acuerdo con el artículo 1.212 CC (SSTS de 11 de octubre de 2007 y 23 de octubre de 2008).

El propósito del legislador de mantener la identidad y calificación del crédito, no obstante, el cambio de acreedor se revela igualmente en el régimen previsto en el artículo 87.7 LC pues al contemplar el pago parcial por avalista, fiador o deudor solidario no prevé dos calificaciones distintas, una a favor del acreedor originario y otra a favor de quien paga, sino que mantiene la unidad y calificación del crédito. Este artículo contempla los tres supuestos de pago por avalista, fiador o deudor solidario respecto a los cuales la STS de 17 de abril de 2012 declara aplicable los artículos 1.210.3.º ya reseñado y 1.839 CC según el cual el fiador que paga se subroga en todos los derechos que el acreedor tenía con el deudor.

En suma, el apelante no ha adquirido un crédito "ex novo" mediante el pago. En virtud de este se ha subrogado en la posición del titular originario y se mantiene la calificación correspondiente al mismo (*"... sin perjuicio de la sustitución del titular del crédito en caso de pago por el fiador"*, artículo 87.6), razones las expuestas que llevan a mantener la sentencia apelada, con el consiguiente rechazo del recurso.

El crédito que el Patronato ostenta frente al concursado debe clasificarse como crédito concursal, por ser anterior a la declaración del concurso

AP Ourense, Sec. 1.ª, 165/2018, de 29 de junio

SP/SENT/970818

En el caso de la fianza dicho precepto ha de ponerse en relación con el artículo 1.844 que autoriza, en los casos de que existan dos o más fiadores de un mismo deudor y por una misma causa, al que de ellos la haya pagado a reclamar de cada uno de los otros la parte que proporcionalmente le corresponda satisfacer. Esta acción se refiere a las relaciones de los cofiadores entre sí, pero no a la relación entre el fiador y el deudor, como la que aquí se actúa. En este caso el fiador pretende obtener del deudor principal el reintegro de lo pagado y ello puede hacerlo a través de la acción de reembolso del artículo 1.838 del

Código Civil, y de la subrogación del artículo 1.839. En ambos casos, a los efectos concursales, la posición del fiador es la misma y la regulación del reconocimiento de su crédito aparece recogida en el artículo 87.6 de la Ley Concursal. Es por tanto preciso acudir a las normas contenidas en la propia Ley Concursal para establecer los derechos y la forma en que, en el seno del concurso y respetando los principios concursales, fundamentalmente la igualdad o trato paritario de los acreedores, el fiador puede obtener el reintegro de lo pagado.

OCTAVO. La calificación del crédito ha de ser la misma que correspondía a la trabajadora sin que pueda modificarlo el pago por el Patronato. Así lo ha querido el legislador concursal contemplando el supuesto específico que nos ocupa. Para el caso de modificación o sustitución del acreedor inicial en la lista de acreedores el artículo 97.4. LC establece determinadas reglas, entre ellas la regla 3.ª conforme a la cual, en caso de pago por avalista, fiador o deudor solidario, se estará a lo dispuesto en el artículo 87.6. Este dispone: "*los créditos en los que el acreedor disfrute de fianza de tercero se reconocerán por su importe sin limitación alguna y sin perjuicio de la sustitución del titular del crédito en caso de pago por el fiador. Siempre que se produzca la subrogación por pago, en la calificación de estos créditos se optará por la que resulte menos gravosa para el concurso entre las que correspondan al acreedor o al fiador*". La redacción actual del precepto, llevada a cabo por el Real Decreto ley 3/2009 de 27 de marzo, de medidas urgentes en materia tributaria, financiera y concursal introduce en el inciso segundo la expresión "*siempre que se produzca la subrogación por pago*" poniendo final a las dudas suscitadas en la anterior redacción, fuente de dos interpretaciones divergentes las denominadas literal y correctora. Como dice la STS de 22 de diciembre de 2011, el legislador ha optado con aquella reforma por la denominada tesis correctora limitando el alcance de la norma al supuesto de que se produzca la subrogación por pago del fiador, de forma que habría de acudirse a la calificación propugnada por la AC como la menos gravosa para el concurso. La calificación no se vincula al titular sino al crédito en cuanto tal, manteniendo la correspondiente al acreedor inicial en consonancia con la regla 5.ª del artículo 97.4 ("*fuera de los casos anteriores, se mantendrá la clasificación correspondiente al acreedor inicial*"). y, de otro lado, no constituye una excepción al régimen de subrogación legal previsto en el artículo 1.210-3.º CC que certeramente considera aplicable la sentencia apelada y la AC. A su tenor, se presumirá que hay subrogación cuando pague el que tenga interés en el cumplimiento de la obligación, salvo los efectos de la confusión en cuanto a la porción que le corresponda. En palabras de la STS de 3 febrero de 2009 "*del ámbito del artículo 1.210.3.º CC no están excluidos los obligados al pago de la deuda: es más, el supuesto del* solvens *codeudor solidario constituye el supuesto indiscutido de los que se puedan comprender en el precepto, según se deduce con claridad de la interpretación literal y antecedente histórico del mismo*". Según la misma sentencia, se trata de un supuesto de subrogación legal y consiguientemente automática, de pleno derecho, sin necesidad de voluntad de las personas ligadas por la relación obligatoria. Así, pues, en virtud de la subrogación que contempla el artículo 87.6 se transmite al tercero que pago el mismo crédito inicial con todos sus accesorios de acuerdo con el artículo 1.212 CC (SSTS de 11 de octubre de 2007 y 23 de octubre de 2008).

El propósito del legislador de mantener la identidad y calificación del crédito, no obstante, el cambio de acreedor se revela igualmente en el régimen previsto en el artículo 87.7 LC pues al contemplar el pago parcial por avalista, fiador o deudor solidario no prevé dos calificaciones distintas, una a favor del acreedor originario y otra a favor de quien paga, sino que mantiene la unidad y calificación del crédito. Este artículo contempla los tres supuestos de pago por avalista, fiador o deudor solidario respecto a los cuales la STS de 17 de abril de 2012 declara aplicable los artículos 1.210.3.º ya reseñado y 1.839 CC según el cual el fiador que paga se subroga en todos los derechos que el acreedor tenía con el deudor.

En suma, el apelante no ha adquirido un crédito "ex novo" mediante el pago. En virtud de este se ha subrogado en la posición del titular originario y se mantiene la calificación correspondiente al mismo ("... *sin perjuicio de la sustitución del titular del crédito en caso de pago por el fiador*", artículo 87.6), razones las expuestas que llevan a mantener la sentencia apelada, con el consiguiente rechazo del recurso.

Las obligaciones de urbanización, según las previsiones del Programa de Actuación Urbanística, incumplidas por la concursada, antes de la declaración del concurso, no son créditos contra la masa, sino concursales

AP A Coruña, Sec. 4.ª, 372/2017, de 8 de noviembre

SP/SENT/932320

En definitiva, las precitadas resoluciones judiciales no constituyen a la concursada en obligada urbanística, sino que proclaman y reconocen que ostentaba tal condición jurídica con antelación, como consecuencia de la compra de las parcelas en 2005.

Por último, como señala la referida sentencia, el acuerdo transaccional de 29 de enero de 2010, homologado por el Juzgado de lo Mercantil n.º 1 de A Coruña, establece una condición suspensiva del pago del precio de la venta de las acciones, que no afecta a la subrogación real analizada, dado que no contiene una cláusula resolutoria de la transmisión.

Asumidas pues las obligaciones de urbanización por la concursada, e incumplidas, según las previsiones del PAU, antes de la declaración del concurso, no podemos considerar que nos hallemos ante un crédito contra la masa, sino concursal tal y como entendió el Juzgado.

Tampoco podemos aceptar la invocación, que ahora se hace en el recurso, de los arts. 61.2 y 67.1 de la LC, pues se trata de cuestiones nuevas no suscitadas en su momento.

Es reiterado pronunciamiento jurisprudencial el que proclama que los Tribunales deben atenerse a cuestiones de hecho y de derecho que las partes le hayan sometido, las cuales acotan los problemas litigiosos y han de ser fijadas en los escritos de alegaciones, que son los rectores del proceso. Así lo exigen los principios de rogación (SSTS de 15 de diciembre de 1984, 4 de julio de 1986, 14 de mayo de 1987, 18 de mayo y 20 de septiembre de 1996, 11 de junio de 1997) y de contradicción (SSTS de 30 de enero de 1990 y 15 de abril de 1991), por lo que el fallo ha de adecuarse a las pretensiones y planteamientos de las partes (SSTS de 19 de octubre de 1981, 28 de abril de 1990 y 26 de febrero de 2004, 9 de marzo de 2011 y 18 de febrero de 2014).

En este sentido, se expresa el art. 456.1 de la LEC, cuando norma que, en virtud del recurso de apelación, "*podrá perseguirse, con arreglo a los fundamentos de hecho y de derecho de las pretensiones formuladas ante el tribunal de primera instancia, que se revoque un auto o sentencia y que, en su lugar, se dicte otro u otra favorable al recurrente, mediante nuevo examen de las actuaciones llevadas a cabo ante aquel tribunal y conforme a la prueba que, en los casos previstos en esta Ley, se practique ante el tribunal de apelación*".

Por último, se invoca en el recurso igualmente el art. 154.2 de la LC, en su anterior redacción, y no se entiende el argumento de que concurren los requisitos para considerar el crédito litigioso contra la masa porque es necesario para el buen fin del concurso de acreedores, ignoramos las razones, y dado que temporalmente ha nacido con posterioridad a la declaración del concurso, lo que no compartimos por los argumentos antes expuestas.

Como consecuencia de la regularización del precio de la compraventa, ha variado el importe del IVA pagado por el actor, resultando un exceso a su favor que, habiendo sido devuelto por la Agencia Estatal de Administración Tributaria, se le reconoce un crédito ordinario por dicho importe

AP Madrid, Sec. 28.ª, 452/2017, de 16 de octubre

SP/SENT/931684

El primero de los créditos se sustenta en la escritura de fecha 6 de marzo de 2009 en la que intervienen Grupo Pra, S. A. e Inmobiliaria Gurtubay Goxencia, S. A.

En dicha escritura se hace constar que, a consecuencia de la regularización del precio de la compraventa, ha variado el importe del IVA, existiendo un exceso de 2.955.772,36 respecto del importe total satisfecho por la compradora a la vendedora. Las partes convienen que Inmobiliaria Gurtubay Goxencia, S. A. solicitará la devolución del IVA por el citado importe ante la AEAT. Una vez que le sea ingresada a Inmobiliaria Gurtubay Goxencia, S. A. esta la entregaría a Grupo Pra, S. A.

Con posterioridad Grupo Pra, S. A. cedió el crédito a favor de Virdemar XXI, S. L. mediante escritura de 26 de abril de 2010.

Finalmente, la AEAT no denegó el derecho a devolución del citado importe, sino que fue compensado con los importes por los que resultaba deudora Inmobiliaria Gurtubay Goxencia, S. A.

El segundo de los créditos se sustenta en diversas entregas que figuran en los docs. 2 a 8 acompañados a la demanda. En el último documento, de fecha 10 de junio de 2011, Inmobiliaria Gurtubay Goxencia, S. A. reconoce adeudar el citado importe relacionando las entregas efectuadas.

La sentencia dictada por el Juzgado de lo mercantil resultó estimatoria de la pretensión ejercitada.

Respecto al primero de los créditos citados se remite a lo acordado en la escritura de 6 de marzo de 2009 y añade que la AEAT no denegó la devolución del IVA, sino que compensó su importe con otras cantidades que la sociedad adeudaba a la Hacienda Pública (acta de conformidad de 30 de junio de 2010).

La concursada opuso que el crédito cuyo reconocimiento se pretende estaba sujeto a una condición suspensiva contemplada en un contrato privado de reconocimiento de deuda de fecha 19 de enero de 2011 por el que Inmobiliaria Gurtubay Goxencia, S. A. reconoce adeudar a Virdemar XXI, S. A. la cantidad de 2.956.349,64 euros, que se abonaría el 24 de febrero de 2017. Dicho pago estaba condicionado a que Virdemar XXI, S. A. liberase a la concursada del aval prestado en las pólizas de crédito concedidas por Banco Popular.

Señala la sentencia que tal reconocimiento es un documento nuevo y que no está suscrito por las partes.

Respecto al segundo de los créditos señala la sentencia que debe reconocerse atendiendo a los documentos aportados por la demandante.

Finalmente señala la sentencia que no procede la subordinación de dichos créditos. La subordinación se sustenta en que se trata de una persona especialmente relacionada con la deudora al haber sido D. Teófilo administrador único de Virdemar XXI, S. A. y administrador de hecho de Inmobiliaria Gurtubay Goxencia, S. A. y ser titular del diez por ciento de las acciones de la concursada.

Señala la sentencia que no se acredita que dicha persona fuera administrador único de Virdemar XXI, S. A. ni que fuera administrador de hecho de la concursada.

Son créditos concursales los derivados del justiprecio de expropiaciones forzosas que corresponde pagar según Ley a la concesionaria de la autopista, ahora en concurso, sin perjuicio de la responsabilidad que proceda de la administración

AP Madrid, Sec. 28.ª, 79/2017, de 17 de febrero

SP/SENT/898268

Es correcto, por lo tanto, que la administración concursal de la entidad concesionaria incluyese en el listado de acreedores del concurso de esta los derechos de crédito correspondientes a los justiprecios de expropiación de los terrenos utilizados para la construcción de la autopista. El carácter involuntario en la adquisición de este derecho de crédito no interfiere en la asignación de la condición de acreedores a los sujetos que sufrieron la expropiación de sus bienes para que pudiera construirse la autopista y quién ha de ostentar la condición de obligado al pago viene marcado por la ley.

El hecho de que la Administración Pública pueda devenir en corresponsable, bien lo sea de modo directo o con carácter subsidiario, del pago de los mismos, materia esta que se está dirimiendo ante los tribunales de lo contencioso-administrativo, no impide que estemos ante derechos de crédito que forman parte de la masa pasiva de la entidad concesionaria (artículo 84.1 de la LC), que deben constar en el listado de acreedores como fiel reflejo de aquella.

El crédito de la Administración pública debe clasificarse de ordinario, por derivarse del pago a una entidad en ejecución de un aval otorgado en su día, siendo clasificado el crédito del acreedor primitivo de la misma manera

Juzgado de lo Mercantil Bilbao, n.º 1, 6/2017, de 4 de enero

SP/SENT/897717

Pero, en este caso, sustancialmente distinto al resuelto por las resoluciones citadas (no se trata ahora de impugnar el inventario, como erróneamente recoge la actora en su demanda incidental, sino de modificar los textos definitivos tras el pago del aval), debe mantenerse el criterio de la AC, que califica el crédito titulado por la administración pública como crédito ordinario, por el juego del art. 87.6 de la LC: *"siempre que se produzca la subrogación por pago (como ocurre ahora), en la calificación de estos créditos se optará por la que resulte menos gravosa para el concursa entre las correspondan al acreedor o al fiador"*; y en este concurso, al primitivo acreedor le correspondía la calificación de crédito ordinario.

La acreedora demandante ni tan siquiera se refiere dicho artículo en su demanda incidental para discutir la aplicación literal que propugna el órgano concursal, conociendo como conocía el contenido de su informe y la razón por la que le denegaba la calificación privilegiada pretendida, lo que releva de entrar en este análisis (y argumentos posibles no faltaban: así por ejemplo, la SAP de Álava de 25.03.2014, sostiene una interpretación correctora que incluso califica de mayoritaria, aplicando el tenor literal del precepto únicamente para aquellos casos en los que se pretende soslayar con la sustitución del acreedor primitivo la subordinación del crédito inicialmente reconocido, manteniéndose para el resto de los supuestos la calificación que corresponda al nuevo acreedor). Se limita la actora a referirse al contenido de la sentencia de la AP de Vizcaya que esgrime como sustento de su pretensión. Pero esta resolución tampoco hace referencia a la inteligencia del precepto, puesto que no lo aplicó para resolver su asunto, al tratarse, entonces sí, de la impugnación de la lista de acreedores (art. 96) y no de un supuesto de sustitución del acreedor definitivamente reconocido (art. 97.4.3), como ahora. Como recuerda la STS 444/2005, de 3 junio, el "*principio* iura novit curia *debe ser utilizado con precaución para no transgredir el planteamiento jurídico debatido, y propuesto al Juzgador, en cuanto pueda causar indefensión a alguna de las partes o conculcar el principio de contradicción a que están sometidas las mismas, y que debe ser amparado por el órgano judicial*".

Créditos ordinarios - Abogado, procurador y costas

Al prestarse los servicios de abogado y procurador, redacción e interposición de demanda y de recurso de apelación con anterioridad a la declaración de concurso, los créditos derivados de su realización son concursales, *ex* arts. 84 y 89 LCon

TS, Sala Primera, de lo Civil, 417/2017, de 30 de junio

SP/SENT/911832

Con carácter general, en situaciones extraconcursales y a efectos del cómputo del plazo de prescripción, la jurisprudencia de esta sala tiene establecido que los servicios profesionales de los abogados y procuradores en un determinado asunto deben considerarse como un todo, es decir como el conjunto de los trabajos desarrollados para la defensa del asunto, y no de forma aislada respecto de cada una de sus actuaciones; salvo que por voluntad de las partes proceda fragmentar y dividir el cobro de cada una de las actuaciones del profesional, como si se tratara de encargos diferentes, aunque versen sobre un mismo asunto (verbigracia, sentencias 96/2006, de 14 de febrero; 338/2014, de 13 de junio; y 266/2017, de 4 de mayo, y las que en ellas se citan).

2. No obstante, en sede concursal, la solución debe ser diferente, a fin de salvaguardar el principio *par condicio creditorum*. En las sentencias 590/2009, de 1 de septiembre, y 486/2013, de 22 de julio, establecimos que, para preservar la igualdad de trato a los acreedores, y a efectos de la conceptuación de un crédito como concursal o contra la masa, debe estarse a la fecha del nacimiento de la obligación. De manera que, desde el punto de vista concursal, rige el principio del devengo y no el de la exigibilidad.

3. El art. 84.2. 3.º LC establece que tendrán la consideración de créditos contra la masa:

"Los de costas y gastos judiciales ocasionados por la asistencia y representación del deudor, de la administración concursal o de acreedores legitimados en los juicios que, en interés de la masa, continúen o inicien conforme a lo dispuesto en esta Ley, salvo lo previsto para los casos de desistimiento, allanamiento, transacción y defensa separada del deudor y, en su caso, hasta los límites cuantitativos en ella establecidos".

Interpretado el precepto transcrito a la luz de esta última jurisprudencia, resulta que, a efectos concursales, las fechas determinantes son las de la realización de los efectivos trabajos que se minutan. En este caso, la redacción y presentación de la demanda y la redacción e interposición del recurso de apelación, puesto que con posterioridad a esta última actuación no hubo ninguna otra actuación procesal por parte de los recurrentes. De manera que los créditos de los recurrentes tienen su origen en los servicios efectivamente prestados a la concursada y los mismos no son otros que los indicados: la intervención en todo el trámite de la primera instancia y la interposición del recurso de apelación; cuyas fechas de realización o prestación son, en todos los casos, anteriores a la declaración del concurso.

Y puesto que tales servicios se prestaron con anterioridad a la declaración de concurso, los créditos derivados de su realización tienen el carácter de concursales, conforme a los arts. 84.1 y 89 LC, por lo que la sentencia recurrida no infringe el mencionado art. 84.2. 3.º LC.

El crédito del actor, correspondiente a sus honorarios por un procedimiento judicial que se tramitó y resolvió antes de la declaración del concurso, debe clasificarse como crédito concursal

AP Barcelona, Sec. 15.ª, 545/2017, de 13 de diciembre

SP/SENT/935702

Sobre la naturaleza de los gastos y costas derivados de la representación y defensa del concursado en procedimientos judiciales distintos del concurso y sus incidentes.

10. El artículo 84.2. 3.º de la LC establece que se considerarán créditos contra la masa:

"Los de costas y gastos judiciales ocasionados por la asistencia y representación del deudor, de la administración concursal o de acreedores legitimados en los juicios que, en interés de la masa, continúen o inicien conforme a lo dispuesto en esta Ley, salvo lo previsto para los casos de desistimiento, allanamiento, transacción y defensa separada del deudor y, en su caso, hasta los límites cuantitativos en ella establecidos".

11. La sentencia apelada considera que cualquier costa o gasto judicial vinculado a procedimientos judiciales iniciados antes de la declaración de concurso, es crédito concursal, sin atender al momento en el que hubo de abordarse el gasto judicial correspondiente.

12. En el supuesto de autos el demandante reclamaba los gastos derivados de la preparación del escrito de oposición a la apelación presentada por Asemas. Tanto la primera instancia de aquel procedimiento declarativo como la segunda instancia se habían desarrollado y concluido antes de la declaración de concurso (hecho no controvertido por ninguna de las partes).

13. Esta Sección ha tenido la oportunidad de pronunciarse sobre la naturaleza de los gastos y costas que se afrontaron en interés del concurso antes de la declaración de este. Así en la Sentencia de 20 de diciembre de 2016 (Sentencia 299/2016) hacíamos las siguientes consideraciones:

"5. Así pues, han de tener esta clasificación los gastos de asistencia y representación del deudor en los juicios seguidos a instancia del concursado, que continúen después de la declaración de concurso, ya que, si la concursada decide desistir, conforme el art. 51 párrafos 2 y 3 LC, los gastos procesales que se hayan generado han de calificarse de concursales. Declarado el concurso la administración concursal que haya sustituido al deudor puede solicitar autorización judicial para desistir del proceso pendiente y si se acuerda, las costas de la parte contraria y los gastos generados por la asistencia y representación del concursado tendrán la consideración de créditos concursales (art. 51.2 LC). Lo mismo sucede cuando, en régimen de intervención, es la administración concursal quien autoriza a la concursada a desistir del juicio (art. 51.3 LC).

6. Ahora bien, las dudas surgen en un caso como el presente, en el que la primera instancia concluye antes de la declaración de concurso, pero el demandado recurre en apelación y la segunda instancia concluye después de declarado el concurso. Tenemos dos posibilidades, la primera, es entender que declarado el concurso el abogado y el procurador mantienen con la concursada un contrato de arrendamiento de servicios en el juicio que continua en interés de la masa, por lo tanto, sinalagmático y de prestaciones pendientes por ambas partes. La concursada o el administrador concursal pueden poner término a dicha relación desistiendo del juicio, en tal caso, el crédito derivado de la asistencia y representación del deudor debería ser clasificado como un crédito ordinario. Ahora bien, siguiendo con dicha argumentación, si deciden continuar, las prestaciones a cargo del concursado deberán hacerse contra la masa por dos motivos. En primer lugar, porque el juicio continúa, aunque en otra instancia, conforme establece el art. 84.2.3 LC, y, en segundo lugar, porque esos créditos derivan de un contrato de prestaciones recíprocas pendientes de cumplimiento por ambas partes, art. 61.2 LC. No podemos aceptar esta argumentación. El contrato de prestación de servicios puede ser, como sucede en este caso, de tracto sucesivo, en las que las prestaciones se reproducen a lo largo de su vigencia. En este supuesto, conforme lo previsto en el art. 84.2.6 LC, son a cargo de la masa las prestaciones a cargo del concursado que deban de realizarse después de la declaración de concurso, ya que las anteriores son créditos concursales.

7. La segunda interpretación posible, y que a nuestro juicio es más acorde con el texto del precepto y con la interpretación del art. 84.2.6 LC expuesta, es considerar que los gastos de asistencia y representación de la primera instancia son créditos concursales, ya que la sentencia definitiva de la primera instancia es anterior a la declaración de concurso, mientras que los devengados por la segunda instancia son a cargo de la masa. Ello supone interpretar que art. 84.2.3 LEC se refiere solamente a los gastos generados en las instancias del juicio que continúen después de la declaración de concurso. Esta interpretación la hemos hecho cuando nos hemos referido al crédito derivado de una condena en costas a la concursada en un juicio que continúe después de la declaración de concurso, en este sentido podemos citar la sentencia de esta misma Sección 39/2016, de 24 de febrero (ECLI:ES:APB:2016:1575)".

14. A la vista de la resolución citada, el criterio de la sección ha sido el temporal, entendiendo que solo tendrán la consideración de créditos contra la masa aquellos gastos judiciales que se hayan generado en procedimientos iniciados antes del concurso en los que se hayan realizado actuaciones judiciales tras la declaración de concurso.

En el supuesto de autos la apelación en su integridad se tramitó y resolvió antes de la declaración de concurso, por lo tanto, el crédito derivado de la actuación del letrado en la redacción del escrito de oposición debe considerarse un crédito concursal.

No se trata de evaluar si el escrito fue de interés del concurso o si el procedimiento en cuestión tuvo incidencia en la configuración de la masa activa del concurso, se trata de establecer el momento en el que se realizó el servicio.

15. Por los argumentos anteriores, debe estimarse el recurso de apelación interpuesto por la administración concursal de Niula, revocando la sentencia dictada en primera instancia y estableciendo que el crédito insinuado tiene el carácter de crédito concursal.

La ausencia de tasación de costas no significa que no deba ese crédito estar incluido en la lista, por lo que se incluye como crédito ordinario y es correcta la tasación judicial realizada

AP Murcia, Sec. 4.ª, 749/2016, de 22 de diciembre

SP/SENT/890094

Ahora bien, la ausencia de tasación no significa que no deba ese crédito ser incluido en la lista, pero debe serlo como contingente, al estar pendiente de determinación judicial (art. 87.3). Y una vez se proceda a su tasación, se cuantificará y modificará el texto definitivo (art. 97.3.4.º LC); que es el cauce adecuado y no el propuesto por la AC y asumido en la sentencia.

Tasación que debe ser efectuada por razón de competencia funcional por el órgano judicial que la ha impuesto (arts. 61 y 243 LEC), sin que se trate propiamente de un nuevo juicio declarativo contra la concursada ni de una actuación ejecutiva contra bienes de la concursada, por lo que el art. 8 LC en relación con los arts. 50 y 55 no son obstáculo para ello.

Así se desprende de la STS 10 de junio de 2008 que considera correcta la tasación efectuada, a pesar de la situación concursal de la condenada, porque el mandato del artículo 50 LC no es aplicable a la impugnación de honorarios por indebidos con la siguiente argumentación.

"*Esta no es una demanda, ni se trata de un crédito ya firme. La impugnación de la tasación de costas se tramita, en el Juzgado por el secretario y ante el Juez que haya actuado en el pleito (...) y cuando ya esté plenamente determinado se incluye en la masa pasiva del concurso*".

4. Por ello en estos términos debe ser estimado el recurso, dejando claro así el derecho de la actora, siendo en todo caso su calificación la de ordinario, según lo dicho en el apartado 7 del fundamento anterior, al que nos remitimos.

Las costas procesales deben clasificarse como crédito ordinario, al no existir un componente sancionador, respondiendo únicamente a los costes de la tramitación de la ejecución que se imponen según criterio de vencimiento

Juzgado de lo Mercantil Murcia, n.º 2, 279/2018, de 12 de noviembre

SP/SENT/988260

CUARTO En cuarto lugar, se impugna el crédito reconocido a favor de Cuatrecasas por la suma de 427,84 euros como ordinario en concepto de "costas derivadas" por entender que debiera reconocerse como crédito subordinado.

La administración concursal se opone a la demanda considerando que es correcta la calificación como crédito ordinario de conformidad con el artículo 87.3 en relación con el 89.3 LC por considerarlo un crédito litigioso.

Cuatrecasas se opone a la solicitud por considerar que las costas tienen como fundamento propio resarcir o compensar el coste que implica a la parte intervenir en un procedimiento, por lo que ni tiene carácter accesorio, ni naturaleza sancionadora no pudiendo considerarse un crédito subordinado.

Considera este Juzgador que las costas procesales deben dar lugar a un crédito ordinario al no existir un componente sancionador en la mismas respondiendo únicamente a los costes necesarios para la tramitación de la ejecución que se imponen según criterio de vencimiento, lo que impide la aplicación analógica que propugna la administración concursal.

En este sentido se manifiesta la SAP de León de 7 de diciembre de 2009 en relación a las costas del procedimiento de apremio cuando afirma Al no existir un componente sancionador en las costas del procedimiento de apremio, y no poder equipararse a los intereses de demora, no podemos clasificar el crédito por dichas costas como subordinado (reglas 3.ª y 4.ª del artículo 92 LC), con lo que tendríamos que clasificarlo como un crédito genérico de la Seguridad Social: hasta el cincuenta por ciento con privilegio general y el cincuenta por ciento restante como ordinario.

No será crédito contra la masa, sino concursal el de las costas procesales a favor de un acreedor de proceso iniciado antes de concurso, al no ser una acción instada por el propio acreedor en interés del concurso

Juzgado de lo Mercantil Murcia, n.º 1, 334/2016, de 20 de diciembre

SP/SENT/891403

A diferencia de lo que sostiene el apelante no se considera que estemos ante un supuesto no contemplado legalmente, pues el artículo 84.2.3.º LC alude expresamente a esta clase de créditos. Para que un crédito contra un deudor concursado tenga la consideración de crédito contra la masa es necesario que pueda merecer esta consideración de acuerdo con la regulación contenida en el apartado 2 del art. 84 LC. Esta categoría de créditos, que no se ven afectados por las soluciones concursales, tienen en la práctica una preferencia de cobro respecto del resto de los créditos concursales, pues deben satisfacerse a sus respectivos vencimientos (art. 154 LC). Ello implica que la calificación de los créditos contra la masa se interprete de forma restrictiva, y en tal sentido la exposición de motivos de la Ley Concursal en relación al carácter restrictivo de los privilegios y preferencias de cobro señala que "*el principio de igualdad de tratamiento de los acreedores ha de constituir la regla general del concurso, y que sus excepciones han de ser muy contadas y siempre justificadas*". Por ello, una interpretación sistemática del precepto, que además debe ser objeto de una interpretación restrictiva, no admite la calificación como crédito contra la masa de los honorarios de abogado y procurador del acreedor que no fue quien instó el procedimiento en interés de la masa, sino que, por el contrario, se opuso a la pretensión ejercitada en su contra. La referencia del precepto a las "*costas y gastos judiciales de la defensa y representación de los acreedores legitimados en los juicios que continúen en interés de la masa*" ha de interpretarse en el sentido de que se refiere a aquellos procedimientos instados precisamente por tales "acreedores legitimados" y que, además, vean estimada su pretensión, con la correspondiente condena en costas del deudor concursado. No se advierte el absurdo de tal consideración que indica la parte recurrente en su escrito, pues el precepto sí que permite calificar como créditos contra la masa lo costes del acreedor vencedor en el procedimiento instado por él en interés de la masa, pero no en el resto de los casos.

Finalmente, no se considera aplicable la previsión del artículo 84.2. 10.ª LC en la medida que existe un precepto específico que contempla en supuesto enjuiciado, artículo 84.2. 3.º LC, de cuya interpretación depende la inclusión o no del crédito.

En definitiva, y aplicando la doctrina jurisprudencial que interpreta el artículo 84.2. 10.º a la que se acaba de aludir debe entenderse que el crédito de la actora es concursal y no contra la masa, por lo que procede la desestimación de la demanda.

Créditos ordinarios - Seguros

Los créditos, derivados de la acción de reembolso para reclamar al tomador del seguro lo pagado a favor de la asegurada, son ordinarios porque los incumplimientos de la concursada promotora fueron anteriores a la declaración del concurso

AP Burgos, Sec. 3.ª, 98/2020, de 24 de febrero

SP/SENT/1046955

Y en efecto, partiendo que estamos ante un crédito contractual, en concreto derivado de un seguro de caución en el cual la aseguradora que paga la indemnización o sanción debida por responsabilidad legal o contractual de la asegurada tiene acción de reembolso para reclamar al tomador del seguro lo pagado a favor de la asegurada (art. 68 de la Ley de Contrato de Seguro), en el que no existe resolución voluntaria, y que como con acierto señala el juez de instancia no es un crédito de obligaciones reciprocas pendientes de cumplimiento que están vigentes en el momento de la declaración del concurso, dado que no existe ninguna obligación a cargo de la concursada por cuanto que esta había pagado la prima del contrato, con lo cual ni es de aplicación del art. 84-2 en su núm. 6.º (contratos con obligaciones reciprocas y casos de resolución voluntaria o por incumplimiento de la concursada) ni el núm. 10.º (obligaciones legales o de responsabilidad contractual nacidas con posterioridad al concurso). Lo decisivo es que el incumplimiento contractual que motiva el pago de las indemnizaciones objeto de la acción de reembolso es anterior a la declaración del concurso, de tal forma que si el crédito de la acreedora beneficiada por el pago de la indemnización no tiene el carácter de crédito contra la masa, pues el incumplimiento que da lugar a la misma es anterior al concurso, no es lógico que lo tenga el de la aseguradora que paga tal indemnización, aun cuando dicho pago se efectúe con posterioridad al concurso.

Tercero. El hecho que los tres créditos reclamados no tengan la consideración de créditos contra la masa no debe impedir que se reconozcan como créditos concursales, y como tal se incluyan en la lista de acreedores, pues lo cierto es que su existencia no se discute —al margen de determinadas partidas de intereses y costas a las cuales luego nos referiremos—, no se incluyeron en la lista de acreedores y la acreedora demandante solicitó su inclusión dentro de plazo, y el hecho que de forma expresa, como petición subsidiaria a la principal, no se haya solicitado la inclusión de los tres créditos como créditos concursales, no debe impedir que así se reconozcan pues como es sabido quien pide lo más pide lo menos, de tal forma que pedido el reconocimiento como créditos contra la masa nada impide el reconocimiento como créditos concursales, y ello en ningún supuesto puede ser considerado como un supuesto de incongruencia entre lo pedido en la demanda y lo concedido por la sentencia, pues, reiteramos, la petición que un determinado crédito sea reconocido como un crédito contra la masa lleva implícita que en caso de no tener tal calificación el crédito sea reconocido como crédito concursal, y ello para el caso que el crédito en cuestión no haya sido incluido en la lista de acreedores bajo ningún concepto.

En lo que si damos la razón a la parte demandada es en la exclusión de determinadas partidas de los créditos reclamados que debe considerarse no son debidas por las concursada, y en la calificación de un recargo como en el crédito 2.º la partida de 21.472,47 euros, correspondiente a un recargo de apremio por no haber atendido la asegura en plazo el requerimiento de pago efectuado por el Ayuntamiento de Burgos, debe ser excluida pues es un recargo generado por la morosidad imputable a la asegurada, que no se hubiera generado de haber realizado el pago en el plazo requerido.

Y en el crédito 3.º debe excluirse la partida de 10.355,53 euros por intereses y costas de la primera instancia del juicio en que se reclamó el pago de la indemnización, y la partida de 9.472 euros por costas generadas en la segunda instancia de tal juicio, en ambos casos por ser la aseguradora la responsable de las cosas del juicio y los intereses por morosidad, y en todo caso desde el concurso no se devengan intereses con cargo a la concursada.

El crédito de reembolso de la aseguradora, como consecuencia del pago en cumplimiento del contrato de seguro de caución, es un crédito concursal no concurrente, lo que no supone su extinción, sino que no puede pagarse en este concurso

AP Madrid, Sec. 28.ª, 506/2019, de 25 de octubre

SP/SENT/1030984

En definitiva, el crédito de reembolso que pueda corresponder a la aseguradora como consecuencia del pago en cumplimiento del contrato de seguro de caución es, en su caso, un crédito concursal no concurrente, lo que no supone su extinción, sino que, como explica la sentencia del Tribunal Supremo de 4 de noviembre de 2016, el referido crédito no puede ser satisfecho en el concurso con cargo a la masa activa. Su satisfacción, de ser posible, debe producirse una vez concluido el concurso, ya sea con el remanente de la liquidación o con los nuevos bienes que pudieran entrar en el patrimonio del concursado una vez concluida la liquidación y con ella el concurso (artículo 178 de la Ley Concursal), o, en caso de convenio, una vez declarado el cumplimiento del mismo, si bien en tal caso el crédito sufrirá las quitas acordadas en el convenio (artículo 134.1 de la Ley Concursal).

Es crédito ordinario el que corresponde a la aseguradora a raíz de un seguro de caución por el pago realizado a un tercero, fijándose el momento del nacimiento en el concurso cuando la concursada incumplió frente al tercero

AP Barcelona, Sec. 15.ª, 858/2018, de 30 de noviembre

SP/SENT/985429

Generali considera que se ha producido un error en la calificación jurídica del crédito satisfecho por Generali, que no es un derecho que nazca como consecuencia de su posición de fiador o garante, sino que se trata de un seguro de caución.

Decisión del Tribunal.

7. No se discute que Generali tenía suscrito un contrato de caución con la concursada, así se indica en la póliza.

El artículo 68 de la LCS establece que "*por el seguro de caución el asegurador se obliga, en caso de incumplimiento por el tomador del seguro de sus obligaciones legales o contractuales, a indemnizar al asegurado a título de resarcimiento o penalidad los daños patrimoniales sufridos dentro de los límites establecidos en la Ley o en el contrato. Todo pago hecho por el asegurador deberá serle reembolsado por el tomador del seguro*".

Sin embargo, a los efectos concursales la obligación de indemnizar por parte de la aseguradora nace con el incumplimiento por parte del asegurado. El derecho a ser reembolsado es consecuencia de lo previsto, de modo general, por el artículo 43 de la LCS, circunstancia que no altera la fecha en la que se produce el siniestro, que es el incumplimiento por parte del asegurado.

8. En el supuesto de autos el incumplimiento de la concursada es anterior a la declaración de concurso, por lo tanto, el derecho de la aseguradora a repetir contra el tomador nace en ese momento, no en el de pago. En definitiva, es correcta la calificación del crédito recogida en la sentencia apelada.

El crédito de reembolso de la aseguradora frente a la sociedad concursada ha de calificarse como crédito concursal, al no apreciarse reciprocidad en la obligación

Juzgado de lo Mercantil Burgos, n.º 1, 143/2019, de 31 de julio

SP/SENT/1019469

Así, la nota de reciprocidad, necesaria para la aplicación del art. 84.2.6.º LC, no concurre en la obligación de reembolso, pues no existe una simultánea posición de las partes de acreedora y deudora la una respecto de la otra. Aquí, existe únicamente un acreedor y un deudor; no hay reciprocidad. Si lo hay en el contrato de seguro en sí, respecto de la obligación de pago de prima y la obligación de abono de garantía que correlativamente asume la aseguradora; pero no respecto de la obligación de reembolso.

Desde este argumento relativo a la nota de reciprocidad, debemos, a continuación, tomar como referencia el art. 61.2 LC, que impone que se satisfagan con cargo a la masa las obligaciones recíprocas pendientes de cumplimiento tanto a cargo del concursado como de la otra parte. Tanto si lo relevante es la fecha en la que la aseguradora pagó la indemnización al asegurado, como la fecha en que el asegurado incumplió, lo que a continuación resulta es una obligación únicamente a cargo del tomador, carente de reciprocidad y ajena a cualquier vínculo sinalagmático.

La STS n.º 494/2015, de 12 de septiembre de 2015, dice:

La reciprocidad de los deberes de prestación puede ser advertida en la fase genética de la relación, esto es, en el momento de su nacimiento, con la perfección del contrato y la consiguiente creación de la regulación negocial. Pero, a los efectos del artículo 61 de la Ley Concursal, la reciprocidad debe existir en la fase funcional del vínculo y después de declarado el concurso. Se entiende que las obligaciones que tuvieron inicialmente aquella condición la pierden si una de las partes hubiera cumplido su prestación antes de aquella declaración, lo que determina que el crédito contra el concursado incumplidor sea considerado concursal. La razón de ello es que, durante la tramitación del concurso, la relación funciona, de hecho, igual que las relaciones que por su estructura original no eran recíprocas.

Cuando la aseguradora indemniza al asegurado, el tomador ha cumplido lo que le incumbía hasta ese momento: pagar la prima. A partir de ahí, solo subsiste un crédito de la aseguradora frente al tomador no sustentado en reciprocidad alguna. Consecuentemente, al amparo del art. 84.2.6.º LC, que debe analizarse a la luz del art. 61 LC (no olvidemos que el art. 84.2.6.º LC inicia diciendo *"Los que, conforme a esta Ley..."*), la ausencia de reciprocidad determina la calificación del crédito como concursal.

Créditos ordinarios - Obras y construcción

Dado que las obras quedaron paralizadas por la declaración del concurso, el crédito del actor, correspondiente a los trabajos realizados, debe clasificarse de crédito concursal por ser anterior al concurso

AP Guipúzcoa, Sec. 2.ª, 814/2019, de 12 de diciembre

SP/SENT/1043327

Toda la presente discusión se centra entonces en entender los trabajos realizados con sus pertinentes importes bien como anteriores a la declaración de concurso de la entidad Promoland S. L. o bien una parte como anteriores y otra como posteriores.

Declaró la concursada que los trabajos continuaron pese a la declaración de concurso, existiendo discusión además acerca del contenido de las facturas dado que al parecer hacían referencia a labores anteriores al concurso y a otras pretendidamente posteriores, siendo desde luego obvio que a la fecha del concurso los trabajos no habían terminado.

Precisaba la actora que la factura de 27/07/2018 por importe de 8.470 euros era en relación a trabajos anteriores a la fecha del concurso y la de 5/11/2018, por importe de 8.437 euros de labores posteriores.

Es más, declarado el concurso se aludía como se animó a la entidad Girolan a continuar con los trabajos y desde luego sin plantearse la ruptura del contrato que les unía.

Además tendríamos la comunicación en donde la Administración Concursal de Construcciones y Reformas Promoland precisando que el concurso se debía a la falta de pagos de la promotora Traslapapa S. L., como al parecer había esta alcanzado un acuerdo con Girolan para que terminara la obra, comunicación que era contestada en el sentido de negar un acuerdo con Traslapapa, que Girolan contrato solo con Promoland y reiteraban el cobro de las dos facturas, preguntando finalmente si seguía en vigor el contrato suscrito entre ambas.

Teniendo en consideración que el concurso se declaró mediante auto de 4 de octubre de 2018, la entidad demandada precisaba que examinando las fechas/trabajos de las dos facturas esgrimidas, una anterior y otra posterior, siendo por tanto inviable entender estar ante créditos frente a la masa.

Ítem más, según las declaraciones de D. Edelmiro, D. Efraín y el representante de Girolan, antes de la declaración de concurso se comunicó a todas las empresas que estaban trabajando la suspensión de sus labores, así como los intentos de que fuera la entidad promotora la que asumiera el coste de lo realizado por la subcontratada, que no llegó a buen fin.

Llegados a este punto cabe indicar que es a la parte actora a quien correspondía acreditar primero las obras concretamente hechas y luego la fecha de las mismas, dado que siendo las facturas algo elaborado por ella misma perfectamente se podían haber dividido los trabajos con la idea de resulta así indiscutible la existencia de un crédito frente a la masa, y para bien o para mal, no solamente no se ha acreditado ello, cuando fácil lo tenía sino que además por las declaraciones de los testigos citados, con el concurso quedaron las obras paralizadas, debiendo en consecuencia estimar el recurso y entender que se está ante simples créditos.

No habiendo además esto quedado desvirtuado por la documentación aportada y pese a las *"idas y venidas"* entre las partes con sus comunicaciones y con la promotora de la obra.

Carece de eficacia frente a terceros el pacto de reserva de dominio no inscrito cuando el deudor se encuentra en concurso, de manera que el contratista tendrá un derecho de crédito ordinario y el objeto de la obra constará en el inventario

AP Pontevedra, Sec. 1.ª, 45/2018, de 1 de febrero

SP/SENT/945219

Es verdad que la STS 558/2011, de 28 de julio, invocada por la recurrente, afirma la oponibilidad frente a terceros de un pacto de reserva de dominio contenido en un contrato de arrendamiento financiero –fuente del crédito reclamado por el acreedor– aunque no esté inscrito.

Pero el estudio de la sentencia evidencia que dicha interpretación obedece a que, según la legislación específica del contrato, contempla la inscripción como una mera posibilidad no revestida del carácter de esencialidad –apartado 1 de la disposición adicional primera–.

A la vez, dicha disposición adicional –apartado 2– faculta al arrendador financiero para reclamar el cumplimiento de las obligaciones derivadas del contrato, mediante el ejercicio, entre otras, de la acción ejecutiva sobre el patrimonio del deudor, si es que aquel consta en alguno de los documentos a que se refieren los ordinales cuarto y quinto del apartado 2 del art. 517 de la Ley de Enjuiciamiento Civil, y, finalmente, la misma norma –apartado 3– permite al arrendador, en caso de incumplimiento del contrato, la recuperación del bien, con tal de que aquel conste en documento del tipo dicho o inscrito en el Registro de venta a plazos de bienes muebles. De otro lado, la sentencia también se hace eco de que el art. 56 de la Ley 22/2003, al referirse a la ejecución de garantías reales, tampoco exige como requisito necesario o esencial la inscripción del contrato de arrendamiento financiero en el referido registro, antes bien, admite como alternativa para el ejercicio de la acción de recuperación del bien arrendado, la formalización de aquel en documento que lleve aparejada ejecución, requisito que si se da en el caso enjuiciado por esta sentencia.

En el supuesto enjuiciado, al recogerse el pacto de reserva de dominio en un documento privado y no figurar la garantía inscrita, el acreedor ni cuenta con un crédito privilegiado –como se ha declaró en la sentencia de 24/03/2017–, ni puede ejercitar un derecho de ejecución separada ni puede acudir, claro está, al estar declarado el concurso, al procedimiento especial previsto en la ley procesal común. Por tanto, para hacer efectiva la reserva del dominio, el vendedor tan solo podría pretender la resolución contractual en el concurso, pero al tratarse de incumplimientos anteriores de un contrato de tracto único, carece de esta facultad.

En consecuencia, la demanda ha sido correctamente desestimada: el acreedor cuenta con un crédito concursal por el importe del precio adeudado y el bien ha sido incluido correctamente en el inventario de la masa activa.

Siendo correcta la resolución del contrato de ejecución de obra realizada por el acreedor por los incumplimientos del concursado, procede reconocerle un crédito ordinario, correspondiente a los daños y perjuicios ocasionados

AP Madrid, Sec. 28.ª, 142/2017, de 17 de marzo

SP/SENT/904467

TERCERO. Conviene aclarar que, a pesar de la literalidad del suplico de la demanda, lo que se pretendía con tal demanda era la inclusión de un crédito por importe de 307.003 euros en concepto de indemnización de daños y perjuicios derivados de la resolución del contrato de ejecución de obra efectuada por declaración unilateral de la acreedora.

Así se indica con claridad en el hecho tercero de la demanda y en su V fundamento de derecho cuando se afirma que la contratista "*... dio por resuelto el contrato...*" y añade que: "*... no le quedó otra alternativa que dar por resuelto el mismo ante los graves perjuicios que le estaban generando los impagos de la promotora demandada. Esta resolución deviene plenamente legítima pues, aun pudiendo entenderse unilateral, está amparada en virtud de lo establecido en el artículo 1.124 del Código civil, pues, en su calidad de sociedad perjudicada* *puede instar la resolución extrajudicial* ex *art. 1.124 CC, limitándose la resolución judicial que se pretende a la proclamación de la procedencia de la resolución instada".*

En definitiva, aunque la redacción del suplico es francamente mejorable, cuando se pide que se declare judicialmente la resolución del contrato y se incluya en la lista de acreedores un crédito por importe de 307.003 euros, en realidad, lo que se pide es la inclusión del crédito derivado de la resolución del contrato unilateral y extrajudicialmente efectuada por la contratista, previo reconocimiento de que aquella resolución se ha hecho conforme a derecho.

Lo que se afirma en la demanda es que la actora, como consecuencia de los incumplimientos de la contratista, dio por resuelto el contrato de ejecución de obra, remitiendo la oportuna comunicación a la contratista con fecha 17 de junio de 2008 (documento n.º 5 de la demanda) y que, teniendo por bien hecha la resolución, se acuerde la inclusión del crédito correspondiente a la indemnización de daños y perjuicios.

No se trata, pues, de que el tribunal declare judicialmente la resolución del contrato –lo que excedería manifiestamente del ámbito del incidente de impugnación de la lista de acreedores, cuestión distinta es que por vía de excepción frente a la impugnación de la exclusión de un crédito contractual, la parte demandada pueda oponer el incumplimiento del contrato, véase sentencia del Tribunal Supremo de 18 de diciembre de 2012–, sino que, partiendo de que la resolución unilateral está bien hecha, se incluya en la lista de acreedores el crédito que en concepto de daños y perjuicios pretende la parte actora derivado de dicha resolución.

Sentado lo anterior, ni la administración concursal ni la concursada efectuaron alegación alguna tendente a desvirtuar ni la resolución previamente efectuada por la concursada ni el importe de la indemnización solicitada, lo que ahora determina su acogimiento y a que se orden la inclusión en la lista de acreedores de un crédito a favor de la demandante por importe de 307.303 euros con la clasificación de ordinario.

El crédito del actor, correspondiente a servicios prestados a la concursa en diferentes obras ejecutadas previo a la declaración del concurso, debe clasificarse como crédito concursal

Juzgado de lo Mercantil Palma de Mallorca, n.º 3, 485/2019, de 12 de septiembre

SP/SENT/1036785

Cuarto: llevado todo ello al caso de autos, encontramos una falta evidente de prueba por parte de la actora que permita el reconocimiento de su crédito como créditos contra la masa y no como concursales como lo ha hecho la administración concursal.

En modo alguno se ha acreditado la existencia de los elementos determinantes de alguno de los créditos contra la masa. No se ha probado la concurrencia de ninguno de los expuestos en el fundamento segundo de esta resolución. Todo ello teniendo en cuenta que, como se menciona en la propia demanda, el origen del crédito reclamado son servicios prestados a la concursada en diferentes obras ejecutadas por esta, previamente a la declaración del concurso, y que estarían pendientes de pago.

Es carga de la demandante, dado que peticionan su reconocimiento como crédito contra la masa (así se recoge en el suplico de la demanda), probar que se dan los elementos de los mismos. Y dado que no se ha probado ello, procede desestimar la demanda, confirmando el informe de la administración concursal.

El crédito del actor, correspondiente al pago realizado en nombre de la entidad que conformaba con él la Unión Temporal de Empresas, debe clasificarse como crédito ordinario

Juzgado de lo Mercantil Asturias, n.º 1, 102/2018, de 28 de noviembre

SP/SENT/1027503

El relato de hechos probados contradice tal conclusión. La deuda nace antes del concurso, cuando se recibe el requerimiento de 3 de marzo, del que el de 7 de abril (ya declarado el concurso) es mera reiteración. Lo único que debemos resolver es si el pago por tercero acometido por OGNIOS vigente concurso supone una subrogación en el crédito originario o el surgimiento de un nuevo, pues solo en este último caso podría admitirse que estamos ante un crédito contra la masa y no ante el primitivo crédito concursal.

Para ello debemos partir del estudio de diversos preceptos del Código Civil, a saber:

Artículo 1.158.

Puede hacer el pago cualquier persona, tenga o no interés en el cumplimiento de la obligación, ya lo conozca y lo apruebe, o ya lo ignore el deudor.

El que pagare por cuenta de otro podrá reclamar del deudor lo que hubiese pagado, a no haberlo hecho contra su expresa voluntad.

En este caso solo podrá repetir del deudor aquello en que le hubiera sido útil el pago.

Artículo 1.159.

El que pague en nombre del deudor, ignorándolo este, no podrá compeler al acreedor a subrogarle en sus derechos.

Artículo 1.209.

La subrogación de un tercero en los derechos del acreedor no puede presumirse fuera de los casos expresamente mencionados en este Código.

En los demás será preciso establecerla con claridad para que produzca efecto.

Principio del formulario.

Final del formulario.

Artículo 1.210.

Se presumirá que hay subrogación:

1.º Cuando un acreedor pague a otro acreedor preferente.

2.º Cuando un tercero, no interesado en la obligación, pague con aprobación expresa o tácita del deudor.

3.º Cuando pague el que tenga interés en el cumplimiento de la obligación, salvos los efectos de la confusión en cuanto a la porción que le corresponda.

Artículo 1.211.

El deudor podrá hacer la subrogación sin consentimiento del acreedor, cuando para pagar la deuda haya tomado prestado el dinero por escritura pública, haciendo constar su propósito en ella, y expresando en la carta de pago la procedencia de la cantidad pagada.

Artículo 1.212.

La subrogación transfiere al subrogado el crédito con los derechos a él anexos, ya contra el deudor, ya contra los terceros, sean fiadores o poseedores de las hipotecas.

Artículo 1.213.

El acreedor, a quien se hubiere hecho un pago parcial, puede ejercitar su derecho por el resto con preferencia al que se hubiere subrogado en su lugar a virtud del pago parcial del mismo crédito.

Apoyándose en los antecedentes históricos (Proyecto de 1851 y Anteproyecto de 1882-1888), distinguen R. Bercovitz-Rodríguez Cano y Valladares Rascón (Comentarios al Código Civil y Compilaciones Forales, T. XVI, Vol. I, pp. 28 a 39) seis supuestos:

a. Subrogación (convencional) cuando existe acuerdo para ella entre el tercero y el acreedor en cualquier caso (régimen de la cesión de créditos), tanto si el tercero tiene interés en la obligación como si no lo tiene, tanto si el deudor aprueba el pago como si lo ignora o se manifiesta contrario a él (arts. 1.209 y 1.159).

b. Subrogación (legal) cuanto paga un tercero y así lo dispone alguna norma concreta (art. 1.209).

c. Subrogación (legal) cuando paga un tercero interesado en la obligación, tanto si el deudor aprueba el pago como si lo ignora o se manifiesta contrario a él (art. 1.210, núms. 1.º y 3.º).

d. Subrogación (legal) cuanto paga un tercero no interesado en la obligación con la aprobación del deudor (arts. 1.210.2.º y 1.159).

e. Acción de reembolso por lo pagado cuando paga un tercero no interesado, ignorándolo el deudor (art. 1.158).

f. Acción de repetición por la utilidad producida cuando paga un tercero no interesado, contra la expresa voluntad del deudor.

La subrogación —aclara el art. 1.212— transfiere al subrogado el crédito con los derechos a él anexos; en la acción de reembolso el *solvens* no se subroga en la posición del acreedor, sino que se trata de un crédito nuevo que nace a favor del tercero en el momento del pago (Díez-Picazo, Fundamentos de Derecho Civil Patrimonial, II, p. 557; Marín López, Comentarios al Código Civil, T. VI, p. 8494). La STS, Sala 1.ª, de 11 de octubre de 2007, reiterada por la de 23 de octubre de 2008, recuerda que *"la subrogación, a diferencia de la acción de reembolso o regreso del artículo 1.158 del Código Civil, que supone el nacimiento de un nuevo crédito contra el deudor en virtud del pago realizado, el cual extingue la primera obligación, transmite al tercero que paga el mismo crédito inicial, con todos sus derechos accesorios, privilegios y garantías de acuerdo con lo dispuesto en el artículo 1.212 del Código Civil –Sentencias del Tribunal Supremo de 16 junio 1969, 12 junio 1976, 29 mayo 1984, 13 febrero 1988 y 15 noviembre 1990–".*

En el caso de autos, hay que determinar, pues, en cuál de los supuestos descritos nos hallamos. Decía Hernández Gil (Derecho de Obligaciones, p. 290), que "*[e]s ciertamente extraño suponer que haya personas que, sin interés de ninguna clase, se prestan al cumplimiento. El hecho de efectuar el pago por otra persona presupone la real existencia de un interés*". La doctrina (Díez-Picazo, *op. cit.*, pp. 553 y 554) reconoce que no resulta claro definir qué es el interés del tercero en el cumplimiento de la obligación, pues el solvens que paga una deuda puede hacerlo por motivos muy variados: el mismo es partícipe en la relación obligatoria y soporta alguna responsabilidad; ha recibido una delegación del deudor; es mandatario o dependiente del mismo; para para evitar su propio desprestigio, etc. Pero, en general, hay acuerdo en que hay interés en el cumplimiento de la obligación cuando el tercero tiene una responsabilidad directa o indirecta en la obligación ajena, singularmente en los casos de fiador y deudor solidario. La STS de 20 de diciembre de 2007 afirma que el art. 1.158 no se refiere "*a la actuación de terceros no ligados por relación contractual o por relaciones derivadas de normas específicas*", sino en aquellos casos en que el pago descanse "*en una voluntad unilateral de una persona sin vínculo anterior con el deudor*".

En el caso de Ogmios su interés es evidente (tanto, que se afirma en la demanda), pues responde solidariamente frente a terceros y las aportaciones requeridas por el gerente iban destinadas a efectos ya emitidos.

Por lo expuesto, el pago efectuado por Ogmios, vigente concurso, es el mismo que la UTE tenía contra Coprosa y mantiene su clasificación como ordinario, sin necesidad de hacer entrar en juego el inciso final del art. 87.6 por analogía, ya que la clasificación crediticia no varía.

La indemnización a favor de la comunidad de propietarios por la existencia de defectos en la construcción debe ser considerado frente a la promotora en concurso como un crédito concursal ordinario

Juzgado de 1.ª Instancia e Instrucción Huesca, n.º 3, 19/2017, de 28 de febrero

SP/SENT/925068

La discusión principal se centra en la propia consideración del crédito como crédito concursal o bien como crédito contra la masa, que es la pretensión principal de la actora.

1) Respecto a si el crédito quedaría incardinado en los supuestos del art. 84.2.6.º LC, según el cual son créditos contra la masa "*los que, conforme a esta Ley, resulten de prestaciones a cargo del concursado en los contratos con obligaciones recíprocas pendientes de cumplimiento que continúen en vigor tras la declaración de concurso, y de obligaciones de restitución e indemnización en caso de resolución voluntaria o por incumplimiento del*

concursado", en el presente caso nos encontramos ante un contrato de compraventa, de obligaciones recíprocas de tracto único, en el que no se discute que la entrega de las fincas y el pago del precio tuvieron lugar años antes de la declaración de concurso, es decir, que no están pendientes de cumplimiento prestaciones por ambas partes. Se aprecia en sentencia una ejecución defectuosa y defectos de fábrica en las baldosas que determinaron la declaración de incumplimiento en la ejecución de obras en aplicación de la Ley de Ordenación de la Edificación, según la que el comprador puede dirigirse contra cualquiera de los intervinientes en el proceso constructivo. Lo relevante en todo caso es que el incumplimiento es evidentemente anterior a la declaración del concurso, y solo la reclamación es de fecha posterior. Siendo un contrato de tracto único con obligaciones pendientes para una de las partes las indemnizaciones como consecuencia del incumplimiento anterior a la declaración del concurso a cargo del que incumple no están incardinadas en el art. 84.2.6.º LC que regula la consideración de crédito contra la masa de las prestaciones pendientes de cumplimiento a fecha de la declaración de concurso en los contratos sinalagmáticos en los que existan obligaciones recíprocas para ambas partes, así como las indemnizaciones por incumplimiento de las prestaciones pendientes de cumplimiento de este tipo de contratos, por lo que no procede declarar el crédito reclamado como crédito contra la masa.

Hay que poner en relación el art. 84.2.6.º con el art. 61 de la LC (*"en los contratos celebrados por el deudor, cuando al momento de la declaración del concurso una de las partes hubiera cumplido íntegramente sus obligaciones y la otra tuviese pendiente el cumplimiento total o parcial de las recíprocas a su cargo, el crédito o la deuda que corresponda al deudor se incluirá, según proceda, en la masa activa o en la pasiva del concurso"*) y recordar cómo el Tribunal Supremo en Sentencia de 19 de febrero de 2013, si bien en un asunto en relación con el contrato de *leasing*, ha declarado lo siguiente: *"Para que, conforme al artículo 61, apartado 2, de la Ley 22/2003, de 9 de julio, puedan ser considerados con cargo a la masa los créditos contractuales contra el concursado es necesario que el deber de prestación de este sea recíproco del asumido en el mismo contrato por el acreedor y que ambos estén pendientes de cumplimiento al declararse el concurso"*.

2) En cuanto a la aplicación del art. 84.2.10.º LC según el cual son créditos contra la masa *"los que resulten de obligaciones nacidas de la ley o de responsabilidad extracontractual del concursado con posterioridad a la declaración de concurso y hasta la conclusión del mismo"*, lo cierto es que sin más consideración ni argumentación, solo queda concluir que el crédito del actor no se corresponde con una obligación nacida de la ley –sino de un incumplimiento del contrato, y ello aun cuando la LOE regula la responsabilidad decenal, pero sin que ello afecte a la naturaleza contractual de dicha responsabilidad–, a diferencia de las obligaciones tributarias, cuotas de Seguridad Social, cuotas de Juntas de Compensación, etc. que son los paradigmas de obligaciones nacidas de la ley, ni tampoco evidentemente se trata de un crédito derivado de la obligación de resarcir un daño o perjuicio en el ámbito de una responsabilidad extracontractual, más allá de que además el hecho generador de la obligación no se discute que se produjo antes de la declaración inicial del concurso.

Créditos ordinarios - Garantías

El crédito del actor, correspondiente a la deuda abonada en su calidad de fiador del concursado, debe clasificarse como crédito ordinario

AP Guadalajara, Sec. 1.ª, 211/2019, de 5 de noviembre

SP/SENT/1040580

Incremento del pasivo y se incrementaría el derecho de voto de los dos Bancos e incluso una duplicidad de cobro.

La sentencia se fundamenta en que no estamos ante una obligación accesoria. Se trata de una fianza a primer requerimiento; en el tenor literal de la cláusula 13 de los créditos que son todas iguales. Y nos dice la sentencia que se recurre: "*el tenor literal de la cláusula decimotercera de los créditos identificados con los números 2, 3, 5, 8, 12, 14 y 21 de la lista de acreedores es el siguiente, habiendo tomado como base la póliza del crédito identificado como número 2: El/los fiador/es presente/s en este acto constituye/n fianza solidaria a favor del Banco garantizando el cumplimiento de las obligaciones asumidas por el /los Prestatarios dimanantes de esta Póliza, extendiéndose dicha solidaridad con respecto a cualquier otro fiador que concurra, aunque proceda de distinto título, y con renuncia expresa a los beneficios de excusión, orden y división.*

La fianza se hará efectiva a primer requerimiento del Banco sin necesidad de que este justifique que ha interpuesto diligencias judiciales contra el/los Prestatario/s, o se vea obligado a ejecutar con anterioridad cualquier otra prenda/s u otra/s garantía/s establecida/s a favor del/los Prestatario/s. La solicitud o declaración de concurso del/los Prestatario/s unida al incumplimiento de cualquier obligación de este/estos frente al Banco o un tercero acreedor será motivo de vencimiento anticipado de la operación contenida en la presente Póliza, facultando al banco para exigir el cumplimiento de la fianza.

En los casos de concurso de/los Prestatario/s, el/los Fiador/es acuerdan expresamente, que, con independencia del resultado que arroje la aprobación del convenio concursal o de la intervención o no del Banco en la aprobación de dicho Convenio, responderá/n solidariamente y de forma inmediata de la totalidad de la deuda del/los Prestatario/s sin que ninguna quinta o espera incluida en el convenio aprobado pueda ser invocada frente al Banco.

Por tanto, la redacción de la cláusula decimotercera acredita que las partes en virtud del principio de autonomía de la voluntad han querido que entre ellas rija una solidaridad plena, incluso en el caso de concurso de acreedores, lo que, en este caso, elimina el carácter subsidiario propio de la fianza".

Ciertamente de su contenido se desprende que estamos ante una solidaridad pactada de común acuerdo entre las sociedades, y como dice la sentencia desaparece la subsidiariedad de la fianza.

Lo anterior no es rebatido por el recurrente, que se mantiene silente ante lo que se dice en la sentencia que ahora se revisa.

Tampoco se cuestiona ni nada se alega con relación a la naturaleza de fianza a primer requerimiento, que es otro de los fundamentos de la sentencia para pronunciarse en la forma en que lo hace. Por ello como dice la sentencia: "*en primer lugar, como consecuencia de la confección de la propia fianza el crédito no puede considerarse como contingente, pero además, y en segundo lugar, el crédito principal, el prestatario es la entidad concursada Samuel Ramírez S. L., no ha sido pagado cuando correspondía, lo que implica que la fianza debe desplegar todos sus efectos en virtud del artículo 1.822 del Código Civil: «Por la fianza se obliga uno a pagar o cumplir por un tercero, en el caso de no hacerlo este»*; lo que unido a la redacción de la cláusula que dice "*la solicitud o declaración de concurso del/los Prestatario/s unida al incumplimiento de cualquier obligación de este/estos frente al Banco o un tercero acreedor será motivo de vencimiento anticipado de la operación contenida en la presente Póliza, facultando al banco para exigir el cumplimiento de la fianza*"; cuestión esta no discutida por el recurrente, que igual que lo anterior guarda silencio al respecto, pues no articula argumento alguno destinado a demostrar la equivocación del Juzgador de Instancia.

Pero además, el Tribunal Supremo en su sentencia de fecha 18 de febrero de 2015 nos dice que En un sistema contractual basado en el reconocimiento de la autonomía de la voluntad o potencialidad normativa creadora de los contratantes, dentro de ciertos límites, como es el nuestro –artículo 1.255 del Código Civil–, determinar si Mediaproducción, S. L. se obligó a cumplir solo si el deudor principal no cumplía, esto es, en vez o en lugar de él, o asumió la obligación como una deudora principal –lógicamente, de modo cumulativo o con fines de refuerzo–, es algo que dependía de la voluntad contractual y, por tal, del sentido jurídicamente relevante de las declaraciones que dieron vida al contrato por el que aquella quedó obligada.

Es cierto que –en la sentencia 233/2014, de 22 de mayo– dimos a una "condicio iuris", en el sentido de requisito exigido por la ley, el tratamiento propio de una condición suspensiva, a los fines de la calificación de créditos contra el deudor concursado. Y que –en la sentencia 361/2014, de 8 de julio–, tras destacar que la subsidiaridad es característica de la fianza, incluso de la solidaria, y, por tanto, que el fiador solo debe pagar en el caso de que no lo haga el deudor principal, al margen de que exista o no beneficio de excusión, consideramos que, mientras no se diera el presupuesto de exigibilidad de la deuda del fiador concursado, en que consiste dicho incumplimiento, el crédito contra aquel debía reconocerse como contingente.

Sin embargo, las cuestiones planteadas en los dos motivos –que, de ser ese el caso, tendrían apoyo en la mencionada doctrina– carecen de toda influencia en la decisión del recurso de casación, por razón de que el Tribunal de apelación, como se expuso al principio, declaró expresamente incumplida la obligación principal o garantizada.

Lo que significa que, aunque Mediaproducción, S. L. se hubiera obligado, como fiadora, solo para el caso de que el deudor principal no cumpliera –artículo 1.822 del Código Civil–, producido el incumplimiento, la obligación nacida de la fianza era exigible –artículo 1.113 del Código Civil–.

Por ello, la calificación del crédito litigioso contra la concursada como contingente hubiera sido incorrecta, en el relatado supuesto que en el recurso de casación hay que entender inmutable.

El crédito del acreedor, correspondiente a las cantidades afianzadas que se han rescindido, debe clasificarse como crédito ordinario

AP Málaga, Sec. 6.ª, 735/2019, de 31 de julio

SP/SENT/1040077

El caso resuelto por el Tribunal Supremo tenía una diferencia sustancial con el que analizamos, cual es que, si bien es cierto que se había aprobado judicialmente un convenio, cuando la TGSS interesa la modificación del texto definitivo, se había frustrado el convenio y abierto la fase de liquidación, y concluye que frustrado el convenio y abierta la fase de liquidación, sobre la petición de modificación de la lista de acreedores solo resulta oponible el límite temporal previsto en el art. 97.bis.1 LC para la liquidación. Por el contrario, el Tribunal Supremo razona –con una interpretación literal–, que, si no se hubiera frustrado el cumplimiento del convenio y se mantuviera la fase de cumplimiento, la TGSS no podía instar la modificación de su crédito porque se había cumplido el reseñado término legal que lo impedía en atención a la ratio o razón expuesta. Este razonamiento nos llevaría en mantener la resolución impugnada de inadmisión de la demanda. No obstante, debemos poner en relación el art. 97 bis 1 párrafo 1.º con el resto del procedimiento regulado en el precepto, ya que en el mismo lo que se indica es que dicho límite temporal opera respecto de la solicitud de modificación, no respecto de la demanda incidental a que se refiere el apartado 2.º. Establece el indicado precepto: "*1. La modificación del texto definitivo de la lista de acreedores solo podrá solicitarse antes de que recaiga la resolución por la que se apruebe la propuesta de convenio o se presente en el juzgado los informes previstos en los apartados segundo de los artículos 152 y 176 bis.*

A tal efecto los acreedores dirigirán a la administración concursal una solicitud con justificación de la modificación pretendida, así como de la concurrencia de las circunstancias previstas en este artículo. La administración concursal en el plazo de cinco días informará por escrito al juez sobre la solicitud.

2. Presentado el informe, si fuera contrario al reconocimiento, se rechazará la solicitud salvo que el solicitante promueva incidente concursal en el plazo de diez días, en cuyo caso se estará a lo que se decida en el mismo. Si el informe es favorable a la modificación pretendida, se dará traslado a las partes personadas por el término de diez días. Si no se efectúan alegaciones o no son contrarias a la pretensión formulada, el juez acordará la modificación por medio de auto sin ulterior recurso. En otro caso, el juez resolverá por medio de auto contra el que cabe interponer recurso de apelación".

Examinadas las actuaciones, del correo remitido por el actor a la administración concursal de 26 de febrero de 2014 y de la contestación de la administración concursal mediante correo de 7 de marzo de 2017, así como el remitido en contestación al administrador concursal de 10 de marzo de 2014, y del correo del administrador concursal previo a la junta de acreedores de 26 de abril de 2014, podemos colegir que el acreedor interesó la modificación del texto definitivo al administrador concursal, aunque sin excesivo rigor formal, con anterioridad a la aprobación del convenio. Es cierto que la demanda se interpone varios meses después, pero debemos tener en cuenta que tampoco el administrador concursal dio cumplimiento a lo dispuesto en el art. 97 bis apartado 2.º LC, y que la forma de resolver no es mediante los autos a que se refiere la juzgadora *a quo* en la instancia, sino mediante la tramitación del incidente concursal. El incumplimiento por el administrador concursal de las formalidades previstas en el art. 97 bis para la confirmación del crédito contingente, e incluso los propios términos del correo de 26 de abril de 2014, nos llevan a estimar que no puede inadmitirse la demanda por extemporaneidad porque la solicitud formulada al amparo del art. 97 bis al administrador concursal se presentó antes del límite temporal previsto en su primer apartado, sin que se haya podido iniciar el cómputo del plazo de diez días para la presentación de la demanda incidental prevista en su apartado 2.º. Por ello, estimamos procedente la admisión de la demanda incidental, con revocación de la resolución recurrida.

TERCERO. Sentado lo anterior, hemos de analizar el segundo motivo de recurso en el que se alega que la nulidad del afianzamiento prestado por la actora declarada en la sentencia que estima la acción rescisoria priva de legitimación pasiva a la concursada, debiendo dirigirse la actora frente a BANKIA. La parte apelada se opone a este motivo de recurso estimando que por la parte apelante se confunden los términos de la sentencia de 22 de octubre de 2013, porque en dicha resolución se declara nulo un contrato de cesión de créditos otorgados el 6 de abril de 2011 entre Bankia S. A. y la concursada, afianzado por la apelada, pero de ninguna manera se declara nulo el contrato de préstamo otorgado entre Bankia S. A. y la concursada, también afianzado por la parte actora, en virtud del cual Salvador Navarro, S. L., abonó a Bankia S. A., por cuenta de la concursada, los créditos reconocidos como contingentes, además de que en los textos provisionales se aclaraba que la contingencia de los créditos reconocidos de la hoy apelada "*proviene de la acción rescisoria del contrato que avala con una cesión de crédito el préstamo del que se abonan estas cuotas, pudiendo ser privilegiado si se desestima la demanda u ordinario si se estima*".

Dada la diversidad de interpretación de las partes de la sentencia de 22 de octubre de 2013 dictada en incidente concursal 694/2012, que es la que motiva el reconocimiento de la contingencia de los créditos, procede analizar la misma, debiendo partirse del tenor de su parte dispositiva que establece: "*FALLO. ESTIMO PARCIALMENTE la demanda presentada por la Administración concursal contra la concursada CONSULTORES PARA EL SUMINISTRO Y SERVICIOS HOSPITALARIOS S. L., contra BANKIA, S. A., SALVADOR NAVARRO S. L. y CORIBE LÍNEA AZUL, S. L., y frente a DESAN-FLEX LINET, S. L.*

A) ACUERDO la rescisión del contrato de 6 de abril de 2011 (doc. n.º 3 de la demanda) firmado entre la concursada y Bankia S. A., siendo avalistas SALVADOR NAVARRO S.L. y CORIBE LÍNEA AZUL, S. L., interviniendo DESAN-FLEX LINET, S. L., DECLARO la ineficacia del mismo, y por tanto, la inexistencia de garantía sobre los créditos de Bankia S. A. que aparecen en el afianzados.

B) CONDENO a las partes del contrato estar y pasar por esta resolución.

C) Condeno a Bankia, S. A. a la restitución de la cantidad de 117.930,56 €; indebidamente cobrado en virtud del referido contrato, cantidad que deberá ser transferida la cuenta de la concursada intervenida por la administración concursal.

D) No ha lugar a subordinar cantidad alguna del crédito adeudado a Bankia S. A. por la concursada al que condena dicha entidad a través de los retos que se hayan percibido debido de percibir.

E) No ha lugar a imponer las costas".

De la parte dispositiva de la sentencia dictada en el incidente concursal del que deriva la contingencia del crédito reconocido, se desprende que únicamente se rescinde la garantía sobre los créditos que aparecen afianzados, refiriéndose a un contrato de 6 de abril de 2011, sin que conste que se rescinda el contrato de préstamo que determinó, por virtud del afianzamiento de la actora, el reconocimiento de los créditos en los textos provisionales, como así se desprende del escrito de Bankia S. A. aportado como documento 7 de la demanda. Hemos de estar al tenor de dichos textos, que no fueron impugnados. Y si en los mismos, la contingencia que se reconocía por la administración concursal solo afectaba a la clasificación de los créditos como ordinarios en caso de estimarse la demanda y como privilegiados en caso de desestimarse la demanda, el dictado de la sentencia, solo puede con llevar la consecuencia expresamente prevista por la administración concursal en los textos provisionales, que no es otra que el reconocimiento de dichos créditos como ordinarios, que es lo que en definitiva se acuerda en la sentencia apelada, por lo que este motivo ha de ser desestimado, debiendo ser confirmada dicha resolución.

El crédito de la entidad bancaria, correspondiente a la póliza de constitución de garantía prendaria, debe clasificarse como ordinario, por estar constituido sobre un saldo bancario indisponible por sentencia judicial

AP Murcia, Sec. 4.ª, 112/2017, de 23 de febrero

SP/SENT/900920

Evidentemente no es ajeno a la Compañía Trimtor S. A., o más concretamente a su masa activa, cuyos intereses son los que deben guiar la actuación de la administración concursal actora, que los saldos de la cuenta de la UTE de la que es miembro en una tercera parte estén gravados o no.

Si no consta la liquidación de esa UTE, es claro que a uno de sus miembros —o más correctamente a su masa activa, al estar en concurso— sí le afectan las cargas reales que puedan pesar sobre ese activo, pues de estar gravado, cuando se le asigne la parte proporcional (una tercera parte), lo será con ese gravamen. La minusvaloración que ello supone es clara, pues hasta donde alcance la garantía real nada recibirá la masa activa de Compañía Trimtor S. A.

Además, no podemos olvidar que lo que se garantiza es un préstamo concedido a la aquí concursada —Constructora Guifersol S. A.— por lo que la obligada a su pago es la misma. El que según el art. 8 de la Ley 18/1982 y art. 14 de los estatutos de la UTE (folio 96) las empresas miembros de la UTE deban responder conjunta y solidariamente frente a terceros no es óbice para lo anterior, ya que esa responsabilidad solidaria se predica solo *"por los actos y operaciones en beneficio del común, sin perjuicio del derecho de repetición inhe-*

rente a cada una de ellas", y en este litigio no se ha planteado si el préstamo garantizado es una operación de esta clase.

6. El submotivo b) (falta de legitimación por actuar en nombre y beneficio propio y no en defensa de un interés o beneficio común de la UTE) también debe decaer, por las razones siguientes:

i) la actora (la Administración Concursal de Compañía Trimtor S. A.) actúa en defensa de los intereses propios antes indicados;

ii) es discutible la tesis del recurrente según la cual la única legitimada sería la UTE al figurar como constituyente de la garantía, pues según el art. 7 de la Ley 18/1982 carece de personalidad jurídica, y no se desprende de la misma que se le reconozca capacidad para ser parte, por lo que no es de aplicación el art. 6.1. 5.º LEC en el que se apoya la recurrente.

Si bien actúa a través de un gerente, con poderes suficientes de todos y cada uno de sus miembros para ejercitar los derechos y contraer las obligaciones correspondientes, ello no significa, sin más, capacidad para ser parte actora, ya que el art. 6.2 LEC cuando contempla la capacidad para ser parte de entidades sin personalidad jurídica lo hace solo para ser demandadas.

El precedente judicial citado (el ATS de 6 de noviembre de 2007) no solo no constituye doctrina jurisprudencial (al limitarse a resolver sobre la personación de una de las sociedades que integran la UTE) sino que se desconoce qué posición –activa o pasiva– tenía en ese caso la UTE;

iii) en todo caso, aun asumiendo la hipótesis que maneja la recurrente (que la legitimada sería la UTE al figurar como constituyente de la garantía), olvida que no estamos ante un supuesto de anulabilidad, sino que, para resolver la impugnación de la lista de acreedores, lo que se plantea es la nulidad del negocio que justifica la calificación impugnada. Y en la petición de nulidad no se reduce la legitimación a las partes contractuales. En ese caso la jurisprudencia (Sentencia 4/2013, de 16 de enero, con cita de la de 28 de febrero de 2004, de 23 de junio de 2001 y de 14 de diciembre de 1993) reconoce:

"... la legitimación de un tercero, que no haya sido parte en el contrato, (...) siempre que dicho tercero tenga un interés jurídico en ello o, lo que es lo mismo, se vea perjudicado o afectado de alguna manera por el referido contrato".

En nuestro caso, el demandante, en cuanto administrador concursal de una empresa titular de una tercera parte de la UTE, tiene un interés jurídico en que se aprecie la nulidad de la garantía de un relevante activo de la UTE, por los motivos indicados.

Ello hace decaer también la alegación de que el único legitimado sería la UTE. Alegación que, dicho sea de paso, se introduce en el recurso, siendo una cuestión nueva prohibida por el art. 456. LEC, ya que lo que se decía en la primera instancia es que faltaba legitimación por actuar en nombre y beneficio propio y no en defensa de un interés o beneficio común de la UTE; argumentación que además decae cuando la UTE se ha allanado en la instancia y se opone al recurso, lo cual es revelador de que no se actúa contra la misma.

En todo caso, el que aquí figure uno de sus miembros –la concursada– como demandada en todo caso no implica que se actúe por la actora contra el interés común. Ello solo obedece a la necesidad de constituir correctamente la relación jurídico-procesal cuando se impugna la lista de acreedores *ex* art. 96 LC.

7. El submotivo c) (falta de legitimación activa por carecer de legitimación para el ejercicio de la acción con arreglo al art. 72 LC) tampoco puede ser atendido.

El que para resolver la impugnación de la lista de acreedores deba enjuiciarse como paso previo la nulidad negocial, no impide que para apreciar la legitimación debamos acudir art. 96 LC, como norma específica. Y como se ha visto, con arreglo a este sí debemos predicar la legitimación de la actora.

Además, como ya apuntamos en el apartado 4 del fundamento anterior, al que nos remitimos, las previsiones del sistema de legitimación del art. 72 no casan con las circunstancias peculiares que presentan casos como el presente.

8. Solo añadir, como argumento de refuerzo, que no cuestionado por el banco en la segunda instancia la corrección de la decisión de fondo, no se explica que se deje ahora imprejuzgada la cuestión relativa a la validez de la prenda, y se obligue a un planteamiento de nuevo cuando es patente que la UTE, a quien el banco considera legitimado para pedirla, es partidaria de dicha nulidad.

Por último, no podemos perder de vista que la entidad bancaria era conocedora de la medida cautelar (como se infiere de la expresa mención a la resolución recaída en el incidente concursal n.º 335/2011).

Por tanto, a pesar de que no podía desconocer que la Compañía Trimtor S. A. y Constructora Guifersol S. A. tenían que abstenerse de realizar cualquier tipo de actuación en relación con la UTE CARAVACA sin contar con el consentimiento de la mercantil Construcciones Villegas S. L. en concurso, admite la prenda sobre el saldo de la cuenta bancaria de la UTE sin la intervención de esta última.

Carece de lógica mantener la vigencia de la prenda cuando *ab initio*, la garantizada era conocedora de que se constituía en contra de lo acordado en una resolución judicial, que no se limitaba a su retención (en cuyo caso podría tener sentido decir que lo que estaba en suspenso era la ejecución de la garantía), sino que prohibía tajantemente cualquier acto de gravamen sobre el saldo de la cuenta de la UTE las de dicha resolución han de quedar sometidas a la disciplina del concurso, hallándonos ante un crédito concursal ordinario, y no contra la masa como pretende la parte actora. La devolución del principal reclamado será su importe a hacer efectivo según el plan de liquidación aprobado (art. 157 LC).

Créditos ordinarios - Sociedades de capital

El crédito derivado de la responsabilidad solidaria del administrador es concursal, pues nació mucho antes de que el crédito fuera declarado en sentencia y también de que la administradora fuera declarada en concurso

AP Burgos, Sec. 3.ª, 504/2019, de 30 de octubre

SP/SENT/1034024

A la vista de los hechos anteriores la única cuestión que fue objeto de discusión en la primera instancia fue la calificación del crédito de los actores como crédito concursal o como crédito contra la masa, y la demanda se desestimó porque el Juzgador entendió que se trataba de un crédito concursal, porque aunque la sentencia de esta Sección que declaró el crédito fue posterior a la declaración de concurso (nuestra sentencia fue de 30 de diciembre de 2016 y el concurso de Esbursa se declaró el 4 de diciembre de 2015), el Juzgado entendió que el crédito no nació con la sentencia, sino que fue anterior.

Sobre el crédito de los actores, y resumiendo lo que dijo nuestra sentencia de 30 de diciembre de 2016, hay que decir que el crédito nace con motivo de la cesión que los actores hicieron a Inmobiliaria Sector 24 de una parcela de su propiedad mediante escritura pública de 31 de mayo de 2005 para recibir a cambio determinadas unidades en el sector urbanístico que la citada Inmobiliaria iba a promover. Dicha inmobiliaria estaba administrada por la concursadas Esbursa y por el grupo Jopisa. Sin embargo, la Sala de lo Contencioso Administrativo anuló el proyecto urbanizador, y cuando los actores quisieron recuperar las fincas la recuperación devino imposible por estar las mismas afectas a las hipotecas y embargos por los gastos del proceso urbanizador. Tampoco pudieron recuperar el precio pagado por la venta de la finca de su propiedad porque Inmobiliaria Sector 24 devino insolvente. Y fue entonces cuando se planteó la demanda de responsabilidad contra los administradores, que se estimó en segunda instancia porque, aunque se discutía si la deuda era o no anterior a la obligación de los administradores de haber disuelto la sociedad, se consideró que la sociedad había nacido ya con una serie de cargas y compromisos financieros que la colocaban directamente en causa de disolución.

Sentado lo anterior, para determinar la fecha del crédito contra los administradores de Inmobiliaria Sector 24 debemos citar la sentencia del Tribunal Supremo de 29 de noviembre de 2017 (ROJ: STS 4221/2017) que también se plantea la cuestión de la calificación del crédito contra un administrador por no haber procedido a su debido tiempo a la disolución de la sociedad en el concurso de este mismo administrador. Y lo que dice es que la fecha que hay que tener en cuenta para la calificación del crédito no es la de la sentencia de condena del administrador, sino la fecha en la que surge la obligación de la sociedad de disolverse. Dice la sentencia:

"Respecto de la fecha de nacimiento del crédito, afirmamos también en la citada sentencia 55/2011, de 23 de febrero, que lo que verdaderamente importa en orden a la calificación de los créditos a que se refiere el art. 84.2.10.º de la Ley Concursal es cuándo se produce su nacimiento, y no su reconocimiento. Por tanto, lo que hay que tener en cuenta es la fecha en que se produce el acaecimiento del que nace la obligación.

En el caso del crédito que los acreedores sociales tienen contra el administrador social con base en el art. 367 TRLSC, el acaecimiento que origina el crédito es el nacimiento de una obligación social en un momento en que los administradores sociales responden solidariamente de las obligaciones sociales, lo que tiene lugar cuando haya concurrido una causa legal de disolución de la sociedad y los administradores hayan incumplido la obligación de convocar en el plazo de dos meses la junta general para que adopte, en su caso, el acuerdo de disolución o no soliciten la disolución judicial o, si procediere, el concurso de la sociedad, en el plazo de dos meses a contar desde la fecha prevista para la celebración de la junta, cuando esta no se haya constituido, o desde el día de la junta, cuando el acuerdo hubiera sido contrario a la disolución".

Aplicando la anterior doctrina al supuesto de autos, el crédito de los actores contra el administrador debe ser calificado como crédito concursal pues nació mucho antes de que el crédito fuera declarado en nuestra sentencia de 30 de diciembre de 2016, y también de que la administradora Esbursa fuera declarada en concurso, por lo que debe confirmarse en este punto la sentencia.

El crédito a favor del actor, por el ejercicio de su derecho de separación, será un crédito ordinario y no subordinado, al no estar ya vinculado a la sociedad, y contingente en la cuantía, al existir proceso judicial sobre la misma

AP A Coruña, Sec. 4.ª, 12/2018, de 15 de enero

SP/SENT/938139

Es más, el propio Tribunal Supremo, en STS 32/2006, de 23 de enero, bajo la legalidad societaria precedente, pero extrapolable al presente marco litigioso, considera que ejercitado el derecho subjetivo y potestativo a la separación, este despliega su eficacia, sin que quepa ya el arrepentimiento de la sociedad, dejando sin efecto el acuerdo social, que propició la modificación estatutaria, con base a la cual se ejercitó tal derecho de separación, sino que, a partir de tal momento, son actos debidos los que deben ser ejecutados por la sociedad, razonando dicha sentencia que: "*No puede justificarse esta suerte de «derecho al arrepentimiento» ni presentando la posición de la sociedad frente al derecho de separación del socio como la de quien ha de consentir, en definitiva, y hasta el momento del pago de la cuota, como presupuesto de eficacia, ni entendiendo el derecho de separación del socio como un derecho* in fieri, *hasta el punto de negar que pueda exigir el valor de reembolso. No lo primero, que carece del mínimo apoyo en los textos legales aplicables, puesto que los artículos 97, 100, 101 y 102 contienen la exposición de auténticos deberes para la sociedad, sin la dependencia de un suceso exterior (artículo 1.113 CC) ni menos de la voluntad de la compañía o de sus administradores (lo que generaría un derecho ilusorio por parte del socio, en una suerte de dependencia de la mera potestad de la compañía, que repugna a la idea de vinculación por razón del contrato social y del legítimo ejercicio de los derechos que de él derivan: arts. 1.256, 1.115, inciso primero del Código Civil, Sentencias de 27 de febrero de 1997, 9 de enero de 1995) y, por tanto, «exigibles desde luego», como dice el mencionado precepto del artículo 1.113 CC. Los actos que realizar por la sociedad son actos debidos, y no condiciones potestativas. La sociedad ha de publicar, ha de informar para obtener la fijación del valor, si no llega a un acuerdo sobre valoración, en base a un comportamiento que se ha de llevar a efecto en buena fe (artículos 7.1 y 1.258 CC, 57 del CCom), ha de pagar al auditor y, dentro de los dos meses siguientes a la recepción del informe de valoración, ha de reembolsar el valor de las participaciones o lo ha de consignar (artículo 101, inciso segundo) y, finalmente, los administradores han de otorgar la escritura de reducción de capital (art. 102), incluso cuando la sociedad quede por debajo del mínimo legal (arts. 102.2 y 108 LSRL). Visto así, no puede compartirse la opinión de quien entiende que no hay un «derecho inmediato» del socio al reembolso del valor, a menos que quiera decirse que ese derecho se habrá de llevar a efecto tras las operaciones de valoración, en los términos y plazos que señala el texto legal*".

A más abundamiento, de considerarse, por el contrario, persistente la condición de socio, hasta que unilateralmente decida la sociedad abonar su derecho de reembolso, o se impusiese a través de la vía de apremio, tampoco se daría el presupuesto para la subordinación del crédito.

En efecto, conforme al art. 92.5 LC se reputan subordinados "*los créditos de que fuera titular alguna de las personas especialmente relacionadas con el deudor a las que se refiere el artículo siguiente, excepto los comprendidos en el artículo 91.1.º cuando el deudor sea persona natural y los créditos diferentes de los préstamos o actos con análoga finalidad de los que sean titulares los socios a los que se refiere el artículo 93.2.1.º y 3.º que reúnan las condiciones de participación en el capital que allí se indican*".

No podemos considerar, por consiguiente, que el crédito del actor, aun cuando ostentase el 14 % del capital social, sea equivalente a un préstamo o acto análogo, pues el mismo no deriva de una entrega a la sociedad de ninguna cosa fungible o dinero para usar de ella y devolver otro tanto de la misma especie y calidad, en los términos del art. 1.740 del CC, sino del ejercicio de un derecho societario a la separación por falta de reparto de beneficios y frustración de la finalidad de toda sociedad mercantil, que es cuestión asaz diferente.

Pese a que la redacción del art. 92.5 LC podría ser más clara, del mismo deriva que la subordinación se produce sobre los préstamos o actos de análoga finalidad de los que son acreedores personas especialmente relacionadas con la persona jurídica concursada, quedando, por consiguiente, excluidas otras posiciones crediticias.

Por actos de análoga o similar finalidad podrán considerarse comprendidos aquellos realizados a efectos de financiación, sobre los que late un propósito similar al del otorgamiento de un préstamo, ahora bien, difícilmente encaja en tal calificación jurídica, que ha de ser restrictiva, el crédito del socio al reembolso de su participación en la sociedad, cuando precisamente no quiere mantenerse ligado a la misma y ejercita su derecho de separación, cinco años antes además de la declaración del concurso, en una situación económico generadora de dividendos, sin atisbo alguno de ejercicio de tal facultad legal, de forma contraria a la buena fe o incurriendo en abuso de derecho, separación que además fue judicialmente reconocida, contando con el refrendo de una sentencia firme.

Desde luego, sería una interpretación extensiva, y, por lo tanto, inasumible, considerar que la aportación que el socio hace al capital social constituye una forma de financiación a la sociedad y que debe asimilarse a una operación de préstamo a los efectos analizados.

Al realizar la aportación al capital social el socio sabe que esta es una cantidad de garantía, a la que no tiene derecho a devolución, como, por el contrario, acontece en el supuesto de que se tratase de un préstamo, sin perjuicio de lo que resulte de las operaciones liquidatorias, una vez disuelta la sociedad, que conforma una situación jurídica muy diferente.

O, dicho de otra forma, mientras que el capital es inamovible, el patrimonio social es variable, dependiendo del mayor o menor éxito que tenga la persona jurídica en la realización de su objeto social, en definitiva, de su actividad en el mercado.

El Juzgado no incurre en incongruencia, sino que califica el crédito conforme a Derecho, al hallarse su cuantía judicialmente impugnada, y disponer el art. 87.3 LC, que los créditos sometidos a condición suspensiva y los litigiosos serán reconocidos en el concurso como créditos contingentes sin cuantía propia y con la calificación que corresponda –en este caso ordinario por el principal y subordinado por los intereses–, admitiéndose a sus titulares como acreedores legitimados en el juicio sin más limitaciones que la suspensión de los derechos de adhesión, de voto y de cobro. En todo caso, la confirmación del crédito contingente o su reconocimiento en sentencia firme o susceptible de ejecución provisional otorgará a su titular la totalidad de los derechos concursales que correspondan a su cuantía y calificación.

Créditos ordinarios - Salarios

No será crédito contra la masa, sino concursal el que corresponde a la entidad que se subroga por el pago realizado a un trabajador en su crédito reconocido al ser anterior al concurso, no se trata de un crédito nuevo surgido por el pago

AP Ourense, Sec. 1.ª, 272/2018, de 18 de septiembre

SP/SENT/976924

Pues bien, la parte actora, aunque de forma un tanto vacilante en el recurso, continúa manteniendo que su crédito puede incardinarse en el número 6 del artículo 84.2 de la Ley Concursal. Dicho precepto tiene dos incisos: en primer término, deben satisfacerse con cargo a la masa, "*las prestaciones a cargo del concursado en los contratos con obligaciones recíprocas que continúen en vigor tras la declaración de concurso*". Este es el supuesto normal, puesto que la declaración de concurso, por sí sola, no afecta a la vigencia de los contratos, de modo que las prestaciones a que esté obligado el concursado se realizarán con cargo a la masa (artículo 61.2.1). El contrato concluido por el deudor, luego concursado, se convierte en un contrato de la masa, que deberá ser cumplido ordinariamente durante el concurso tanto por el deudor, con cargo a la masa, como por la contraparte. Se asimila a este supuesto aquel en que el Juez, atendiendo al interés del concurso, acuerde el cumplimiento del contrato, cuando hubiera sido solicitada su resolución por incumplimiento posterior al concurso, pues se establece que "*serán a cargo de la masa las prestaciones debidas o que deba realizar el concursado*" (art. 62.3). En segundo término, constituyen también créditos contra la masa los de "*obligaciones de restitución e indemnización en caso de resolución voluntaria o por incumplimiento del concursado*" (artículo 84.2. 6.ª, segundo inciso). Se trata de dos supuestos distintos: el primero es aquel en que el Juez del concurso, a solicitud de la Administración Concursal, en caso de sustitución, o el propio deudor, en caso de simple intervención, acuerde la resolución del contrato, por considerarlo conveniente para el interés del concurso, en cuyo caso acordará igualmente *"las restituciones que procedan y la indemnización que haya de satisfacerse con cargo a la masa"* (artículo 61.2.1). Resuelto el contrato en interés del concurso tienen la consideración de créditos contra la masa tanto la obligación de restitución que corresponda al concursado como la indemnización de los daños y perjuicios que esa resolución pueda causar a la contraparte. El segundo es aquel en que se produzca la resolución del contrato por incumplimiento de cualquiera de las partes posterior al concurso, facultad que no se ve afectada por el concurso. Acordada la resolución del contrato, quedarán extinguidas las obligaciones pendientes de vencimiento y en cuanto a las vencidas será preciso distinguir en qué momento se produjo el incumplimiento del concursado: el crédito de la parte cumplidora, que comprenderá en todo caso el resarcimiento de los daños y perjuicios que proceda, será concursal si el incumplimiento fue anterior a la declaración de concurso y constituirá crédito contra la masa, si fue posterior (art. 62.4). En ninguno de los supuestos que se contemplan en este precepto tiene encaje el crédito de la actora, aunque se hubiera producido la resolución del contrato que le vinculaba con la concursada después de la declaración de concurso, pues dicho pago no deriva de la propia resolución y, además, no es un crédito justificado en la atención a las necesidades del concurso. El crédito deriva del pago a una trabajadora de salarios devengados con anterioridad a la declaración de concurso, en virtud de la obligación legal que le imponía el artículo 42.2 del Estatuto de los Trabajadores y declarada en sentencia firme. Se trata, por tanto, de créditos por salarios derivados del vínculo laboral que unía a la trabajadora con la concursada y que aún se mantuvo tras la declaración de concurso. La especificidad de este tipo de créditos se reconoce en la Ley Concursal otorgando el carácter de crédito contra la masa solamente a *"los créditos por salarios por los últimos treinta días de trabajo anteriores a la declaración de concurso y en cuantía que no supere el doble del salario mínimo interprofesional"* (artículo 84.2. 1.º), debiendo abonarse estos créditos de forma inmediata, conforme al artículo 154.2, siempre que las disponibilidades del concurso lo permitan. Los créditos salariales anteriores a la declaración de concurso que no estén protegidos por la calificación como créditos contra la masa serán considerados créditos concursales, con privilegio general de primer rango, con las limitaciones legales previstas en el artículo 91.1.º. En base a ello, la Administración Concursal ya había contemplado en los textos provisionales de su informe un crédito contra la masa: 1.290,80 euros correspondientes a la nómina de julio, últimos treinta días de trabajo efectivo anteriores a la declaración de concurso. Los gastos generados por el ejercicio de la actividad profesional o empresarial del deudor tras la declaración del concurso, incluidos los créditos laborales, también tienen la consideración de créditos contra la masa, según el n.º 5 del artículo 84.2 citado, y en base a ello, en los textos provisionales la Administración Concursal también incluyó como crédito de tal clase a favor de la trabajadora la cantidad de 1.394,42 euros correspondiente a la nómina del mes de octubre.

Las cantidades abonadas por la actora corresponden a las retribuciones de mayo y junio; una parte de la retribución de julio y atrasos de los años 2012 y 2013, que, según lo expuesto, no pueden considerarse créditos contra la masa.

Por otro lado, como se ha dicho, mantiene la actora que su crédito podía tener encaje también en el n.º 10 del artículo 84.2 de la Ley Concursal, que considera créditos contra la masa los que resulten de obligaciones nacidas de la ley o de la responsabilidad extracontractual del concursado con posterioridad a la declaración de concurso y hasta la conclusión del mismo. Concretamente se indica que su crédito deriva de una obligación nacida de la ley, pues el artículo 42.2 del Estatuto de los Trabajadores le hacía responsable solidario del pago de los salarios a la trabajadora. El precepto se refiere a las obligaciones que, derivadas de la ley, puedan nacer a cargo de la concursada, ya sea de carácter fiscal, tributario, administrativo, etc., con posterioridad a la declaración del concurso. La referencia a la ley ha de vincularse con el contenido del artículo 1.090 del Código Civil donde se establece la exigibilidad de las obligaciones que surgen de la ley debiendo estarse, en cuanto a su alcance y régimen, a la norma que origina tal obligación, siempre que se cumpla el requisito temporal que el precepto establece. En la práctica esta regla amparará esencialmente la consideración como deudor de la masa a aquellas obligaciones de índole tributaria o administrativa que sean consecuencia de la continuidad empresarial del concursado y que surjan necesariamente a su cargo con absoluta independencia de las anteriores obligaciones concursales, por lo que el crédito derivado de una obligación impuesta a cargo del demandante por la normativa laboral, como deudor solidario, no encontraría encaje en tal supuesto. La obligación se impone por el Estatuto de los Trabajadores a la acreedora, no a la concursada, como exige el precepto.

La deuda reclamada por la demandante deriva de la aplicación del artículo 42.2 del Estatuto de los Trabajadores. Dicho precepto declara que de las obligaciones de naturaleza salarial contraídas por los contratistas y subcontratistas con sus trabajadores responderá solidariamente el empresario principal, durante el año siguiente a la finalización del encargo.

"*... En suma, el apelante no ha adquirido un crédito «ex novo». En virtud del pago se ha subrogado en la posición del titular originario, manteniéndose la calificación correspondiente a este, («... sin perjuicio de la sustitución del titular del crédito en caso de pago por el fiador», artículo 87.6), no pudiéndose modificar la calificación del crédito de la acreedora originaria y su tratamiento dentro del marco del concurso, por lo que no puede ser calificado como crédito contra la masa o crédito prededucible, lo que conduce a la desestimación del recurso interpuesto y a la confirmación de la resolución recurrida*".

Créditos subordinados

Créditos subordinados - Personas especialmente relacionadas con el concursado

El crédito de reembolso de la deuda social satisfecha por el fiador es subordinado porque era persona especialmente relacionada con la sociedad concursada, aunque ahora no lo sea, el momento relevante es cuando se constituyó la fianza

TS, Sala Primera, de lo Civil, 61/2020, de 3 de febrero

SP/SENT/1036229

La cuestión controvertida gira en torno a la clasificación de un crédito que los demandantes tienen frente a la sociedad concursada de 2.362.375,73 euros. Este crédito deriva de la fianza solidaria que habían otorgado los dos demandantes a favor de un banco y en garantía de la devolución de un préstamo hipotecario. Si nos atenemos al momento en que se afianzó el préstamo hipotecario y su ampliación, los dos fiadores solidarios, ahora demandantes, tendrían la consideración de personas especialmente relacionadas con la sociedad concursada (Albergue Naval), conforme a lo previsto en el art. 93.2.1.º LC: uno de ellos (Humberto), por entonces era socio con una participación en el capital social superior al 10 %; y la otra (Fátima), era su cónyuge.

Pero si nos atenemos al momento en que realizaron el pago al banco acreedor (29 de mayo de 2014), en su calidad de fiadores solidarios, entonces ya no tenían esa condición de personas especialmente relacionadas con la sociedad concursada, pues para entonces ninguno de los dos era socio. Habían dejado de serlo unos meses antes (28 de junio de 2013), como consecuencia de la reducción a cero del capital social de Albergue Naval sin que acudieran a la ampliación de capital.

3. Como el banco se dirigió contra los dos fiadores demandantes y estos tuvieron que pagar la suma 2.362.375,73 euros, a la hora de proceder al reconocimiento y clasificación de créditos en el concurso de la sociedad deudora, resulta de aplicación la regla contenida en el inciso segundo del art. 87.6 LC. Este precepto, después de regular que "*los créditos en los que el acreedor disfrute de fianza de tercero se reconocerán por su importe sin limitación alguna y sin perjuicio de la sustitución del titular del crédito en caso de pago por el fiador*", añade:

"Siempre que se produzca la subrogación por pago, en la calificación de estos créditos se optará por la que resulte menos gravosa para el concurso entre las que correspondan al acreedor o al fiador".

Está claro que el crédito del banco acreedor, en la medida en que estaba garantizado con hipoteca, tenía la condición de crédito con privilegio especial. La cuestión radica en determinar qué clasificación merecería el crédito de los fiadores, tras hacer pago del crédito del banco afianzado, pues aquella que sea más beneficiosa para el concursado es la que determinará la clasificación de este crédito.

Para ello debemos atender a si a los efectos de clasificar este crédito de los fiadores, resulta de aplicación la regla del art. 93.2.1.º LC. Esto es, si merecen la consideración de personas especialmente relacionadas con el deudor, en función de cuándo se entiende que nació el crédito. El art. 93.2.1.º LC dispone lo siguiente:

"2. Se consideran personas especialmente relacionadas con el concursado persona jurídica:

1.º Los socios que conforme a la ley sean personal e ilimitadamente responsables de las deudas sociales y aquellos otros que, en el momento del nacimiento del derecho de crédito, sean titulares directa o indirectamente de, al menos, un 5 por ciento del capital social, si la sociedad declarada en concurso tuviera valores admitidos a negociación en mercado secundario oficial, o un 10 por ciento si no los tuviera. Cuando los socios sean personas naturales, se considerarán también personas especialmente relacionadas con la persona jurídica concursada las personas que lo sean con los socios conforme a lo dispuesto en el apartado anterior".

El recurso argumenta que la acción ejercitada era la de reembolso y no la subrogatoria, y que el crédito reclamado con la primera se entiende que nace con el pago por el fiador de la deuda afianzada. Pero, como veremos a continuación, a efectos concursales, esto no es así, pues no cabe dar distinto tratamiento concursal al crédito del fiador frente al deudor afianzado, en función de si es ejercitada una u otra acción, cuando se reclama el importe de la deuda satisfecha y los intereses.

4. Como recuerda la sentencia 761/2015, de 30 de diciembre, el fiador que paga la obligación garantizada dispone de dos acciones para hacer efectiva la vía de regreso frente al deudor principal: un derecho de reembolso (art. 1.838 CC) y una facultad de subrogarse en los derechos del acreedor (art. 1.839 CC):

"el Código Civil reconoce al fiador que paga una doble facultad, derivada de su condición de acreedor del deudor principal que adquiere al pagar la deuda garantizada, con una misma finalidad (que el cumplimiento de la obligación de fianza no le suponga un quebranto patrimonial) pero de contenido diverso, entre las que el fiador puede elegir.

(...) tanto la acción de reembolso o regreso como la acción subrogatoria son mecanismos previstos por el ordenamiento jurídico para la efectividad de un principio básico de la regulación de las garantías otorgadas por terceros, como es que el tercero que paga, y se convierte por ello en acreedor del deudor principal, no sufra, en lo posible, un quebranto patrimonial y pueda resarcirse con cargo al deudor principal, que no pagó".

Aunque el fiador asuma la condición de acreedor frente a la sociedad deudora principal, respecto de lo pagado al acreedor principal como consecuencia de la fianza, a los efectos previstos en el art. 87.6 LC no cabe hablar del nacimiento de una nueva deuda social, sino más bien de que la existente persiste, sin perjuicio de que ahora sean los fiadores quienes estén legitimados para reclamarla. Cuando menos por lo que respecta al importe de la deuda satisfecha y sus intereses. Cuestión distinta podría ser en lo que respecta al eventual crédito de indemnización de daños y perjuicios, al que legitima también la acción de reembolso, que en este caso no consta se haya ejercitado.

En el mismo sentido nos pronunciamos en la sentencia 20/2020, de 16 de enero, en un supuesto que, si bien no es idéntico, sí guarda cierta relación de analogía, pues, con ocasión de una acción de responsabilidad *ex* art. 367 LSC, interesaba determinar en qué momento se podía entender que había nacido el derecho de crédito del fiador, una vez pagado el crédito afianzado, frente a la sociedad deudora, para determinar si era anterior o posterior a la aparición de la causa de disolución. En esa sentencia declaramos lo siguiente:

"El derecho del fiador a reclamar de la sociedad deudora lo pagado no es propiamente una nueva deuda social, sino una modificación subjetiva de la obligación originaria, un cambio de acreedor. Esto que resulta muy claro en el caso de la acción subrogatoria del art. 1.839 CC, también lo sería cuando en la acción de reembolso se reclama la deuda satisfecha por el fiador y los intereses (ordinales 1.º y 2.º del art. 1.838 CC)".

De este modo, en un caso como el presente, para clasificar el crédito de reembolso de la deuda social satisfecha por el fiador, y, en concreto, para comprobar si el fiador era persona especialmente relacionada con la sociedad concursada, por ser socio de la concursada con una participación superior al 10 % de capital social, el momento relevante es aquel en que se afianzó el crédito. Se entiende, a estos efectos, que el crédito cuya clasificación es objeto de impugnación nació con el afianzamiento y no más tarde con el pago del crédito afianzado. Lo relevante es que los fiadores demandantes, cuando asumieron la fianza, se hallaban en esa situación descrita por el art. 93.2. 1.º LC: Humberto era socio con una participación en el capital social superior al 10 % y Fátima era su cónyuge.

La sociedad acreedora es persona especialmente relacionada con la concursada porque ambas están integradas en un grupo societario, sometidas al control de una persona física, por lo que su crédito es subordinado

TS, Sala Primera, de lo Civil, 190/2017, de 15 de marzo

SP/SENT/897819

Si existe control, en el sentido definido en el art. 42.1 del Código de Comercio, para que exista un grupo societario a efectos de la Ley Concursal, es indiferente que en la cúspide del grupo se encuentre una sociedad mercantil (que tendría la obligación contable de formular cuentas anuales e informe de gestión consolidados) o algún otro sujeto (persona física, fundación, etc.) que no tenga esas obligaciones contables.

Las razones que justifican un determinado tratamiento a los concursos en los que están involucradas sociedades sujetas a control, en el sentido del art. 42.1 del Código de Comercio, y que afectan a cuestiones tales como la acumulación de concursos, incompatibilidades para desempeñar el cargo de administrador concursal, acciones de reintegración, subordinación de créditos, etc., concurren tanto cuando en la cima del grupo, ejercitando el control, se encuentra una sociedad mercantil como cuando se encuentra una persona física o una persona jurídica que no sea una sociedad mercantil, como por ejemplo una fundación.

12. De considerar que la remisión que la disposición adicional sexta hace al art. 42.1 del Código de Comercio para determinar el concepto de grupo societario incluye la exigencia de que quien ejerce (o puede ejercer) el control sea una sociedad, se estarían excluyendo a grupos con un protagonismo importante en la vida económica en los que tal control es ejercido por una persona física o por una fundación.

Carece de justificación que en un concurso de una sociedad integrada en un grupo en el que una de estas fundaciones o una persona física ejerce el control, otra sociedad integrada en el grupo no sea considerada como persona especialmente relacionada con la concursada, o que no se tramiten acumuladamente los concursos de dos sociedades integradas en uno de estos grupos, simplemente porque en la cabecera del grupo se encuentra una fundación o una persona física y no otra sociedad.

13. El propio art. 42, en su apartado 6, prevé la posibilidad de aplicar lo previsto en esa sección a los supuestos en que cualquier persona física o jurídica, distinta de la prevista en el apartado 1, formule y publique cuentas consolidadas, por lo que la situación de control sobre sociedades mercantiles puede ejercerse también por personas físicas o personas jurídicas que no sean sociedades mercantiles, sin perjuicio de que en este caso la consolidación de cuentas por parte de la persona física o jurídica dominante sea voluntaria.

14. Las razones que justifican el tratamiento como persona especialmente relacionada con el deudor de la sociedad perteneciente al mismo grupo, y que determinan la calificación de su crédito como subordinado, concurren plenamente en el presente caso.

La posibilidad de que el acreedor, al ser una sociedad sometida al mismo control que la sociedad deudora, pueda tener una información privilegiada sobre la situación del deudor, que haya podido tener alguna influencia en su actividad, o que la financiación otorgada por esa sociedad del grupo intente paliar la infracapitalización de la sociedad deudora, que son las principales razones de que sus créditos se posterguen respecto de los de acreedores que no tengan la calificación de personas especialmente relacionadas, son circunstancias que concurren plenamente en un supuesto como el que es objeto del recurso, en el que una persona física controlaba a la deudora y a la acreedora, hasta el punto de que ambas sociedades tenían el mismo administrador y sus ejecutivos tenían poderes cruzados para actuar indistintamente en nombre de una y otra.

15. De acuerdo con lo razonado hasta ahora, la acreedora Koxka tiene la condición de persona especialmente relacionada con la concursada porque ambas están integradas en un grupo societario, sometidas al control de una persona física. Por ello, su crédito frente a la concursada debe ser calificado como crédito subordinado.

Lo expuesto determina que la sentencia de la Audiencia Provincial deba ser revocada, el recurso de apelación, desestimado, y la sentencia del Juzgado Mercantil, confirmada.

Dado que la Unión Temporal de Empresas no está participada por la sociedad concursada, no cabe considerarla como persona especialmente relacionada con el deudor, no procediendo, por tanto, subordinar su crédito

AP Cádiz, Sec. 5.ª, 458/2019, de 30 de mayo

SP/SENT/1016034

---

1) Para determinar lo que se ha de entender por grupo de sociedades se está a lo que dispone el CCom art. 42 (LCon disp. adic. 6.ª): Según este artículo forman parte de un mismo grupo, como sociedad dominante y dominada, las sociedades que, directa o indirectamente (dominante), tienen la mayoría de los derechos de voto en otra sociedad (dominada) o por cualquier otro motivo ejerce sobre esta una influencia dominante sobre su actuación. Se presume tal influencia cuando concurren las siguientes circunstancias:

– mayoría de los derechos de voto; o

– mayoría de miembros en el órgano de administración de la sociedad dominada.

Esta remisión permite excluir del concepto de grupo, a efectos del concurso, a los grupos paritarios, horizontales o por coordinación, que antes de la reforma operada por la L 16/2007, eran también considerados grupos societarios cuando existía una "*unidad de dirección*".

2) Si existe control en el sentido del CCom art. 42.1, para que exista un grupo societario a efectos de la Ley Concursal es indiferente que en la cúspide del grupo se encuentre una sociedad mercantil (que tendría la obligación contable de formular cuentas anuales e informe de gestión consolidados) o algún otro sujeto (persona física, fundación, etc.) que no tenga esas obligaciones contables (TS 15-3-17; 11-7-18).

3) No hay control cuando se adoptan por una sociedad medidas de prevención frente a actuaciones que pudieran perjudicar la inversión realizada (TS 10-7-18).

4) La restricción relativa a los socios "comunes" se incorporó a la LCon por la L 38/2011 en la LCon art. 93.2.3.º, entendiéndose desde entonces que la sociedad acreedora es persona especialmente relacionada con el deudor concursado cuando sea socia, no solo de alguna sociedad del grupo de la concursada, sino también de esta última. Esta modificación no puede interpretarse como una mera aclaración de la norma, sino como una modificación de la extensión de la subordinación de los créditos (TS 24-4-18).

En este sentido, la noción de grupo, a estos efectos, no viene marcada por la existencia de una unidad de decisión, sino por la situación de control en el sentido del CCom art. 42.1 (TS 4-4-16).

El momento en el que debe concurrir el concepto de grupo de sociedades, para ser considerado persona especialmente relacionada con el deudor, es el del nacimiento del crédito, y no el posterior de la declaración de concurso (TS sentencias de 4 de marzo de 2016; 24 de abril de 2018). A estos efectos en el momento del nacimiento de los créditos aquí reclamados 15 de junio de 2012 y 31 de octubre de 2013 no consta que JOMASA S. L. tuviera participación o concurrieran los requisitos establecidos en el artículo 42 del CdeCo y jurisprudencia que lo interpreta con relación a JUVASA CONSTRUCCIONES Y REFORMAS S. L.

Por último, en relación con la consideración del negocio común o conjunto a que hace referencia la sentencia y del que hace derivar la consideración de grupo (sin que conste documentación aportada al respecto), tenemos que traer a colación aquí que las UTE a menos que se trate de empresas participadas (y no consta que JUVASA esté participada por JOMASA S. L.), no cabe considerar que estemos ante un supuesto de persona especialmente relacionada con el deudor. No lo son, porque no constituyen grupos de sociedades o empresas, las que forman parte de una UTE en relación con una de ellas declarada en concurso. En este sentido se ha pronunciado la Sentencia AP Pontevedra (s. 1.ª) de 15 de marzo de 2010.

La acreedora pertenece al mismo grupo que la concursada, aunque no exista dependencia jerárquica, y, por tanto, han de subordinarse sus créditos porque es persona especialmente relacionada

AP Barcelona, Sec. 15.ª, 929/2019, de 17 de mayo

SP/SENT/1021091

Contra el criterio seguido por la sentencia apelada, entendemos que en el presente caso Díaz Maestro, titular del crédito, forma parte del mismo grupo empresarial que la concursada DIMAFRESC. En efecto, sobre el concepto de grupo, la Sentencia del Tribunal Supremo de 15 de marzo de 2017 (ECLI:ES:TS:2017:1479), en un supuesto muy similar al enjuiciado (persona física que, indirectamente, por medio de sociedades, ejercía el control tanto de la acreedora como del deudor), dice lo siguiente:

"Tras la reforma del art. 42 del Código de Comercio por la Ley 16/2007, de 4 de julio, el grupo de sociedades viene caracterizado por el control que ostente o pueda ostentar, directa o indirectamente, una sobre otra u otras.

Con esta referencia al control, directo o indirecto, de una sociedad sobre otra u otras, se extiende la noción de grupo más allá de los casos en que existe un control orgánico, porque una sociedad (dominante) participe mayoritariamente en el accionariado o en el órgano de administración de las otras sociedades (filiales). Se extiende también a los casos de control indirecto, por ejemplo, mediante la adquisición de derechos o la concertación de contratos que confieran a la parte dominante la capacidad de control, sobre la política financiera y comercial, así como el proceso decisorio del grupo. Y la noción de «control» implica, junto al poder jurídico de decisión, un contenido mínimo indispensable de facultades empresariales. Para ilustrar el contenido de estas facultades, sirve la mención que en la doctrina se hace al Plan General Contable, parte segunda, norma 19, que, al definir las «combinaciones de negocios», se refiere al «control» como «el poder de dirigir las políticas financiera y de explotación de un negocio con la finalidad de obtener beneficios económicos de sus actividades».

2. Que a efectos de la Ley Concursal, la remisión al art. 42.1 del Código de Comercio suponga que solo tenga la consideración de grupo societario el que ha venido a denominarse grupo «jerárquico» y queden excluidos los grupos «paritarios», «horizontales» o «por coordinación», no supone que, para que la existencia del grupo tenga trascendencia en el concurso, necesariamente tenga que estar involucrada en el concurso la sociedad dominante, bien porque se tramiten como concursos conexos los de la dominante y de una o varias dominadas, bien porque se plantee la subordinación del crédito de la sociedad dominante en el concurso de la dominada (o del crédito de la sociedad dominada en el concurso de la dominante), o porque el acto dispositivo a título oneroso que pretende rescindirse haya sito realizado por la sociedad concursada en favor de la sociedad dominante del grupo (o, si el concurso lo fuera de la sociedad dominante, que hubiera sido realizado en favor de una sociedad dominada).

Por el contrario, son aplicables las previsiones de la Ley Concursal relativas al grupo de sociedades (bien porque los preceptos correspondientes tengan en cuenta directamente la existencia de grupo, como es el caso de los arts. 25 y 25 bis, bien porque hagan referencia a las personas especialmente relacionadas con el deudor entre las que se encuentran las sociedades que formen parte del mismo grupo que la sociedad declarada en concurso por preverlo así el art. 93.2.3.º de la Ley Concursal, como es el caso de los arts. 71.3.1.º o 92.5 de la Ley Concursal, entre otros) también cuando las sociedades involucradas son todas ellas sociedades filiales o dominadas dentro del grupo. Así, el art. 25.bis.3 de la Ley Concursal establece reglas de competencia para el caso de acumulación de concursos de sociedades pertenecientes al mismo grupo cuando una de las sociedades en concurso es la dominante, pero también cuando la sociedad dominante no está declarada en concurso y, por tanto, las sociedades integrantes del grupo que están declaradas en concurso son ambas sociedades filiales o dominadas.

3. En el caso objeto del recurso, que las sociedades involucradas en el concurso (una como concursada y la otra como acreedora) no tengan entre sí una relación de jerarquía dentro de un grupo porque ambas sean sociedades dominadas, no significa que nos encontremos ante un grupo horizontal o paritario. Si existe control, en el sentido establecido en el art. 42.1 del Código de Comercio, hay grupo a efectos de la Ley Concursal, aunque las sociedades involucradas en la situación concursal sean ambas filiales o dominadas, y son aplicables las previsiones de la Ley Concursal relativas al grupo de sociedades.

Por tanto, esa circunstancia no sería obstáculo para que se considerara que Koxka tiene la condición de persona especialmente relacionada con la concursada...".

Por tanto, la situación de control mediante mecanismos societarios es clara, aunque el control ejercido sobre la deudora y la acreedora por la persona física que se encuentra en la cúspide del grupo sea indirecto, puesto que se ejercita a través de otras sociedades, que son las socias únicas de las sociedades deudora y acreedora y que, a su vez, están participadas mayoritariamente por esa persona física. Pero esa persona física dispone de la mayoría de los derechos de voto de las socias únicas de las sociedades involucradas en el concurso, una como deudora y otra como acreedora.

5. Si existe control, en este caso mediante mecanismos societarios como es la titularidad mayoritaria del capital social de las sociedades que son socias únicas de las sociedades deudora y acreedora, no puede decirse que estemos ante un grupo horizontal o por coordinación, excluido del concepto de grupo societario del actual art. 42.1 del Código de Comercio, por el hecho de que ese control sea ejercido por una persona física o jurídica que no es una sociedad mercantil. Sigue siendo control societario, plasmado en la disponibilidad de la mayoría de los derechos de voto de la dominada, situación prevista en el art. 42.1.a del Código de Comercio como una de las que hacen presumir la existencia de control. (...)

Si existe control, en el sentido definido en el art. 42.1 del Código de Comercio, para que exista un grupo societario a efectos de la Ley Concursal, es indiferente que en la cúspide del grupo se encuentre una sociedad mercantil (que tendría la obligación contable de formular cuentas anuales e informe de gestión consolidados) o algún otro sujeto (persona física, fundación, etc.) que no tenga esas obligaciones contables.

Las razones que justifican un determinado tratamiento a los concursos en los que están involucradas sociedades sujetas a control, en el sentido del art. 42.1 del Código de Comercio, y que afectan a cuestiones tales como la acumulación de concursos, incompatibilidades para desempeñar el cargo de administrador concursal, acciones de reintegración, subordinación de créditos, etc., concurren tanto cuando en la cima del grupo, ejercitando el control, se encuentra una sociedad mercantil como cuando se encuentra una persona física o una persona jurídica que no sea una sociedad mercantil, como por ejemplo una fundación.

12. De considerar que la remisión que la disposición adicional sexta hace al para determinar el concepto de grupo societario incluye la exigencia de que quien ejerce (o puede ejercer) el control sea una sociedad, se estarían excluyendo a grupos con un protagonismo importante en la vida económica en los que tal control es ejercido por una persona física o por una fundación.

Carece de justificación que en un concurso de una sociedad integrada en un grupo en el que una de estas fundaciones o una persona física ejerce el control, otra sociedad integrada en el grupo no sea considerada como persona especialmente relacionada con la concursada, o que no se tramiten acumuladamente los concursos de dos sociedades integradas en uno de estos grupos, simplemente porque en la cabecera del grupo se encuentra una fundación o una persona física y no otra sociedad.

13. El propio art. 42, en su apartado 6, prevé la posibilidad de aplicar lo previsto en esa sección a los supuestos en que cualquier persona física o jurídica, distinta de la prevista en el apartado 1, formule y publique cuentas consolidadas, por lo que la situación de control sobre sociedades mercantiles puede ejercerse también por personas físicas o personas jurídicas que no sean sociedades mercantiles, sin perjuicio de que en este caso la consolidación de cuentas por parte de la persona física o jurídica dominante sea voluntaria.

14. Las razones que justifican el tratamiento como persona especialmente relacionada con el deudor de la sociedad perteneciente al mismo grupo, y que determinan la calificación de su crédito como subordinado, concurren plenamente en el presente caso.

La posibilidad de que el acreedor, al ser una sociedad sometida al mismo control que la sociedad deudora, pueda tener una información privilegiada sobre la situación del deudor, que haya podido tener alguna influencia en su actividad, o que la financiación otorgada por esa sociedad del grupo intente paliar la infracapitalización de la sociedad deudora, que son las principales razones de que sus créditos se posterguen respecto de los de acreedores que no tengan la calificación de personas especialmente relacionadas, son circunstancias que concurren plenamente en un supuesto como el que es objeto del recurso, en el que una persona física controlaba a la deudora y a la acreedora, hasta el punto de que ambas sociedades tenían el mismo administrador y sus ejecutivos tenían poderes cruzados para actuar indistintamente en nombre de una y otra.

15. De acuerdo con lo razonado hasta ahora, la acreedora Koxka tiene la condición de persona especialmente relacionada con la concursada porque ambas están integradas en un grupo societario, sometidas al control de una persona física. Por ello, su crédito frente a la concursada debe ser calificado como crédito subordinado.

Al ser el actor titular de participaciones, que representan el 19 % del capital social del concursado, se le considera persona especialmente relacionada, motivo por el cual su crédito debe subordinarse

AP Barcelona, Sec. 15.ª, 619/2018, de 26 de septiembre

SP/SENT/975644

SEGUNDO. La condición de persona especialmente privilegiada.

4. Las partes reconocen que la actora es titular del 19 % del capital social de la concursada, pero esta mantiene que adquirió el crédito antes de las participaciones, por lo que conforme lo dispuesto en el art. 93.2.1 LC en el que se establece que "*se consideran personas especialmente relacionadas con el concursado persona jurídica: (...) los socios que conforme a la ley sean personal e ilimitadamente responsables de las deudas sociales y aquellos otros que, en el momento del nacimiento del derecho de crédito, sean titulares directa o indirectamente de, al menos, un 5 por ciento del capital social, si la sociedad declarada en concurso tuviera valores admitidos a negociación en mercado secundario oficial, o un 10 por ciento si no los tuviera*".

5. La actora y la concursada formalizaron, en documento notarial, el préstamo y la compraventa de las participaciones sociales, en la misma fecha del 25 de abril de 2013. Lo que ocurre es que la escritura de préstamo tiene como número de protocolo el 1181 y la de compraventa de participaciones sociales el 1182, es decir, son seguidos. Por lo que el acreedor sostiene que el nacimiento del crédito fue anterior al de la compra de las participaciones. Siguiendo dicho argumento no se daría el presupuesto temporal que debe de concurrir para que el crédito haya de clasificarse como subordinado.

6. El argumento es demasiado formal. Hemos de considerar que ambos contratos son simultáneos, se celebran en el mismo día y ante el mismo notario, de tal manera que podemos afirmar que en el momento de nacer el préstamo el acreedor era socio del concursado.

El hecho de que el número de protocolo sea sucesivo es irrelevante por ser aleatorio, podría haber sido perfectamente al revés. Por lo tanto, procede revocar la sentencia y clasificar la totalidad del crédito como subordinado.

La sociedad acreedora no es socia de la concursada, motivo por el cual no procede subordinar sus créditos

AP Valencia, Sec. 9.ª, 502/2018, de 30 de mayo

SP/SENT/963315

---

4. Es cierto que propiamente C no es socia de S, S. L., T, S. L. y Tr, S. L. Quien participa en un 50 % en el capital social de estas tres sociedades es Grupo de Empresas C, que es a su vez una sociedad unipersonal, cuyo socio único es C... En la medida en que Grupo de Empresas C es el instrumento, lícito, a través del cual C podía participar en aquellas sociedades, esta última puede ser considerada, a los efectos perseguidos por el art. 93.2.3.º LC, socia de aquellas tres sociedades del grupo T (...)

En su redacción originaria, el ordinal 3.º del art. 93.2 LC no hacía ninguna matización al referirse a "*las sociedades que formen parte del mismo grupo que la sociedad declarada en concurso y sus socios*". Matizaciones que fueron introducidas en dos reformas posteriores.

El RDL 3/2009, de 27 de marzo, apostilló "*siempre que estos –los socios de las sociedades del mismo grupo de la sociedad concursada– reúnan las mismas condiciones que en el número 1.º de este apartado*". Estas condiciones eran que esos socios fueran titulares del 5 % del capital en el caso de sociedades cotizadas o del 10 % en el resto, en el momento del nacimiento del derecho de crédito.

Y la Ley 38/2011, de 10 de octubre, añadió el calificativo de "comunes" a "sus socios", de tal forma que la dicción del precepto quedó con el siguiente tenor literal:

"*3.º Las sociedades que formen parte del mismo grupo que la sociedad declarada en concurso y sus socios comunes, siempre que estos reúnan las mismas condiciones que en el número 1.º de este apartado*".

Antes de la reforma, en la doctrina se había apuntado que el precepto originario debía interpretarse en este sentido: tenía sentido que los créditos de los socios de las sociedades del grupo de la concursada que fueran subordinados en cuanto lo fueran también de la propia concursada, y además ostentaran la participación a la que se refiere el art. 93.2.1.º LC, pues en ese caso gozaban de la vinculación y capacidad de conocimiento que justifica la subordinación.

Estas dos matizaciones introducidas en las reformas del RDL 3/2009, de 27 de marzo, y de la Ley 38/2011, de 10 de octubre, pueden ser entendidas como modificaciones del sentido originario de la norma, o como aclaraciones que confirman una interpretación restrictiva de la norma que cabía realizar antes de las reformas.

Como veremos, la primera reforma (la del RDL 3/2009, de 27 de marzo) puede entenderse aclaratoria, pero no así la segunda (la de la Ley 38/2011, de 10 de octubre).

La primera sí, porque no tenía sentido hacer de peor condición a los socios de las sociedades del mismo grupo de la concursada que a los socios de la propia concursada, en cuanto que a los primeros no se les exigiera un determinado porcentaje mínimo de participación que la ley expresamente exigía en el caso de los socios de la concursada. Una interpretación no solo teleológica, sino también sistemática, conducía a no subordinar a los socios de las sociedades del mismo grupo que la concursada que no tuvieran cómo mínimo la misma participación que el art. 93.2.1.º LC exigía para subordinar los créditos de los socios de la propia concursada.

Sin embargo, no está tan claro que la exigencia de que se tratará de un socio común, entendiendo por tal que lo fuera no solo de la sociedad del grupo de la concursada, sino también de esta última, estuviera implícita en la originaria redacción del precepto. Era conveniente no extender indiscriminadamente la subordinación a los socios externos, pero no está tan claro, como en el supuesto anterior, que bajo la redacción originaria la norma quisiera reducir esa extensión mediante la acotación a los socios comunes. De ahí que la reforma no pueda interpretarse como una mera aclaración de la interpretación del sentido de la norma, sino como una modificación de la extensión de la subordinación. El subrayado es nuestro.

Conforme dicha doctrina, la subordinación exigirá que el acreedor sea socio de una sociedad del grupo y también de la concursada.

Al ostentar el concursado participaciones de la sociedad actora, el crédito que esta mantiene con aquel debe clasificarse como crédito subordinado

AP Ávila, Sec. 1.ª, 58/2018, de 22 de febrero

SP/SENT/952536

La respuesta ha de ser necesariamente afirmativa y ello en base a los elementos de hecho referenciados en el ordinal anterior. El recurso se centra, en primer lugar, en atacar la conclusión probatoria de que D. Juan Enrique es titular del 50 % de las participaciones de Nebreda Consultores S. L., pues bien, respecto al error en la valoración de la prueba, es doctrina jurisprudencial que el proceso valorativo de las pruebas es incumbencia de Jueces y Tribunales sentenciadores y no de las partes litigantes, a las que queda vedada toda pretensión de sustituir el criterio objetivo del órgano enjuiciador por el suyo propio, dado que la prevalencia de la valoración realizada por este obedece a la mayor objetividad que la de las partes, pues sus particulares y enfrentados intereses determina la subjetividad y parcialidad de sus planteamientos (SSTS 1 Marzo de 1994, 20 Julio de 1995).

Ello obliga a señalar con carácter previo que no hay precepto que exija una constatación pormenorizada o examen de cada una de las pruebas, y el Tribunal de segunda instancia tiene el conocimiento pleno de la cuestión, pero quedando reducida la alzada a verificar si en la valoración conjunta del material probatorio se ha comportado el juez *a quo* de forma ilógica, arbitraria, contraria a las máximas de la experiencia o a las normas de la sana crítica o si, por el contrario, la apreciación conjunta de la prueba es la procedente por su adecuación a los resultados obtenidos en el proceso, siendo este el caso, en el que la parte apelante lo que pretende es una reinterpretación completa de la prueba practicada en la instancia, sin evidenciar que el Juzgador de Instancia haya incurrido en una valoración de la prueba no ajustada al resultado arrojado por los medios de prueba practicados.

Por otra parte, se ha de tener en cuenta que pesa sobre la parte actora la carga de probar los hechos de los que ordinariamente se desprenda, según las normas jurídicas a ellos aplicables, el efecto jurídico correspondiente a la pretensión ejercitada; y para la demandada, la de los hechos que, conforme a las normas que les sean aplicables, impidan o enerven la eficacia jurídica de los aducidos de contrario. Ahora bien, la regla *incumbit probatio ei qui dicit, non qui negat* no alcanza un valor tan absoluto y axiomático, habiendo sido atemperada por una constante jurisprudencia consagrada, entre otras, en las STS de 23 Sep. 1986, 15 Jul. 1988, 19 Mayo 1993, 6 Jun. 1994, en el sentido de afirmar que la norma distributiva del *onus probandi* no responde a principios inflexibles, sino que debe matizarse según las circunstancias de cada caso, la naturaleza de los hechos afirmados o negados, y la facilidad o disponibilidad para la prueba que tenga cada parte y, en este caso, habida cuenta de que D. Juan Enrique es administrador único de la mercantil Nebreda Consultores S. L. le hubiera sido realmente sencillo acreditar que no es titular del porcentaje de participaciones que se le atribuye en la sentencia de instancia, simplemente mediante la incorporación a los autos de la relación de socios de dicha mercantil. Igualmente, sencillo le hubiera resultado acreditar que el otro 50 % de las participaciones no son titularidad de su esposa. No habiendo desarrollado tal actividad probatoria no cabe sino confirmar la sentencia de instancia en estos extremos.

Respecto al porcentaje requerido en el Art. 93.2.1.ª Lec, también ha de confirmarse la sentencia de instancia habida cuenta de que D. Juan Enrique controla o puede controlar el porcentaje de titularidad de la partícipe en la participada (17,79 %), no solo en su calidad de administrador único de la partícipe sino también porque la titular del otro 50 % de la partícipe es su esposa, lo que revela una posición de control de entidad suficiente para considerarle como persona especialmente vinculada con la concursada, por lo que el motivo se desestima y, con ello, íntegramente el recurso.

Es crédito subordinado, por ser persona especialmente relacionada con la asociación concursada, la mercantil cuando los socios de aquella lo son también de esta y la concursada gestiona el órgano de administración de aquella, que es mera instrumental

AP Pontevedra, Sec. 1.ª, 44/2018, de 1 de febrero

SP/SENT/943325

En el presente caso, la prueba practicada revela tres datos que ilustran la relación entre el Club —deudor concursado— y la mercantil el Real Club Náutico de Vigo, S. A. —acreedor—, a saber:

1.º En la fecha de constitución de la sociedad Real Club Náutico de Vigo, S. A., el 70 % de sus accionistas eran socios del Club.

Bien es verdad que, según se desprende de los listados de socios y de accionistas, en la fecha de presentación de la demanda incidental, 2.033 socios de la sociedad anónima, cuyo capital aparece dividido en 3.600 acciones, no eran socios del Club.

Pero no lo es menos que, con arreglo a pacífica jurisprudencia, debe estarse a la fecha en que surge el negocio jurídico, esto es, el crédito que ahora se reconoce, y no al momento de declaración del concurso, puesto que, como declara la STS 134/2016, de 4 de marzo, la nota determinante de la condición de la persona como especialmente relacionada "*(...) debe concurrir en el momento en que surge el acto jurídico cuya relevancia concursal se trata de precisar (la subordinación del crédito o la rescisión del acto de disposición), y no, como dijo la sentencia recurrida, en el posterior de la declaración del concurso*".

2.º El art. 10 de los Estatutos del Real Club Náutico de Vigo, S. A., impone la condición de ser miembro con cargo vigente de la Junta Directiva del Real Club Náutico de Vigo para poder ser administrador de la mercantil, lo que implica que todos los miembros del Consejo de Administración del Real Club Náutico de Vigo, S. A., ostentan cargo en la Junta Directiva del Club.

3.º El art. 7.2 de los Estatutos del Real Club Náutico de Vigo faculta al órgano de administración a denegar la autorización para la transmisión inter vivos de las acciones por no ser el futuro adquirente socio del Real Club Náutico de Vigo.

En estas condiciones, parece claro que el Club tiene el control efectivo de la sociedad mercantil, tanto por la composición inicial de su accionariado como, sobre todo, por el mecanismo de designación de su órgano de administración, que conduce a que ambas sociedades estén controladas por las mismas personas físicas (cfr. la STS 190/2017, de 15 de marzo).

Las razones que justifican el tratamiento como persona especialmente relacionada con el deudor de la sociedad Real Club Náutico de Vigo, S. A., y que determinan la calificación de su crédito como subordinado, concurren plenamente en el presente caso.

La posibilidad de que el acreedor, al ser una sociedad sometida al mismo control que la entidad deudora, pueda tener una información privilegiada sobre la situación del deudor, que haya podido tener alguna influencia en su actividad, o que la financiación otorgada por esa sociedad intente paliar la infracapitalización de la sociedad deudora, que son las principales razones de que sus créditos se posterguen respecto de los de acreedores que no tengan la calificación de personas especialmente relacionadas, son circunstancias que concurren plenamente en un supuesto como el que es objeto del recurso, en el que las mismas personas físicas, o al menos parte de las personas físicas que controlan al Club controlan al mismo tiempo a la acreedora una persona física controlaba a la deudora y a la acreedora.

En consecuencia, la acreedora Real Club Náutico de Vigo, S. A., tiene la condición de persona especialmente relacionada con la concursada porque ambas están sometidas al control de las mismas personas físicas. Integradas en los órganos de administración de una y otra, amén de que, inicialmente, solo podían ser accionistas de la acreedora los socios del hoy deudor, e incluso hoy, el órgano de administración del acreedor puede denegar la transmisión inter vivos de sus acciones si el adquirente no es socio del Club deudor, lo que implica que existe el claro propósito de mantener dicho control. Por ello, su crédito frente a la concursada debe ser calificado como crédito subordinado.

Dado que la sociedad acreedora es titular del 100 % de una sociedad que ostenta el 25 % de la concursada, se considera persona especialmente relacionada, motivo por el cual su crédito se clasifica como subordinado

AP Guadalajara, Sec. 1.ª, 169/2017, de 31 de julio

SP/SENT/932277

Comenzando por el préstamo con garantía hipotecaria núm. 96202944 50511-70 suscrito el 4 de julio de 2003 la parte recurrente comienza por manifestar que la Juez ha llevado a cabo una presunción incompatible con la personalidad jurídica, tratándose de dos personas jurídicas diferentes por lo que no se puede confundir la titularidad del accionariado. No justifica ciertamente tal afirmación la recurrente por cuanto la Juzgadora se limita a recoger unos datos objetivos, CaixaBank era propietaria de casi el 100 % de Sercapgu S. L. y esta poseía un 25 % de las participaciones de la concursada por lo que CaixaBank puede decirse, es obvio, que en la practica el titular del 25 % de la sociedad concursada, sin que pueda ignorarse tampoco que Sercapgu. S. L. es el acrónimo de Servicios de Caja Provincial de Guadalajara. Ello llevaba consigo que Caja de Ahorros Provincial de Guadalajara se encontrar representada en el consejo de administración con poder por tanto de decisión de la entidad financiera en la entidad concursada.

Se niega por la recurrente la subordinación por tanto en función de la inexistencia de fraude o abuso de derecho, así como la novación del préstamo y la desvinculación de la sociedad con la concursada al haberse transmitido sus participaciones Sercapgua Urbanización el Coto S. A. el 28 de noviembre de 2005.

Brevemente se va a aludir al punto último en lo que se refiere pues a la novación pues se trata de una novación meramente modificativa que no altera por tanto la fecha a considerar que es la de la suscripción del préstamo.

Pues bien a esta situación objetiva de titularidad del 100 % de una sociedad que ostenta el 25 % de la concursada hay que añadir que la concursada Gero Grupo Guadalajara se constituye el 1 de julio de 2003, tres días antes de la suscripción del préstamo hipotecario en cuestión y la compraventa y declaración de obra nueva de la finca, cuando aún la escritura fundacional no había accedido al Registro Mercantil, lo que es un dato indiciario más que apunta en la misma dirección, unido a la composición y dirección del consejo de administración que detalla la Juez de instancia, de la existencia de un interés de la entidad bancaria en la sociedad concursada.

El art. 92.5.º LC, en la redacción vigente a la fecha de la demanda, establecía: "*Son créditos subordinados: 5.º Los créditos de que fuera titular alguna de las personas especialmente relacionadas con el deudor a las que se refiere el artículo siguiente, excepto los comprendidos en el número 1.º del artículo 91 cuando el concursado sea persona natural*". Y el art. 93.2.2.º, en la redacción igualmente aplicable al caso establecía: "*2. Se consideran personas especialmente relacionadas con el concursado persona jurídica: 2.º Los administradores, de derecho o de hecho, los liquidadores del concursado persona jurídica y los apoderados con poderes generales de la empresa, así como quienes lo hubieren sido dentro de los dos años anteriores a la declaración de concurso".*

La subordinación por motivo de especiales relaciones personales con el concursado no solo se basa en las de parentesco o de convivencia de hecho, sino que, en caso de persona jurídica, se extiende a los socios con responsabilidad por las deudas sociales o con una participación significativa en el capital social, así como a los administradores de derecho o, de hecho, a los liquidadores y a las sociedades del mismo grupo. En dichos supuestos, aun cuando el crédito estuviera garantizado con hipoteca, cedería el privilegio especial, y habría de ser clasificado como subordinado, constituyendo este el objeto de la litis.

Entrando a valorar la aplicación al caso del art. 92.5.º LC, podemos traer a colación la STS 664/2011, de 10 de octubre, RC n.º 1275/2008, sobre un supuesto de crédito subordinado al amparo del art. 93.2 LC, declara: A diferencia de lo que sucede con otros casos de subordinación de los créditos contra el deudor concursado, el previsto en el ordinal segundo del apartado 2 del artículo 93, en relación con el ordinal quinto del artículo 92, ambos de la Ley 22/2.003 –que fueron los aplicados para la calificación en las dos instancias–, no depende del pacto a que pudieran haber llegado los interesados ni de cuál hubiera sido el objeto de la deuda o el comportamiento del acreedor, sino, exclusivamente, de que este resulte ser una de las personas especialmente relacionada con la deudora a que la norma primeramente citada se refiere. *"Por ello, declarado que la ahora recurrente había sido administradora de [...], S. A. en el tiempo que establece el precepto, actuó correctamente el Tribunal de la instancia al calificar el crédito de aquella como subordinado, pues interpretó de conformidad con los cánones a que se refiere el artículo 3 del Código Civil la referida norma, que pospone a la satisfacción de los demás créditos el que tenga por titular a quien, por ser o haber sido administrador de la persona jurídica declarada en concurso, ejerció actividades de gestión de la misma y tuvo acceso inmediato a una información completa sobre su situación económica, de la que pudo aprovecharse para asegurar su posición en el futuro procedimiento concursal, con independencia de que lo hiciera. Por otro lado, la calificación impugnada por [...] no es incompatible con el hecho de que, para generar alguno de sus créditos, hubiera recurrido a la cooperación y repartido la disponibilidad de la cuantía total con otras entidades financieras, sin haber asumido el papel de agente o comisionista de los demás".*

En apoyo de la doctrina aplicada en la sentencia recurrida cabe mencionar la reciente sentencia del TS, Sala Primera, de lo Civil, Sentencia 392/2017 de 21 jun. 2017, Rec. 2097/2014 tras referirse al criterio de la vinculación y la normativa vigente: El Real Decreto-ley 11/2014, de 5 de septiembre, redactó el precepto del siguiente modo:

"2. Se consideran personas especialmente relacionadas con el concursado persona jurídica:

1.º Los socios y, cuando estos sean personas naturales, las personas especialmente relacionadas con ellos conforme a lo dispuesto en el apartado anterior, que conforme a la ley sean personal e ilimitadamente responsables de las deudas sociales y aquellos otros que, en el momento del nacimiento del derecho de crédito, sean titulares directa o indirectamente de, al menos, un 5 por ciento del capital social, si la sociedad declarada en concurso tuviera valores admitidos a negociación en mercado secundario oficial, o un 10 por ciento si no los tuviera".

3. El artículo único, apartado uno, número 4 de la Ley 9/2015, de 25 de mayo, de medidas urgentes en materia concursal, que entró en vigor el siguiente 27 de mayo, redactó el precepto en los siguientes términos:

"2. Se consideran personas especialmente relacionadas con el concursado persona jurídica:

1.º Los socios que conforme a la ley sean personal e ilimitadamente responsables de las deudas sociales y aquellos otros que, en el momento del nacimiento del derecho de crédito, sean titulares directa o indirectamente de, al menos, un 5 por ciento del capital social, si la sociedad declarada en concurso tuviera valores admitidos a negociación en mercado secundario oficial, o un 10 por ciento si no los tuviera. Cuando los socios sean personas naturales, se considerarán también personas especialmente relacionadas con la persona jurídica concursada las personas que lo sean con los socios conforme a lo dispuesto en el apartado anterior".

Conforme a la disposición transitoria primera, número 2, de dicha ley, lo dispuesto en la nueva redacción del art. 93.2.1.º de la Ley Concursal *"será de aplicación a los procedimientos concursales en tramitación en los que no se haya presentado el texto definitivo del informe de la administración concursal".*

Siendo la gestora una apoderada general de la cooperativa concursada, el crédito que esta ostenta debe clasificarse como crédito subordinado

AP Madrid, Sec. 28.ª, 361/2017, de 14 de julio

SP/SENT/924668

Tampoco es extraño, por ello mismo, que en las cooperativas de viviendas su órgano de administración asuma los consejos que recibe de su asesor (la entidad gestora) con una frecuencia mayor que aquella con la que los administradores de las sociedades mercantiles, ordinariamente empresarios profesionales bregados en el sector en el que desarrollan su actividad, asumen el consejo que quienes les prestan servicios de asesoramiento. Pero si esta característica, que no deja de ser una característica estructural e inherente a las cooperativas de viviendas, hubiera de conducirnos de manera inexorable a la conclusión de que los administradores de dichas entidades acatan ciegamente las sugerencias de la entidad gestora que contratan, entonces sería también obligada la conclusión de que, por definición, las gestoras son administradores de hecho de las cooperativas de viviendas, conclusión ilógica e insatisfactoria que debemos rechazar por aplicación de un simple principio de prueba por contradicción ("reductio ad absurdum").

Una decisión soberana no deja de ser soberana por el hecho de que su adopción se encuentre precedida de una actividad asesora que haya sugerido la conveniencia de adoptarla, ni tampoco deja de ser soberana y autónoma por el hecho de que sea frecuente la coincidencia entre el consejo precedente y la decisión finalmente adoptada. Si el miembro del órgano de administración de una cooperativa de viviendas escucha la recomendación que la gestora le efectúa, la sopesa y, finalmente, vota a favor de aquella opción que es coincidente con lo recomendado, está adoptando una decisión en sentido propio y genuino. De lo que se trata, en consecuencia, para valorar si nos encontramos o no en presencia de un fenómeno de administración de hecho en el seno de esa clase de cooperativas, es de contrastar si —y en qué medida— los miembros de su órgano de administración han abdicado de su función decisoria y se han limitado a autorizar ciegamente con su firma decisiones adoptadas por su gestora, decisiones que, o bien no les han sido previamente explicadas o bien no han considerado oportuno siquiera meditar ni comprender. Solamente en esa hipótesis podríamos afirmar que es realmente la gestora quien actúa en el nivel decisorio de la entidad y que lo hace autónomamente, es decir, sin el menor control y con el beneplácito generalizado de su claudicante consejo rector.

De la prueba practicada en las presentes actuaciones no existe indicio alguno de que la gestora tuviera un poder autónomo de decisión al margen del consejo rector de la cooperativa ni puede sostenerse la condición de administrador de hecho en el poder otorgado a un representante de la gestora en el que las facultades relevantes son mancomunadas con alguno de los otros tres apoderados miembros de la cooperativa.

Por lo demás, tampoco existe prueba alguna de que familiares del apoderado hayan ocupado cargos en el consejo rector o hayan sido apoderados de la cooperativa, sin que exista la menor evidencia de que aquel tenga relación de parentesco con doña María Rosa, relación que ha sido negada por la demandante y que no puede presumirse por la coincidencia de un apellido que es, por otra parte, bastante común.

TERCERO. Tanto en la demanda como en el recurso de apelación se admite que el poder otorgado por la cooperativa en favor de don Remigio lo fue como representante de la entidad gestora.

En el referido poder (documento n.º 3 de la demanda) no solo se otorgan las facultades que se destacan en el escrito de interposición del recurso de apelación, esto es, las contempladas en el apartado tercero de la certificación en cuya virtud se confirió poder a don Remigio, a la presidenta, a la secretaria y al tesorero de la cooperativa, para que de forma indistinta y solidaria, uno cualquiera de ellos, ejercitara las siguientes facultades: "*Suscribir contratos de adhesión a la cooperativa, y aquellos por los que se adjudique provisional y definitivamente las viviendas que promueva y las sucesivas novaciones, rectificaciones o anexos que procedan, así como firmar como librador las letras de cambio que los socios adjudicatarios hayan de aceptar como forma de pago pactado en aquellos*".

En la escritura de apoderamiento —y es lo que destaca la sentencia sin que en el recurso merezca atención— también se conceden amplísimas facultades al representante de la gestora a ejercitar mancomunadamente con uno cualquiera de los otros tres apoderados: la presidenta, la secretaria y el tesorero de la cooperativa, comprendiendo, entre otras, la compra y pago de terrenos y la constitución de garantías reales para garantizar el precio aplazado; constituir o celebrar, reconocer, modificar, agrupar, dividir, ceder, ratificar, extinguir o cancelar el dominio o derechos reales; solicitar y tomar dinero a préstamo; imponer servidumbres; formalizar declaraciones de obra nueva; contratar seguros; pagar y cobrar cualquier cantidad; abrir, disponer y cancelar cuentas corrientes y de crédito; constituir avales o afianzamientos; contratar cualquier clase de servicios y suministros; celebrar contratos de ejecución de obra; contratar con cualesquiera personas los materiales y suministros para la construcción de las viviendas; practicar notificaciones y requerimientos; reclamar, percibir, pagar, compensar, renunciar y transigir sobre las cantidades que pueda tener derecho la cooperativa por expropiaciones, actuaciones urbanísticas o cualquier otro concepto; comparecer ante cualquier autoridad o tribunal; representar a la cooperativa en cualquier asunto relacionado con la construcción en las fincas; y otorgar y suscribir cualquier documento público o privado con relación a las facultades concedidas.

Debe admitirse, en consecuencia, la condición de la entidad gestora como apoderado general de la cooperativa, sin que el hecho de que las facultades se otorguen de forma mancomunada prive de su condición a la apelante al no establecer distinción alguna el artículo 93.2. 2.º de la Ley Concursal.

Los razonamientos anteriores determinan la desestimación del recurso de apelación y la confirmación de la resolución apelada al mantenerse la clasificación de subordinado del crédito de la parte apelante con base en su condición de apoderada general de la concursada en aplicación de los artículos 92.5 y 93.2. 2.º de la Ley Concursal.

No puede subordinarse el crédito de Banco Sabadell, por aplicación del art. 93.2.2, porque no puede ser considerada persona especialmente relacionada con la concursada

AP Murcia, Sec. 4.ª, 119/2017, de 23 de febrero

SP/SENT/901786

En el caso presente, de los datos fácticos antes relacionados en el apartado 3, no podemos concluir, con las exigencias que impone un pronunciamiento judicial, que Banco Sabadell (o Banco Guipuzcoano a quien sucede) actuara como administrador de hecho de KEY VIL I S. L.

Frente a la tesis que subyace en la sentencia –que asume la de los demandados–, el que las empresas participadas HONDARRIBERRI S. L. o URUMEA GESTIÓN fueran administradores de KEY VIL I S. L. no permite imputar, sin más, al banco la condición de administrador de hecho de esta última sociedad.

La existencia de dominación entre sociedades no habilita, sin otro dato, a prescindir de la personalidad jurídica. Ello solo estaría justificado si se acreditase que las filiales (aquí, HONDARRIBERRI S. L. o URUMEA GESTIÓN) se hubieran limitado a actuar como "*pantalla o escudo*", y mediante la técnica del levantamiento de velo, se concluyese que se ha producido una actuación abusiva o fraudulenta (arts. 6 y 7 CC), por lo que lo procedente es imputar sus actos a su socio (aquí, el banco).

Pero en el caso que nos ocupa ni la sentencia invoca –ni en los escritos de las apeladas se justifica– la aplicación de esa doctrina, que de todos es conocido, es de aplicación restrictiva (por todas, STS de 29 de septiembre de 2016).

No basta, al no ser dato concluyente, que las personas designadas para representar a la filiales en el consejo de administración de la concursada (como impone el art. 212 bis LSC y art. 143 RRM) estén ligadas por vínculos laborales con el banco o con empresas participadas, ya que aquellas personas físicas son mandatarios de la persona jurídica que les designa; y ante la ausencia de prueba sobre el particular –pues se consiente la denegación de la prueba instada–, no podemos afirmar que ello no fuera así.

7. Pero es que, inclusive, asumiendo que HONDARRIBERRI S. L. o URUMEA GESTIÓN actuaran sin autonomía respecto del banco, las primeras no han ostentado el control de la gestión de la mercantil concursada, por lo que tampoco puede predicarse que lo tuviera el banco.

Ni han tenido el control del órgano soberano (al ser socios en un 40 % frente al otro socio mayoritario, titular del 60 %) ni del órgano de administración (pues representan dos de los cinco consejeros del consejo de administración), y por ende no se puede inferir, con la sola prueba aportada, que los mismos –y por elevación, el banco– hayan ejercitado las funciones de gestión, administración y gobierno de la sociedad concursada de manera autónoma.

No desdice lo anterior el que para la realización de operaciones trascendentales el consejero delegado Fernando requiriera la firma mancomunada de uno de los dos representantes de estas sociedades participadas ahora por el Banco Sabadell. Ello lo que supone es una limitación a la actuación ordinaria del consejero delegado, pero no implica control del órgano en el que se residencia el poder de gestión y gobierno de la sociedad (consejo de administración) y mucho menos de la junta, ni en ningún caso significa que ejercitaran de manera autónoma e independiente funciones de gestión, administración y gobierno, que es lo que caracteriza a la administración de hecho, según la jurisprudencia reseñada.

Tampoco es concluyente que la financiación de la actividad de promoción inmobiliaria haya sido prestada por el Banco Guipuzcoano (en cuya posición se coloca la apelante), ya que no cabe considerar a los bancos, por el solo hecho de atender su objeto social, como administradores de hecho de los financiados, ni a estos sometidos a su control.

8. Para concluir este apartado 2.º del art. 93.2, lo que podría predicarse de Banco Sabadell (en su calidad de sucesora en la posición de Banco Guipuzcoano) es que era "administradora indirecta" de KEY VIL I S. L., dado que sus filiales HONDARRIBERRI S. L. o URUMEA GESTIÓN han sido consejeros de esta última en los dos años anteriores.

Ahora bien, cuando el legislador ha querido equiparar la posición directa e indirecta (a través de otros a quienes controla) lo ha hecho expresamente, como acontece en el caso de la condición de socio en el aparato 1.º del mismo precepto tras la reforma de 2014 (a la que después haremos referencia).

Ante la falta de previsión legal, no cabe imputar la condición de persona especialmente relacionada. Se trata de un supuesto que queda extramuros de la enumeración legal, sin que quepa interpretación extensiva o analógica alguna (art. 4 CC), al suponer una excepción a la calificación crediticia, degradando unos créditos que por su naturaleza merecerían otra calificación. Así la STS de 2 de junio de 2015 reseña.

"La LC incluye una relación de sujetos que se encuentran vinculados por una relación especial al deudor, sea este una persona natural (art. 93.1 LC) o una persona jurídica (art. 93.2 LC). La enumeración, tanto en uno u otro supuesto, es taxativa y cerrada, introduciendo presunciones iuris et de iure, *de modo que cualquier sujeto incluido en la relación tendrá la consideración de persona especialmente relacionada; pero, del mismo modo, un sujeto no incluido en la relación no tendrá esta condición de persona especialmente relacionada con el deudor, pues la lista está limitada a los sujetos allí relacionados de forma inalterable, como único recurso para alcanzar un alto grado de rigor y de seguridad jurídica, evitando conceptos jurídicos indeterminados y, dado el carácter excepcional del precepto por sus consecuencias jurídicas que entraña la subordinación de los créditos, no caben interpretaciones analógicas".*

9. En conclusión, el recurso de Banco Sabadell debe ser estimado, sin que pueda subordinarse su crédito por aplicación del art. 92.5 en relación con el art. 93.2. 2.º LC.

Dado que el concursado ostentaba un 50 % del capital social de la entidad demandada, el crédito de esta, correspondiente a un préstamo concedido a la entidad concursada, se debe clasificar de subordinado

AP Murcia, Sec. 4.ª, 13/2017, de 12 de enero

SP/SENT/890695

La clasificación del crédito de SEMIREC S. L. U. como ordinario.

1. El crédito de SEMIREC S. L. U. es reconocido en la lista de acreedores como ordinario por importe de 130.272,86 € y 70.000 € como subordinado, ya que este último procede de un préstamo concedido por dicha mercantil a los concursados antes del 8 de mayo de 2013, es decir, en un período en el que el Sr. Gaspar ostentaba el 50 % del capital social y era administrador mancomunado de dicha mercantil (no controvertido y así figura en la historia registral, folios 27 y ss.), por lo que se considera persona especialmente relacionada.

2. El argumento de la recurrente según el cual el art. 92. 5.º LC, que subordina los créditos de que fuera titular alguna de las personas especialmente relacionadas con el deudor a las que se refiere el artículo siguiente, no se refiere a los créditos por préstamos no tiene sustento alguno, por lo que debe ser rechazado, sin merecer especial esfuerzo argumentativo.

En lo que sí lleva razón es en resaltar que la cita legal de la sentencia, siguiendo a la AC, es incorrecta, dado que el art. 93.2 LC se refiere al concursado persona jurídica, y aquí los concursados son personas físicas, por lo que el aplicable es el art. 93.1 LC.

3. En su apartado 4.º se consideran personas especialmente relacionadas con el concursado persona natural *"Las personas jurídicas controladas por el concursado o por las personas citadas en los números anteriores o sus administradores de hecho o de derecho. Se presumirá que existe control cuando concurra alguna de las situaciones previstas en el artículo 42.1 del Código de Comercio"*, en la redacción dada por la Ley 9/2015, de 25 de mayo, de aplicación a los procedimientos concursales en tramitación en los que no se haya presentado el texto definitivo del informe de la administración concursal, según establece la disposición transitoria 1.2 de la citada norma.

Aunque no lo diga expresamente la norma, de su interpretación sistemática con el art. 93.2. 1.º LC, se deduce que el momento relevante para apreciar la especial relación no es la fecha de la declaración de concurso, sino que habrá de concurrir *"en el momento del nacimiento del derecho de crédito"*.

En el caso presente en ese momento el Sr. Gaspar ostentaba el 50 % del capital social y era administrador mancomunado de dicha mercantil.

Si bien no tenía la mayoría del capital social de SEMIREC, es evidente que no podía adoptarse una decisión relevante en la sociedad sin su intervención y asentimiento, por lo que, a estos efectos, debemos considerar que la acreedora se trataba de una sociedad controlada por el citado Sr. Gaspar, pues la remisión al art. 42 CCo no agota la previsión legal, sin perjuicio de que facilita su apreciación, al presumirse el control si concurren los supuestos del art. 42 CCo.

En consecuencia, debemos confirmar la calificación crediticia al considerar a la acreedora apelante persona especialmente relacionada con el concursado.

No se puede subordinar el crédito por la insuficiencia probatoria de las demandadas, al tratar de acreditar que la mercantil demandante tiene la condición de persona especialmente relacionada con el deudor, por pertenecer a su grupo societario

Juzgado de lo Mercantil Pontevedra, n.º 2, 176/2019, de 8 de octubre

SP/SENT/1031161

Las razones que conducen a la estimación de la impugnación de la lista de acreedores que ha formulado CANTEIRAS DA COSTA tiene que ver con la insuficiencia probatoria en la que se ha incurrido por las demandadas al tratar de acreditar que la mercantil demandante tiene la condición de persona especialmente relacionada con el deudor. Cierto es que se ha admitido incluso que el control ejercido por personas físicas no desplaza la noción concursal de grupo –cfr. STS n.º 190/2017, de 15 de marzo y STS n.º 437/2018, de 11 de julio–, pero lo que ocurre en este caso es que la AC y la demandada se limitan a afirmar que existe vinculación entre las dos sociedades, sin mayor argumentación en relación a la existencia de control, como elemento determinante de la noción concursal de grupo de sociedades. Todo ello al margen, claro está, de la ya aludida incorrección que supone equiparar el grupo de empresas a efectos laborales con el concepto de grupo de sociedades que se baraja en el ámbito concursal.

En suma, el planteamiento de la AC en la clasificación del crédito es erróneo, ya que se sostiene que ante la presencia de grupo patológico de empresas ha de concluirse que existe grupo de sociedades y que esta circunstancia conduciría a la subordinación del crédito de la demandante –cfr. art. 92.5.º LC–. Sin embargo, nada se justifica en cuanto a la existencia de control y nada se aclara en relación a la eventual pertenencia al mismo grupo en el momento de nacimiento del derecho de crédito.

Al tenor de lo expuesto debe estimarse la impugnación de la lista de acreedores formulada por CANTEIRAS DA COSTA, LÓPEZ Y MEJUTO S. L., por lo que el crédito que figura a favor de esta mercantil en la lista de acreedores habrá de reconocerse como crédito contingente con la clasificación de ordinario.

No procede hacer especial imposición de las costas de este incidente a ninguna de las partes, al tratarse de una cuestión de hecho que genera dudas razonables (art. 394.1 LEC en relación al art. 196.2 LC).

Dado que la entidad actora y la concursada pertenecen a un grupo de sociedades, el crédito que la primera ostenta debe clasificarse como subordinado

Juzgado de lo Mercantil Madrid, n.º 7, de 19 de junio de 2018

SP/SENT/961866

En el presente caso, la peculiaridad estriba en que la cúspide del grupo de sociedades formado por TAPIGAR, S.A., IGAROLA, S. L., CREACIONES GARBA, S. L., EURODECOR TEXTIL SIGLO XXI, S. L. y EL CASÓN DE BUTARQUE, S. L. no puede considerarse que sea una única persona, sino un grupo familiar (...).

La doctrina emanada de la STS 190/2017, de 15 de marzo nos lleva a determinar si existe control del grupo de sociedades en el sentido del artículo 42 CCom, es decir, mediante mecanismos puramente societarios (titularidad de la mayoría del capital social) o de control económico (directo o indirecto: Se extiende también a los casos de control indirecto, por ejemplo mediante la adquisición de derechos o la concertación de contratos que confieran a la parte dominante la capacidad de control, sobre la política financiera y comercial, así como el proceso decisorio del grupo. Y la noción de "control" implica, junto al poder jurídico de decisión, un contenido mínimo indispensable de facultades empresariales). Y este control, además de poder recaer en una persona física, puede recaer sobre varias de ellas, que actúen de consuno.

Dicha actuación conjunta, en el presente caso, puede evidenciarse a partir de la celebración de varios contratos de préstamo, donde las mercantiles eran las prestatarias y la financiación obtenida fue dedicada al pago de financiación anterior de las empresas del grupo, con independencia de que la prestataria fuera o no beneficiada directamente por dicho pago.

Pues bien, el en presente caso, se aprecia una situación de control de las personas físicas, *per se* o por medio de su participación en HBF GRUPO FAMILIAR, S. L. sobre la mercantil IRC INTERNACIONAL DE REDES Y CUERDAS, S. A. que hace evidente la pertenencia de dicha sociedad al grupo formado por las sociedades aquí concursadas. Por lo que se refiere a IRC SOCIEDAD COOPERATIVA VALENCIANA y LA REDERÍA, S. L., es relevante el hecho de que compartan domicilio y objeto social con IRC INTERNACIONAL DE REDES Y CUERDAS, S. A., además de ser Joaquín el mismo administrador en las tres lo que nos hace presumir, *ex* artículo 386 LEC que IRC INTERNACIONAL DE REDES Y CUERDAS, S. A., IRC SOCIEDAD COOPERATIVA VALENCIANA y LA REDERÍA, S. L. forman parte del grupo de sociedades de HBF GRUPO FAMILIAR S. L., CORMAN CORPORACIÓN DE ACTIVIDADES PREVENTIVAS

S. L., LA CORDELERA MANCHEGA UNIPERSONAL, CORMAN SISTEMAS Y MONTAJES DE SEGURIDAD S. A., SOCIEDAD UNIPERSONAL, CORMAN MEDITERRÁNEA UNIPERSONAL, CORMAN ZONA SUR S. A. U., CTP KORMAN S. L., CORMAN SISTEMAS Y MONTAJES DE SEGURIDAD ZONA CANARIAS S. L.

ii. En relación con la prenda de acciones de IRC INTERNACIONAL DE REDES Y CUERDAS, S. A. propiedad de HBF GRUPO FAMILIAR, S. L. y su pretendida clasificación como privilegiado especial, debemos desestimar la misma.

Ello es así porque HBF GRUPO FAMILIAR, S. L., al pignorar las acciones para garantizar los pagos a IRC INTERNACIONAL DE REDES Y CUERDAS, S. A. por parte de las sociedades del grupo garantizadas, se posiciona como un garante no deudor, equivalente, en sede concursal, a la figura del hipotecante no deudor. Ya dijimos en la sentencia de 14 de junio de 2018, dictada en el Incidente n.º 1126/17 del concurso 460/14, que por lo que refiere a las cantidades adeudadas por otras empresas del grupo THISA a BAXI CALEFACCIÓN, S. L. U. derivadas del contrato de suministro y garantizadas, entre otras garantías, por la hipoteca de máximo constituida sobre una finca propiedad de TUBOS Y HIERROS INDUSTRIALES, S. A., consideramos que estamos ante un supuesto de concurso de hipotecante no deudor. Es pacífico en la doctrina que, en estos casos, no existe como tal un crédito frente al concursado garante. Por lo que se refiere a la garantía, se deberá acomodar en el inventario de bienes y derechos, tomándose en consideración a la hora del avalúo de los bienes por la AC, descontándose del valor de mercado del bien, el valor de la garantía. Efectivamente, el artículo 82.3 LC establece que el avalúo de cada uno de los bienes y derechos se realizará con arreglo a su valor de mercado, teniendo en cuenta los derechos, gravámenes o cargas de naturaleza perpetua, temporal o redimible que directamente les afecten e influyan en su valor, así como las garantías reales y las trabas o embargos que garanticen o aseguren deudas no incluidas en la masa pasiva. Todo lo anterior, no implica incluir, como contrapartida, el valor de la garantía como crédito en la masa pasiva, es decir, en la lista de acreedores.

Así las cosas, sin perjuicio de cómo se haya realizado en el presente concurso la clasificación como crédito concursal privilegiado de las deudas de terceros ajenos al concurso, aun siendo la concursada garante hipotecario, es imposible y no puede accederse a una petición en tal sentido. Como hemos dicho más arriba, el reconocimiento de un crédito concursal privilegiado especial en el concurso de TUBOS Y HIERROS INDUSTRIALES, S. A. solo puede limitarse a las cantidades adeudadas efectivamente por la concursada, derivadas directamente del contrato de suministro del que es o era parte. Las demás cantidades, sin perjuicio de la existencia de una garantía real en cumplimiento de estas, no pueden tener un reflejo en la lista de acreedores, sin perjuicio de la minusvaloración del bien sujeto a la garantía que se haga en el inventario.

Es decir, en el activo de HBF GRUPO FAMILIAR, S. L., el valor de las acciones de IRC INTERNACIONAL DE REDES Y CUERDAS, S. A. de su propiedad, deberían haberse minusvalorado, deduciendo el valor de las cantidades garantizadas. Pero nunca reconocer un crédito privilegiado especial en el concurso de HBF GRUPO FAMILIAR, S. L. en favor de IRC INTERNACIONAL DE REDES Y CUERDAS, S. A. por deudas de otras sociedades del grupo. A mayor abundamiento, aun reconociéndose como crédito concursal, dado el carácter de persona especialmente relacionada de IRC INTERNACIONAL DE REDES Y CUERDAS, S. A. en el concurso de HBF GRUPO FAMILIAR, S. L., prevalece la clasificación como subordinando frente a la de privilegio especial.

iii. Por todo lo anterior, al amparo de lo dispuesto en el artículo 93 LC trascrito más arriba, podemos concluir que deben ser reconocidos los créditos, con la cuantía y vencimiento indicadas en la demanda (salvo la garantía pignoraticia), pero con la calificación de subordinados.

Aunque el acreedor y la concursada sean sociedades del mismo grupo, ello no subordina los créditos, puesto que ninguna es socia del concursado

Juzgado de lo Mercantil San Sebastián, n.º 1, 178/2018, de 30 de mayo

SP/SENT/967185

SEGUNDO. Admitido lo anterior, el art. 92.5.º no subordina todos los créditos de que sean titulares las personas especialmente relacionadas con la concursada, sino que exceptúa: "*los comprendidos en el artículo 91.1.º cuando el deudor sea persona natural y los créditos diferentes de los préstamos o actos con análoga finalidad de los que sean titulares los socios a los que se refiere el artículo 93.2.1.º y 3.º que reúnan las condiciones de participación en el capital que allí se indican*".

Es decir, aunque se trata de una redacción confusa, puesto que hace excepción por negación, en lugar de subordinar expresamente a lo que cae fuera de la exclusión, el tenor literal nos lleva a considerar subordinados, en relación con el deudor persona jurídica solo los créditos de personas especialmente relacionados con el deudor que sean derivados de préstamos u otros actos con análoga finalidad, siempre que sus titulares sean socios de los mencionados en los números 1.º y 3.º del art. 92.2.

Es decir, tratándose de sociedades del mismo grupo, ello no subordina los créditos, puesto que, por un lado, ninguna es socia de EDESA INDUSTRIAL S. A., lo cual es un requisito en función de los términos del precepto citado.

Además —aunque entendemos que con lo anterior valdría— se señala por el ad. concursal y la concursada que los créditos tienen origen comercial y no son prestamos ni tienen la misma finalidad, lo cual también los excluiría de la subordinación, en el caso de que se entendiera que las sociedades del mismo grupo no socias de la concursada también podrían ser subordinadas en el caso de que los créditos tuvieran ese origen financiero, lo cual, a nuestro entender, no se desprende del precepto.

Es grupo societario a efectos de la Ley Concursal, aunque en la cúspide del grupo no se encuentre una sociedad, sino una persona física y, por pertenecer al mismo grupo, procede subordinar el crédito al ser persona especialmente relacionada con la concursada

Juzgado de lo Mercantil Córdoba, n.º 1, de 29 de enero de 2018

SP/SENT/940018

Si existe control, en el sentido definido en el art. 42.1 del Código de Comercio, para que exista un grupo societario a efectos de la Ley Concursal, es indiferente que en la cúspide del grupo se encuentre una sociedad mercantil (que tendría la obligación contable de formular cuentas anuales e informe de gestión consolidados) o algún otro sujeto (persona física, fundación, etc.) que no tenga esas obligaciones contables.

Las razones que justifican un determinado tratamiento a los concursos en los que están involucradas sociedades sujetas a control, en el sentido del art. 42.1 del Código de Comercio, y que afectan a cuestiones tales como la acumulación de concursos, incompatibilidades para desempeñar el cargo de administrador concursal, acciones de reintegración, subordinación de créditos, etc., concurren tanto cuando en la cima del grupo, ejercitando el control, se encuentra una sociedad mercantil como cuando se encuentra una persona física o una persona jurídica que no sea una sociedad mercantil, como por ejemplo una fundación.

12. De considerar que la remisión que la disposición adicional sexta hace al para determinar el concepto de grupo societario incluye la exigencia de que quien ejerce (o puede ejercer) el control sea una sociedad, se estarían excluyendo a grupos con un protagonismo importante en la vida económica en los que tal control es ejercido por una persona física o por una fundación.

Carece de justificación que en un concurso de una sociedad integrada en un grupo en el que una de estas fundaciones o una persona física ejerce el control, otra sociedad integrada en el grupo no sea considerada como persona especialmente relacionada con la concursada, o que no se tramiten acumuladamente los concursos de dos sociedades integradas en uno de estos grupos, simplemente porque en la cabecera del grupo se encuentra una fundación o una persona física y no otra sociedad.

13. El propio art. 42, en su apartado 6, prevé la posibilidad de aplicar lo previsto en esa sección a los supuestos en que cualquier persona física o jurídica, distinta de la prevista en el apartado 1, formule y publique cuentas consolidadas, por lo que la situación de control sobre sociedades mercantiles puede ejercerse también por personas físicas o personas jurídicas que no sean sociedades mercantiles, sin perjuicio de que en este caso la consolidación de cuentas por parte de la persona física o jurídica dominante sea voluntaria.

14. Las razones que justifican el tratamiento como persona especialmente relacionada con el deudor de la sociedad perteneciente al mismo grupo, y que determinan la calificación de su crédito como subordinado, concurren plenamente en el presente caso.

La posibilidad de que el acreedor, al ser una sociedad sometida al mismo control que la sociedad deudora, pueda tener una información privilegiada sobre la situación del deudor, que haya podido tener alguna influencia en su actividad, o que la financiación otorgada por esa sociedad del grupo intente paliar la infracapitalización de la sociedad deudora, que son las principales razones de que sus créditos se posterguen respecto de los de acreedores que no tengan la calificación de personas especialmente relacionadas, son circunstancias que concurren plenamente en un supuesto como el que es objeto del recurso, en el que una persona física controlaba a la deudora y a la acreedora, hasta el punto de que ambas sociedades tenían el mismo administrador y sus ejecutivos tenían poderes cruzados para actuar indistintamente en nombre de una y otra.

15. De acuerdo con lo razonado hasta ahora, la acreedora Koxka tiene la condición de persona especialmente relacionada con la concursada porque ambas están integradas en un grupo societario, sometidas al control de una persona física. Por ello, su crédito frente a la concursada debe ser calificado como crédito subordinado.

Créditos subordinados - Contratos

Que la causa del contrato de *swap*, vinculado a préstamo o crédito a interés variable, sea reducir el riesgo de variaciones de tipos no significa que las liquidaciones negativas para el prestatario sean intereses clasificables como crédito subordinado

TS, Sala Primera, de lo Civil, 372/2018, de 20 de junio

SP/SENT/959594

La impugnación del banco debe ser estimada. No puede afirmarse que el crédito derivado de las liquidaciones de un contrato de *swap* de intereses, a cargo de la concursada que ha concertado dicho contrato para garantizar su posición económica ante las modificaciones que pueda sufrir el interés variable pactado en un contrato de préstamo o crédito, sea un crédito por intereses al que resulte de aplicación el art. 92.3 de la Ley Concursal.

La función del contrato de permuta financiera de tipos de interés relacionado con otro contrato de préstamo o crédito en que se pactaron intereses a un tipo variable no es propiamente sustituir el pacto de intereses, sino garantizar la posición económica de las partes ante las modificaciones que el tipo de interés pueda experimentar durante la vigencia del contrato.

Que la causa del contrato de *swap* de intereses vinculado a un contrato de préstamo o crédito a interés variable sea la reducción del riesgo de subida o bajada del tipo de interés no significa que las liquidaciones negativas para el prestatario tengan la consideración de intereses y merezcan la calificación de crédito subordinado en el concurso. Ni la suscripción del contrato de *swap* altera las prestaciones propias del préstamo o del crédito a interés variable, ni la firma del préstamo o crédito supone alteración alguna de las prestaciones del *swap*.

Aun cuando el motivo por el que se concertó el *swap* de intereses esté relacionado con la suscripción de otro contrato que obligue al pago de intereses variables, ello no es razón suficiente para considerar que el contrato de *swap* ha perdido su autonomía y que sus prestaciones deben ser asimiladas a intereses.

No puede subordinarse el crédito por las comisiones pactadas porque responden a un servicio efectivamente prestado, como consecuencia de la puesta a disposición de fondos adicionales, cuando se ha excedido el importe depositado en cuenta

AP Valencia, Sec. 9.ª, 1232/2019, de 8 de octubre

SP/SENT/1030889

Es cuestionable que puedan hacerse valer en esta alzada argumentos sobre la naturaleza de las comisiones como recargos (por no responder a servicios efectivos) sino a la sola voluntad de sancionar los descubiertos, así como la remisión, no solo al apartado tercero del art. 92 LC, sino también al segundo y especialmente al cuarto sobre los que nada se refirió en la instancia.

En cualquier caso, dando lectura de la póliza y de las condiciones generales concluimos del mismo modo que el magistrado, que tales comisiones pactadas responden a un servicio financiero efectivamente prestado como consecuencia de la puesta a disposición del cliente fondos adicionales cuando se ha excedido el importe depositado en cuenta, límite de la póliza de crédito. Supone una remuneración y, por tanto, precio que, pese a ser superior al que se ha de satisfacer cuando no se superan de los límites de la póliza, no puede calificarse como recargo o sanción. Su mayor importe responde a la prestación adicional de crédito.

Esto se deduce de la propia titulación que el contrato otorga, ya que lo incluye en el apartado de *"PRECIO DE LOS SERVICIOS"* de manera destacada en las condiciones particulares. Del empleo del término "precio" en un contrato suscrito entre dos profesionales, en la parte que se identifica como condiciones particulares (en contraposición a condiciones generales) se deduce que se trata de un pacto negociado y aceptado en tal concepto por el cliente.

Igualmente se infiere, de las condiciones generales específicas que señalan en 10.2 requisitos exigidos para realizar disposiciones en descubierto y en 10.4 diferencian *"el precio del servicio de apertura de descubierto"* y los *"intereses de descubierto"*.

Tal apariencia no se disipa por la mera alegación en esta alzada del carácter fraudulento e injustificado del servicio.

Todo ello nos lleva a confirmar la resolución de instancia tomando en consideración el carácter restrictivo que ha de darse a la subordinación de los créditos y a los conceptos descritos en el art. 92 LC.

El crédito derivado del préstamo participativo ostenta la clasificación de subordinado conforme al art. 20 RDL 7/1996

AP Barcelona, Sec. 15.ª, 1109/2019, de 14 de junio

SP/SENT/1021305

No podemos compartir los argumentos dados en la sentencia citada en base a las siguientes consideraciones:

1.º) Estamos ante un tipo de financiación regulado en el RDL 7/1996, norma que prevé de forma expresa la subordinación de los créditos derivados del mismo. El prestamista tiene una posición especial y similar a la de los socios por cuanto participa en la sociedad, por lo que se le asimila a una persona especialmente relacionada, lo que justifica que expresamente acepte posponer su cobro al de los acreedores comunes. Por ello, una vez que las partes llevan a cabo una financiación y acuerdan expresamente someterse, sin reservas, a lo regulado en el RD-L 7/1996, son conscientes de que están utilizando un instrumento que, por ley, supone la subordinación de sus créditos. Por ello, del RD-Ley 7/1996 se deriva claramente la subordinación de los créditos derivados del préstamo participativo puesto que cobrarán después de los acreedores comunes, tal y como resulta de la redacción del artículo 20.1c).

2.º) Es cierto que el artículo 20.1.c) habla de "acreedores comunes" y no de "acreedores ordinarios", pero no podemos desconocer que cuando entra en vigor el RD-Ley 7/1996 la terminología utilizada coincidía con la regulación de la quiebra, así el artículo 913 del CCom de 1885 hablaba de "acreedores comunes", por lo que la doctrina afirmaba que también resultaba de aplicación a situaciones concursales y no solo fuera del concurso, en la prelación contenida en los artículos 1.921 y siguientes del CC.

3.º) Pero, además, la entrada en vigor de la LC no ha supuesto una derogación del RD-Ley 7/1996, puesto que no se menciona entre las normas afectadas en la Disposición Derogatoria Única. De la normativa de la LC no podemos deducir una derogación tácita de la citada norma, debiendo recordar que la STS de 13 de julio de 2011 (ROJ:STS 5545/2011 - ECLI:ES:TS:2011:5545), posterior a la entrada en vigor de la LC, que se refiere a un supuesto de devolución de préstamos participativos, indica que *"(...) si debe aplicarse la prelación de créditos, quedará tras los comunes; lo cual ocurrirá tan solo en el caso de insolvencia, pues si no se da esta, la responsabilidad del prestatario es universal y deberá cumplir la obligación de devolución"*. Se acepta por el Tribunal Supremo que la posposición de créditos es de aplicación en caso de insolvencia, momento en el que se produce el efecto legal de que el crédito se pospone a los acreedores comunes, insolvencia que como es sabido concurre en el caso del concurso de acreedores.

4.º) En todo caso, carecería de sentido que el crédito derivado de un préstamo participativo fuera del concurso se relegara su pago tras los acreedores comunes (véase ordinarios) y dentro del procedimiento concursal mejorara su calificación por delante de estos.

16. Tampoco podemos compartir, como pretende el recurrente, que en la medida que el destino del préstamo fue la continuidad de la compañía en atención al criterio seguido en

la STS de 8 de abril de 2016 no procedería la calificación de crédito subordinado. Debemos estar, como hemos indicado, al tipo de contrato firmado y a la propia sumisión de las partes al RD-L 7/1996 que lo regula, el cual al no haber sido derogado por la actual norma concursal resulta de aplicación, por lo que debe confirmarse la sentencia y la calificación de crédito subordinado del derivado del préstamo participativo de autos.

La causa de subordinación por obstaculización en el cumplimiento de contratos con obligaciones recíprocas, en perjuicio del interés del concurso, no es aplicable porque el concurso se declaró antes de la entrada en vigor de la norma que lo prevé

AP Madrid, Sec. 28.ª, 278/2019, de 31 de mayo

SP/SENT/1021275

La causa de subordinación por obstaculización en el cumplimiento de contratos con obligaciones recíprocas, en perjuicio del interés del concurso, fue introducida en el artículo 92.7.º de la Ley Concursal por el artículo 9 Tres del Real Decreto-ley 3/2009, de 27 de marzo, de medidas urgentes en materia tributaria, financiera y concursal ante la evolución de la situación económica.

Conforme a la disposición transitoria quinta del Real Decreto-ley 3/2009: "*El artículo 9 de este Real Decreto-ley se aplicará a los procedimientos concursales que se declaren a partir de su entrada en vigor.*

No obstante, el apartado uno y dos del artículo 9 de este Real Decreto-ley se aplicará a todos los procedimientos concursales que estén en tramitación a la fecha de su entrada en vigor".

El concurso de la entidad "GRUPO INMOBILIARIO TREMÓN, S. A." fue declarado por auto de fecha 4 de diciembre de 2008, mientras que el Real Decreto-ley 3/2009, entró en vigor el día 1 de abril de 2009.

Declarado el concurso de la entidad "GRUPO INMOBILIARIO TREMÓN, S. A." con anterioridad a la entrada en vigor del Real Decreto-ley 3/2009, no resulta de aplicación en el referido concurso la causa de subordinación contemplada el artículo 92.7.º de la Ley Concursal.

La invocación de la jurisprudencia relativa a la aplicación del sistema de reintegración de la Ley Concursal a operaciones anteriores a su entrada en vigor no guarda la menor relación con la cuestión aquí analizada, por lo demás, expresamente resuelta por la disposición transitoria quinta del Real Decreto-ley 3/2009.

Tampoco resultan de interés para la resolución de presente recurso las resoluciones que se citan del Juzgado de lo Mercantil de Málaga de fecha 26 de mayo de 2011 y de la de la sección 1.ª de la Audiencia Provincial de Cáceres de 21 de noviembre de 2012 que, en los pasajes que se transcriben en el escrito de interposición del recurso de apelación, analizan un problema distinto, cual es si la subordinación puede acordarse con fundamento en actos anteriores a la declaración de concurso.

Por lo demás, el criterio que aquí mantenemos ya lo expusimos en nuestras sentencias de fecha 15 de enero de 2016 y 16 de diciembre de 2016, indicando en esta última que: "*La causa de subordinación introducida en el artículo 92.7 de la Ley Concursal por el artículo 9.3 del Real Decreto-Ley 3/2009, solo es aplicable en los concursos que se declaren con posterioridad a su entrada en vigor, lo que tuvo lugar, conforme a su Disposición final tercera, al día siguiente de su publicación en el BOE (31 de marzo de 2009) y, por tanto, el día 1 de abril de 2009.*

No se cuestiona que el concurso de la mercantil «ATLANTIS SERVICIOS INMOBILIARIOS, S. L.» fue declarado por auto de fecha 12 de diciembre de 2008.

De lo expuesto resulta patente que no resulta posible la subordinación del crédito de la entidad demandada con fundamento en el actual apartado 7.º del artículo 92 de la Ley Concursal por no ser de aplicación en un concurso declarado con anterioridad a la entrada en vigor de la norma que lo introdujo, sin que pueda admitirse su aplicación retroactiva, como pretende la concursada, a la vista del régimen transitorio ya reseñado y menos con apoyo en la doctrina jurisprudencial pronunciada con ocasión de la reintegración en procedimientos concursales de actos anteriores a la entrada en vigor de la Ley Concursal que ninguna relación guarda con la cuestión aquí analizada".

El crédito correspondiente a las cuotas participativas concedidas por los socios debe clasificarse como créditos subordinados

Juzgado de lo Mercantil Pontevedra, n.º 2, 71/2018, de 3 de septiembre

SP/SENT/976115

En efecto, puede existir insolvencia sin declaración de concurso. Ahora bien, la solución ordenada a la situación de insolvencia del deudor común pasa en nuestro ordenamiento jurídico por las reglas del concurso, entre ellas, el sometimiento al orden legal de clasificación crediticia: dentro del concurso, la subordinación de los préstamos participativos se deriva en realidad de la utilización voluntaria de este tipo de negocio jurídico; se afirma que la autonomía de la voluntad en materia de préstamos participativos " *solo podrá operar en aquello no expresamente previsto por el régimen legal existente y en la medida en que no sea contradictoria con el mismo*" (Serrano Acitores, A., y Kolb, A., "*La amortización anticipada de los préstamos participativos*", Derecho de los Negocios n.º 265, 2012, La Ley, págs. 69-85).

En suma, las notas definitorias de estos préstamos han sido trazadas normativamente hasta el punto de que no parece posible suscribir uno de estos préstamos y pactar la exclusión de su postergación en el concurso. Un amplio sector de la doctrina ha entendido que el régimen legal vigente se aplica imperativamente a los préstamos participativos, por lo que esta denominación queda reservada para los préstamos que cumplen con las características del Real Decreto-Ley 7/1996. Para Palá Laguna ("*Algunas cuestiones en torno a la figura del «préstamo participativo» y su nuevo régimen jurídico*", *Revista de Derecho Bancario y Bursátil*, núm. 70, abril-junio 1998, págs. 457-476) se trata de normas de *ius cogens* que solo dejan a la autonomía de la voluntad los extremos que no estén expresamente normados.

Al carácter no dispositivo de los caracteres de los préstamos participativos se refiere García-Villarrubia Bernabé, "*Tres supuestos dudosos de créditos subordinados*", Pérez Benítez, J. (Coord.).

Por tanto, si se opta por conceder financiación por medio de préstamos participativos, ello implicará que, en orden a la prelación de créditos, se sitúen después de los acreedores comunes; ello se traduce en su subordinación por pacto contractual, en caso de concurso. Así resulta de la opción voluntaria por esta figura contractual que ha de implicar la aceptación de sus caracteres legales, que algunos autores han calificado de auténticas "*limitaciones impuestas por el legislador*" (Serrano Acitores, A., y Kolb, A., *op. cit.*). Para este sector doctrinal, la subordinación es imperativa y su ámbito natural de aplicación es el concurso de acreedores, aunque debe admitirse su aplicación en cualquier supuesto de concurrencia de acreedores.

Un argumento adicional que abunda en la imperatividad del régimen regulador de los préstamos participativos se desprende de las restricciones impuestas a su amortización anticipada, lo que constituye una inequívoca muestra de la afectación del crédito participativo a la solvencia financiera del deudor (Colino Mediavilla, J. L. y Hernán Carrillo, V., Créditos y préstamos participativos, Contratos de financiación y de garantía, Yzquierdo Tolsada (Dir.), Thomson Reuters Aranzadi, 2014, pág. 111-155; también Viñuelas Sanz, M., Los préstamos participativos, pág. 305-357).

El artículo 20. Uno, letra b), del Real Decreto-Ley 7/1996 condiciona la posibilidad de amortización anticipada del préstamo por parte del prestatario a su compensación con una ampliación de igual cuantía de sus fondos propios y siempre que este no provenga de la actualización de activos. Si bien esta exigencia pudiera ser excesivamente rigurosa, la literalidad del precepto no arroja dudas y exige que la amortización anticipada vaya acompañada del correlativo incremento de fondos propios.

Con todo, debe reconocerse la existencia de pareceres discrepantes que acuden a una interpretación más restringida del pacto contractual al que se refiere el artículo 92.2.º LC: se arguye que, en los préstamos participativos, la subordinación no obedece a la voluntad de las partes sino a la del legislador y por ello se sugiere que, ante el carácter sancionador de la norma, se conceda al crédito la clasificación de ordinario; en cuanto a los intereses del préstamo, estos serían clasificados como subordinados, por aplicación del artículo 92.3.º LC (Muñoz Paredes, A., Protocolo concursal, pág. 523).

La SJM n.º 1 de Oviedo de 27 de mayo de 2013 asume esta postura y considera que "*debemos descartar de plano, tanto la equiparación a los intereses (no hay porqué dar el mismo tratamiento al principal del préstamo que a su retribución) como el reconocimiento de un supuesto extra concursal (la enumeración es* numerus clausus, *luego, o es posible la subsunción en uno de los tipos del art. 92 o se impondrá calificar el crédito como ordinario, art. 89.3). La configuración como subordinado por pacto contractual no deja de suscitar dudas, pues la subordinación no obedece a la voluntad de las partes, sino a la* voluntas legis, *amén de que existe alguna resolución judicial que estima que la cláusula de subordinación no es elemento esencial del negocio (SAP de Barcelona, Sección 15.ª, de 6 de julio de 2009). En la duda, y dado el carácter sancionador de la norma, nos inclinamos por situarlo en el art. 92. 5.º, siempre que se den los presupuestos subjetivos previstos en la norma. En otro caso, el crédito por principal será ordinario y los intereses subordinado".*

En cambio, ninguna duda suscita la clasificación como subordinado del préstamo participativo concedido por el socio cuya participación en el capital social supere los límites señalados en el artículo 93.2. 1.º LC. Incluso cabría la posibilidad de que, en supuestos de infracapitalización, los socios concediesen a la sociedad préstamos participativos, que serían considerados patrimonio neto a los efectos de reducción de capital y liquidación de la sociedad. Si las condiciones subjetivas de concesión del préstamo participativo fuesen las indicadas, el crédito habría de clasificarse como subordinado, de conformidad con el artículo 92. 5.º LC.

A pesar de que se reconoce el carácter controvertido de esta cuestión, se asumen en la presente resolución los argumentos *ut supra* reproducidos, favorables a otorgar en el concurso la clasificación de subordinados por pacto contractual a los créditos procedentes de préstamos participativos. La utilización de este tipo de negocio jurídico conlleva la clasificación de subordinado en el concurso, al tenor de lo establecido en el art. 92.5.º LC: consta documentalmente acreditado que las partes pactaron en la póliza de fecha 16 de enero de 2013 la suscripción de un préstamo participativo y que, dentro de las condiciones del contrato, se convino el sometimiento a lo establecido en el artículo 20 del RDL 7/1996. Por otra parte, en la demanda de incidente concursal se reconoce de modo expreso que el origen del crédito de la actora es un préstamo participativo. Asimismo, las condiciones que se detallaban en el documento de financiación de ENISA –accesible a través de la página web de la actora– incluía la referencia a su consideración de deuda subordinada, *"por lo que su grado de exigencia en situación de insolvencia lo sitúa justo por delante de los accionistas..."*. El desplazamiento del artículo 20 del RDL 7/1996 al que se refiere la actora en su demanda –por efecto del art. 1.921 CC, en caso de concurso de acreedores– no puede conllevar que el crédito procedente de estos préstamos pierda la condición de subordinado: se aplicarán, como dispone el art. 1.921 CC, las normas de clasificación y prelación de créditos de la LC, mas es este texto legal el que clasifica como subordinados los créditos respecto los que así se hubiera dispuesto en virtud de pacto contractual; así se conviene precisamente en el caso de suscripción de un préstamo participativo sujeto, por voluntad de las partes, a las disposiciones del art. 20 del RDL 7/1996.

De las anteriores previsiones se desprende, al tenor de la letra c) del mencionado precepto, que los créditos procedentes de estos préstamos *"en orden a la prelación de créditos, se situarán después de los acreedores comunes"*. Esta previsión normativa tiene como ámbito natural de aplicación el concurso de acreedores, como respuesta legal a la insolvencia del deudor común. Como señala la SAP de A Coruña de 16 de marzo de 2017, [ROJ: SAP C 616/2017], *"al asignar las partes al préstamo la consideración de participativo el prestamista voluntariamente se sitúa para el cobro de su crédito a continuación de los que, en el contexto normativo anterior a la Ley concursal, se denominaban en general acreedores comunes, tanto para el caso de concurrencia con otros acreedores del prestatario en ejecuciones singulares (Artículos 1.925 1.929 del Código civil), como en las concursales o colectivas, a cuya normativa específica sobre clasificación y graduación remite hoy el artículo 1.921 del mismo Código. Y un crédito que, por voluntad de las partes, se relega frente a los demás del mismo deudor tiene su encaje en el n.º. 2.º del artículo 92 de la Ley concursal".*

Créditos subordinados - Clasificación definitiva

Cuando ya no sea posible modificar la calificación de los créditos, por haber devenido firme la lista de acreedores, si el crédito cedido aparece calificado como crédito subordinado, habrá que estar a esta calificación

TS, Sala Primera, de lo Civil, 677/2017, de 15 de diciembre

SP/SENT/930957

La disposición final 3.ª del RDL 6/2013, de 22 de marzo, incorporó la letra h) al art. 36.4 de la Ley 9/2012, que prescribe lo siguiente:

"h) Los créditos transmitidos a la Sociedad de Gestión de Activos Procedentes de la Reestructuración Bancaria no serán calificados como subordinados en el marco de un eventual concurso del deudor, aun cuando la Sociedad de Gestión de Activos Procedentes de la Reestructuración Bancaria fuese accionista de la sociedad deudora. No obstante, si ya hubiese sido calificado el crédito como subordinado con carácter previo a la transmisión, conservará tal calificación".

La norma protege los créditos cedidos a Sareb de una eventual subordinación en el concurso de acreedores del deudor. Se pretende dejar sin efecto, en estos casos, la regla contenida en el apartado 3 del art. 93 LC que, después de enumerar en los dos primeros apartados qué personas pueden ser consideradas especialmente relacionadas con el deudor, para que opere la subordinación del art. 92.5.º LC, dispone lo siguiente:

"3. Salvo prueba en contrario, se presumen personas especialmente relacionadas con el concursado los cesionarios o adjudicatarios de créditos pertenecientes a cualquiera de las personas mencionadas en los apartados anteriores, siempre que la adquisición se hubiere producido dentro de los dos años anteriores a la declaración de concurso".

3. La resolución del presente recurso requiere que primero hagamos una interpretación general de la norma del art. 36.4.h) Ley 9/2012; y después una particular de su aplicación transitoria al presente caso.

La norma del art. 36.4.h) Ley 9/2012 contiene una regla general y una salvedad. La regla general es que el crédito cedido a Sareb no podrá calificarse como subordinado en el concurso del deudor. La salvedad es que, si la cesión del crédito se realiza después de que se hubiera calificado el crédito como subordinado, se mantendrá esta calificación.

Para que opere esta salvedad, lo verdaderamente relevante es que la administración concursal ya haya calificado el crédito como subordinado en la lista de acreedores incorporada como anexo al informe del art. 76 LC y que haya precluido la posibilidad de rectificar esta calificación, de acuerdo con las reglas concursales de reconocimiento y clasificación de créditos.

Y al respecto conviene advertir que, contrariamente a lo aducido en el recurso, la disposición final 3.ª del RDL 6/2013, de 22 de marzo, no contiene ninguna norma especial respecto de la regla de preclusión derivada de la falta de impugnación de la lista de acreedores prevista del art. 97 LC, que permita instar la recalificación del crédito.

Esto explica que, en el presente caso, pese a que cuando se hizo la cesión de créditos a Sareb todavía no había sido notificada la presentación del informe provisional con la lista de acreedores, y por lo tanto cabía su impugnación, luego no era definitiva la calificación de los créditos cedidos como subordinados, en aquel momento todavía no se había promulgado el RDL 6/2013, de 22 de marzo. De tal forma que cuando quiso aplicarse la norma contenida en el art. 36.4.h) Ley 9/2012, ya había precluido la posibilidad de modificar la calificación del crédito.

En este sentido debe interpretarse la salvedad contenida en el último inciso del art. 36.4.h) Ley 9/2012: cuando ya no sea posible modificar la calificación de los créditos, por haber devenido firme la lista de acreedores, si el crédito cedido aparece calificado como crédito subordinado, habrá que estar a esta calificación.

Créditos subordinados - Sanciones

La derivación de responsabilidad tributaria, *ex* art. 42.1.º a) LGT, por haber causado o colaborado el sujeto responsable en la realización de una infracción tributaria, genera un crédito subordinado, por ser sanción

AP Barcelona, Sec. 15.ª, 240/2020, de 5 de febrero

SP/SENT/1039919

También serán responsables solidarios del pago de la deuda tributaria pendiente y, en su caso, del de las sanciones tributarias, incluidos el recargo y el interés de demora del período ejecutivo, cuando procedan, hasta el importe del valor de los bienes o derechos que se hubieran podido embargar o enajenar por la Administración tributaria, las siguientes personas o entidades:

b) Las que, por culpa o negligencia, incumplan las órdenes de embargo.

9. Sobre otro supuesto de derivación de responsabilidad tributaria, análogo al presente, fundado en el artículo 42.1.º, apartado a) de la LGT, esto es, por haber causado o colaborado el sujeto responsable en la realización de una infracción tributaria, nos pronunciamos en nuestra Sentencia de 28 de junio de 2017 (ECLI ES:APB:2017:5461), sentando como criterio que, por derivar la responsabilidad de un acto ilícito, debía considerarse como una auténtica sanción y, en consecuencia, el crédito debía calificarse en el concurso como subordinado. Reproducimos a continuación los fundamentos de dicha resolución:

"*11. El Tribunal Supremo Sala 3.ª (Sentencia de 10 de diciembre de 2008, ECLI:ES:TS:2008:7359), al igual que el Tribunal Constitucional (Sentencia 76/1990, de 16 de abril), tiene dicho que el expediente de derivación de responsabilidad tributaria cumple una finalidad sancionadora, que prevalece sobre otras funciones distintas que también están presentes en la norma, como la indemnizatoria o reparadora del daño. Esa función sancionadora se destaca para dotar al expediente de las garantías necesarias y para descartar que se trate de una responsabilidad objetiva.*

12. Por su parte, la Sala 1.ª del Alto Tribunal (Sentencia de 29 de enero de 2009, ECLI:ES:TS:2009:47), al analizar la calificación en el concurso de los recargos administrativos, admite que el término «sanción» del artículo 92.4.º de la Ley Concursal debe entenderse en un sentido amplio, que vincula con el incumplimiento de un deber jurídico y que opera para castigar un comportamiento que el ordenamiento desaprueba o rechaza. Dentro de ese concepto hay que distinguir entre las sanciones propias, que comprende las punitivas, que son consecuencia de la potestad sancionadora de la Administración, y las impropias, que carecen de la entidad cualitativa y cuantitativa de las propias, y que no están sujetas a los estrictos principios de la legalidad constitucional sancionadora. Esa distinción es utilizada por el Tribunal Supremo para incluir como crédito subordinado del artículo 92. 4.º a los recargos ejecutivos o de apremio.

13. En el caso que no ocupa, a diferencia de lo que sucede con los recargos, la derivación de responsabilidad exige el cumplimiento de los principios de legalidad sancionadora. En este sentido podemos citar la sentencia de la Sala 3.ª del Tribunal Supremo de fecha 10 de noviembre de 2011 (ECLI:ES: TS: 2011:7894) (FJ 4.2), en la que se dice que:

«La STC 85/2006, de 27 de marzo, establece, con carácter general, que cuando la responsabilidad subsidiaria que la Administración tributaria derive tenga un contenido punitivo por extenderse a las sanciones, deberán observarse las mismas garantías materiales y procedimentales que en un procedimiento sancionador, garantías que se deducen de los artículos 25.1 y 24.2 de la Constitución. Y es que la extensión de la responsabilidad a las sanciones tributarias está condicionada al respeto de los principios informadores del Derecho administrativo sancionador. Así lo había reconocido ya el Tribunal Supremo al establecer en su sentencia de 16 de diciembre de 1992, en relación con la extensión de la responsabilidad a las sanciones derivadas de infracciones cometidas por personas jurídicas, que se requiere que los administradores hayan tenido un comportamiento malicioso o negligente y que este quede suficientemente acreditado para que sirva de fundamento al acto mediante el cual se deriva la responsabilidad tributaria a los mismos, incumbiendo la prueba de esta conducta a la Administración, que ha de motivarla».

10. Dicha Sentencia contó con un voto particular discrepante, que descartaba que la obligación tributaria que nace de un acto administrativo de derivación de responsabilidad del artículo 42 de la Ley se configurara como una sanción. Para los firmantes del voto particular, la Ley General Tributaria distingue claramente entre la obligación tributaria en sentido estricto, que engloba la obligación principal (artículo 19) y las obligaciones tributarias accesorias (los intereses de demora del artículo 26 y los recargos de los artículos 27 y 28), de un lado, y las sanciones, de otro. El artículo 25 expresamente señala en su apartado tercero que la sanción no forma parte de la obligación tributaria como tal. Quien causa o colabora en la realización de una infracción tributaria (también quien incumple una orden de embargo) es un obligado tributario más (artículo 35. 5.º de la LGT). Esto es, para el obligado tributario por derivación de responsabilidad su deuda tributaria también se desglosa en principal, intereses, recargos y sanción. Y su traslación al concurso, según el voto particular, debe respetar esos conceptos, es decir, el concurso no convierte en sanción aquello que la Ley General Tributaria considera obligación tributaria. En definitiva, la calificación en el concurso del crédito tributario de un responsable solidario de la deuda tributaria debe merecer la misma calificación que tendría el crédito del deudor principal. No es posible, por tanto, que toda la deuda tributaria pueda considerarse como «multa» o «sanción pecuniaria» (artículo 92.4.º de la LGT).

11. La Sentencia sigue el criterio mayoritario de esta Sección y confirma la calificación de todo el crédito tributario como subordinado. Pues bien, a salvo que el Tribunal Supremo llegue a sentar jurisprudencia en sentido contrario, mantenemos la postura que fijamos en la Sentencia citada, por lo que debemos desestimar el recurso".

Se le reconoce a la Agencia Estatal de Administración Tributaria un crédito subordinado correspondiente a los recargos e intereses generados por la presentación tardía de autoliquidaciones del concursado

AP Navarra, Sec. 3.ª, 588/2018, de 30 de noviembre

SP/SENT/1000513

Se trata de emplear la norma de art. 21.1 LEC, como expresión de la facultad dispositiva de la parte demandada en el proceso civil, en el supuesto de que la pretensión o resistencia de quien soporta la petición de recurso se altera en la voluntad de su titular por hechos posteriores a la sentencia dictada. Así, "*cuando el demandado se allane a todas las pretensiones del actor, el tribunal dictará sentencia condenatoria de acuerdo con lo solicitado por este, pero si el allanamiento se hiciera en fraude de ley o supusiera renuncia contra el interés general o perjuicio de tercero, se dictará auto rechazándolo y seguirá el proceso adelante*".

La Hacienda Tributaria ejercitó una pretensión de reconocimiento de crédito subordinado en la masa pasiva del concurso 304/16 de dos personas naturales, y aunque no es exactamente disponible la conformación de la masa pasiva, al mostrarse conforme el administrador concursal, y ciñéndose el recurso de apelación a un punto sobre el que los concursados apelados consideran que es indiferente un pequeño monto añadido de crédito público subordinado, dado su interés en la exoneración de pasivo insatisfecho y la impotencia de la masa pasiva para hacer frente incluso a los créditos ordinarios, no se encuentra nada en lo que se recurre y asumen los deudores que perjudique al interés general o a un tercero.

El crédito de la Agencia Estatal de Administración Tributaria, correspondiente a la sanción impuesta al concursado por haber liquidado tardíamente el Impuesto sobre Sociedades, debe clasificarse como crédito subordinado

AP Baleares, Sec. 5.ª, 81/2017, de 20 de marzo

SP/SENT/902087

SEGUNDO. Centrado de este modo los términos de la presente alzada vaya por delante que este Tribunal revisado nuevamente el contenido de los autos y el resultado de las pruebas practicadas, no puede sino compartir, por acertada, la totalidad de los razonamientos jurídicos que se contienen en la resolución recurrida y que tras un exhaustivo y pormenorizado análisis de todas las cuestiones jurídicas y fácticas debatidas en el proceso, le han llevado a la estimación parcial de la demanda, de modo que una mera remisión al contenido de aquella motivación se estima suficiente para desestimar la totalidad de los motivos de impugnación alegados por la parte recurrente y con ello a confirmar el fallo contenido en la sentencia apelada, pues es sabido que, como entre otras ha indicado la STS de 9 de junio de 2000, es compatible la fundamentación por remisión con el mandato del artículo 120.3 según reiteradamente ha sido declarado por el Tribunal Constitucional (SSTC 174/1987, 24/1996, 115/1996, 184/1998, 206/1999, 13/2001, entre otras), siendo que, además, la recurrente, no desvirtúa a través de las alegaciones que expone en su escrito de recurso, aquellos argumentos, sino que más bien efectúa una interpretación sesgada y parcial del resultado de la prueba practicada, para adecuarla a sus intereses.

Ello no obstante incidir por lo que se refiere a la diferente calificación de las sanciones por incumplimiento de la autoliquidación del impuesto en plazo en función de si la demora fue anterior o posterior al concurso ni la doctrina ni la jurisprudencia avalan la interpretación.

La doctrina analizando la teoría que defiende la calificación como créditos concursales de aquellos créditos tributarios derivados de una obligación tributaria principal cuyo devengo sea anterior a la declaración de concurso, –cual se ha visto ratificada con posterioridad, en relación al IVA, por las Sentencias del propio Tribunal Supremo (Sala de lo Civil) de 20 de septiembre de 2009 y 6 de abril de 2011, ha sido defendida, asimismo, por nuestros Tribunales en relación a otras figuras impositivas como el IAE (Sentencia del Juzgado de lo Mercantil de Madrid núm. 5 de Madrid de 30 de septiembre de 2008) o el IBI (Sentencia de la Audiencia Provincial de Córdoba de 7 de junio de 2007). Y lo mismo puede decirse en relación al Impuesto sobre Sociedades (Sentencia de la Audiencia Provincial de Barcelona de 30 de diciembre de 2010), pronunciamiento este último que, no obstante, vino a otorgar, de forma excepcional, a la cuota derivada de dicho Impuesto, la condición de crédito concursal a pesar de haberse devengado aquella en una fecha, (31 de diciembre de 2008), posterior a la declaración de concurso, (4 de diciembre de 2008), habiendo fundamentado dicho Tribunal su decisión en el hecho de que las rentas generadas por la sociedad eran claramente anteriores, en el tiempo, a la referida declaración.

En cuanto a la jurisprudencia, ya respecto a la naturaleza del crédito derivado de la sanción podemos citar la de 1 de julio de 2011: "*TERCERO. Calificación de los créditos por sanciones.*

Puesto que el acto de abonar una sanción, entendida como acto de gravamen que disminuye la esfera jurídica del sancionado, no tiene parangón con la liquidación de un impuesto, y que en el ejercicio de la potestad sancionadora de la Administración han de respetarse principios comunes a todo Derecho sancionador, como son los de legalidad, tipicidad, presunción de inocencia, culpabilidad, proporcionalidad y personalidad de la sanción, retroactividad de la más favorable e imposibilidad de sancionar dos veces el mismo hecho, esta Sala ha señalado que la cuestión aquí planteada no puede resolverse mediante una aplicación automática del criterio del devengo, fijado por esta Sala en materia de clasificación de créditos tributarios a partir de las SSTS de 1 de septiembre de 2009

[RC n.º 253/2007] y 20 de septiembre de 2009 [RC n.º 202/2007]. En consecuencia, al margen de dichas singularidades del Derecho administrativo sancionador o de la consideración de la resolución que impone la sanción como acto de carácter constitutivo, constituye doctrina de esta Sala que la controversia que aquí se enjuicia debe resolverse en atención, singularmente, a los principios que rigen en materia concursal, entre ellos el principio de igualdad entre acreedores, dado que, precisamente en aras a salvaguardar esa igualdad, la jurisprudencia ha declarado también que procede una interpretación restrictiva de los créditos contra la masa, pues lo contrario aboca a dar un trato diferenciado al crédito principal respecto del que reciben en la ley los intereses y los recargos. Desde esta óptica, a la hora de calificar un crédito a efectos de la LCon, no ha de confundirse la sanción con la obligación, (crédito en su vertiente activa), de la que dimana.

Estos postulados han llevado a esta Sala (STS de 23 de febrero de 2011 [RC n.º 1627/2007] en un supuesto idéntico al de autos donde también estaba en cuestión la correcta calificación de los créditos por sanciones, a sentar el criterio de que la cuestión de la clasificación concursal de los créditos por sanciones administrativas debe resolverse atendiendo, no al momento del nacimiento de la obligación, sino al momento de comisión de la conducta sancionada, por ser esta la determinante del régimen aplicable también a la sanción, en congruencia, de una parte, con los principios rectores de la potestad sancionadora, entre ellos el de irretroactividad, que imposibilitan sancionar conductas que no estuvieran ya tipificadas en el régimen vigente al tiempo de su comisión, y, como se anticipó, también con una interpretación restrictiva de los créditos contra la masa, en aras a salvaguardar la igualdad entre los acreedores.

Esta doctrina ha sido después aplicada por la STS de 13 de junio de 2011 [RC n.º 1306/2007], y su aplicación al caso determinan el rechazo del recurso y la confirmación de la decisión desestimatoria de apelación, toda vez que no se discute que las infracciones tributarias que dieron lugar a su ulterior sanción se cometieron con anterioridad a la fecha de declaración del concurso".

En conclusión, no procede confundir la causa de la sanción con la de la fecha de autoliquidación.

No hallamos argumento jurídico para calificar el crédito concursal por la autoliquidación tardía en función del período en el que efectivamente se cumplió con dicha obligación. No se sanciona por la fecha de la autoliquidación sino porque no se hizo en plazo y dicha demora acaeció antes de la declaración de concurso.

La conducta, (en este caso por omisión), que genera la sanción tuvo lugar desde que transcurrió el plazo sin que pueda pretenderse calificar como crédito contra la masa (en vez de concursal y subordinada) la sanción derivada de haber autoliquidado después de la declaración del concurso.

Créditos subordinados - Comunicación tardía

No procede subordinar los créditos de la entidad bancaria por dos préstamos otorgados a la ahora concursada, que insinuó en tiempo y forma, sin exceder plazos ni incurrir en dilaciones

AP Navarra, Sec. 3.ª, 540/2019, de 29 de octubre

SP/SENT/1034765

Por otro lado, tras señalar que Bankia insinuó a la administración concursal su crédito –referente a los dos préstamos personales ya aludidos– dentro del plazo que marca la Ley y mediante la aportación de las correspondientes pólizas y dos certificaciones, en las que se hace constar que a fecha 28 de enero de 2018 la concursada es deudora de 181.323,34 euros por el préstamo núm. 16.185.632/16 y de 358.407,93 euros por el préstamo núm. 16.440.177/09, desglosando el capital concedido, el amortizado y lo adeudado en concepto de capital y de intereses amortizados, la juez de lo mercantil argumenta que dicha certificación no es suficiente para justificar el crédito, ya que conforme al art. 85.4 LC es la administración concursal quien tiene la facultad de decidir qué documental resulta necesaria para calificar el crédito, no habiéndola facilitado Bankia según acreditan los correos remitidos, ni aportado hasta el momento de contestar la demanda incidental el extracto de la cuenta corriente en que se cargaron las cuotas del préstamo y ni siquiera se aporta el histórico del préstamo que permita comprobar si las operaciones contenidas en la certificación se ajustan o no a la realidad, sin que tampoco se acredite que la concursada y la administración concursal pudieron acceder a tal información a través de aplicaciones de banca digital, por lo que la incorrecta comunicación, por falta de aportación de la documental solicitada por la administración concursal equivale a la comunicación tardía, razón por la cual los créditos referidos han de considerarse subordinados.

b) Recurre Bankia realizando una serie de alegaciones, en síntesis:

– La forma en que insinuó su crédito, mediante correo electrónico remitido a la dirección de correo electrónico señalado al efecto en el anuncio del BOE, dentro de los 30 días fijados en la Ley, en el que se acompañaba el escrito de insinuación detallando las operaciones, el saldo deudor y la calificación del crédito, las escrituras notariales de cada una de las operaciones y los certificados de deuda, desglosando los conceptos, *"es la forma de insinuar los créditos por parte de las entidades de crédito en toda España, y es la forma completa y correcta de insinuar los créditos, y es la forma en que se reconocen los créditos de las entidades de crédito en todos los Concursos de España"*.

– Realizada la insinuación corresponde a la administración concursal analizarla y reconocer los créditos como estime adecuado, pudiendo darse varios escenarios, uno de ellos que tenga dudas de la corrección del saldo insinuado, supuesto este en que la Ley Concursal habilita a la administración concursal a declarar el crédito en cuestión como contingente ordinario.

Prueba inequívoca de que Bankia presentó la documentación en tiempo y forma es que su crédito fue calificado como contingente ordinario.

– La administración concursal requirió la aportación de más documentación, pero no era fácil de obtener por estar la cuenta corriente "bloqueada doblemente", habiendo sido aportados los extractos en el momento en que ha sido posible, con el escrito de contestación a la demanda incidental, por lo que no puede hablarse de falta de colaboración, máxime si también se entregó el saldo reclamado (166.222,78 euros).

Al parecer la juez de lo mercantil ha interpretado el retraso en la aportación de los extractos como falta de colaboración, pero no puede ser falta de insinuación o insinuación tardía puesto que el crédito fue reconocido desde el primer momento por la administración concursal.

c) El recurso se estima.

Solo son créditos subordinados los señalados en el art. 91 LC, precepto que contiene una lista cerrada de los supuestos en que procede esa calificación, debiendo ser además los mismos, objeto de interpretación restringida, razón por la cual, en contra de lo mantenido por la sentencia apelada, no puede extenderse la aplicación de su apartado 1.º (créditos comunicados tardíamente) a los créditos insinuados en tiempo y forma.

Queda en evidencia el error en que incurre la juez de lo mercantil cuando en apoyo de su tesis se remite a la sentencia de la Audiencia Provincial de Pontevedra de 19 diciembre de 2014, al haber recaído en un supuesto diferente al ahora enjuiciado, puesto que el acreedor había dejado "*transcurrir no solo el plazo previsto en el art. 21.1.5.º LC (un mes desde el día siguiente al de publicación en el BOE del auto de declaración del concurso), sino el que le concedió la propia Administración concursal para comunicar su crédito (tres días más)*" y aunque "*el acreedor remitió en formato electrónico dos contratos privados de préstamo, (...) lo hizo (...) una vez transcurrido el plazo concedido*".

Por ser el acreedor socio mayoritario del concursado y haber comunicado su crédito de manera tardía, procede clasificar el mismo como subordinado

AP Murcia, Sec. 4.ª, 738/2019, de 10 de octubre

SP/SENT/1027714

---

1. Para resolver si la impugnación es extemporánea son datos esenciales que se deducen del examen del expediente digital los siguientes:

i) por la actora (cuya condición de socio mayoritario de la concursada, como titular del 60 % del capital social no es discutida) se comunica un crédito a la AC de acuerdo con lo previsto en el art. 96 bis, para su inclusión en la lista de acreedores, que es rechazada por la AC por tratarse de préstamos participativos recogidos en la cuenta contable 118, que se califica como "*aportaciones de socios al capital social*", no tratándose de una cuenta de pasivo y no ser préstamos reembolsables, según las cuentas anuales de las mercantiles afectadas;

ii) el 3/9/2018 se dicta diligencia de ordenación en la que se informa que los textos definitivos y la relación de las comunicaciones posteriores presentadas y las modificaciones incluidas y relación actualizada de los créditos contra la masa devengados y pendientes de pago quedan de manifiesto en la oficina judicial, y que los acreedores pueden formular oposición a la decisión de la administración concursal sobre las comunicaciones posteriores presentadas a través del incidente concursal; diligencia que se notifica por el servicio lexnet al procurador Sr. García Morcillo el día 4 de ese mes;

iii) el 20/9/2018 se dicta diligencia de ordenación por la que se tiene por presentado el escrito de la Administración Concursal de rectificación de los textos definitivos presentados, que afectaba exclusivamente a dos acreedores personas físicas, y se acuerda poner de manifiesto a las partes personadas para su conocimiento y a los efectos legales oportunos; diligencia que se notifica por el servicio lexnet al procurador Sr. García Morcillo el día 21 de ese mes;

iv) el 8/10/2018 se formula por Key Development S. L. la demanda incidental que da lugar a este incidente.

2. El plazo de 10 días previsto en el artículo art. 96 bis apartado 3 LC para oponerse a la decisión de la administración concursal de no incluir el crédito comunicado por la actora (al amparo del art. 96.bis 1) es evidente que estaba ya agotado cuando se presenta la demanda incidental el 8/10/2019, si se toma como *dies a quo* -como hace la sentencia- la notificación efectuada el día 04/09/2018, aunque el cómputo sea desde el día siguiente al del traslado (art. 278 LEC).

3. La tesis de la apelante es que el "dies a quo" para el cómputo del plazo de 10 días no es la notificación de la diligencia de ordenación de fecha 3 de septiembre de 2018, sino la de notificación de la diligencia del día 20 de septiembre en la que se acuerda tener por presentado el escrito de la Administración Concursal de rectificación de los textos definitivos presentados, de manera que en ese caso su demanda incidental sí está dentro del citado plazo, con invocación del art. 267 LOPJ y art. 215 LEC.

4. El motivo no puede prosperar al compartir el criterio de la sentencia de instancia.

Al margen de que los citados preceptos se refieren a aclaraciones, rectificaciones o modificaciones de resoluciones judiciales, y aquí lo rectificado es el listado elaborado por la AC, lo relevante es que esa rectificación en nada afecta a la impugnación del crédito de la actora que ahora nos ocupa.

Esa rectificación lo único que puede provocar es que el plazo para impugnar, en su caso, el crédito rectificado deba ser computado desde que se comunique esa rectificación, pero carece de virtualidad para hacer "resucitar" un plazo de impugnación de otros créditos ajenos a esa rectificación.

Cuando se notifica esa diligencia posterior, el plazo de 10 días para impugnar la no inclusión del crédito comunicado por la actora había finado. Y debe asumir las consecuencias de ello, sin que sea admisible que pretenda obviar los efectos de preclusión (art. 135 LEC) aprovechándose de una rectificación que en nada afecta a su crédito, sin que haya inconveniente alguno en considerar inmodificable el contenido de ese documento en unos particulares (aquí la exclusión de los créditos comunicados por la actora) y no en otros. Así se deduce del art. 97.1 LC.

Pero es que, en este caso concreto, la pretensión de la actora carece de lógica cuando la rectificación, además de afectar a créditos de terceros, no se refiere a comunicaciones posteriores de créditos del art. 96 bis, sino que se refiere a rectificaciones de errores en la lista de acreedores, por lo que no estaríamos propiamente ante el supuesto del art. 96 bis.3.

5. La impugnación extemporánea provoca que no proceda entrar en el fondo del asunto, en el que la AC cuestiona la realidad y certeza de los créditos reclamados por la socia mayoritaria de la concursada. Ello justifica que resulte innecesario pronunciarnos sobre la prueba propuesta por la AC, sobre la que se omitió en su día darse cuenta a los efectos del art. 464 LEC.

En todo caso, de existir el crédito, parece que su condición de subordinados es evidente, pues más allá de la polémica sobre la calificación concursal de los créditos derivados de préstamos participativos, la subordinación derivaría de la condición de acreedor especialmente relacionado y por su comunicación tardía, y en el caso de los intereses, por su naturaleza (art. 92.5.º en relación con art. 93.2.1.º; art. 92. 1.º y art. 92. 3.º en relación con el art. 96 bis 1 LC).

Al haberse comunicado los créditos de manera tardía y no constar en los certificados administrativos que existen en la documentación del deudor, el crédito de la Agencia Estatal de Administración Tributaria correspondiente a rectificaciones de IVA se clasifica como subordinado

AP Madrid, Sec. 28.ª, 5/2017, de 13 de enero

SP/SENT/895425

---

(7). Valoración del tribunal. La cuestión planteada en el recurso de la AEAT pasa por la determinación de dos extremos:

(i). Uno fáctico, consistente en la acreditación de que en la documentación del deudor constaba efectivamente la existencia de los créditos a los que se refiere el recurso, mediante la efectiva notificación de la resolución administrativa de liquidación de tales créditos.

(ii). Otro jurídico, sobre la valoración de la tesis de la integración en la documentación del deudor de notificaciones administrativas llegadas con posterioridad a la declaración de concurso y antes de la emisión del Informe del art. 75 LC, a los efectos de enervar la posibilidad de clasificación de subordinación.

(8). (Cuestión fáctica). De la valoración jurídica que pueda hacerse, resulta antecedente lógico la anterior fijación de la realidad de las circunstancias de hecho afirmadas en el recurso de la AEAT, esto es, que en la documentación del deudor obraban efectivamente las notificaciones referidas a la liquidación de los créditos que son objeto del recurso. En tal sentido ha de señalarse que:

(i). La contestación a la demanda incidental, deducida por la Administración Concursal, negó la constancia de tales notificaciones en los documentos del deudor TECNOLOGÍA DE LA CONSTRUCCIÓN S. A. Conviene precisar dicho extremo, ya que tal Administración Concursal podría haber admitido o reconocido tal hecho, pese a mantener otra postura respecto a la cuestión jurídica.

(ii). Para acreditar dicho extremo, tanto la demanda incidental como el recurso de apelación de la AEAT se basa exclusivamente en la mención de la indicación de la fecha de notificación de la liquidación realizada a TECNOLOGÍA DE LA CONSTRUCCIÓN S. A., que se recoge en la propia certificación administrativa de deuda que se adjunta a la demanda incidental [vd. fs. 14 y 15 de los presentes autos].

(iii). El art. 86.2 LC establece el forzoso reconocimiento concursal de créditos que consten en certificación administrativa, y la necesidad de impugnar dichos créditos por la vía administrativa correspondiente, si la Administración Concursal estima conveniente desasirse de la fuerza vinculante de dicha certificación administrativa.

(iv). Pero ese efecto vinculante, previsto en el art. 86.2 LC, alcanza a la realidad y cuantificación del crédito administrativo en cuestión, no ha otros extremos de hecho que se indican en la certificación, los cuales no aparecen referenciados ni en el art. 86.2 LC, ni en ningún otro precepto, a los efectos de extender ese valor de la certificación administrativa a extremos distintos de los citados en el art. 86.2 LC.

(v). Tampoco puede alcanzarse la conclusión pretendida por la AEAT, de atribuir plenos efectos probatorios a la mención contenida en la certificación administrativa sobre la fecha de notificación de la liquidaciones, por vía de aplicación de los preceptos de la LEC, ya que cuando el art. 317.5 LEC fija entre los documentos públicos, a efectos procesales probatorios, de "*los expedidos por funcionarios públicos legalmente facultados para dar fe en lo que se refiere al ejercicio de sus funciones*", no se está refiriendo a las simples certificaciones administrativas, revestidas de mera presunción de veracidad, susceptible de enervación sino a supuestos especiales de atribución de efectivas funciones de fedatario a determinados funcionarios en ciertas materias o supuestos. Ello no se corresponde con el caso de la certificación emitida en autos.

(vi). Por otra parte, la AEAT tenía a su entera disposición los documentos que hubieran acreditado el extremo por ella sostenido, el de la efectiva notificación de la liquidación de deuda a TECNOLOGÍA DE LA CONSTRUCCIÓN S. A. en cierta fecha, disponibilidad con la que contaba al momento mismo de presentar su demanda incidental. Se trata de los documentos de los que resulta la notificación, tales como los acuses de recibo de correo, cuya presentación ha sido omitida en este proceso. Ellos eran la prueba del hecho afirmado, la mera referencia a ellos incluida en la certificación administrativa.

(9). Ante la ausencia de prueba del hecho afirmado, esto es, que la documentación sobre la existencia de los créditos administrativos obraba en el concurso en determinada fecha, no es preciso ya el análisis de la segunda cuestión planteada, la de contenido jurídico, y debe proceder la desestimación del recurso.

El acreedor fue convocado debidamente a la reunión para estudiar una propuesta de acuerdo extrajudicial de pago, no acudiendo ni comunicando su oposición, sus créditos deben ser calificados como subordinados

Juzgado de lo Mercantil Burgos, n.º 1, 125/2019, de 4 de julio

SP/SENT/1020446

Don Óscar, como mediador concursal designado en el acuerdo extrajudicial de pagos de doña Jacinta, presentó en fecha 19 de septiembre de 2018 solicitud de declaración de concurso consecutivo, que fue acordado por auto de fecha 16 de octubre de 2018.

En el curso del expediente de acuerdo extrajudicial de pagos, debe destacarse los siguientes hitos:

– En fecha 18 de abril de 2018 el entonces mediador concursal remitió a CAIXABANK S. A. por correo certificado una propuesta de acuerdo extrajudicial de pagos que debía ser sometida a la reunión de acreedores convocada para el día 10 de mayo de 2018 a las 10:00 horas. En esa comunicación se advertía al acreedor de que en caso de no comunicar su aprobación u oposición en los diez días anteriores a la reunión ni de acudir a la reunión, el crédito sería calificado como subordinado si la negociación fracasaba, de conformidad con lo dispuesto en el art. 237.1 LSC.

– La comunicación fue recibida por el destinatario en fecha 20 de abril de 2018.

– Ulteriormente, se remitió nueva comunicación a CAIXBANK S. A. también por correo certificado, en este caso recibida el día 8 de mayo de 2018, en que se le indicaba que la propuesta de acuerdo remitida en su día quedaba como definitiva y que sería la que sometería a la reunión, pues no se habían producido propuestas o modificaciones.

– El 10 de mayo de 2018, a las 10:00 horas, se celebró reunión para someter a aprobación el plan de pagos y viabilidad presentado. No compareció ninguno. Solo uno de ellos AIQON CAPITAL SARL comunicó en forma su oposición al acuerdo. El plan no fue aprobado.

El art. 237.1 LSC dispone:

Los acreedores convocados deberán asistir a la reunión, salvo los que hubiesen manifestado su aprobación u oposición dentro de los diez días naturales anteriores a la reunión. Con excepción de los que tuvieran constituido a su favor garantía real, los créditos de que fuera titular el acreedor que, habiendo recibido la convocatoria, no asista a la reunión y no hubiese manifestado su aprobación u oposición dentro de los diez días naturales anteriores, se calificarán como subordinados en el caso de que, fracasada la negociación, fuera declarado el concurso del deudor común.

CAIXABANK S. A. fue convocado en debida forma a la reunión, con todas las advertencias legales. Sin embargo, ni comunicó su oposición con carácter previo, ni concurrió a la reunión. Por tanto, sus créditos deben ser calificados como subordinados en tanto en cuanto no se trata de créditos con garantía real a su favor (que no es el caso). Por tanto, la comunicación de créditos una vez abierto el concurso consecutivo, en este caso, por mucho que se hubiese hecho en tiempo, es irrelevante, pues la subordinación crediticia se "arrastra" del expediente de acuerdo extrajudicial de pagos.

Así, la calificación que la administración concursal ha realizado es correcta, aunque en el informe consigne que el motivo de la subordinación sea por comunicación tardía. Ciertamente, por mucho que el programa informático que utiliza la administración concursal no permita reseñar que subordinación *ex* art. 237 LSC, la administración concursal bien podría haber incluido una nota al pie o añadir una nota aclaratoria al final del informe.

Créditos subordinados - Salarios

Aunque los actores sean titulares del 80 % del capital social de la concursada, sus créditos tienen su origen en los salarios devengados por su trabajo, motivo por el cual no tienen carácter de subordinados

Juzgado de lo Mercantil Murcia, n.º 1, 270/2018, de 2 de octubre

SP/SENT/984946

TERCERO. Centrada en los anteriores términos la cuestión suscitada en el presente incidente, debe tenerse presente que de conformidad con artículo 92.5 de la LC "*Son créditos subordinados: 5.º Los créditos de que fuera titular alguna de las personas especialmente relacionadas con el deudor a las que se refiere el artículo siguiente, excepto los comprendidos en el artículo 91.1.º cuando el deudor sea persona natural y los créditos diferentes de los préstamos o actos con análoga finalidad de los que sean titulares los socios a los que se refiere el artículo 93.2.1.º y 3.º que reúnan las condiciones de participación en el capital que allí se indican*".

Por su parte el artículo 93.2 de la LC dispone que "*Se consideran personas especialmente relacionadas con el concursado persona jurídica:*

1.º Los socios que conforme a la ley sean personal e ilimitadamente responsables de las deudas sociales y aquellos otros que, en el momento del nacimiento del derecho de crédito, sean titulares directa o indirectamente de, al menos, un 5 por ciento del capital social, si la sociedad declarada en concurso tuviera valores admitidos a negociación en mercado secundario oficial, o un 10 por ciento si no los tuviera. Cuando los socios sean personas naturales, se considerarán también personas especialmente relacionadas con la persona jurídica concursada las personas que lo sean con los socios conforme a lo dispuesto en el apartado anterior. 2.º Los administradores, de derecho o, de hecho, los liquidadores del concursado persona jurídica y los apoderados con poderes generales de la empresa, así como quienes lo hubieren sido dentro de los dos años anteriores a la declaración de concurso".

En el caso de autos, pese a que Dña. Juliana y D. Ezequías son socios de la concursada, titulares del 80 % del capital social, y además este último es administrador, sus créditos tienen su origen en los salarios devengados por su trabajo, en los supermercados y en la carnicería explotada por la concursada, por tanto, es un crédito diferente de los préstamos o actos con análoga finalidad excluidos de la postergación en virtud de la excepción contemplada en el mismo ordinal 5 del artículo 92 de la LC.

Créditos subordinados - Intereses

Ex art. 92 LCon, los créditos por intereses tienen la naturaleza de créditos subordinados, salvo que estén cubiertos por garantía real. No se discute la extensión de la garantía sobre los intereses comunicados, por lo que se clasifican como ordinarios

Juzgado de lo Mercantil Murcia, n.º 1, 93/2018, de 9 de abril

SP/SENT/961073

En cuanto a los intereses, de conformidad al artículo 92. 3.º, deben ser considerados como crédito subordinado, toda vez que el préstamo con garantía hipotecaria es superior en todos los casos a los 9/10 del valor razonable, el exceso de este préstamo es calificado como ordinario. Por tanto, la garantía no llega siquiera a cubrir el 100 % del préstamo, siendo imposible por tanto incluir también en la garantía los intereses del mismo.

La Procuradora de los Tribunales Sra. De Alba y Vega, actuando en nombre y representación de Crea Galilea Propiedades, S. L., presentó escrito de contestación, en términos muy similares al de la Administración Concursal (acontecimiento 70 del visor).

SEGUNDO. ANÁLISIS DE LA PRUEBA OBRANTE EN AUTOS.

No existe controversia en cuanto al primer punto de impugnación de la parte actora. Debe estarse por tanto a las tasaciones aportadas como documentos dos a seis (acontecimientos 7 a 9 del visor), y con la precisión realizada en cuanto la finca por 42.766, que se valora por la Administración Concursal en 111.881,70 €.

En relación con la cuestión de la aplicación de la regla de los 9/10 en fase de convenio y no en fase de liquidación, no se puede realizar un pronunciamiento al respecto en esta resolución al no ser objeto del incidente, el cual debe ceñirse a la inclusión o a la exclusión de créditos, así como a la cuantía o a la clasificación de los reconocidos (artículo 96.3).

Resta por resolver la cuestión relativa a los intereses, y a su clasificación.

Considero en este punto de la regla contenida en el artículo 92. 3.º de LC requiere partir de la garantía fijada la correspondiente escritura, y no de la cantidad que resulta de aplicar la regla de los 9/10. El cuadro contenido en la página nueve de la demanda no ha sido objeto de impugnación, por cuanto la oposición se centra en una interpretación diferente de los preceptos hasta ahora enumerados.

Conforme al precepto 92. 3.º los créditos por intereses tienen con carácter general la naturaleza de créditos subordinados, salvo que estén cubiertos por la garantía real, entendiendo por tal la fijada en la escritura pública correspondiente.

Por ello no siendo discutida la extensión de la garantía sobre los intereses comunicados, no puede admitirse una clasificación como subordinados, sino que el crédito por estos intereses deberá ser ordinario.

En cualquier caso, se trata de una cuestión discutible a nivel jurídico lo que habilitará a que se aprecien dudas de derecho, a los efectos del siguiente fundamento.

No tiene la condición de crédito subordinado el correspondiente a préstamos participativos, pues no se puede equiparar a los intereses ni depende dicha calificación de la voluntad de las partes, será un crédito ordinario

Juzgado de lo Mercantil Sevilla, n.º 1, de 20 de octubre de 2017

SP/SENT/928019

Las partes impugnantes, señalan que el crédito que ostenta frente a la concursada es calificado como subordinado residiendo su justificación exclusivamente en la remisión al artículo 92.5 de la LC, a la que añade la mención *"personas especialmente relacionadas"*, sin que exista en los textos provisionales causa alguna que justifique su calificación como subordinados.

Frente a ello, la ADMINISTRACIÓN CONCURSAL, manifiesta que se trata de préstamos participativos, una vez comprobadas las condiciones de concesión de los préstamos, supuestos de subordinación legal y contractual asimilado a los intereses, siendo así que el régimen de los préstamos participativos se encuentra recogido en el artículo 20 c) del Real Decreto Ley 7/1996 sobre Medidas Urgentes de carácter Fiscal y de Fomento y Liberalización de la actividad económica, los cuales deben ser calificados como créditos subordinados habida cuenta de que tal postergación a pesar de no ser recogida expresamente en el artículo 92 LC encuentra su fundamento por pacto contractual(artículo 92.2 LC) o entendiendo que quien acude a esta figura asume la subordinación legal, por asimilación a los intereses(artículo 92.3 LC), o como supuesto de infracapitalización (artículo 92.5 LC).

A la vista de las alegaciones de las partes se ha de rechazar la consideración de los préstamos participativos como créditos subordinados no pidiendo entender que quien acude a esta figura asume la subordinación legal por asimilación a los intereses (artículo 92.3 LC) o encuentra su fundamento por pacto contractual (artículo 92.2 LC) y ello basándose en las siguientes consideraciones:

Primero, en atención a la imposibilidad de equiparación a los intereses, dado que no existe razón para dar el mismo tratamiento al principal del préstamo que a su retribución como bien señala la Sentencia del Juzgado de lo Mercantil n.º 1 de Oviedo de fecha 27 de mayo de 2013.

Segundo, porque supondría reconocer la existencia de un supuesto extraconcursal, siendo la enumeración prevista en el artículo 92 LC un *numerus clausus*, de interpretación estricta, sin que sea posible una interpretación extensiva de los criterios de subordinación, pues el principio de igualdad de tratamiento de los acreedores ha de constituir la regla general del concurso, y sus excepciones, positivas (créditos privilegiados) o negativas (créditos subordinados) han de ser muy contadas y siempre justificadas como señala la propia Exposición de Motivos de la Ley Concursal(en este sentido, las Sentencias de la Audiencia Provincial de Madrid Secc. 28 de fecha 28 de octubre de 2016, 24 de marzo y 23 de junio de 2017).

En consecuencia, o es posible su subsunción en los supuestos del artículo 92 de la LC o se impondrá su calificación como crédito ordinario en cuanto su principal (artículo 89.3 LC) y subordinado en cuanto sus intereses.

Tercero, tampoco sería admisible la configuración como subordinado por pacto contractual, dado que la subordinación no obedece a la voluntad de las partes sino a la voluntad de la Ley, sin olvidar que tal pacto supondría para el acreedor una renuncia a la igualdad de trato en el seno del concurso que deberá ser objeto de una interpretación estricta.

A tal efecto no se observa ni en las escritura públicas autorizadas por el Notario D. JOSÉ JAVIER MUÑOZ LAYOS, ni en la escritura pública de novación de fecha 17 de septiembre de 2015 autorizada por el Notario D. MANUEL ANTONIO SEDA HERMOSÍN, folio CM7178308, que tal renuncia por los acreedores presente esos caracteres de expresa y contundente con manifestación indiscutible de criterio de voluntad determinante de la misma, al existir una simple calificación con remisión a un Anexo con evidente contradicción con la jurisprudencia del Tribunal Supremo en relación al artículo 6.2 del Código Civil (en este sentido, la Sentencia de la Audiencia Provincial de Madrid Secc. 28 de fecha 24 de marzo de 2017).

Cuarto, a lo anterior se une que el régimen legal del Real Decreto Ley 7/1996 de 7 de junio es anterior a la entrada en vigor de la Ley Concursal sin que indique de forma literal que el préstamo o crédito participativo sea un crédito subordinado, siendo pues el artículo 20.1 c) del Real Decreto Ley 7/1996 de 7 de junio una regla de prelación de los créditos al señalar que los participativos se situarán después de los acreedores comunes, pero en desarrollo o complemento de la regulación que sobre la materia contiene el Código Civil en los artículos 1.921 y siguientes, regulación que se excluye en supuesto de concurso de acreedores.

Clasificación de varios créditos

El crédito nació cuando la empresa que debía demoler el edificio solicitó al ayuntamiento que ejecutara la obra a costa del administrado: el 50 % del crédito cuantificado es con privilegio general, el otro 50 %, ordinario y el recargo de apremio, subordinado

TS, Sala Primera, de lo Civil, 656/2019, de 11 de diciembre

SP/SENT/1028466

La ejecución subsidiaria supone la realización efectiva y material del contenido resolutorio de un acto administrativo en los casos en que no se lleve a efecto de manera voluntaria por parte del obligado a ello. La Ley de Régimen Jurídico de las Administraciones Públicas (art. 98 de la Ley 30/1992, de 26 de noviembre, vigente a la fecha en que ocurrieron los hechos; actual art. 102 de la Ley 39/2015, de 1 de octubre) prevé que las administraciones públicas realizarán el acto, a costa del obligado, por sí o a través de las personas que determinen, y el importe de los gastos y los daños y perjuicios se exigirá a través del procedimiento administrativo de apremio. Dicho importe puede liquidarse de forma provisional y realizarse antes de la ejecución, a reserva de la liquidación definitiva.

La ejecución subsidiaria no incorpora ningún elemento o gravamen adicional al propio acto que trata de ejecutarse, porque se trata de una ejecución por sustitución del obligado y a costa de este.

2. Estas previsiones administrativas tienen su equivalente civil en el art. 1.098 CC, que regula la ejecución forzosa de la obligación de hacer, al establecer en su primer párrafo que "*Si el obligado a hacer alguna cosa no la hiciere, se mandará ejecutar a su costa*".

Conforme a este precepto, para que proceda dicha ejecución forzosa debe haber un incumplimiento de la obligación de hacer, si bien la jurisprudencia de esta sala ha matizado que previamente debe hacerse al deudor un requerimiento de realización de aquello a que viene obligado (sentencias 707/2005, de 27 de septiembre; 49/2011, de 15 de febrero; y 601/2014, de 30 de octubre).

Al interpretar el art. 1.098 CC, la sentencia de 3 de julio de 1989 declaró:

"*Tan solo en el caso en que no pueda conseguirse el cumplimiento voluntario o forzoso de la obligación entra en juego el principio* nemo factum cogi potest *y la prestación primitiva se transforma subsidiariamente en la de indemnizar, pero para que nazca esta acción de resarcimiento es indispensable que el incumplimiento sea voluntario, es decir, que se deba a dolo o culpa del deudor*".

En consecuencia, el crédito que pueda surgir de la ejecución forzosa no nace directamente con la obligación de hacer, sino con su incumplimiento. Máxime si, como era el caso, el obligado contaba con un plazo de cumplimiento voluntario. Es decir, si la propietaria del inmueble hubiera cumplido la orden de demolición en el plazo concedido por el ayuntamiento, ningún crédito dinerario habría surgido a favor de este.

3. En el caso objeto de enjuiciamiento, se produjo una situación intermedia, puesto que la empresa obligada a la demolición no agotó el plazo de ejecución voluntaria, sino que solicitó del ayuntamiento que fuera dicha administración quien ejecutara la obra a costa del administrado. Fue ahí donde nació el crédito municipal, a expensas de ulterior liquidación. Y como quiera que esa fecha (13 de junio de 2013), fue anterior a la declaración del concurso, el crédito debe calificarse como concursal y no como crédito contra la masa.

Si, habiendo existido incumplimiento anterior a la declaración de concurso, el crédito hubiera sido ya liquidado (cuantificado en su importe), el crédito tendría cuantía propia; mientras que, si todavía no estuviera liquidado, sería contingente sin cuantía propia.

Por tanto, puesto que ya estaba cuantificado y el principal fue de 184.519,38 €; el 50 % de dicha cantidad debe reconocerse como crédito con privilegio general del art. 91. 4.º LC y el 50 % restante como crédito ordinario; mientras que los 36.903,88 €; del recargo de apremio han de reconocerse como crédito subordinado del art. 92. 3.º LC.

4. En consecuencia, debe estimarse el recurso de casación y, al asumir la instancia, desestimarse el recurso de apelación interpuesto por el Ayuntamiento, a fin de confirmar la sentencia de primera instancia, en los términos expuestos.

El efecto novatorio, derivado del convenio sobre los créditos ordinario y subordinado del acreedor, es conforme al art. 136 LCon y mientras no se resuelva este por incumplimiento sigue siendo obligatorio para todos los acreedores vinculados

TS, Sala Primera, de lo Civil, 253/2019, de 7 de mayo

SP/SENT/1004346

Formulación del motivo. El motivo denuncia la infracción del art. 140.4 LC por cuanto la estimación de la pretensión declarativa consistente en la sujeción de los créditos de Arrow II al convenio de acreedores y por tanto a las quitas y esperas en él contempladas vulnera el art. 140.4 LC, pues se fija al margen del concurso con carácter definitivo el importe del crédito sin tener en cuenta en su fallo el posible incumplimiento del convenio.

Procede desestimar el motivo por las razones que exponemos a continuación.

2. Desestimación del motivo. La sentencia ahora recurrida, cuando fija en su parte dispositiva que los créditos de Arrow II frente a Vulcano han quedado reducidos a 1.591.685,57 euros el crédito ordinario y a 328.723,32 euros el subordinado, como consecuencia de la aprobación del convenio en el concurso de acreedores de Vulcano, es correcta. Aplica correctamente el efecto previsto en el art. 136 LC y no contraría lo previsto en el art. 140 LC.

El art. 136 LC, sin condicionamiento alguno, prevé el efecto novatorio que las quitas y esperas aprobadas en el convenio concursal provoca respecto de todos los créditos concursales ordinarios y subordinados:

"Los créditos de los acreedores privilegiados que hubiesen votado a favor del convenio, los de los acreedores ordinarios y los de los subordinados quedarán extinguidos en la parte a que alcance la quita, aplazados en su exigibilidad por el tiempo de espera y, en general, afectados por el contenido del convenio".

La norma prevé expresamente que los créditos ordinarios y subordinados se extinguirán en la parte a que alcance la quita, además de quedar aplazada su exigibilidad por el tiempo de espera.

Cuestión distinta es que el incumplimiento del convenio, previa declaración judicial de incumplimiento pudiera producir la resolución del convenio y que quedaran sin efecto los efectos novatorios de las quitas y esperas contenidas en el convenio. Así lo prevé el art. 140.4 LC:

"4. La declaración de incumplimiento del convenio supondrá la resolución de este y la desaparición de los efectos sobre los créditos a que se refiere el artículo 136".

Pero la declaración del efecto novatorio del convenio respecto de los créditos ordinario y subordinado de Arrow II es conforme al art. 136 LC y no está sujeta a condición alguna. La eventualidad de que el convenio concursal pudiera resolverse por incumplimiento, como en el caso de la resolución de cualquier contrato por incumplimiento de una de las partes, no impide que mientras tal eventualidad del incumplimiento no se dé, pueda instarse el cumplimiento del convenio y este resulte obligatorio frente a todos los acreedores vinculados legalmente.

La anulación de la resolución que otorgó la subvención a Astilleros genera la retroacción absoluta, por lo que los créditos que se deben devolver serán contra la masa si son posteriores a la declaración de concurso o concursales si fueron anteriores

TS, Sala Primera, de lo Civil, 645/2018, de 20 de noviembre

SP/SENT/980633

La administración concursal formuló un único motivo de casación, al amparo del artículo 477.2.3.º LEC, por infracción del art. 84.2.10.º LC.

2. En el desarrollo del motivo se alega, resumidamente, que la resolución administrativa que acuerda la nulidad de las ayudas públicas tiene carácter *ex tunc*, lo que implica que hubo ayudas que se concedieron antes de la declaración de concurso y deben ser clasificadas como créditos concursales, y otras que se concedieron después de tal declaración, por lo que han de ser clasificadas como créditos contra la masa.

Decisión de la Sala:

1. La jurisprudencia de la Sala 3.ª, de lo contencioso-administrativo, de este Tribunal Supremo, ha considerado que las subvenciones o ayudas públicas tienen un carácter

modal o condicional, en tanto que comportan una atribución dineraria al beneficiario a cambio de adecuar el ejercicio de su actuación a los fines perseguidos con la medida de fomento y que sirven de base para su otorgamiento. Y parte de dicho carácter para establecer que, en caso de que la ayuda pública deba ser devuelta, dicha devolución es un efecto inherente al acto de otorgamiento de la subvención, que, en sentido propio, ni se revisa ni se anula, sino que la denegación o devolución representa la eficacia que corresponde al incumplimiento de la condición resolutoria con que se concede la ayuda (sentencias de 12 de mayo de 2004, 17 de octubre de 2005, 25 de abril de 2007 y 10 de marzo de 2009, entre otras).

2. El art. 36.4 de la Ley 38/2003, de 17 noviembre, General de Subvenciones, establece que la declaración judicial o administrativa de nulidad o anulación de la resolución de la concesión de la subvención llevará consigo la obligación de devolver las cantidades percibidas. La indicada jurisprudencia de lo contencioso-administrativo configura este reintegro de modo semejante al que se establece en el Derecho privado para las obligaciones sometidas a condición resolutoria expresa, contemplado en el art. 1.123 CC.

La subvención surte sus efectos mientras no acontezca la causa de reintegración, pero cuando esta acaece decaen los derechos adquiridos y procede la restitución de las prestaciones ejecutadas. En obligaciones de tracto único, la regla general es la retroacción absoluta o con efectos *ex tunc*, lo que conlleva que la relación habrá de retornar al estado que tenía antes de constituirse, por lo que los intervinientes deben quedar en la misma situación en que se hallarían si el contrato no se hubiese celebrado, lo que lleva consigo la obligación para cada parte de restituir lo que haya recibido de la otra por razón del vínculo obligacional, sin perjuicio del derecho de terceros adquirentes de buena fe.

Criterio que resulta coincidente con la previsión del art. 37.1 de la mencionada Ley 38/2003, de Subvenciones, conforme al cual, una vez acaecida la causa resolutoria de la subvención, deben reintegrarse las cantidades percibidas, con el interés de demora correspondiente desde el momento del cobro de la subvención hasta la fecha en que se acuerde la procedencia del reintegro.

3. Esta solución se adecua mejor a la propia naturaleza concurrencial del procedimiento concursal y es conforme con la propuesta de modificación de los textos definitivos realizada por la administración concursal.

4. Lo expuesto conlleva la estimación del recurso de casación y la anulación de la sentencia recurrida, a fin de estimar el recurso de apelación de la administración concursal, para estimar también su demanda incidental.

Correcta clasificación crediticia, privilegio especial, ordinario y subordinado porque la responsabilidad tributaria por derivación de responsabilidad no es una sanción, sino una responsabilidad legal por el incumplimiento de deberes jurídicos

AP Zaragoza, Sec. 5.ª, 143/2020, de 18 de febrero

SP/SENT/1045296

La responsabilidad tributaria por derivación de responsabilidad no es una sanción sino una responsabilidad legal por el incumplimiento de deberes jurídicos frente a la Administración, como otros muchos de construcción legal. Por ejemplo, la responsabilidad de los administradores *ex* artículo 367 del TRLSC por el incumplimiento del deber legal de promover la disolución de la sociedad.

Ciertamente que tiene un matiz sancionador, y por eso el art. 42 Ley General Tributaria, en contra del principio de intransmisibilidad de las sanciones tributarias, lo traslada al responsable por derivación. En tal eventualidad, resulta lógico que rija el principio de legalidad sancionadora en la tramitación del expediente administrativo. Pero prima el aspecto indemnizatorio o reparador del daño, cuyo fundamento último debe buscarse en el artículo 1.902 del Código Civil, en cuya virtud, quien, por acción u omisión, mediando culpa o negligencia, causa daño a otro, está obligado a reparar el daño causado.

En el caso sometido a nuestra consideración, tal daño no es otro que, con su conducta (constitución de una sociedad patrimonial) haber hecho la concursada ilusoria la actuación de la Administración tributaria sobre el patrimonio del deudor principal.

En la actualidad, esta tesis encuentra apoyo en el auto del TS de 26 de septiembre de 2018 (ROJ: ATS 9650/2018) que contempla un supuesto de extensión de responsabilidad por impago del IVA al administrador de la sociedad que debe asumir la deuda tributaria de esta por haber colaborado en la infracción tributaria al amparo del art. 42 LGT. En dicha resolución se dice lo siguiente:

"La parte recurrente parte de una premisa que no es correcta, que la cantidad debida a la AEAT es una sanción porque procede de un expediente sancionador.

La audiencia explica que la cantidad reclamada al recurrente procede de su condición de administrador, tras la aplicación del art. 42 LGT. Si bien dicho procedimiento comparte rasgos del procedimiento sancionador, implica una extensión de responsabilidad por la deuda de la sociedad al administrador por su colaboración de la infracción tributaria; por lo tanto, se trata de una deuda tributaria, no de una sanción o de un recargo".

Consecuentemente, procede desestimar el recurso y confirmar la resolución recurrida por sus propios y acertados fundamentos.

SEXTO. De acuerdo con lo dispuesto en el artículo 398.1 de la Ley de Enjuiciamiento Civil procede imponer las costas a la parte recurrente.

El crédito de la Agencia Estatal de Administración Tributaria correspondiente al expediente de recaudación por derivación de responsabilidad tributaria del concursado se clasifica en su mitad como privilegiado general y la otra como ordinario

AP Murcia, Sec. 4.ª, 452/2019, de 13 de junio

SP/SENT/1015361

En conclusión, aunque la naturaleza del procedimiento por el que se deriva la responsabilidad pueda ser sancionadora, la derivación de responsabilidad impone una deuda tributaria en sentido amplio y, por tanto, subsumible en el art. 91.4 en relación con él y no una sanción pecuniaria del art. 92.4 LC.

3. En el caso presente, la derivación de responsabilidad administrativa se funda en el art. 42.2.a) LGT [y no en el art. 42.1 a) LGT], pero ello no impide trasladar, en esencia, los argumentos expuestos al caso presente, inclinándose la Sala por la tesis que niega la subordinación del crédito tributario objeto de controversia.

Sin perjuicio de remitirnos a las razones desglosadas en el apartado 2.2. anterior, no debemos perder de vista que, con arreglo a los arts. 35 y 41 LGT, lo que provoca el expediente de derivación de responsabilidad es que la concursada pasa a ser también obligada al pago de la deuda tributaria pendiente de un tercero (formada por la suma a ingresar por la obligación principal, más recargos e intereses, en su caso, art. 58.1 y 2 LGT), y en su caso de las sanciones tributarias (que propiamente no forman parte de la deuda tributaria, art. 58.3 LGT). Extensión subjetiva que no afecta a la naturaleza del crédito público pendiente.

En consecuencia, en el concurso de la responsable (aquí, la concursada SEREL 96 S. L.) ese crédito público pendiente (a cuyo pago ahora también está obligada la concursada) deberá tener la calificación que corresponda como privilegiado general u ordinario, según se trata de deuda por principal, y subordinado, si se trata de deuda por recargos, intereses o sanciones.

El que esa extensión subjetiva sea la consecuencia prevista ante un comportamiento no ajustado a derecho (aquí, causar o colaborar en la ocultación o transmisión de bienes o derechos del obligado al pago con la finalidad de impedir la actuación de la Administración tributaria; en el caso de la SAP de Barcelona citada, causar o colaborar en la realización de una infracción tributaria) no significa que el crédito debido por el responsable sea una sanción. Solo será aquella parte del crédito que penalice pecuniariamente ese comportamiento, es decir, aquello que se añada como castigo adicional.

No debemos perder de vista que el art. 92.4 LC no limita el concepto de sanción al impuesto por los poderes públicos en virtud del *ius puniendi* del Estado, ya que también es comprensivo del que sea fruto de una convención privada, como ocurre con las cláusulas penales (por todas, SAP de Barcelona, de 15 de mayo de 2009). Pero en todo caso es preciso que tenga naturaleza accesoria y exceda de lo propiamente indemnizatorio, sin olvidar que como norma excepcional (pues supone una degradación crediticia que se aparta de la regla general) no debe ser objeto de interpretaciones extensivas (art. 4 CC).

No cabe, en definitiva, equiparar responsabilidad solidaria del art. 42 LGT con sanción tributaria, al margen de que la derivación de responsabilidad administrativa contemplada en los arts. 41 a 43 LGT se sujete a los principios de legalidad sancionadora como técnica de garantía.

El que el cauce para la fijación del crédito no determina su calificación concursal lo revela el art. 91. 5.º LC cuando prevé que son privilegiados generales *"los créditos en concepto de responsabilidad civil derivada de delito contra la Hacienda Pública y contra la Seguridad Social"*.

4. No cuestionado en la demanda inicial –no susceptible de mutación– que el crédito de 181.250,06 €; corresponda al principal de la deuda tributaria, la respuesta debe ser la revocación de la sentencia, por desestimación de la demanda, y, en consecuencia, confirmar la calificación crediticia recogida en su día por la AC en la lista de acreedores, que seguía la propuesta por la AEAT.

Será crédito subordinado el reconocido al administrador socio de la concursada y ordinaria el reconocido a un socio sin que puedan calificarse de créditos laborales al no realizarse prueba al respecto

AP Murcia, Sec. 4.ª, 365/2019, de 16 de mayo

SP/SENT/1012873

Es cierto que la condición de socia de Sonsoles de LIBERCARNE S. L. no es incompatible con la condición de trabajadora por cuenta ajena de la misma, y que la *"doctrina del vínculo"* seguida por el TS, según la cual se produce una prevalencia o prioridad de la relación societaria-mercantil de administrador, que desplaza a la relación laboral por ausencia de la nota esencial de dependencia, que define (junto a la ajenidad) al contrato de trabajo, se excepciona cuando se trata de trabajos que puedan calificarse como comunes u ordinarios (por todas STS Sala IV, de 24 de julio de 2014), pero es que aquí no hay prueba alguna, salvo la mera manifestación de la AC en la instancia, de que efectivamente hayan desempeñado esa actividad laboral ordinaria que desvirtúe el dato de su condición de trabajadores por cuenta propia, que se deduce del RETA y la ausencia de inclusión en el ERE.

Por ello, atendida la fundamentación del recurso, no contradicha en esta alzada, debemos asumir que los créditos impugnados no pueden tildarse de salariales.

4. Ahora bien ello no supone, sin más, la estimación del recurso.

La condición de salarial del crédito es determinante para la exclusión de la subordinación en el art. 92.5.º cuando el deudor concursado sea persona física, pero es que aquí, como la deudora es una sociedad limitada, esa excepción no entra nunca en juego, de manera que no es relevante la naturaleza salarial o no del crédito.

Limitada a la otra excepción [la arriba identificada como b)] su aplicación precisa dos requisitos: a) objetivo: que se trate de un crédito diferente a los préstamos o actos con análoga finalidad, y b) subjetivo: que sean titulares de esos créditos los socios de referencia.

En el caso que nos ocupa concurre el requisito objetivo a). No lo niega la propia apelante, que se limita a indicar que la retribución económica por el trabajo en la empresa no será salario *strictu sensu*, pero en ningún caso afirma que sea derivado de un préstamo o acto con análoga finalidad.

También concurre el requisito b) al ser los acreedores socios de referencia de la deudora. Pero se da la circunstancia especial de que uno de ellos es, además, administrador social, y como tal persona relacionada del art. 93.2. 2.º LC, y en esa cualidad excluido del ámbito subjetivo de la excepción de subordinación, de manera que respecto al mismo se aplica la regla general, es decir, la subordinación de los créditos concursales. Subordinación que en ningún caso afecta a los créditos contra la masa.

5. En definitiva, no cabe la subordinación de los créditos de Sonsoles, pero dada su naturaleza no salarial, la calificación correcta es la de ordinario (art. 89 LC), en tanto que los de José Ignacio sí deben ser subordinados, al ser créditos reconocidos al administrador de la concursada, sin que ello afecte a los reconocidos como créditos contra la masa.

El crédito de la Agencia Tributaria correspondiente al IVA debe clasificarse como privilegiado general, como ordinario general otra parte y como subordinado lo correspondiente a intereses y recargos

AP Cádiz, Sec. 5.ª, 168/2019, de 27 de febrero

SP/SENT/1003545

Sentado cuanto antecede y teniendo en cuenta que la Administración Concursal deberá cumplir con un especial análisis en relación con aquellos créditos que la Administración Pública u organismos públicos manifiesten detentar contra la masa pero que se encuentren recurridos en vía administrativa o en vía contencioso-administrativa, hemos de tener en cuenta que se trata de actos administrativos dictados por autoridad legítima que gozan de presunción de validez hasta que el particular no acredite su ineficacia y despliegan su eficacia inmediatamente, produciendo todos sus efectos hasta el momento en que se acredite su ineficacia (art. 39.1 Ley 39/2015 de 1 octubre de 2015). Dichos créditos se equiparan a los créditos condicionales sometidos a condición resolutoria legal, en la medida en que puede considerarse (en función de la decisión del órgano administrativo o judicial, según sea el caso) que tal crédito en favor de la Administración Pública no exista. Su calificación como créditos resolutoriamente condicionados se mantiene aun cuando su ejecutividad se encuentre cautelarmente suspendida, lo que refuerza la prerrogativa de la Administración pública titular del crédito. Así, las mismas normas y procedimientos aplicables a los créditos sometidos a condición resolutoria también son aplicables a este caso. Por el contrario, los créditos de derecho público de las Administraciones y sus organismos públicos que resulten de procedimientos de comprobación o inspección se reconocen como contingentes hasta su cuantificación, a partir de la cual tendrán el carácter que les corresponda con arreglo a su naturaleza sin que sea posible su subordinación por comunicación tardía.

Para conseguir que ningún crédito público sea no reconocido o que, reconocido, no sea debidamente clasificado:

– Se impone a la administración concursal el deber de realizar una suerte de "regularización" de la actuación del concursado en la fase preconcursal, debiendo, en consecuencia, presentar aquellas autoliquidaciones o liquidaciones que no hubiera presentado en tiempo y forma. Si no dispusiese de los elementos necesarios para ello, deberá reconocer en la lista de acreedores un crédito como contingente (art. 86.3 LC).

Esta obligación se refuerza con la inclusión entre las funciones de la administración concursal (art. 33 LC) de la presentación de liquidaciones y autoliquidaciones tributarias constante concurso y ello, además, con independencia de que el concurso sea necesario o voluntario y del régimen de intervención o suspensión de facultades que se encontrase vigente.

– Se impide la subordinación de créditos en una serie de supuestos que enumera entre los que figuran los créditos públicos que resulten de aplicar lo dispuesto en el art. 86.3 LC, por obrar en la documentación o libros del concursado o de procedimientos de comprobación (art. 92.1 LC).

– Se permite modificar las listas de acreedores provisional y definitiva para incorporar en ellas nuevos créditos o modificar la titularidad de los que en ellas figuren, siempre que se cumplan los requisitos de tiempo y forma (art. 97 LC). El art. 96.bis LC permite incorporar nuevos créditos de cuya existencia no se hubiese tenido noticia con anterioridad en los términos que en el mismo se explicitan.

En definitiva, el artículo 87 de la Ley Concursal 22/2003 regula una serie de supuestos especiales de reconocimiento de crédito, en función de las circunstancias que afectan a su propia existencia o exigibilidad, es el caso de créditos sometidos a condición resolutoria, suspensiva o créditos litigiosos, o bien en función de otras circunstancias, como estar asegurados por patrimonio de tercero o asegurar la obligación de un tercero. Además, tal y como establece el artículo mencionado la administración concursal, debe aplicar criterios especiales a la hora de proceder al reconocimiento de determinados créditos, que se caracterizan por la existencia de incertidumbre o contingencia sobre su exigibilidad futura. Estos créditos son: los sometidos a condición resolutoria, los administrativos recurridos, los sometidos a condición suspensiva, los litigiosos, los pendientes de realización de excusión y los afianzados.

Por todo ello hemos de clasificar los créditos de derecho público recurridos en vía administrativa o jurisdiccional como créditos condicionales sometidos a condición resolutoria en lugar de litigiosos o contingentes, con todas las consecuencias que ello acarrea, y, en cualquier caso, reciben el mismo tratamiento que los condicionales, y disfrutan de todos los derechos concursales en función de su cuantía y calificación en tanto no se anula de forma definitiva la resolución administrativa. Así, los créditos tributarios quedaron calificados en la Ley Concursal como especialmente privilegiados, si es que estuvieran reforzados con garantía real (artículo 90); generalmente privilegiados, en caso de tratarse de retenciones (artículo 91.2); o de no estar comprendidos en las dos anteriores categorías, si bien, en este supuesto, con el límite del cincuenta por ciento de su importe (artículo 91.4); y como subordinados, de consistir en intereses y sanciones (artículo 92 ordinales 3.º y 4.º).

Procede reconocer al demandado un crédito correspondiente a los terrenos vendidos al concursado, clasificándose la mitad como privilegiado general y la otra mitad como ordinario

AP Burgos, Sec. 3.ª, 211/2018, de 15 de junio

SP/SENT/972152

Por lo tanto, el precio total de la transmisión quedará condicionado a la edificabilidad neta (es decir, deducidas las cesiones obligatorias y derivadas de la normativa urbanística) resultante del Proyecto de Actuación que se realizará para esta Unidad y no se podrá concretar de forma definitiva hasta que no se produzca la aprobación definitiva de dicho Proyecto de Actuación.

Por tanto, el precio establecido en la presente escritura deberá ser revisado, comprobado y ajustado en cuanto se conozca el dato definitivo de la superficie neta edificable adjudicada a esta finca.

Igualmente, la cantidad resultante deberá ser corregida con arreglo a las variaciones que sufra el índice General de precios al Consumo, que publica el INE u organismo público que en su día le sustituya, entre la fecha de presente escritura de compraventa y la fecha que se efectúe el pago aplazado, con la determinación definitiva y exacta del precio de esta compraventa.

2. Dice la recurrente que las parte no pactaron expresamente que, para el caso de reducción del aprovechamiento de la parcela prevista, los vendedores tendrían derecho a participar en la eventual indemnización compensatoria, en dinero o en aprovechamiento, que el Ayuntamiento de Burgos, conforme al artículo 41 de la Ley 6/1998 de 13 de abril del régimen del Suelo y Valoraciones (por alteración del planeamiento por reducción del aprovechamiento), pudiera reconocer a Construcciones Arranz Acinas, doce años después de la compraventa.

Tal alegación no es de recibo pues de la interpretación literal de la Estipulación segunda se desprende que el precio fijado en la escritura era un precio provisional, no definitivo, cuya determinación dependía *"de la edificabilidad neta que a la parcela se le asigne definitivamente en el Proyecto de Actuación o figura urbanística equivalente"*. En consecuencia, la voluntad negocial es que se fije el precio conforme al resultado final de la modificación del PGOU en la UA 47.03.

3. Se alega por el apelante que la indemnización o compensación reconocida por el Ayuntamiento surge del Acuerdo municipal de 12.4.2012, no del Acuerdo de aprobación definitiva del Proyecto de actuación posterior, de 5.12.2012, al que se sometió la revisión del precio final.

Pues bien, como se deduce del Decreto 67/2005 de 22 de septiembre, por el que se aprueba definitivamente la Modificación del PGOU en la UA 47.03 (folio 453), ya con fecha 27 de marzo de 2003 cuando se aprobó inicialmente la modificación, según documento redactado por la Gerencia de Urbanismo de fecha 24 de enero de 2003, se reconoció la procedencia de estimar una indemnización por reducción de aprovechamiento en el caso de los propietarios de suelo urbano no consolidado, cuya determinación debía hacerse en expediente aparte (antecedente quinto) y que concluyó con Acuerdo de la Junta de Gobierno Local de 12 de abril de 2012 (doc. 8 de la demanda) en la que se indemnizó a Construcciones Arranz Acinas en la Unidad de Actuación 47.03 *"Antiguo Pueblo de Gamonal"* con 375,82 ua y en la Unidad de *"la carretera de poza"* con 1.156 ua.

Cierto que, después se aprobó definitivamente el Plan de Actuación de la UA 47.03 que atribuyó a la parcela asignada 379,80 ua conforme a los planos y documentos aprobados inicialmente por la Junta de Gobierno Local celebrada el 28 de julio de 2011 (véase la publicación en el BOE del acuerdo –doc. 4 de la contestación– y la ficha urbanística –doc. 12 de la contestación–).

Por lo tanto, el crédito de la parte demandada tiene su origen en las consecuencias derivadas de la modificación del PGOU en la Unidad de Actuación 47.03 que comprende la edificabilidad neta conferida por el Acuerdo de 5.12.2012 por el que se aprobó definitivamente de aprobación definitiva del Proyecto de Actuación como la compensación o indemnización por reducción de aprovechamiento urbanístico consecuente fijada en expediente aparte (152/10) y que concluyó con el Acuerdo de 12 de abril de 2012.

4. igualmente acredita que el precio pactado en la escritura pública por un importe de 586.577,68 €; no era el definitivo, la constitución de hipoteca sobre la finca vendida, 15 días más tarde (el 12 de diciembre de 2012) por un valor de tasación de 1.228.414 € (doc. E de la contestación) casi el doble del precio de venta escriturado.

También que, en la Estipulación Cuarta, se pactase que para garantizar el pago de la cantidad aplazada (6.000 €), *"así como el cumplimiento de lo previsto en cuanto a la revisión del precio de la presente compraventa"*, la sociedad compradora entrega a los vendedores, un aval bancario por importe de 450.000 €. Aval que la parte vendedora ejecutó una vez aprobado definitivamente del Proyecto de Actuación de 5.12.2012.

Incluso, la previsión de que la cantidad de la revisión fuese corregida con arreglo a las variaciones que sufra el IPC, entre la fecha de la escritura pública de compraventa y la fecha que se efectúe el pago aplazado, con la determinación definitiva y exacta del precio de esta compraventa, en previsión de que esa fijación se dilatase en el tiempo, como así ha sucedido.

5. asimismo alega el apelante que tanto en 2012 como en la actualidad el suelo de la UA 47.03 tiene un valor notoriamente inferior a 901,52 €/m^2 y que el de la UE 51.01 *"carretera de Poza"* es aún inferior que el de la UA *"antiguo pueblo de Gamonal"*, por lo que, con la contraprestación, pierde dinero. Seguramente tiene razón el recurrente, pero es un profesional del sector inmobiliario que compra una parcela en suelo urbano no consolidado, en pleno auge de la burbuja inmobiliaria y nunca pensó que la operación le resultaría negativa, sin embargo, hay que estar a lo expresamente pactado que fueron 901,52 euros/m^2. Existe causa que legitime la atribución patrimonial (artículos 1.274 y 1.275 Código civil) aunque el resultado de la operación inmobiliaria le haya sido

desfavorable teniendo en cuenta que compró una parcela de suelo urbano no consolidado cuya superficie era, inicialmente, de 644 m^2.

QUINTO. En definitiva, la parcela comprada a los demandados ha reportado a Construcciones Arranz Acinas S. A. una edificabilidad neta definitiva de 2.111,42 ua: 579,60 ua adjudicadas directamente en el Proyecto de actuación aprobado definitivamente por Acuerdo de 5 de diciembre de 2012, y 375,82 ua adjudicadas también en la Unidad de Actuación 47.03 y 1.156, ua adjudicadas en la Unidad de Actuación 50.01, en el Acuerdo de 12 de abril de 2012.

Por lo que a razón de 901,52 Euros/m2, resulta un precio final de 1.903.487,35 €.

Además, como señala, el pfo. final de la estipulación segunda de la EP, este precio debe ser actualizado conforme al IPC entre la fecha de la escritura pública (29.11.2002) y la fecha en que se efectúe el pago aplazado, con la determinación definitiva y exacta del precio de la compraventa (septiembre de 2013 −9 meses de la aprobación Plan−), que supone una variación del 30,2 % (399.434 €).

Alega la apelante que no procede actualizar el precio, cuando resulta que el valor de la prestación que ha recibo como contraprestación en cumplimiento del contrato, se ha reducido con el transcurso del tiempo. La estipulación es clara y no deja lugar a dudas y, consecuentemente ha de estarse a lo pactado. Aunque Construcciones Arranz Acinas no ha tenido en su poder la indemnización reconocida por el Ayuntamiento, adquirió la finca y la ha disfrutado financieramente y sus aprovechamientos engrosan su activo patrimonial.

En total, conforme a lo estipulado, corresponde percibir a los demandados 2.303.005 €, de los que ya han percibido 1.030.577,68 (580.577,68 al tiempo de la escritura + 450.000 €; por la ejecución del aval emitido por el Banco Santander (antes Banesto S. A.). Por lo que el crédito pendiente es de 1.272.428 €; tal y como ha reconocido y clasificado la administración concursal en su informe.

El crédito procedente del contrato de *factoring* debe calificarse como crédito ordinario y el crédito hipotecario como crédito ordinario, por haber sido transmitida la finca registral que resultó garantizada

AP Sevilla, Sec. 5.ª, 293/2018, de 17 de mayo

SP/SENT/974195

La administración concursal se allanó parcialmente a la demanda, reconociendo que el crédito procedente del contrato de *factoring* debe calificarse como crédito ordinario por importe de 217.069,53 €. Y en cuanto al crédito hipotecario que resultó garantizado con las fincas registrales números NÚM003 y NÚM002, como quiera que la finca registral NÚM002 fue transmitida por los concursados a RAVSA y no les pertenece, la parte del crédito por el que responde dicha finca no puede ser calificado como privilegio especial sino como ordinario. Y la parte de la que responde la finca NÚM003 debe calificarse como privilegio especial. Asimismo, se mantiene la calificación de contingente con privilegio especial el crédito por intereses, gastos, costas y por la liquidación del derivado financiero por los que responde la finca NÚM003 hasta el máximo del importe establecido en la escritura de novación.

La Sentencia de instancia estimó parcialmente la demanda y acuerda en el fallo que se consideren créditos ordinarios los derivados de los afianzamientos del préstamo hipotecario y del contrato de *factoring*.

La parte demandante pretendió la aclaración de la sentencia porque contiene un error ya que no tiene en cuenta que el préstamo hipotecario estaba garantizado por dos fincas registrales, y solicitaba confirmar si la calificación como ordinario del crédito procedente del préstamo hipotecario se refería a la parte de la finca NÚM002, mientras que la parte correspondiente a la finca NÚM003, que continúa siendo propiedad de los fiadores solidarios, quedaba como contingente con privilegio especial o como crédito con privilegio especial. El juzgado aclaró el fundamento de derecho segundo de la sentencia, pero no así el fallo de la misma.

La entidad actora formula recurso de apelación únicamente en cuanto al no reconocimiento expreso en la sentencia del crédito referente al préstamo hipotecario garantizado con la finca NÚM003 como privilegiado especial. Alega en su recurso que la administración concursal se allanó a considerar crédito privilegiado especial la cuantía del préstamo comunicado hasta el límite de la responsabilidad de la finca NÚM003, propiedad de los concursados.

La administración concursal en su escrito de oposición al recurso no aduce motivo de oposición alguno a la pretensión que deduce en la apelación la entidad demandante, siendo coincidente la calificación de los créditos que efectúa en tal oposición (la misma que en el escrito de contestación a la demanda, folios 115 y 116), con la calificación que propone el recurrente, que no es otra que la que realizó el Administrador concursal en el escrito de contestación, precisando la cuantía de los créditos, la cual no es discutida por el administrador concursal en su escrito evacuando el trámite de oposición a la apelación.

SEGUNDO. El recurso de apelación ha de ser estimado a tenor de lo anteriormente expuesto, visto como ha quedado planteada la cuestión controvertida en esta alzada, que no hay controversia sobre la calificación de los créditos a tenor de los escritos de apelación y de oposición a la misma, y que la necesidad del recurso ha sido debida a la confusión que generó la redacción de la sentencia, pues no obstante la aclaración del fundamento de derecho segundo, ello no tuvo un fiel reflejo en el fallo, matizando que habría que distinguir entre la parte del crédito hipotecario garantizado con la finca NÚM003 y el garantizado con la NÚM002, siendo privilegiado especial el primero y ordinario el segundo.

Dado que el recurrente no se opuso al laudo arbitral, procede reconocer al actor un crédito ordinario en concepto de regalías impagadas, y dos créditos contra la masa por costas de arbitraje y gastos de defensa

AP Barcelona, Sec. 15.ª, 306/2017, de 12 de julio

SP/SENT/919594

---

6. Un crédito sometido a un proceso arbitral extranjero ha de ser reconocido como litigioso, conforme el art. 87.3 de la Ley Concursal, lo que obliga a reconocer a sus titulares como

acreedores legitimados en el concurso, pero al mismo tiempo determina la suspensión de los derechos de adhesión, de voto y de cobro. Una vez que dicho crédito es reconocido en un laudo, el crédito pierde el carácter de litigioso y la administración concursal ha de reconocer al acreedor la totalidad de sus derechos. Todo ello sin perjuicio del derecho del deudor a oponerse a dicho reconocimiento, ante el juez del concurso, por las mismas causas, de forma y de fondo, que podría oponer a su ejecución.

7. Un laudo arbitral, conforme a lo dispuesto 517.2.2, es un título que lleva aparejada ejecución. En el caso de un laudo arbitral extranjero, como es el caso de la Cámara de Comercio Internacional de París, de acuerdo con lo establecido en el art. 523.1 LEC "*se estará a lo dispuesto en los Tratados internacionales y a las disposiciones legales sobre cooperación jurídica internacional*". En el mismo sentido el art. 46.2 Ley 60/2003, de 23 de diciembre, de Arbitraje establece que "*el exequátur de laudos extranjeros se regirá por el Convenio sobre reconocimiento y ejecución de las sentencias arbitrales extranjeras, hecho en Nueva York, el 10 de junio de 1958, sin perjuicio de lo dispuesto en otros convenios internacionales más favorables a su concesión, y se sustanciará según el procedimiento establecido en el ordenamiento procesal civil para el de sentencias dictadas por tribunales extranjeros*". Es conveniente aclarar que en el caso del concurso, la competencia para el reconocimiento del laudo extranjero corresponde al juez del concurso, conforme lo previsto en el art. 44 de la Ley 29/2015, de 30 de julio, de cooperación jurídica internacional en materia civil, en el que se establece que "*cuando el reconocimiento de una resolución extranjera se plantee de forma incidental en un procedimiento judicial, el juez que conozca del mismo deberá pronunciarse respecto a dicho reconocimiento en el seno de cada procedimiento judicial según lo dispuesto en las leyes procesales*".

8. El Convenio sobre reconocimiento y ejecución de sentencias arbitrales extranjeras, hecho en Nueva York el 10 de junio de 1958, ratificado por España por instrumento de 29 de abril de 1977 (BOE de 11 de julio de 1977), en su art. III establece que "*para el reconocimiento o la ejecución de las sentencias arbitrales a que se aplica la presente Convención, no se impondrán condiciones apreciablemente más rigurosas ni honorarios o costas más elevados que los aplicables al reconocimiento o a la ejecución de las sentencias arbitrales nacionales*". Por lo tanto, conforme el precepto transcrito, no se pueden imponer condiciones más rigurosas para la ejecución de un laudo extranjero que a un laudo nacional.

9. Pues bien, conforme al art. 45.1 LA "*el laudo es ejecutable aun cuando contra él se haya ejercitado acción de anulación*". Por lo tanto, desde el momento en que se dicta el laudo, el acreedor cuyo crédito sea reconocido en la resolución arbitral, puede ejercitar todos sus derechos. Ello no impide que el deudor, conforme lo previsto en el mismo precepto, pueda plantear la suspensión del pago, condicionada a prestar caución suficiente ante el juez del concurso, hasta que se resuelva la acción de nulidad planteada. En consecuencia, aun cuando se hubiera ejercitado una acción de nulidad, ha de reconocerse plenamente sus derechos al acreedor reconocido en un laudo arbitral internacional.

10. El deudor puede oponerse al reconocimiento del laudo, conforme a lo previsto en el art. V del Convenio mencionado y el art. 44 de la citada Ley 29/2015, pero si no lo hace, como ha ocurrido en este caso, el crédito derivado del mismo ha de reconocerse con todos

los derechos que corresponden a su titular en el concurso, conforme a lo dispuesto en el art. 87.3 LC. El concursado no puede oponer en el recurso, conforme lo previsto en el art. 456 LEC, las causas que no opuso en la primera instancia.

Procede reconocer al actor un crédito contra la masa correspondiente a las cantidades debidas por el actor y otro crédito contingente correspondiente a las retenciones practicadas en garantía de la obra realizada

AP Madrid, Sec. 28.ª, 320/2017, de 23 de junio

SP/SENT/921690

Del artículo 17 de la Ley 38/1999 de 5 de noviembre de Ordenación de la Edificación se desprende que las personas físicas o jurídicas que intervienen en el proceso de la edificación responderán de los siguientes daños materiales ocasionados en el edificio solo en el caso de que se manifiesten en los siguientes plazos de garantía:

1.º De 10 años, los daños causados por vicios o defectos que afecten a elementos estructurales y que comprometan directamente la resistencia mecánica y la estabilidad del edificio.

2.º De 3 años, los daños causados por vicios o defectos de los elementos constructivos o de las instalaciones y que ocasionen el incumplimiento de los requisitos de habitabilidad del edificio.

3.º De 1 año, los daños causados por vicios o defectos de ejecución y que no afecten más que a elementos de terminación o acabado de las obras.

Estos tres plazos de garantía comenzarán a computarse *"desde la fecha de recepción de la obra, sin reservas o desde la subsanación de estas"*.

Lo determinante a los efectos del inicio del cómputo de estos plazos es el acta de recepción de la obra. De tal manera que pueden darse dos supuestos en cuanto al levantamiento del acta de recepción de la obra:

1.º El acta no contiene reserva alguna, en cuyo caso la fecha inicial del cómputo de los plazos es la del acta.

2.º. El acta contiene alguna o algunas reservas en cuyo caso la fecha inicial del cómputo de los plazos será aquella en que se hubiera subsanado la última de las deficiencias reseñados en el acta.

Pueden producirse al respecto dos situaciones cuales son las de determinar la fecha inicial del cómputo de estos plazos en el caso de que no existiera acto de recepción de la obra o en el caso de que habiéndose levantado acta de recepción de las obras con reservas estas no hubieran sido subsanadas.

Dentro de la Ley 38/1999, de 5 de noviembre de 1999 que regula la Ordenación de la Edificación se dedica el artículo 6 a la recepción de la obra. Se inicia el apartado 1 definiendo la recepción de la obra como *"el acto por el cual el constructor, una vez concluida la obra, hace entrega de la misma al promotor y es aceptada por este"*. Añadiéndose, en este apartado, que la recepción de la obra *"podrá realizarse con o sin reservas y deberá abarcar la totalidad de la obra o fases completas y terminadas de la misma, cuando así se acuerde por las partes"*. Y en el último de sus apartados, el 5, se dice que: *"El cómputo de los plazos de responsabilidad y garantía establecidos en esta Ley se iniciará a partir de la fecha en que se suscriba el acta de recepción, o cuando se entienda esta tácitamente producida según lo previsto en el apartado anterior"*. Conteniéndose en el apartado anterior, que es el 4, la previsión siguiente: *"... la recepción de la obra tendrá lugar dentro de los 30 días siguientes a la fecha de su terminación, acreditada en el certificado final de obra, plazo que se contará a partir de la notificación efectuada por escrito al promotor; La recepción se entenderá tácitamente producida si transcurridos 30 días desde la fecha indicada el promotor no hubiera puesto de manifiesto reservas o rechazo motivado por escrito"*.

Y a la prescripción extintiva de la acción para exigir la responsabilidad civil de los agentes que intervienen en el proceso de la edificación por los daños materiales ocasionados en el edificio se destina el apartado 1 del artículo 18 de la Ley 38/1999, de 5 de noviembre de 1999, que regula la Ordenación de la Edificación. Se establece un plazo de prescripción de 2 años. Y como fecha inicial del cómputo de este plazo *"desde que se produzcan los daños"*.

Para que llegue a nacer la acción, y, por ende, se inicie el plazo de prescripción es imprescindible que el daño se hubiera manifestado dentro de alguno de los tres plazos de garantía, el que sea de aplicación. De tal manera que, no habiéndose manifestado el daño dentro del plazo de garantía que corresponda, huelga ya cualquier referencia al plazo de prescripción porque la acción ha de ser desestimada.

La fecha inicial del cómputo del plazo de prescripción no es el de la finalización del plazo de garantía sino desde que se produzca el daño que ha de producirse dentro del plazo de garantía. Producido el daño dentro del plazo de garantía ya desaparece el plazo de garantía y comienza el cómputo del plazo de prescripción.

Y mediando en este caso las reclamaciones correspondientes, a los efectos de interrumpir la prescripción, en modo alguno cabe acoger la excusa que alega la Administración Concursal sobre la particularidad del caso que representaría que las retenciones de obra no estarían condicionadas a la reparación de desperfectos o defectos constructivos, sino que se acordó expresamente que la reparación de las deficiencias se haría en un plazo determinado, por cuanto ello no encuentra apoyo en el compromiso de resolución de la totalidad de las deficiencias del Anexo I antes de 11 de abril de 2011 si a continuación y de inmediato se añade *"... fecha en la que se volverá a revisar dichas incidencias"* lo que indudablemente mantiene el aspecto condicional y abona la clasificación contingente pretendida.

Procede modificar la lista de acreedores y reconocer al actor un crédito privilegiado especial, correspondiente a los contratos senior y junior, que se reconocía como subordinado, y un crédito ordinario relativo al contrato de contragarantía

AP Madrid, Sec. 28.ª, 450/2016, de 23 de diciembre

SP/SENT/889126

---

16. La sentencia también alude a las manifestaciones del representante de UNICAJA que compareció en la vista, en el sentido de que el Sr. Rodrigo actuaba como representante del accionista UNICAJA (también lo manifiesta más adelante respecto del Sr. Maximino). Consideramos que tales manifestaciones han de ser debidamente contextualizadas, poniéndolas en relación con el contenido del acuerdo de promotores al que con anterioridad se hizo referencia (vid. apartado 3 *supra*), lo que les privaría del significado unívoco que la parte apelada pretende atribuirles.

17. Amén de todo ello, para que UNICAJA pudiese ser considerada administradora de hecho habría de concurrir otra circunstancia que, ciertamente, falta. En efecto, la idea de desplazamiento, sustitución o suplantación del órgano de administración en las labores de gestión de la sociedad se presenta como corolario de la nota de autonomía inherente al concepto de administrador de hecho.

18. Resulta ilustrativa a estos efectos, entre las más recientes, la sentencia del Tribunal Supremo de 22 de julio de 2015, ECLI:ES:TS:2015:3442 (cuya formulación reproduce la de 8 de abril de 2016 - ECLI:ES:TS:2016:1502), que sintetiza la doctrina jurisprudencial en los siguientes términos: "*Conforme a esta jurisprudencia, la noción de administrador de hecho presupone un elemento negativo (carecer de la designación formal de administrador, con independencia de que lo hubiera sido antes, o de que lo fuera después), y se configura en torno a tres elementos caracterizadores: i) debe desarrollar una actividad de gestión sobre materias propias del administrador de la sociedad; ii) esta actividad tiene que haberse realizado de forma sistemática y continuada, esto es, el ejercicio de la gestión ha de tener una intensidad cualitativa y cuantitativa; y iii) se ha de prestar de forma independiente, con poder autónomo de decisión, y con respaldo de la sociedad*". Para precisar más adelante, en relación la última de las notas señaladas, que la concurrencia de un administrador de hecho "*exige que, por ejercer de facto la gestión de la sociedad, el poder de dirección, de forma soberana e independiente, el administrador de derecho carezca de la autonomía de decisión propia del cargo, porque la tenga supeditada al administrador de hecho. Y ello con independencia de que este sea administrador de hecho notorio o que lo sea oculto, y que actúe por medio del administrador de derecho*".

19. Resulta patente que tal escenario no vendría propiciado por el eventual influjo de UNICAJA sobre el proceder de sus empleados designados sucesivamente consejeros de AUCOSTA. UNICAJA tenía reservado solo uno de los trece miembros que integran el consejo de administración de la concursada, y ni siquiera se trataba de un consejero ejecutivo (así resulta de la estipulación 9.ª del acuerdo de promotores, acompañado como documento número 9 con el escrito de contestación de la concursada, f. 135), lo cual aleja la idea de

que esta entidad pudiera asumir el control y gestión de AUCOSTA bajo la cobertura que le brindaran sus empleados o que pudiera condicionar las decisiones del consejo de administración a través de aquellos.

20. Descartada la consideración de UNICAJA como administradora de hecho, queda por examinar un último punto sobre el que se construye el razonamiento de la sentencia impugnada, al hacerse eco de los alegatos de la parte aquí apelada referentes a la concurrencia de fraude de ley. En concreto, se aduce que la proposición de empleados para la cobertura del puesto que UNICAJA tenía reservado en el consejo de administración, en vez de asumir directamente el cargo, responde a la situación generada a raíz de la concesión de un préstamo sindicado a AUCOSTA en el que UNICAJA participaría, estimándose que ello supone un fraude de ley, en la medida en que con dicho proceder lo que perseguía la aquí apelante era evitar el conflicto de intereses que comportaría la doble condición de consejero de AUCOSTA y entidad agente del crédito sindicado, manteniendo al tiempo la intervención en el consejo de administración por medio de sus empleados, meros administradores aparentes.

21. Es de observar, no obstante, que, en la medida en que la imputación de fraude de ley se sustenta sobre aquello mismo (la condición de administrador indirecto) que por la afirmación del fraude de ley se pretende demostrar, el razonamiento carece de virtualidad.

22. El alegato de fraude de ley podría ser examinado desde otra perspectiva, a saber, que la renuncia de UNICAJA a figurar como miembro de pleno derecho del consejo de administración de AUCOSTA estuviera preordenada a eludir la aplicación del artículo 93.2. 2.º LC, lo cual habría de traducirse, constatado tal extremo, en la aplicación de esta última norma (artículo 6.4 del Código Civil). Carecemos, sin embargo, de un solo dato que así lo indique. Es más, la distancia existente entre el momento en que UNICAJA dejó de desempeñar el puesto de consejero (13 de septiembre de 2005) y la fecha en que AUCOSTA fue declarada en concurso (22 de enero de 2013) constituyen un poderoso indicio en contrario.

23. El análisis que antecede ha de llevarnos a estimar el recurso y, consiguientemente, a acoger los pedimentos articulados en la demanda iniciadora de las actuaciones por la parte aquí apelante, toda vez que, tal como se configuró el debate, la suerte de dichos pedimentos aparece vinculada exclusivamente al veredicto sobre la condición de administrador de hecho de UNICAJA.

Procede resolver el contrato por el impago de facturas, siendo los incumplimientos anteriores y posteriores a la declaración de concurso. Conforme al art. 62.4 LCon se reconoce a la acreedora un crédito concursal y un crédito contra la masa

Juzgado de lo Mercantil Bilbao, n.º 2, 386/2018, de 18 de diciembre

SP/SENT/992484

El art. 62 LC en relación con la "*resolución por incumplimiento*" establece que "*Si se tratara de contratos de tracto sucesivo, la facultad de resolución podrá ejercitarse también cuando el incumplimiento hubiera sido anterior a la declaración de concurso".* Añade el apartado 4 que *"Acordada la resolución del contrato, quedarán extinguidas las obligaciones pendientes de vencimiento. En cuanto a las vencidas, se incluirá en el concurso el crédito que corresponda al acreedor que hubiera cumplido sus obligaciones contractuales, si el incumplimiento del concursado fuera anterior a la declaración de concurso; si fuera posterior, el crédito de la parte cumplidora se satisfará con cargo a la masa. En todo caso, el crédito comprenderá el resarcimiento de los daños y perjuicios que proceda".*

TERCERO. En este caso procede resolver el contrato pues ha acreditado la actora el impago de las facturas con la cuenta de mayor de la concursada, que arroja un crédito total a favor de la actora por importe de 3.942,21 €. Y siendo los incumplimientos anteriores y posteriores a la declaración de concurso, conforme al art. 62.4 LC procede reconocer a la demandante un crédito concursal por importe de 750,33 € y un crédito contra la masa por importe de 3.191,88 euros.

El crédito del actor, derivado del ejercicio de la acción de responsabilidad ejercitada contra el administrador, debe clasificarse como crédito concursal, subordinado y no concurrente, sometido al convenio de acreedores aprobado

Juzgado de lo Mercantil Vigo, n.º 3, 116/2018, de 10 de diciembre

SP/SENT/999449

En el caso del crédito que los acreedores sociales tienen contra el administrador social con base en el art. 367 TRLSC, el acaecimiento que origina el crédito es el nacimiento de una obligación social en un momento en que los administradores sociales responden solidariamente de las obligaciones sociales, lo que tiene lugar cuando haya concurrido una causa legal de disolución de la sociedad y los administradores hayan incumplido la obligación de convocar en el plazo de dos meses la junta general para que adopte, en su caso, el acuerdo de disolución o no soliciten la disolución judicial o, si procediere, el concurso de la sociedad, en el plazo de dos meses a contar desde la fecha prevista para la celebración de la junta, cuando esta no se haya constituido, o desde el día de la junta, cuando el acuerdo hubiera sido contrario a la disolución". *"STS de 29 de noviembre de 2017 (ROJ: STS 4221/2017 - ECLI:ES:TS: 2017:4221). El subrayado es nuestro. Por tanto, la derivación de responsabilidad por deudas de terceros, tratándose una obligación* ex lege *que nace cuando acaece el supuesto de hecho previsto en la Ley, se califica como crédito concursal atendiendo a la fecha en que se producen los hechos que determinan su nacimiento y ello ocurre vigente el concurso".*

El crédito que se origina con la sentencia de calificación se fija por sentencia en fecha 21 de noviembre de 2013, la sentencia que aprueba el convenio de Vulcano es de fecha 27 de marzo de 2012. El informe de calificación de la pieza de calificación de factorías Juliana en liquidación es de fecha 27 de noviembre de 2010 y el concurso de Factorías Vulcano se declara por auto de fecha 19 de enero de 2011.

Con estas fechas las partes litigantes pretenden acreditar el carácter concursal del crédito por una, y extra concursal por otra. Al hilo de la sentencia antes entrecomillada podemos entender que el crédito ha nacido con anterioridad a la sentencia que lo fija, pues el hecho que lo determina, la actuación culpable de Vulcano en la gestión de Factorías Juliana es anterior a la declaración de concurso de Vulcano. El crédito derivado de la pieza de calificación no fue incluido como crédito contra la masa y los liquidadores de Juliana únicamente impugnaron la calificación como contingente subordinado de un crédito relativo a las costas, esta conformidad al crédito discutido ahora por la parte entendemos que no puede beneficiar a futuro teniendo en cuenta lo aleatorio de cuando sea dictada una sentencia de calificación. Se fija tal crédito como concursal atendiendo al nacimiento de tal derecho en momento anterior a la declaración de concurso de Vulcano, puesto que la responsabilidad fijada en la sentencia del juzgado mercantil n.º 1 de Oviedo deriva de su actuación como administradores de Juliana en los años 2008 y 2009.

Por otro lado, los créditos comunicados tardíamente, y entendemos que también los no comunicados, se clasifican como subordinados, en este sentido STS 656/2016, de cuatro de noviembre "... *Los créditos tardíamente comunicados, en cualquiera de estos dos supuestos (comunicación realizada entre la finalización del plazo del art. 21.1.5.º de la Ley Concursal y la presentación de los textos provisionales por la administración concursal, e impugnación de la lista de acreedores), se clasificarán como subordinados, salvo que entren en juego las excepciones recogidas en el artículo 92.1 de la Ley Concursal, en cuyo caso se les atribuirá el carácter que les corresponda según su naturaleza... Aquellos créditos que, por no verse recogidos en los textos definitivos, en concreto, en el de la lista de acreedores, no puedan considerarse concurrentes, no resultan extinguidos (salvo que la causa de esa no inclusión sea que así se haya declarado al resolver el incidente de impugnación de la lista de acreedores), pero no pueden ser satisfechos en el concurso con cargo a la masa activa. Su satisfacción, de ser posible, habrá de producirse una vez concluido el concurso, ya sea con el remanente de la liquidación o con los nuevos bienes que pudieran entrar en el patrimonio del concursado una vez concluida la liquidación y con ella el concurso (art. 178 de la Ley Concursal), o, en caso de convenio, una vez declarado el cumplimiento del mismo, si bien en tal caso el crédito sufrirá las quitas acordadas en el convenio (art. 134.1 de la Ley Concursal)*".

Así el crédito en cuestión debe ser calificado como concursal y subordinado, y por último el crédito es no concurrente, como consecuencia de su no inclusión en la relación de acreedores presentada por los administradores concursales.

Por lo expuesto el crédito queda sometido a lo dispuesto en el artículo 134.1 LC "*El contenido del convenio vinculará al deudor y a los acreedores ordinarios y subordinados, respecto de los créditos que fuesen anteriores a la declaración de concurso, aunque, por cualquier causa, no hubiesen sido reconocidos*".

Los acreedores subordinados quedarán afectados por las mismas quitas y esperas establecidas en el convenio para los ordinarios, pero los plazos de espera se computarán a partir del íntegro cumplimiento del convenio respecto de estos últimos. Queda a salvo su facultad de aceptar, conforme a lo previsto en el artículo 102, propuestas alternativas de conversión de sus créditos en acciones, participaciones o cuotas sociales, o en créditos participativos.

Habiéndose allanado la Administración Concursal a las pretensiones de la Agencia Estatal de Administración Tributaria, procede reconocerle a esta los créditos con privilegio general, ordinarios y subordinados reclamados

Juzgado de lo Mercantil Baleares, n.º 1, 646/2018, de 12 de noviembre

SP/SENT/999800

SEGUNDO. Con arreglo al artículo 21. 1.º de la Ley 1/2000, de 7 de enero, de Enjuiciamiento Civil, 1.º "Cuando el demandado se allane a todas las pretensiones del actor, el Tribunal dictará sentencia condenatoria de acuerdo a lo solicitado por este, pero si el allanamiento se hiciera en fraude de ley o supusiera renuncia contra el interés general o perjuicio de tercero, se dictará auto rechazándolo y seguirá el proceso adelante.

Habiendo allanado el codemandado a todos los pedimentos de condena deducidos de contrario, teniendo presente que dada la naturaleza de los intereses que se ventilan y el procedimiento en el que tienen lugar, al no apreciarse fraude de ley alguno ni renuncia contra el interés general o perjuicio para tercero, procede dictar sentencia condenatoria con arreglo a los pedimentos de la actora.

Considerando que al tiempo de declararse el concurso la deuda y garantía se había escindido, procede clasificar el crédito de la entidad bancaria como ordinario en su principal y subordinado en lo relativo a los intereses del préstamo

Juzgado de lo Mercantil Madrid, n.º 6, de 4 de julio de 2017

SP/SENT/916113

En virtud de tales antecedentes, que derivan a efectos de su posterior testimonio de (i) la solicitud concursal y sus documentos, y (ii) el informe provisional y sus documentos, debe acordarse:

(i) de conformidad con el art. 40 LECivil, remitir testimonio de esta Resolución y de los citados bloques documentales, a la Fiscalía del Tribunal Superior de Justicia de Madrid, por si los hechos descritos fueran constitutivos de delito de insolvencia fraudulenta, u otros;

(ii) en tanto no se proceda a la eventual rescisión de dicha operación por perjuicio a los acreedores, debe calificarse el crédito de la entidad financiera como ordinario en cuanto al tiempo de la declaración concursal la deuda y la garantía se habían escindido; sin perjuicio de la recalificación crediticia que pudiera derivar de una eventual acción de reintegración;

(iii) rechazar la presencia de litigiosidad y de contingencia en el crédito reconocido como ordinario en su principal y subordinado en sus intereses; y ello:

– porque la presencia de un eventual litigio provocado por la concursada tras la solicitud concursal [–de ser posterior a la declaración las consecuencias se determinarán en el momento procesal oportuno–] en lo relativo a una parte del importe de intereses remuneratorios, no afecta a la mayor parte del crédito y a su parte más relevante; el importe allí discutido representa un 1,6 % del crédito reconocido;

– porque la calificación como empresario de la concursada al tiempo de formalizar el contrato de préstamo limita el control judicial a los arts. 5 y 8.1 LCGC, con exclusión de los controles de abusividad [art. 8.2] y de transparencia [art. 7].

Baste por último indicar que de la unión ideal de ambas actuaciones resulta la asombrosa consecuencia, cual es que por causa de la transmisión del inmueble sujeto a garantía real pocos días antes de la solicitud concursal, y por causa de discutir en juicio el 1,6 % de su importe líquido y vencido, el titular de una garantía real hipotecaria pasa de ostentar un privilegio en el reconocimiento y cobro a no ostentar más que un crédito ordinario y sin cuantía; todo lo cual debe obtener en el presente proceso y en otras jurisdicciones la oportuna respuesta.

Modificación o impugnación de la clasificación

Al entrar en vigor el art. 36.4 h) de la Ley 9/2012, cuando podía impugnarse la clasificación de créditos, y Sareb hace valer que no cabía subordinar sus créditos cedidos, procedía acoger la pretensión estimando la impugnación de la lista de acreedores

TS, Sala Primera, de lo Civil, 657/2018, de 21 de noviembre

SP/SENT/980575

La norma protege los créditos cedidos a Sareb de una eventual subordinación en el concurso de acreedores del deudor. Se pretende dejar sin efecto, en estos casos, la regla contenida en el apartado 3 del art. 93 LC que, después de enumerar en los dos primeros apartados qué personas pueden ser consideradas especialmente relacionadas con el deudor, para que opere la subordinación del art. 92.5.º LC, dispone lo siguiente:

"*3. Salvo prueba en contrario, se presumen personas especialmente relacionadas con el concursado los cesionarios o adjudicatarios de créditos pertenecientes a cualquiera de las personas mencionadas en los apartados anteriores, siempre que la adquisición se hubiere producido dentro de los dos años anteriores a la declaración de concurso*".

3. La norma del art. 36.4.h) Ley 9/2012 contiene una regla general y una excepción, que por su contenido afecta a su régimen de aplicación temporal. La regla general es que el crédito cedido a Sareb no podrá calificarse como subordinado en el concurso del deudor. La excepción es que, si la cesión de créditos se realiza después de que se hubiera calificado el crédito como subordinado, se mantendrá esta calificación.

Como afirmamos en la citada sentencia 677/2017, de 15 de diciembre, para que en un caso como este opere la excepción a la regla general que impide pueda ser clasificado como subordinado el crédito cedido a la Sareb, sería necesario que, al tiempo hacerse valer, la administración concursal ya hubiera calificado el crédito como subordinado en la lista de acreedores incorporada como anexo al informe del art. 76 LC y que hubiera precluido la posibilidad de rectificar esta calificación, de acuerdo con las reglas concursales de reconocimiento y clasificación de créditos.

En nuestro caso, es cierto que cuando se presentó la lista de acreedores con el informe del art. 76 LC, el 8 de marzo de 2013, todavía no había entrado en vigor el reseñado art. 36.4.h) Ley 9/2012, pues lo hizo el 24 de marzo de 2013. Pero como dicha entrada en vigor se produjo en el período en que podía impugnarse la clasificación y Sareb aprovechó este trámite de impugnación para hacer valer esa norma que impide la subordinación de sus créditos cedidos, hay que entender que no había precluido esta posibilidad y, por lo tanto, que procedía acoger esa pretensión mediante la estimación de la impugnación de la lista de acreedores.

La estimación del recurso de casación conlleva la estimación de la apelación y la estimación también de la demanda de impugnación, en el sentido de que los dos reseñados créditos cedidos a favor de Sareb por Bankia y BFA no sean clasificados como subordinados, sino con la clasificación que les corresponde en atención a su naturaleza: crédito con privilegio especial del art. 90.1.1.º LC el que deriva del préstamo hipotecario, en lo que quede cubierto por la hipoteca; y crédito ordinario el que deriva de la cuenta de crédito.

El auto, que acordó la inclusión en el texto definitivo del crédito del actor como ordinario, no puede ser atacado mediante una demanda incidental para pretender la clasificación del crédito como contra la masa al ser firme

AP Madrid, Sec. 28.ª, 88/2018, de 2 de febrero

SP/SENT/949421

En el caso que nos ocupa consta que Don Enrique dirigió un escrito (sin fecha) a la Administración Concursal por el que, sin excesiva precisión técnica, solicitó la devolución o el reconocimiento en el concurso de las cantidades antedichas que no le habían sido reconocidas en el texto inicial de la lista de acreedores (folio 17). Y consta también que, al conferírsele traslado del informe de la Administración Concursal favorable a la modificación del texto definitivo para la inclusión de dichos créditos como concursales ordinarios, presentó un escrito carente de firma de procurador y de letrado por el que, recurriendo en reposición cierta providencia, ponía de manifiesto su parecer con arreglo al cual los créditos debían ser reconocidos como créditos contra la masa. El juzgado le otorgó un plazo de cinco días para subsanar el defecto (ausencia de firma de abogado y procurador) sin que dicha subsanación se llevase a efecto.

Por lo tanto, la hipótesis ante la que nos encontramos es la primera de las mencionadas (ausencia de alegaciones de las partes personadas contrarias a la modificación), con lo que el auto de 18 de diciembre de 2014 que acordó la modificación consistente en incluir en el texto definitivo de la lista de acreedores a Don Enrique con reconocimiento de sendos créditos ordinarios por importes de 12.000 y 18.000 €; es una resolución firme por ministerio de la ley que no cabe atacar mediante una demanda incidental no prevista por el art. 97 bis de la Ley Concursal. Y a idéntica conclusión llegaríamos incluso en la hipótesis de que dicho señor hubiese realizado tempestivamente alegaciones contrarias al informe de la Administración Concursal favorable a la modificación de los textos definitivos, pues en tal caso el auto de 18 de diciembre de 2014 habría sido susceptible de recurso de apelación, recurso que n consta que el Sr. Enrique haya interpuesto, dejando así que dicha resolución ganase igual firmeza.

TERCERO. Aun cuando las precedentes consideraciones determinarían por sí solas el fracaso del recurso de apelación, lo que de rechazo invalida las censuras del apelante en torno a la escasa motivación de la resolución apelada, tampoco la pretensión de ver reconocido su crédito como crédito contra la masa podría prosperar.

En efecto, si, cual él mismo asegura, los contratos CIT no llegaron a celebrarse, nos encontraríamos ante una disposición patrimonial en favor de AFINSA que, al carecer por completo de causa, haría que en la fecha de declaración del concurso solo existiera una obligación pendiente de cumplimiento, a saber, la obligación de la concursada de devolver las sumas recibidas, con lo que el derecho de crédito se situaría dentro del ámbito del art. 61-1 de la Ley Concursal y no del art. 61-2 referido a la hipótesis de subsistencia de obligaciones recíprocas pendientes de cumplimiento a cargo de ambas partes. Y es que no se nos indica por el apelante qué obligación recíproca a su cargo subsistiría en la fecha de declaración de concurso, sin que a este tribunal se le alcance en qué podría consistir esa virtual obligación.

Incluso en el caso de que los contratos CIT se hubieren celebrado, el punto de vista que mantiene el apelante cuando postula que su crédito lo es contra la masa y no concursal es contrario al criterio jurisprudencial establecido en la STS de 19 de noviembre de 2015 en la que se razona lo siguiente:

"El tribunal de instancia ha considerado que las partes, al convenir la promesa compra (contratos CIF y CIT) o la opción de venta (contratos PIC y MIP), acordaron que la recompra del lote de sellos por parte de Afinsa al precio mínimo convenido se entienda puesto en vigor y ejecutable como contrato definitivo a partir de un cierto momento, que depende del cumplimiento de un término y de que el cliente no haga valer la opción de quedarse el lote.

Esto, a los efectos del reconocimiento de créditos en el concurso de acreedores de Afinsa, puede plasmarse en que, en todo caso, respecto de los contratos en vigor al tiempo de la declaración de concurso, el derecho al cobro del precio mínimo convenido por la recompra una vez cumplido el término, sin que el cliente inversor hubiera manifestado nada en contra de hacer efectiva la recompra por parte de Afinsa, constituiría un crédito concursal. Esta calificación no impide la distinción entre: aquellos supuestos en que ya se hubiera cumplido término del contrato y pudiera hacerse efectiva la recompra, en cuyo caso el crédito concursal se debería reconocer por su cuantía; y aquellos casos en que estuviera pendiente de cumplimiento el término del contrato que legitimara hacer efectiva la promesa de recompra o la opción de venta, en cuyo caso el crédito sería reconocido como contingente".

La prenda de los créditos por devolución del IVA es resistente al concurso porque deriva de una relación jurídica anterior a su declaración, aunque la resolución del Tribunal Económico Administrativo Regional, que estimó la impugnación del acuerdo que la denegaba, sea posterior

TS, Sala Primera, de lo Civil, 375/2017, de 13 de junio

SP/SENT/906992

En relación con la resistencia al concurso de la prenda de créditos futuros en general, en la sentencia 186/2016, de 18 de marzo, declaramos que la solución a tal cuestión debía encontrarse en los dos primeros incisos del art. 90.1. 6.º de la Ley Concursal y en la mención genérica que esta hacía a la prenda de créditos.

Conforme a estos incisos, "*son créditos con privilegio especial: [...] Los créditos garantizados con prenda constituida en documento público, sobre los bienes o derechos pignorados que estén en posesión del acreedor o de un tercero. Si se tratare de prenda de créditos, bastará con que conste en documento con fecha fehaciente para gozar de privilegio sobre los créditos pignorados*". No es por tanto preciso acudir a una "interpretación correctora" del último inciso del art. 90.1. 6.º, que fue añadido por la Ley 38/2011, de 10 de octubre, que no se refiere a la prenda de créditos futuros, pues basta con aplicar los dos primeros incisos del precepto.

2. En esa sentencia, a la que nos remitimos en extenso, tras recordar lo que habíamos declarado en las sentencias 125/2008, de 22 de febrero, y 650/2013, de 6 de noviembre, con relación a la cesión de créditos futuros, afirmamos, en lo que aquí interesa, que los créditos garantizados con una prenda de créditos futuros no existentes en el momento de declararse el concurso, pero que derivaban de relaciones jurídicas existentes antes de la declaración del concurso, han de considerarse resistentes a este y otorgan a tales créditos la calificación de créditos con privilegio especial, aunque el crédito pignorado haya nacido tras la declaración de concurso.

3. En la posterior sentencia 180/2017, de 13 de marzo, abordamos la cuestión de la pignoración de los créditos consistente en devoluciones por parte de la AEAT y su resistencia al concurso. Declaramos en esta sentencia:

"*[...] los créditos consistentes en las devoluciones de ingresos que pudiera acordar la AEAT solo pueden considerarse derivados de una relación jurídica preexistente a la declaración de concurso en los casos en que el hecho imponible del impuesto respecto del cual se haya acordado la devolución de ingresos se ha producido antes de la declaración de concurso. Este criterio concuerda con el establecido para la calificación como crédito concursal o crédito contra la masa de los créditos derivados de las facturas rectificativas del IVA en las sentencias 701/2011, de 3 de octubre, y 486/2013, de 22 de julio, entre otras*".

4. La consecuencia de lo expuesto es que la prenda de los créditos a la devolución del IVA del ejercicio 2009, al derivar de una relación jurídica preexistente a la declaración de concurso, es resistente al concurso de UCASA, que fue declarado por auto de 30 de abril de 2013, por más que la resolución del TEAR que estimó la impugnación del acuerdo administrativo que denegaba en parte dicha devolución hubiera sido dictada con posterioridad a la declaración de concurso.

Al surgir el crédito del contrato de préstamo y no de la rescisión, será concursal al declararse la ineficacia de la garantía hipotecaria; la sanción por mala fe, de quien contrata con el concursado, es indemnizar daños y perjuicios a la masa activa

TS, Sala Primera, de lo Civil, 206/2017, de 30 de marzo

SP/SENT/895623

En este caso, resulta determinante que no se haya declarado la ineficacia de la obligación garantizada, el préstamo, sino únicamente de la garantía hipotecaria. Por ello, como dijimos en la sentencia 173/2014, de 9 de abril, debe distinguirse entre la ineficacia o rescisión de actos de disposición que constituyen negocios con obligaciones recíprocas, de aquellos actos de disposición que carecen de esta condición. En el primer caso, rige la regla de que la rescisión o ineficacia conlleva la recíproca restitución de prestaciones (art. 73.1 LC) y el derecho a la prestación que resulte a favor de los demandados como consecuencia de la rescisión tendrá, en principio, la consideración de crédito contra la masa. Pero en el supuesto que nos ocupa no nos encontramos propiamente en este caso, sino en el de la constitución de una garantía real a favor de una obligación nueva, contraída en sustitución de otra anterior, que carecía de esta garantía, respecto de la que la rescisión o ineficacia conlleva dejar sin efecto la mencionada garantía.

Desde ese punto de vista, la apreciación de la mala fe, en los términos del art. 73.3 LC, viene referida al acto rescindido, según se desprende del propio tenor literal del precepto, pero no a otro diferente. Y en este caso, el crédito del Banco de Santander no surge de la rescisión, puesto que el préstamo no ha sido rescindido, sino del propio contrato de préstamo; y una vez declarada ineficaz la garantía, tendrá la consideración de crédito concursal ordinario.

Como bien se dice en el recurso, la sanción a la mala fe de quien contrató con el concursado no consiste en este caso en la subordinación del crédito, dada la inaplicabilidad del art. 73.3 LC, sino en la condena a indemnizar los daños y perjuicios causados a la masa activa (art. 72.2 *in fine* LC), como de hecho se hace en la sentencia de primera instancia y confirma la sentencia recurrida.

4. En consonancia con lo expuesto, el recurso de casación debe ser estimado y, al asumir la instancia, debe estimarse en parte el recurso de apelación del Banco de Santander, a fin de revocar parcialmente la sentencia de primera instancia y dejar sin efecto la subordinación del crédito a favor de dicha entidad financiera, por importe de 9.000.000 €; derivado del préstamo de 11 de marzo de 2009, el cual debe ser reconocido como ordinario. Confirmándose la sentencia del juzgado de lo mercantil en sus demás pronunciamientos.

Al no personarse en el concurso para solicitar la modificación de la clasificación de su crédito no puede hacerlo una vez aprobados los textos definitivos

AP Santa Cruz de Tenerife, Sec. 4.ª, 332/2019, de 26 de julio

SP/SENT/1035108

Por tanto, la segunda petición del recurso, la ya citada de rechazo del convenio, debe analizarse desde la perspectiva de alguna de las otras razones expuestas en el escrito de recuro, bajo el epígrafe "*Infracción por no aplicación del art. 131 de la L.C. toda vez que la sentencia ni siquiera mencionó las causas de nulidad alegadas por esta parte*".

Vayan por delante dos consideraciones: en primer lugar, saliendo al paso por lo alegado por la parte apelada al oponerse al recurso, no parece que deba negarse legitimación a Tensa Civis S. A. para plantear el recurso de apelación por razones de fondo, por más que no asistiera a la junta en la que se aceptó el convenio ni se opusiera al mismo, ya que, pese al tenor de sus escrito expuestos más arriba, se personó cuando ya había terminado el plazo para dicha oposición. Una cosa es que se niegue legitimación a quien, habiendo asistido a la junta y votado en contra del convenio, desaproveche luego la oportunidad de presentar oposición en tiempo y forma, y otra es la que se da en este caso; la postura de la acreedora es equiparable a la del demandado rebelde, que puede personarse en cualquier momento del proceso y será tenida como parte (como así se acordó en la Diligencia de Ordenación de 17 de abril de 2017), de conformidad con el art. 499 LEC y desde luego puede apelar la resolución que recaiga en el mismo. En todo caso, en lo que se refiere a la denuncia de una infracción del deber del juzgador de controlar la legalidad del convenio, la jurisprudencia menor de las audiencias admite la legitimación para apelar la sentencia que lo aprueba aún al acreedor que no se haya opuesto al mismo (SAP de Madrid de 10 de septiembre de 2009, entre otras).

En segundo lugar, no es cierto lo que se dice en el recurso de que la sentencia "guarda silencio" sobre los escritos de 17 de abril y 4 de mayo de 2017. Sobre el último ya se ha admitido que fue así y se resuelve sobre la nulidad de defectos de forma en esta sentencia. Pero sobre el de 17 de abril, pese a lo vago de su *petitum "(...) en su caso solicitar nulidad de actuaciones (...)"*, la sentencia apelada se hace eco de que queja de Tensa en relación a la modificación de los Textos definitivos a que se hacía referencia en el cuerpo del escrito: la juzgadora, en el fundamento de derecho primero, hace expresa mención a *"la controversia planteada por Tensa Civis S. A. sobre la calificación de su crédito y concretamente a su solicitud de modificación de la lista de acreedores al amparo de lo dispuesto en el art. 97 bis y/o 97 ter (...)"*, haciendo las consideraciones que estima oportunas pero concluyendo que tales cuestiones *"no pueden valorarse en este trámite procesal (ya celebrada la junta y aceptado el convenio) y que será Tensa Civis S. A. la que podrá, a la vista de lo expuesto, ejercitar las acciones legales que estime oportunas, frente a la AC y/o frente a la concursada"*. Así lo admite la propia apelante en el recurso.

CUARTO. Sobre la eventual infracción de lo dispuesto en el art. 118 LC en relación con el derecho de asistencia a la junta por la falta de publicidad de su convocatoria, ya se ha dicho lo bastante más arriba. El art. 118 no excluye a ningún acreedor de los que figuren en el texto definitivo de la lista del derecho de asistencia a la junta, por lo que el hecho de que en dichos textos el crédito de al apelante hubiese sido calificado de contingente (lo que en el momento en que se aprobaron era correcto) no suponía su indebida exclusión de asistencia a la junta, como se dice en el recurso. Cosa distinta era el derecho a voto de este acreedor.

Se denuncia a continuación infracción (en relación con la del art. 131) de los arts. 87.8.º y 119 LC, por no haberse incluido, por parte de la AC, el crédito de la apelante en el texto definitivo como crédito ordinario. No hay duda de que, en el momento de aprobarse los Textos Definitivos, el crédito de la apelante tenía dicha consideración y en todo caso la apelante, que no se personó en el concurso pudiendo haberlo hecho, no impugnó dichos textos. El auto de 13 de septiembre de 2016, que declara la finalización de la fase común del concurso y la apertura de la fase de convenio recoge como se había presentado el inventario y la lista de acreedores, y transcurrido el plazo para su impugnación, se presentaron los Textos Definitivos. La Ley Concursal va marcando las distintas fases del concurso, con carácter preclusivo, de modo que, superada una, no pueden retrotraerse las actuaciones ni, como se pretende en el recurso, admitir alegaciones que debieron hacerse en una fase anterior ya superada. Por eso en la sentencia recurrida se pone de manifiesto que no es el momento procesal para resolver sobre la solicitud de la aquí recurrente de modificación de los referidos Textos. No es aplicable el art. 87.8.º LC invocado, toda vez que, como se viene a admitir en el recurso, en el momento de la presentación de los Textos Definitivos su crédito era aún contingente puesto que, si bien se había procedido a la subasta de los bienes hipotecados (de su propiedad, sobre los que se había constituido la garantía de un préstamo de la concursada con Caixabank), no habían sido aún adjudicados.

El art. 97 LC establece que *"fuera de los supuestos de los apartados 3 y 4 de este artículo (el único que encajaría en este caso es el del apartado 3.4.º, cumplimiento de la condición o contingencia del crédito tras la aprobación de los textos definitivos) quienes no impugnarán en tiempo y forma el inventario o la lista de acreedores no podrán plantear pretensiones de modificación del contenido de estos documentos (...)"*. En este caso ni en la sentencia ni en el recurso se dice que tal coyuntura (cumplimiento de la contingencia) se hubiere producido, solo que, a la fecha de celebración de la junta en la que se aceptó el convenio, el dictado del decreto de adjudicación de los bienes de la apelante en sendos pleitos seguidos por la prestamista *"está muy próximo"*.

La constitución de la prenda sobre un crédito no muta su naturaleza ni autoriza que el crédito así garantizado pueda ser objeto de ejecución separada, desestimándose la acción pauliana

AP Pontevedra, Sec. 1.ª, 446/2019, de 24 de julio

SP/SENT/1020420

La idea en realidad era asimilar estos créditos nuevos, que no se incluían en ninguna de las categorías concursales, a los créditos contra la masa en cuanto a su régimen jurídico. Ciertamente era la posición más sensata de *lege ferenda*, pero no se ajustaba a los parámetros interpretativos si tenemos en cuenta el carácter cerrado de la enumeración de los créditos contra la masa y su interpretación restrictiva que hace prácticamente imposible su extensión por analogía.

El legislador rectifica con la reforma de la Ley 38/2011, de 10 de octubre, de forma que al ampliar el término temporal de los apartados 5.º y 10.º del art. 84.2 Ley Concursal, y calificar en su apartado 11.º como créditos contra la masa los créditos de financiación del plan de viabilidad del art. 100.5 Ley Concursal, permite ajustar mucho mejor el sistema concursal de créditos, ratificando que el convenio no puede alterar la calificación de los créditos, calificando expresamente contra la masa los previstos en el art. 100.5 Ley Concursal, precisamente para el caso de liquidación, y viene a considerar también como créditos contra la masa los créditos derivados de la actividad profesional o empresarial generados durante la vigencia del convenio. Calificación que precisamente tiene relevancia para el caso de que, a causa del incumplimiento del convenio deba procederse a la apertura de la fase de liquidación.

De esta forma la inmensa mayoría de los créditos nacidos durante la vigencia del convenio tendrán esta calificación de créditos contra la masa para el caso de ulterior apertura de la fase de liquidación por incumplimiento del convenio. Los escasos supuestos de créditos que no puedan calificarse como créditos contra la masa, deberán incardinarse en alguno de los supuestos de créditos concursales atendiendo a la regla general de carácter subsidiario del art. 84.1 LC.

Los créditos concursales, en la configuración de la Ley Concursal, con carácter general se referencian al momento anterior a la declaración del concurso de acreedores. Es decir, su existencia es la que provoca la situación de insolvencia como presupuesto objetivo de la declaración del concurso. Bajo tales consideraciones no podrían considerarse como tales los créditos que no sean créditos contra la masa, pero nazcan tras la aprobación del convenio y hasta la apertura de la fase de liquidación por su incumplimiento.

Si a través del convenio concursal no puede alterarse la calificación de los créditos concursales, menos viabilidad puede tener el intento de modificación a través de la negociación individual entre deudor y acreedor.

En lo que ahora interesa, resulta contrario a esta interpretación permitir la alteración de la calificación de créditos concursales reconocidos en el concurso de acreedores, y afectados en su condición de ordinarios por un convenio concursal, mediante la negociación de garantías pignoraticias con las que pudiera pretenderse el efecto de convertir un crédito ordinario en un crédito con privilegio especial para el caso de incumplimiento del convenio y ulterior apertura de la fase de liquidación. Los créditos reconocidos en el proceso concursal como ordinarios no pueden mutar, por actos jurídicos realizados durante la vigencia y eficacia del convenio, en otro tipo de créditos mejorando su situación respecto de otros acreedores. Ni siquiera los nuevos créditos que puedan surgir durante dicho período podrán tener otra consideración que no sea de créditos contra la masa, como se ha señalado. Es decir, tales garantías son inocuas, no pudiendo afectar al concurso.

El acreedor cuyo crédito no es atendido tiene la posibilidad o la facultar de acudir a la declaración de incumplimiento (art. 140 LC), pero no a negociar medidas que puedan mejorar su posición crediticia en el concurso, pues está ya está definida en el proceso concursal.

Esta garantía no puede correr mejor suerte que aquellos créditos que, al no ser contra la masa ni servir al fundamento de los créditos concursales, son créditos extraconcursales pero en el sentido de asimilarlos a otros créditos que no han sido objeto de reconocimiento en el concurso, que por motivos de anormalidad han quedado fuera del mismo. Este tipo de créditos la jurisprudencia menor si bien no se ha pronunciado de manera contundente en orden a la imposibilidad de iniciar reclamaciones judiciales al margen del proceso concursal, si han sostenido que el acreedor cuyo crédito no ha sido reconocido en el concurso de acreedores podrá articular las vías procesales oportunas para su reconocimiento fuera del concurso, pero en modo alguno podrá intentar el cobro de su crédito hasta que haya concluido el concurso y se haya procurado el pago de los acreedores concursales. El acreedor podrá instar su cobro o efectividad, en su caso, una vez concluido el concurso por liquidación o por ejecución del convenio, si es que existe remanente. Lo cual se traduce en realidad en que se trata de un derecho de crédito cuya acción está suspendida pues su titular no puede cobrar su importe conforme al convenio, ni con cargo al activo concursal.

La misma interpretación debe darse a la garantía que se cuestiona. En modo alguno, dada la propia dinámica y estructura del proceso concursal, puede afectar al cumplimiento del convenio ni al pago de créditos concursales para el caso de apertura de fase de liquidación por incumplimiento del convenio.

La solución dada es idéntica, en el fondo, a la que se nos planteó en nuestra reciente sentencia de 10 de julio de 2019, (ponente Sr. Almenar Belenguer), en la que durante el período de vigencia del convenio se constituyó por la concursada, en garantía del aplazamiento del pago de créditos concursales de la Tesorería General de la Seguridad Social, calificados inicialmente en el concurso como créditos con privilegio general, una garantía hipotecaria. Allí ya señalamos:

En conclusión, siempre en el marco de concurso, la constitución de una hipoteca durante la fase de convenio en garantía de un crédito concursal no muta la naturaleza y calificación del crédito, ni autoriza que, abierta la fase de liquidación por incumplimiento del convenio o imposibilidad de cumplirlo, el crédito así garantizado puede ser objeto de una ejecución separada, ni que el importe que pudiera obtenerse con la realización del bien hipotecado se destine al pago del mencionado crédito y, de quedar remanente, al pago de los demás créditos, puesto que, desde el momento en que la calificación del crédito se mantiene, no estamos ante un crédito con privilegio especial ni, por ende, es de aplicación el art. 155 LC.

Es por ello que tal garantía, en este caso prendaria, no puede causar perjuicio a los acreedores concursales ni, por lo tanto, entrar en la órbita de la acción pauliana, debiendo estimarse el recurso, aunque sea por argumentos jurídicos muy diversos a los esgrimidos por la parte apelante.

No procede excluir del inventario el crédito concursal a favor de los trabajadores por la extinción de sus contratos para calificarlo de crédito contra la masa por el cambio de criterio jurisprudencial, cuando no se ha impugnado dentro del plazo

AP Barcelona, Sec. 15.ª, 1405/2019, de 17 de julio

SP/SENT/1016291

La primera cuestión que se suscita en esta instancia es la posibilidad de si créditos que han sido recogidos en el informe de la administración concursal, que hayan obtenido la correspondiente calificación, pueden ser objeto de una modificación, para excluirlos como créditos concursales y obtener la consideración de créditos contra la masa, y todo ello motivado por un cambio jurisprudencial en la calificación que merecen tales créditos.

10. La STS 335/2016 de 20 mayo, Rec. 47/2014 recuerda que "*la modificación de los textos definitivos prevista en el art. 97 bis LC únicamente puede afectar a los créditos concursales, que son los que precisan ser incluidos en la lista de acreedores. Razón por la cual, está justificada la desestimación de la inclusión de créditos contra la masa que se contenía en la petición principal de la demanda de incidente concursal*", diferenciando claramente entre el régimen de reconocimiento, calificación, y en su caso, impugnación de los créditos concursales y los créditos contra la masa.

11. Los créditos que son objeto del presente procedimiento fueron incluidos en el informe de la administración concursal, previendo la Ley Concursal la posibilidad de excluirlos, o de modificar su calificación si de créditos concursales se tratare, impugnación que los actores no tuvieron a bien realizar, intentando ahora, con apoyo en resoluciones del Tribunal Supremo dictadas con posterioridad, modificar aquello que ya pudo serlo.

12. Esta modificación de la naturaleza de su crédito se hace extemporáneamente, y nos atrevemos a decir también que en fraude de ley procesal (art. 11 LOPJ) acudiendo al reconocimiento de su crédito como crédito contra la masa, cuando se trata de créditos ya existentes y que pudieron recibir su correspondiente tratamiento en el concurso.

13. No es obstáculo que la administración concursal se allanase parcialmente a la pretensión de los demandantes, pues no existió allanamiento de la concursada, y en este caso, con afección de los derechos de terceros, por lo que debemos confirmar la sentencia de instancia.

No es posible aplicar el sobrante del remate obtenido en la subasta judicial de un activo de una concursada al pago de un crédito ordinario de otra concursada conexa, dado que concurren créditos contra la masa reconocidos contra la primera

AP Álava, Sec. 1.ª, 443/2019, de 5 de junio

SP/SENT/1015956

Tramitación coordinada de concursos al amparo del artículo 25.ter LC. Imposible aplicación del sobrante del remate obtenido en la subasta judicial de un activo de una concursada al pago de un crédito ordinario de otra concursada conexa, si concurren créditos contra la masa reconocidos contra la primera.

La necesidad de efectuar una tramitación coordinada de los concursos que son objeto de acumulación nos lleva a admitir que la recurrente pueda plantear, con ocasión del informe de rendición de cuentas de CALZADOS CHARO DUARTE, S. L. actuaciones que se han producido en el concurso de Calzados Valentino, S. L. que tienen incidencia en dicha rendición de cuentas. Pero, al mismo tiempo, debemos recordar que la existencia de concursos coordinados, sin consolidación de masas, supone la tramitación autónoma de cada concurso.

Lo actuado en cumplimiento del plan de liquidación de la otra concursada afecta al crédito que KUTXABANK, S. A. ostenta frente a CALZADOS CHARO DUARTE, S. L. Esta circunstancia de dependencia está expresamente reconocida por la AC en sus informes. Ello es así porque el inmueble gravado con hipoteca en garantía del préstamo del que es deudora CALZADOS CHARO DUARTE, S. L. es propiedad de Calzados Valentino, S. L.; y también porque la primera era titular de un crédito contra la masa del concurso de la segunda.

De este modo, si no se permitiera a la acreedora discutir los pagos realizados en el concurso de Calzados Valentino, S. L. con ocasión de la rendición de cuentas en el concurso de CALZADOS CHARO DUARTE, S. L., la acreedora quedaría privada, en la práctica, de hacer valer su derecho porque la rendición de cuentas de ambas sociedades no se va a producir en el mismo tiempo. De modo que, llegada la rendición de cuentas de Calzados Valentino, S. L., la acreedora no podría impugnar el pago que la AC efectuó con el sobrante del remate para satisfacer el crédito contra la masa del que era acreedora CALZADOS CHARO DUARTE, S. L., con prelación sobre el crédito de la recurrente, porque dicho pago estaría protegido por la aprobación de la rendición de cuentas efectuada en el concurso de esta. El resultado, en casos como el de autos en el que la evolución de cada una de las deudoras concursadas ha sido desigual, sería el contrario a la coordinación pretendida por el artículo 25.ter.1 LC.

Sentado lo anterior, conviene precisar que, de los tres créditos a los que se refiere el escrito de recurso, dos de ellos han sido satisfechos en su integridad; restando solo el crédito derivado del préstamo suscrito por KUTXABANK, S. A. con CALZADOS CHARO DUARTE, S. L. con garantía hipotecaria sobre la finca 13.138 propiedad de Calzados Valentino, S. L. Crédito reconocido como ordinario con saldo de 189.550,87 €.

Debemos ahora hacer énfasis en que la recurrente ha señalado que no pretende combatir la calificación de su derecho de crédito, impugnación que resultaría inviable atendido el actual estado procesal del concurso, artículo 97.1 LC. Siendo esto así, observamos que KUTXABANK, S. A. ha hecho supuesto de la cuestión en torno a dicha calificación, al afirmar que su crédito tiene reconocido privilegio especial cuando la realidad de las actuaciones evidencia que el mismo fue reconocido como crédito ordinario. La propia recurrente comunicó, en el concurso de CALZADOS CHARO DUARTE, S. L. su crédito como ordinario.

Por lo tanto, KUTXABANK, S. A. no puede pretender la aplicación de la regla del artículo 155.3 LC, prevista para los supuestos en los que concurrieran una pluralidad de créditos con privilegio especial, al pago de un crédito ordinario, y todo ello en relación con un crédito que no forma parte de la masa pasiva del concurso en el que se ha acordado la subasta del inmueble.

La alteración del orden de preferencia en el pago de los créditos de la concursada solo tiene lugar respecto de los créditos con privilegio especial concurrentes y aquel al que se refiere la recurrente fue calificado como crédito ordinario y lo fue, entre otras cosas, porque la propia recurrente así lo solicitó en el momento de comunicar su crédito para su incorporación a la masa pasiva. Proceder a aplicar ahora el régimen del crédito con privilegio especial a un crédito que la propia entidad acreedora comunicó como ordinario, sin haber impugnado durante el procedimiento esta calificación y determinando expresamente en el escrito de recurso que no pretendía impugnarla, constituiría una infracción de la doctrina de los actos propios y del artículo 97.1 LC.

Es cierto que el plan de liquidación de Calzados Valentino, S. L. preveía que el crédito derivado del préstamo hipotecario concertado por CALZADOS CHARO DUARTE, S. L. sobre el inmueble propiedad de la primera era un crédito con privilegio especial. Se trata de un error en la medida en que los textos definitivos del concurso de CALZADOS CHARO DUARTE, S. L. reconocían el crédito como ordinario, tal y como ya se ha expuesto; en el mismo sentido, el informe de la AC emitido en cumplimiento de lo previsto en el artículo 75 LC en relación con el concurso de Calzados Valentino, S. L., preveía la existencia de una hipoteca sobre deuda ajena contraída por CALZADOS CHARO DUARTE, S. L. y anunciaba que el saldo existente a la deuda ajena garantizada por hipoteca había de minorar el valor de mercado del inmueble, conforme al artículo 82.3 LC. Entendemos que el plan de liquidación de una concursada no puede modificar la calificación del crédito de otra, con contradicción de los textos definitivos de esta última, todo ello además con fundamento en la aplicación del mencionado principio de tramitación coordinada del artículo 25.ter.1 LC. Tampoco debe prevalecer la previsión del plan de liquidación en la medida que supondría una extralimitación en su objeto porque, en el concurso de Calzados Valentino, S. L. se pagaría un crédito que no corresponde a la masa pasiva de dicha concursada, sino de otra deudora, no concurriendo un supuesto de consolidación de masas.

En este supuesto de concursos acumulados sin consolidación de masas, la acreedora recurrente consintió que la finca 13.138 saliera, en el concurso de Calzados Valentino, S. L., a subasta por la totalidad de su valor sin previa minoración del valor del inmueble en proporción al importe del crédito correspondiente al préstamo hipotecario incorporado a la masa pasiva de CALZADOS CHARO DUARTE, S. L. (82.3 LC); todo ello pese a las previsiones efectuadas al efecto por la AC en los informes del artículo 75 LC. Del mismo modo y en sede del concurso de Calzados Valentino, S. L., consintió la cancelación de la carga hipotecaria, que ahora trata de hacer valer, en trámite de aprobación de remate, sin solicitar que el inmueble fuera transmitido a tercero con subsistencia de la hipoteca (149.5 LC).

El patronato no adquirió un crédito *ex novo* mediante el pago del salario del que respondía junto a la concursada, en virtud de este se ha subrogado en la posición del titular originario y se mantiene la calificación correspondiente del crédito

AP Ourense, Sec. 1.ª, 166/2019, de 24 de abril

SP/SENT/1007698

Según el artículo 84.2. 10.º tienen la consideración de créditos contra la masa "*los que resulten de obligaciones nacidas de la ley o de responsabilidad extracontractual del concursado con posterioridad a la declaración de concurso y hasta la conclusión de este*". El precepto exige dos presupuestos para su aplicación, ninguno de ellos concurrente en el crédito de la apelante. El primero, que se trate de obligaciones "*del concursado*" –surgidas de la ley o de responsabilidad extracontractual– lo que impide subsumir obligaciones de terceros como es la que el artículo 42 del Estatuto de los trabajadores impone al Patronato. El segundo, de carácter temporal, es que tales obligaciones del concursado nazcan después de la declaración del concurso, lo cual excluye igualmente los salarios devengados antes del concurso más allá de los correspondientes a los últimos treinta días de trabajo en cuantía que no supere el doble del salario mínimo interprofesional, únicos salarios que el artículo 84.2.1.º LC considera créditos contra la masa. Ello así, la admisión de la demanda supondría burlar el propósito del legislador de limitar a aquellos últimos treinta días los salarios a pagar de forma inmediata permitiendo un privilegio de pago a favor del Patronato en perjuicio de los restantes acreedores con la consiguiente vulneración de la "pars condicio".

Así, pues, el artículo 84.2. 10.º considera créditos contra la masa aquellas obligaciones del concursado que sean consecuencia de su continuidad empresarial y que surjan a su cargo después de la declaración del concurso por lo que el crédito derivado de una obligación anterior, como es el aquí discutido, no tendría encaje en el mismo.

SÉPTIMO. El artículo 42.2 del Estatuto de los trabajadores dispone que de las obligaciones de naturaleza salarial contraídas por los contratistas y subcontratistas con sus trabajadores responderá solidariamente el empresario principal durante el año siguiente a la finalización del encargo. Se trata de una responsabilidad solidaria que presenta ciertas peculiaridades, surge por el incumplimiento de obligaciones ajenas (el principal responde de las obligaciones del contratista), sin que propiamente exista deuda propia. Solo se responde cuando existe incumplimiento del contratista y, por tanto, no hay una misma causa de obligación. Esta peculiaridad hace que la solidaridad establecida en el Estatuto de los Trabajadores para el trabajo en contratos no sea una solidaridad sin más, sino algo específico y concreto que tiene la nota común con la solidaridad genérica de la obligación y legitimación del comitente al abono completo de la deuda laboral del contratista. Por ello, la doctrina ha calificado esta especial forma de solidaridad como "*fianza* sui generis", pues al garantizar al comitente el pago por el contratista de sus deudas laborales, está afianzando con una situación evidentemente accesoria la obligación del deudor principal, el contratista.

Lo que se intenta ante todo con esta responsabilidad solidaria es una especial cautela a favor de los trabajadores, al permitirle dirigirse contra el empresario principal y exigirle el pago de la deuda que el contratista no les ha abonado. Pagada la deuda por el comitente en su integridad y con plenos efectos liberatorios y extintivos de la obligación, el mismo podrá reintegrarse de la cantidad abonada, pues ha pagado una deuda que no era suya ni siquiera en parte. Para lograr el reintegro el comitente, al configurarse esta responsabilidad como una fianza especial, habrá que acudir al artículo 1.838 del Código Civil, según el cual el fiador que paga por el deudor deberá ser indemnizado por este y, además, abonarle gastos y perjuicios, subrogándose el fiador en todos los derechos que el acreedor tenía contra el deudor, según dispone el artículo 1.839 del mismo texto legal.

Esta subrogación es una especificación o subespecie de la establecida con carácter general en el artículo 1.210, que en su n.º 3 establece que existe subrogación cuando pague el que tenga interés en el cumplimiento de la obligación, salvo los efectos de la confusión en cuanto a la posición que corresponda, y en el caso de la fianza es indudable el interés del fiador en el cumplimiento de la obligación.

Tanto la facultad subrogatoria del artículo 1.839 del Código Civil, como la acción de reembolso del artículo 1.838, son los mecanismos previstos para asegurar el resarcimiento del fiador, ofreciendo ambas un carácter recíproco y complementario pero distinto en el régimen del Código Civil, por sus presupuestos, forma de originarse y contenido.

En caso de pago de la deuda por el fiador este puede reclamar la totalidad de la deuda, intereses y gastos, a diferencia de lo que ocurre con las obligaciones solidarias, en las que el deudor que paga solo puede reclamar de los codeudores la parte que a cada uno corresponda con los intereses del anticipo. A esta acción se refiere el artículo 1.145 del Código Civil, que es la que dice ejercitar la actora, pero la misma no es la que le faculta para la obtención de lo pagado.

En el caso de la fianza dicho precepto ha de ponerse en relación con el artículo 1.844 que autoriza, en los casos de que existan dos o más fiadores de un mismo deudor y por una misma causa, al que de ellos la haya pagado a reclamar de cada uno de los otros la parte que proporcionalmente le corresponda satisfacer. Esta acción se refiere a las relaciones de los cofiadores entre sí, pero no a la relación entre el fiador y el deudor, como la que aquí se actúa. En este caso el fiador pretende obtener del deudor principal el reintegro de lo pagado y ello puede hacerlo a través de la acción de reembolso del artículo 1.838 del Código Civil, y de la subrogación del artículo 1.839. En ambos casos, a los efectos concursales, la posición del fiador es la misma y la regulación del reconocimiento de su crédito aparece recogida en el artículo 87.6 de la Ley Concursal. Es por tanto preciso acudir a las normas contenidas en la propia Ley Concursal para establecer los derechos y la forma en que, en el seno del concurso y respetando los principios concursales, fundamentalmente la igualdad o trato paritario de los acreedores, el fiador puede obtener el reintegro de lo pagado.

OCTAVO. La calificación del crédito ha de ser la misma que correspondía a la trabajadora sin que pueda modificarlo el pago por el Patronato. Así lo ha querido el legislador concursal contemplando el supuesto específico que nos ocupa. Para el caso de modificación o sustitución del acreedor inicial en la lista de acreedores el artículo 97.4. LC establece determinadas reglas, entre ellas la regla 3.ª conforme a la cual, en caso de pago por avalista, fiador o deudor solidario, se estará a lo dispuesto en el artículo 87.6. Este dispone: "*los créditos en los que el acreedor disfrute de fianza de tercero se reconocerán por su importe sin limitación alguna y sin perjuicio de la sustitución del titular del crédito en caso de pago por el fiador. Siempre que se produzca la subrogación por pago, en la calificación de estos créditos se optará por la que resulte menos gravosa para el concurso entre las que correspondan al acreedor o al fiador*". La redacción actual del precepto, llevada a cabo por el Real Decreto ley 3/2009 de 27 de marzo, de medidas urgentes en materia tributaria, financiera y concursal introduce en el inciso segundo la expresión "*siempre que se produzca la subrogación por pago*" poniendo final a las dudas suscitadas en la anterior redacción, fuente de dos interpretaciones divergentes las denominadas literal y correctora. Como dice la STS de 22 de diciembre de 2011, el legislador ha optado con aquella reforma por la denominada tesis correctora limitando el alcance de la norma al supuesto de que se produzca la subrogación por pago del fiador, de forma que habría de acudirse a la calificación propugnada por la AC como la menos gravosa para el concurso. La calificación no se vincula al titular sino al crédito en cuanto tal, manteniendo la correspondiente al acreedor inicial en consonancia con la regla 5.ª del artículo 97.4 ("*fuera de los casos anteriores, se mantendrá la clasificación correspondiente al acreedor inicial*"). y, de otro lado, no constituye una excepción al régimen de subrogación legal previsto en el artículo 1.210-3.º CC que certeramente considera aplicable la sentencia apelada y la AC. A su tenor, se presumirá que hay subrogación cuando pague el que tenga interés en el cumplimiento de la obligación, salvo los efectos de la confusión en cuanto a la porción que le corresponda.

En palabras de la STS de 3 febrero de 2009 "*del ámbito del artículo 1.210.3.º CC no están excluidos los obligados al pago de la deuda: es más, el supuesto del* solvens *codeudor solidario constituye el supuesto indiscutido de los que se puedan comprender en el precepto, según se deduce con claridad de la interpretación literal y antecedente histórico del mismo*".

Según la misma sentencia, se trata de un supuesto de subrogación legal y consiguientemente automática, de pleno derecho, sin necesidad de voluntad de las personas ligadas por la relación obligatoria. Así, pues, en virtud de la subrogación que contempla el artículo 87.6 se transmite al tercero que pago el mismo crédito inicial con todos sus accesorios de acuerdo con el artículo 1.212 CC (SSTS de 11 de octubre de 2007 y 23 de octubre de 2008).

El propósito del legislador de mantener la identidad y calificación del crédito, no obstante, el cambio de acreedor se revela igualmente en el régimen previsto en el artículo 87.7 LC pues al contemplar el pago parcial por avalista, fiador o deudor solidario no prevé dos calificaciones distintas, una a favor del acreedor originario y otra a favor de quien paga, sino que mantiene la unidad y calificación del crédito. Este artículo contempla los tres supuestos de pago por avalista, fiador o deudor solidario respecto a los cuales la STS de 17 de abril de 2012 declara aplicable los artículos 1.210.3.º ya reseñado y 1.839 CC según el cual el fiador que paga se subroga en todos los derechos que el acreedor tenía con el deudor.

En suma, el apelante no ha adquirido un crédito "ex novo" mediante el pago. En virtud de este se ha subrogado en la posición del titular originario y se mantiene la calificación correspondiente al mismo ("*...sin perjuicio de la sustitución del titular del crédito en caso de pago por el fiador*", artículo 87.6), razones las expuestas que llevan a mantener la sentencia apelada, con el consiguiente rechazo del recurso.

El pago por el patronato del salario de la trabajadora, del que debía responder junto a la concursada, no genera una nueva clasificación de ese crédito que no nace tras la declaración del concurso y que no puede ser considerado como contra la masa

AP Ourense, Sec. 1.ª, 167/2019, de 24 de abril

SP/SENT/1008005

La calificación del crédito ha de ser la misma que correspondía a la trabajadora sin que pueda modificarlo el pago por el Patronato. Así lo ha querido el legislador concursal contemplando el supuesto específico que nos ocupa. Para el caso de modificación o sustitución del acreedor inicial en la lista de acreedores el artículo 97.4. LC establece determinadas reglas, entre ellas la regla 3.ª conforme a la cual, en caso de pago por avalista, fiador o deudor solidario, se estará a lo dispuesto en el artículo 87.6. Este dispone: "*los créditos en los que el acreedor disfrute de fianza de tercero se reconocerán por su importe sin limitación alguna y sin perjuicio de la sustitución del titular del crédito en caso de pago por el fiador. Siempre que se produzca la subrogación por pago, en la calificación de estos créditos se optará por la que resulte menos gravosa para el concurso entre las que correspondan al acreedor o al fiador*".

La redacción actual del precepto, llevada a cabo por el Real Decreto ley 3/2009 de 27 de marzo, de medidas urgentes en materia tributaria, financiera y concursal introduce en el inciso segundo la expresión "*siempre que se produzca la subrogación por pago*" poniendo final a las dudas suscitadas en la anterior redacción, fuente de dos interpretaciones divergentes las denominadas literal y correctora. Como dice la STS de 22 de diciembre de 2011, el legislador ha optado con aquella reforma por la denominada tesis correctora limitando el alcance de la norma al supuesto de que se produzca la subrogación por pago del fiador, de forma que habría de acudirse a la calificación propugnada por la AC como la menos gravosa para el concurso. La calificación no se vincula al titular sino al crédito en cuanto tal, manteniendo la correspondiente al acreedor inicial en consonancia con la regla 5.ª del artículo 97.4 ("*fuera de los casos anteriores, se mantendrá la clasificación correspondiente al acreedor inicial*"). y, de otro lado, no constituye una excepción al régimen de subrogación legal previsto en el artículo 1.210-3.º CC que certeramente considera aplicable la sentencia apelada y la AC. A su tenor, se presumirá que hay subrogación cuando pague el que tenga interés en el cumplimiento de la obligación, salvo los efectos de la confusión en cuanto a la porción que le corresponda.

En palabras de la STS de 3 febrero de 2009 "*del ámbito del artículo 1.210.3.º CC no están excluidos los obligados al pago de la deuda: es más, el supuesto del* solvens *codeudor solidario constituye el supuesto indiscutido de los que se puedan comprender en el precepto, según se deduce con claridad de la interpretación literal y antecedente histórico del mismo*". Según la misma sentencia, se trata de un supuesto de subrogación legal y consiguientemente automática, de pleno derecho, sin necesidad de voluntad de las personas ligadas por la relación obligatoria. Así, pues, en virtud de la subrogación que contempla el artículo 87.6 se transmite al tercero que pago el mismo crédito inicial con todos sus accesorios de acuerdo con el artículo 1.212 CC (SSTS de 11 de octubre de 2007 y 23 de octubre de 2008).

El propósito del legislador de mantener la identidad y calificación del crédito, no obstante, el cambio de acreedor se revela igualmente en el régimen previsto en el artículo 87.7 LC pues al contemplar el pago parcial por avalista, fiador o deudor solidario no prevé dos calificaciones distintas, una a favor del acreedor originario y otra a favor de quien paga, sino que mantiene la unidad y calificación del crédito. Este artículo contempla los tres supuestos de pago por avalista, fiador o deudor solidario respecto a los cuales la STS de 17 de abril de 2012 declara aplicable los artículos 1.210.3.º ya reseñado y 1.839 CC según el cual el fiador que paga se subroga en todos los derechos que el acreedor tenía con el deudor.

En suma, el apelante no ha adquirido un crédito "ex novo" mediante el pago. En virtud de este se ha subrogado en la posición del titular originario y se mantiene la calificación correspondiente al mismo ("*... sin perjuicio de la sustitución del titular del crédito en caso de pago por el fiador*", artículo 87.6), razones las expuestas que llevan a mantener la sentencia apelada, con el consiguiente rechazo del recurso.

No se puede pretender el reconocimiento de un crédito contra la masa correspondiente a pagos que se hicieron a espaldas de la Administración Concursal, generando una doble contabilidad

AP Huesca, Sec. 1.ª, 121/2018, de 5 de noviembre

SP/SENT/983192

SEGUNDO: Insiste la recurrente en que procede la íntegra estimación de su demanda. Tal pretensión no pude prosperar por los propios fundamentos de la sentencia apelada, anteriormente aceptados y dados por reproducidos en esta ocasión procesal, en la que no podemos sino resaltar no solo que la prueba practicada no permite superar los inconvenientes puestos de manifiesto por la administración concursal al contestar la demanda incidental, con su informe anexo, sino que además la prueba testifical practicada en primera instancia evidenció que todos los pagos reclamados se hicieron a espaldas de la administración concursal, generando una doble contabilidad, en los términos explicados por el juzgado, por lo que, en esas circunstancias resulta inviable el reconocimiento de un crédito contra la masa, que requiere la efectiva intervención y control de la administración concursal en los términos previstos en los artículos 33.1.d.1.º, 34.2.c, 84.3, 94.4, 152.1, 154 y siguientes, 176.3, 176 bis preceptos que quedarían burlados si se diera lugar a la demanda cuando la administración concursal no autorizó el pago de más créditos contra la masa que los que efectivamente satisfizo por el sistema de la doble firma aludido por el juzgado y los aludidos en la página tres de su informe de 4 de abril de 2018 (evento 40 del índice electrónico de esta pieza) para que RECUBRIMIENTOS BINÉFAR, y/o el Sr. Arsenio fuesen regularizando la deuda que mantenían en GLASSDECOR, no pudiendo la recurrente pretender como crédito contra la masa un pago que dice haber hecho en lugar de la concursada (aunque todo parece indicar que, en el mejor de los casos para la apelante, fueron en lugar del propio Sr. Arsenio, exsocio de Prinsa, según él mismo admitió hacia los minutos 00H:57m:52s y siguientes de la grabación de la vista en primera instancia) cuando dichos pagos se efectuaron no solo sin contar con la aprobación de la administración concursal sino incluso sabiendo, según se admitió en el hecho primero de la demanda, que la administración concursal no autorizaba dicho pago y, aparte de que no puede tomarse una parte por el todo (esto es, la electricidad por todo lo demás), lo cierto es que no puede disociarse la decisión de realización de un gasto con la previsión del modo que se iba a realizar su pago de modo que si la administración concursal no se opuso a que determinados gastos fueran realizados para ser satisfechos directamente por unos deudores de la concursada en los términos explicados en la página tres del evento cuarenta del índice electrónico, no puede venirse ahora a alegar que tales gastos, a abonar por unos deudores de la concursada para reducir la deuda con ella, fueron abonados por la acreedora de la concursada que pretende la compensación de su crédito, por más que anticipara el numerario necesario al Sr. Arsenio, directamente o a través de Recubrimientos Binéfar, por muy estrechos que sean los vínculos del Sr. Arsenio con la hoy apelante pues aunque este último se negó a contestar a muchas preguntas sobre el sustrato personal de Prinsa alegando que le podía perjudicar en el tema penal, sí que admitió al final de su declaración que con el administrador de la recurrente eran amigos desde la infancia y que él también está de administrador en Recubrimientos Binéfar amistad que podrá o no explicar por sí misma el deseo de la apelante de favorecer al Sr. Arsenio y pagar por él algunas deudas, pues la recurrente también tenía interés en la continuidad de la concursada, pero que no puede repercutir en la concursada cuya administradora concursal no autorizó la realización de gasto alguno para ser pagado por ningún acreedor de la concursada, por lo que la sentencia debe ser confirmada, también cuando aplica, para las costas de primera instancia, el criterio objetivo del vencimiento consagrado en el artículo 394 de la Ley de Enjuiciamiento Civil.

El ayuntamiento no es aún sucesor de la entidad concursada, por no haberse extinguido la personalidad jurídica de esta, careciendo, por tanto, de legitimación pasiva en la reclamación de créditos

AP Valencia, Sec. 9.ª, 902/2018, de 26 de septiembre

SP/SENT/990120

TERCERO. Legitimación pasiva del Ayuntamiento de Moncada.

Fijado lo anterior hemos de proceder a resolver el recurso planteado en aras a la exhaustividad exigida a las resoluciones judiciales. Para ello hemos de analizar dos aspectos: uno, la legitimación del Ayuntamiento como sucesor universal de la concursada *ex* art. 35 ES; dos, la legitimación del Ayuntamiento en este procedimiento *ex* art. 10 LEC.

Todo ello recordando que el objeto de este procedimiento es la resolución del contrato de compraventa de 17 de febrero de 2011 entre la concursada (PEMSA), por una parte, y Arnedo Medina Valencia, S. A. (ARMESA) y D. Olegario, por otra parte.

1. Art. 10 LEC.

El art. 10 LEC dispone "*Serán considerados partes legítimas quienes comparezcan y actúen en juicio como titulares de la relación jurídica u objeto litigioso. Se exceptúan los casos en que por ley se atribuya legitimación a persona distinta del titular*".

La legitimación es la cualidad que la Ley atribuye a una persona para figurar como parte en un proceso determinado, al actor por pertenecerle o por su vinculación con el negocio, relación o situación jurídica que reclama y al demandado por idéntica vinculación que obliga a soportar el ejercicio de su derecho (STS de 12 de diciembre de 1998). Tal cualidad o posición jurídica es en gran parte de los casos la propia titularidad de la relación jurídico-material deducida (STS de 16 de octubre de 1978). En relación con la acción contractual son las partes contratantes o, en su defecto, a sus herederos (STS de 17 de noviembre de 1988).

En el marco de una acción de resolución contractual, conforme tal jurisprudencia, la legitimación pasiva le corresponde a la parte contratante cuyo incumplimiento se denuncia o cuyo cumplimiento se exige (art. 1.124 CC). Solo en caso de sucesión ("en defecto") se podría ir contra los herederos.

De nuevo nos encontramos un planteamiento extravagante de la parte actora. O bien se dirige contra la sociedad contratante, por los motivos expuestos *ut supra*, o bien se dirige contra los herederos porque se haya producido una sucesión. Pero, en ningún caso podría dirigir la demanda contra ambos, como sucede en el presente caso.

Dado que la sociedad concursada tiene personalidad jurídica vigente, que no ha sido extinguida (art. 178 LC) a ella le corresponde ostentar tal legitimación desde el punto de vista procesal.

2. Art. 35 ES y art. 371 TRLSC.

Dispone el art. 35 ES (folio 72) "*Al disolverse la sociedad de capital enteramente municipal, el Ayuntamiento le sucederá universalmente, y a él revertirá toda la dotación con los incrementos y aportaciones que constare en el activo de la institución disuelta*".

La parte recurrente interpreta literalmente este precepto considerando que significa que, en cuanto se produzca la declaración de disolución de la sociedad, automática e inmediatamente, el Ayuntamiento sucede a la sociedad en todo su activo y pasivo.

No compartimos tal interpretación literal y ello por varias razones. En cuanto al tenor literal, la expresión "al disolverse" no significa *"en el momento de la declaración de disolución"*. En ese caso, en el seno del concurso, no se podría tramitar la fase de liquidación, pues conforme tal interpretación una vez disuelta la sociedad en el auto de apertura de la fase de liquidación, inmediatamente se produciría la sucesión del Ayuntamiento.

Dicha interpretación, por otro lado, conllevaría desconocer la normativa aplicable a las sociedades capitalistas en liquidación. No podemos olvidar que, si bien es una sociedad municipal porque su socio único es un ayuntamiento, estamos ante una sociedad anónima, a la que es aplicable la normativa de tales sociedades.

Así, la disolución de una sociedad da lugar al inicio de las operaciones liquidatorias para determinar el haber social y en su caso la cuota de liquidación que pueda corresponder al Ayuntamiento.

La disolución no extingue la personalidad jurídica de la sociedad, sino que, una vez concluida la liquidación, se emitirá escritura pública y la inscripción de esta es la que determina la extinción de la personalidad jurídica. En tal momento será, en su caso, cuando se produzca la sucesión del ayuntamiento, que nadie niega vaya a tener lugar.

Podemos reproducir varios preceptos aplicables a los Estatutos Sociales y que permiten interpretar el tenor del art. 35:

– Art. 371 TRLSC establece "*1. La disolución de la sociedad abre el período de liquidación.*

2. La sociedad disuelta conservará su personalidad jurídica mientras la liquidación se realiza. Durante ese tiempo deberá añadir a su denominación la expresión «en liquidación».

3. Durante el período de liquidación se observarán las disposiciones de los estatutos en cuanto a la convocatoria y reunión de las juntas generales de socios, a las que darán cuenta los liquidadores de la marcha de la liquidación para que acuerden lo que convenga al interés común, y continuarán aplicándose a la sociedad las demás normas previstas en esta ley que no sean incompatibles con las establecidas en este capítulo".

– Art. 372 "*En caso de apertura de la fase de liquidación en el concurso de acreedores de la sociedad, la liquidación se realizará conforme a lo establecido en el capítulo II del título V de la Ley Concursal*";

– Art. 375.1 LSC "*Con la apertura del período de liquidación los liquidadores asumirán las funciones establecidas en esta ley, debiendo velar por la integridad del patrimonio social en tanto no sea liquidado y repartido entre los socios*";

– Art. 385 "*A los liquidadores corresponde percibir los créditos sociales y pagar las deudas sociales*";

– Art. 395.1 "*Los liquidadores otorgarán escritura pública de extinción de la sociedad (...)*".

– Art. 396.1 "*La escritura pública de extinción se inscribirá en el Registro Mercantil*".

Y ello sin perjuicio que, al encontrarse en sede concursal, deba tramitarse la fase de liquidación y procederse a tales operaciones liquidatorias en el seno del concurso.

En consecuencia, negamos que la sucesión del ayuntamiento haya tenido lugar en este momento y pueda ser demandado en este procedimiento. Otra cosa es que, una vez concluida la liquidación, si no hubiera suficiente activo para abonar el crédito reconocido a la parte actora, este deba ser asumido por el ayuntamiento cuando se produzca la extinción de la concursada; extremo este que no ha sido negado por la parte recurrida.

Al no apreciarse conducta penal en los apoderados del banco al otorgar el préstamo al concursado, no procede eliminar dicho crédito

AP Asturias, Sec. 1.ª, 423/2018, de 24 de septiembre

SP/SENT/980493

Por lo que respecta a la causa del negocio jurídico, dejando al margen los enconados debates doctrinales habidos al respecto, ha venido siendo considerada repetidamente por la jurisprudencia en un sentido objetivo (STS 17 marzo 2015 y las que en ella se citan) según el cual la causa se presenta como la función económico-social que justifica que un determinado negocio jurídico reciba la tutela y protección del ordenamiento, de modo que la causa será la misma en cada tipo de negocio jurídico. Esta concepción objetiva resulta relevante por cuanto permite distinguir lo que constituye en sí la causa del negocio jurídico de lo que son los móviles subjetivos que pueden impulsar a cada una de las partes a su celebración, pues estos últimos son tan solo una realidad extranegocial que únicamente podrá elevarse a elemento causal del negocio cuando sean incorporados por las partes al contrato como cláusula o como condición, consiguiendo así que una finalidad concreta se vea casualizada al convertirse en propósito perseguido por ambas partes como "móvil casualizado". Pero para llegar a causalizar una finalidad concreta será menester que el propósito de que se trate venga perseguido por ambas partes y trascienda el acto jurídico como elemento determinante de la declaración de voluntad en concepto de móvil impulsivo (vid. STS 19 junio 2009 y las que en ella se citan).

Y en este mismo sentido, en cuanto a la determinación de en qué casos la causa merece la calificación de ilícita, nuestro Alto Tribunal ha declarado también que "*el propósito ilícito buscado por ambas partes ha sido elevado por la jurisprudencia... a la categoría de causa ilícita determinante de la nulidad del contrato conforme al art. 1.275 del Código Civil cuando venga perseguido por ambas partes (o buscado por una y conocido y aceptado por la otra) y trascienda al acto jurídico como elemento determinante de la declaración de voluntad en concepto de móvil impulsivo*" (STS 24 noviembre 2016).

Pues bien, es claro que en el contrato de préstamo objeto de esta litis las partes no se encuentran en situación de *par delictum*. La Sentencia penal condena a los administradores de la concursada "Viviendas de Avilés, S. L." como autores de un delito de blanqueo de capitales del art. 301 C. Penal, mientras que los apoderados del Banco Popular son condenados como autores de un delito de blanqueo de capitales por imprudencia al haber incumplido los deberes propios de su cargo. La Administración concursal insiste en su escrito de oposición al recurso en censurar la conducta seguida por los apoderados del Banco, para lo cual destaca el párrafo contenido en los Hechos Probados de la Sentencia penal en la que se dice que "*El mismo día 9 Carlos María pidió a Valeriano que le consiguiera billetes de 500 €; a través de su entidad bancaria (la misma que la de Teodosio, el Banco Popular de Avilés) para obtener los medios cambiar todo el dinero, ofreciéndose este sin problemas a hacerlo*".

Efectivamente el actuar de los apoderados del Banco resulta reprochable, pero no más allá de los concretos términos en que se expresa la condena que es impuesta por la Audiencia Nacional puesto que tal pronunciamiento es el que vincula al Juez del concurso conforme ordena el art. 53-1 LC, y en aquella Sentencia lo único que se les imputa es un delito culposo pues "*incumplieron los deberes propios de su cargo*" (Fundamento de Derecho Segundo), de lo cual no es posible extraer en modo alguno que participaran en el verdadero propósito de los autores del delito en su modalidad dolosa.

La Sentencia ahora apelada razona que los apoderados del Banco no indagaron si alguno de los participantes en la operación tenía o no actividad lícita conocida ni fondos para hacer las operaciones, ni tampoco el origen de los 600.000 euros pignorados, lo que desde luego no es habitual en la práctica bancaria, contribuyendo con ello a dar una apariencia de legalidad a la operación de compraventa que no habría podido consumarse de no figurar el banco como financiador aparente.

Pero un razonamiento expresado en tales términos sería relevante si de ello pudiéramos extraer que los apoderados efectivamente conocían y aceptaban que con la omisión de sus deberes profesionales estaban posibilitando la comisión del delito por parte de los prestatarios y compradores del inmueble, pero lo cierto es que aquellas personas no fueron condenadas penalmente en calidad de cooperadores o de cómplices en el delito de blanqueo de capitales sino tan solo en la repetida modalidad de su comisión imprudente. Es decir, y a los concretos fines que aquí nos ocupan, resulta indiferente la circunstancia de que los administradores de la concursada hubieran solicitado el préstamo con el íntimo propósito de servir de instrumento para la operación de blanqueo capitales que trataban de cometer –la compraventa no se llegó a abonar con el capital obtenido sino con dinero procedente del tráfico de drogas– y ello desde el momento en que no existe dato alguno que permita afirmar con certeza que tal finalidad fuera aceptada, siquiera eventualmente, por parte de los apoderados del Banco, pues en tal caso la condena penal lo hubiera sido en diferente calidad. Repárese en que la jurisprudencia viene exigiendo para poder calificar la causa del contrato como ilícita que "*exista un propósito común perseguido por ambas partes que contradiga la función económica y social de los contratos cuya nulidad solicita*" (STS 24 noviembre 2016), connivencia que, repetimos, en el caso presente no se ha demostrado que exista.

Carece por tanto de fundamento aplicar en este caso la *soluti retentio* que pretende la Administración concursal toda vez que estamos fuera del ámbito del art. 1.275 C. Civil, procediendo por tanto el acogimiento del recurso de apelación, sin necesidad de entrar a examinar las excepciones procesales opuestas por la parte demandada, en el sentido de rechazar la solicitud contenida en el pedimento principal de la demanda encaminado a la supresión y/o eliminación del crédito que titula el Banco Popular en el concurso de "Viviendas de Avilés, S. L.".

Subrogación en la posición del titular originario: se mantiene la calificación correspondiente a este ex art. 87.6 LCon, no pudiéndose modificar la calificación del crédito de la acreedora originaria ni su tratamiento dentro del marco del concurso

AP Ourense, Sec. 1.ª, 204/2018, de 24 de julio

SP/SENT/975829

Tanto la facultad subrogatoria del artículo 1.839 del Código Civil, como la acción de reembolso del artículo 1.838, son los mecanismos previstos para asegurar el resarcimiento del fiador, ofreciendo ambas un carácter recíproco y complementario pero distinto en el régimen del Código Civil, por sus presupuestos, forma de originarse y contenido.

En caso de pago de la deuda por el fiador este puede reclamar la totalidad de la deuda, intereses y gastos, a diferencia de lo que ocurre con las obligaciones solidarias, en las que el deudor que paga solo puede reclamar de los codeudores la parte que a cada uno corresponda con los intereses del anticipo. A esta acción se refiere el artículo 1.145 del Código Civil, que es la que dice ejercitar la actora, pero la misma no es la que le faculta para la obtención de lo pagado.

En el caso de la fianza dicho precepto ha de ponerse en relación con el artículo 1.844 que autoriza, en los casos de que existan dos o más fiadores de un mismo deudor y por una misma causa, al que de ellos la haya pagado a reclamar de cada uno de los otros la parte que proporcionalmente le corresponda satisfacer. Esta acción se refiere a las relaciones de los cofiadores entre sí, pero no a la relación entre el fiador y el deudor, como la que aquí se actúa. En este caso el fiador pretende obtener del deudor principal el reintegro de lo pagado y ello puede hacerlo a través de la acción de reembolso del artículo 1.838 del Código Civil, y de la subrogación del artículo 1.839. En ambos casos, a los efectos concursales, la posición del fiador es la misma y la regulación del reconocimiento de su crédito aparece recogida en el artículo 87.6 de la Ley Concursal. Es por tanto preciso acudir a las normas contenidas en la propia Ley Concursal para establecer los derechos y la forma en que, en el seno del concurso y respetando los principios concursales, fundamentalmente la igualdad o trato paritario de los acreedores, el fiador puede obtener el reintegro de lo pagado.

La calificación del crédito ha de ser la misma que correspondía a la trabajadora sin que pueda modificarlo el pago por el Patronato. Así lo ha querido el legislador concursal contemplando el supuesto específico que nos ocupa. Para el caso de modificación o sustitución del acreedor inicial en la lista de acreedores el artículo 97.4. LC establece determinadas reglas, entre ellas regla 3.ª según la cual "*en caso de pago por avalista, fiador o deudor solidario, se estará a lo dispuesto en el artículo 87.6*". Este dispone: "*los créditos en los que el acreedor disfrute de fianza de tercero se reconocerán por su importe sin limitación alguna y sin perjuicio de la sustitución del titular del crédito en caso de pago por el fiador. Siempre que se produzca la subrogación por pago, en la calificación de estos créditos se optará por la que resulte menos gravosa para el concurso entre las que correspondan al acreedor o al fiador*". La redacción actual del precepto, la aquí aplicable, llevada a cabo por el Real Decreto ley 3/2009 de 27 de marzo, de medidas urgentes en materia tributaria, financiera y concursal, introduce en el inciso segundo la expresión "*siempre que se produzca la subrogación por pago*" que además de poner fin a las dudas suscitadas en la anterior redacción, fuente de dos interpretaciones divergentes, las denominadas literal y correctora, opta por la segunda limitando el alcance al supuesto de que se produzca la subrogación por pago del fiador (STS de 22 de diciembre de 2011), además de que con tal inciso claramente se pronuncia por vincular la calificación no al titular sino al crédito en cuanto tal, manteniendo la correspondiente al acreedor inicial en consonancia con la regla 5.ª del artículo 97.4 LC a cuyo tenor fuera de los casos contemplados en las reglas anteriores, "*se mantendrá la clasificación correspondiente al acreedor inicial*". La norma, además, no constituye una excepción al régimen de subrogación legal previsto en el artículo 1.210-3.º CC que certeramente considera aplicable la sentencia apelada y la AC. A su tenor, se presumirá que hay subrogación cuando pague el que tenga interés en el cumplimiento de la obligación, salvo los efectos de la confusión en cuanto a la porción que le corresponda. En palabras de la STS de 3 febrero de 2009, "*del ámbito del artículo 1.210.3.º CC no están excluidos los obligados al pago de la deuda: es más, el supuesto del solvens codeudor solidario constituye el supuesto indiscutido de los que se puedan comprender en el precepto, según se deduce con claridad de la interpretación literal y antecedente histórico del mismo*". Conforme a la misma sentencia, se trata de un supuesto de subrogación legal y consiguientemente automática, de pleno derecho, sin necesidad de voluntad de las personas ligadas por la relación obligatoria. Así, pues, en virtud de la subrogación que contempla el artículo 87.6 LC se transmite al tercero que pagó el mismo crédito inicial con todos sus accesorios de acuerdo con el artículo 1.212 CC (SSTS de 11 de octubre de 2007 y 23 de octubre de 2008).

El propósito del legislador de mantener la identidad y calificación del crédito, no obstante, el cambio de acreedor se revela igualmente en el régimen previsto en el artículo 87.7 LC pues al contemplar el pago parcial por avalista, fiador o deudor solidario no prevé dos calificaciones distintas, una a favor del acreedor originario y otra a favor de quien paga. Este artículo contempla los tres supuestos de pago por avalista, fiador o deudor solidario respecto a los cuales la STS de 17 de abril de 2012 declara aplicable los artículos 1.210.3.º ya reseñado y 1.839 CC según el cual el fiador que paga se subroga en todos los derechos que el acreedor tenía con el deudor.

En suma, el apelante no ha adquirido un crédito "ex novo". En virtud del pago se ha subrogado en la posición del titular originario, manteniéndose la calificación correspondiente a este ("... *sin perjuicio de la sustitución del titular del crédito en caso de pago por el fiador*", artículo 87.6), no pudiéndose modificar la calificación del crédito de la acreedora originaria y su tratamiento dentro del marco del concurso, por lo que no puede ser calificado como crédito contra la masa o crédito prededucible, lo que conduce a la desestimación del recurso interpuesto y a la confirmación de la resolución recurrida.

El Juez del concurso no tiene competencia para verificar si el sujeto pasivo del IBI es la concursada o no, dado que esas discrepancias son cuestiones propias de la liquidación del impuesto a dilucidar en vía administrativa

AP Murcia, Sec. 4.ª, 390/2018, de 14 de junio

SP/SENT/971895

En primer lugar, el argumento literal: el art. 86.2 LC, relativo al reconocimiento de créditos, impone la necesaria inclusión de los créditos reconocidos en certificación administrativa, sin que proceda entrar a discutir en sede concursal sobre su existencia y cuantía, dado que el precepto remite sobre tales extremos a los cauces previstos en la legislación específica para impugnar los actos administrativos, basado todo ello el principio de autoejecutividad y presunción de legitimidad de los actos administrativos; cuestión distinta a su calificación, ya que el precepto habla solo de inclusión de los reconocidos (no de calificación) y sistemáticamente está ubicado en la sección 2.ª dedicada al reconocimiento de créditos, siendo la sección 3.ª la que se ocupa de la calificación.

En segundo lugar, el argumento competencial: no corresponde al Juez del concurso dilucidar sobre la corrección de la certificación administrativa por carecer de jurisdicción –arts. 8 LC y 86 ter LOPJ– ya que el juzgado del concurso se enmarca en el orden civil, y la revisión de actos administrativos corresponde a la jurisdicción contenciosa administrativa, una vez agotada la vía administrativa.

La jurisprudencia de conflictos así lo viene a corroborar. La STCJ de 25 de junio de 2007 en un conflicto entre un Juzgado Mercantil y AEAT ha aclarado que corresponde a la Administración tributaria conocer, investigar y resolver acerca de la existencia y, en su caso, de la cuantía de los tributos. Y contra esa resolución administrativa lo que cabrá es su revisión a través de los cauces adecuados, que no es el incidente concursal.

En tercer lugar, el argumento sistemático: el art. 123 del Reglamento General de Recaudación de 2005, de 29 de julio (Real Decreto 939/2005) ubicado en la sección rubricada (Actuaciones de la Hacienda pública en procedimientos concursales y en otros procedimientos de ejecución) dice "*Los órganos de recaudación remitirán al órgano con funciones de asesoramiento jurídico los documentos necesarios para la defensa de los derechos de la Hacienda pública. Los créditos de la Hacienda pública quedarán justificados mediante certificación expedida por el órgano competente*". Dicha norma viene a recoger lo dicho con anterioridad en el art. 96.4 del Reglamento General de Recaudación aprobado por RD 1684/1990, de 20 de diciembre, y ahora además se plasma en el art. 86.2 LC, por lo que es pacífico en nuestro ordenamiento positivo que los créditos públicos que hayan de ejercitarse en otro procedimiento de ejecución quedan justificados mediante certificación expedida por el órgano competente.

Por último, este criterio es que se deduce de la jurisprudencia del TS, ya que aún recaída en procesos de insolvencia previos a la LC es especialmente relevante por el apoyo argumental del art. 86 LC. Nos referimos a la Sentencia del Tribunal Supremo de 29 septiembre de 2010 que ante la queja de la insuficiencia de la justificación del crédito insinuado por la AEAT sienta la siguiente doctrina: "*La cuestión ha sido resuelta correctamente por la*

Sentencia recurrida. El art. 96.4 del Reglamento General de Recaudación aprobado por RD 1684/1990, de 20 de diciembre, claramente establece respecto de los créditos de la Hacienda Pública que hayan de ejercitarse en otro procedimiento de ejecución que quedarán justificados mediante certificación expedida por el órgano competente; cuyo precepto se recoge en el art. 123.3 del Reglamento aprobado por Real Decreto 939 de 2005, de 29 de julio —que sustituyó al anterior—, que inserta la norma en la Sección 5.ª relativa a las actuaciones de la Hacienda pública en procedimientos concursales y en otros procedimientos de ejecución. Y debe observarse que el ámbito del problema quedó reducido, como dice la Sentencia recurrida, a si la certificación administrativa es título suficiente o no, sin que quepa rechazar dicha certificación o posponer su admisión hasta que se presente la prueba que avale las diferentes partidas. De haber entendido la parte recurrente que el objeto del proceso era más amplio debió haber planteado incongruencia, lo que no hizo.

Por otro lado, la alusión de la Sentencia recurrida al art. 86.2 de la Ley Concursal 22/2003, de 9 de julio relativo a que «se incluirán sucesivamente en la lista de acreedores aquellos créditos que hayan sido reconocidos por certificación administrativa», no resulta extemporánea, porque, si bien el procedimiento de quiebra que aquí se examina se rige por la legislación anterior dada la fecha de su incoación (disp. transitoria 1.ª de la LC), sin embargo la disposición adicional 1.ª de la propia LC claramente exige que los jueces y tribunales interpreten y apliquen las normas legales que hagan referencia a los procedimientos concursales derogados por esta Ley poniéndolas en relación con las del concurso regulado en esta, atendiendo fundamentalmente a su espíritu y finalidad".

Doctrina jurisprudencial que se considera de plena aplicación, dado que la norma del art. 86.2 LC lo que hace es reproducir lo que ya se decía en el Reglamento General de Recaudación de 1990 y se reitera en el de 2005.

Por tanto, y frente al parecer del concursado, siendo cierto que el control jurisdiccional de la modificación de la lista de acreedores corresponde al juez del concurso, lo que no es posible es que este revise el importe del crédito público certificado por ser erróneo al no ajustarse a la legalidad, ya que el acta de liquidación del impuesto de sucesiones del que trae causa arroja una cifra distinta.

Y ello no porque no sea controlable ese importe certificado, sino porque esa revisión está asignada por el legislador a la jurisdicción contenciosa administrativa, que es cauce para desvirtuar su presunción de legitimidad, no el proceso concursal.

La traslación de estas reflexiones al supuesto presente conduce a la desestimación de la apelación, al no ser esta Sala competente para verificar si se ha producido error en la actuación administrativa.

Consideraciones aplicables tanto para el crédito concursal como para el crédito contra la masa, pues la ratio del art. 86.2 es trasladable, como dijimos en nuestra sentencia de 9 de diciembre de 2016, ya que lo relevante es cómo se acredita el crédito público, independientemente de la calificación concursal o contra la masa que después merezca, y en la que sí tienen plena jurisdicción los órganos del concurso.

2. La aplicación de estas consideraciones al supuesto presente conduce a la estimación de la apelación, al no ser el juez del concurso competente para verificar si el sujeto pasivo

del IBI o IVTM es la concursada, al ser un impuesto que grava la titularidad del inmueble o del vehículo de tracción mecánica, o deja de serlo, y no procede su pago por la existencia de cambios en la misma, pero que no constan en los registros administrativos correspondientes. Esas discrepancias son cuestiones propias de la liquidación del impuesto, a dilucidar en vía administrativa, con revisión ante los tribunales del orden contencioso.

Además, este Tribunal en la sentencia de 11 de noviembre de 2012 citada por el Ayto. en un caso de venta de un vehículo ya dijo que *"(l)a citada norma tributaria (art. 94 del RDL 2/2004), que atribuye a la concursada la obligación del pago de ese impuesto, opera también en el ámbito concursal"*.

De igual modo ocurre con el pago invocado por la AC, al tratarse de un hecho extintivo de la deuda tributaria cuyo conocimiento corresponde al órgano administrativo, sujeto a control jurisdiccional del orden contencioso.

No se tienen en cuenta los efectos del *ex* art. 176 bis LCon y se confirma la resolución recurrida, porque no se reconoce a los apelantes el crédito pretendido contra la masa del concurso por falta de legitimación para ello

AP Tarragona, Sec. 1.ª, 115/2018, de 8 de marzo

SP/SENT/947659

Es evidente que una vez que se elabora la lista de acreedores por la administración concursal no puede admitirse en el concurso ningún nuevo crédito y ello sin perjuicio de la incorporación de los denominados créditos subordinados. Sobre ello, el art. 92.1 LC califica como créditos subordinados: *"1.º los créditos que, habiendo sido comunicados tardíamente, sean incluidos por la administración concursal en la lista de acreedores o que, no habiendo sido comunicados oportunamente, sean incluidos en dicha lista por el juez al resolver sobre la impugnación de esta, salvo que se trate de créditos cuya existencia resultare de la documentación del deudor, constaren de otro modo en el concurso o en otro procedimiento judicial, o que para su determinación sea precisa la actuación inspectora de las Administraciones Públicas, teniendo todos estos casos el carácter que les corresponda según su naturaleza"*. No cabe duda de que este precepto prevé la comunicación tardía de los créditos, al margen de su clasificación dependiendo de las circunstancias reseñadas, pero parece que incluso esta comunicación tardía está sujeta a un plazo de preclusión. Esto es, solo en el caso en que lo fueran antes de la elaboración de la lista de acreedores —se entiende que en el tiempo que discurre desde el cumplimiento del plazo legal para la comunicación y la formulación de la lista de acreedores aportada como anexo del informe— o antes de resolverse las impugnaciones a la lista de acreedores. La consecuencia inmediata es que los créditos concursales comunicados con posterioridad a la resolución de las impugnaciones de la lista de acreedores, y por lo tanto a la redacción de la lista definitiva de acreedores, no podrían ser admitidos en el concurso.

Pero es que, en el caso de autos, los actores no tienen más que unas expectativas y al respecto la tesis más generalizada es entender que dichas expectativas no deben tenerse en cuenta a efectos del art. 176 bis de la LC, sin perjuicio en su caso de la reapertura del concurso si prosperase su reclamación. La sentencia del Juzgado de lo Mercantil n.º 1 de Alicante de 26 de noviembre de 2014, decía que "*la conclusión conlleva los efectos inherentes previstos en el artículo 178 LC, sin perjuicio de reapertura si aparecen con posterioridad nuevos bienes o derechos del concursado en los términos del art. 179 y de la facultad de los administradores concursales para, en su caso, proseguir actuaciones pendientes en defensa de intereses patrimoniales de la concursada, en aplicación de la regla de la* perpetuatio legitimationis *(art. 410 LEC) cuyo resultado positivo pueda dar lugar a su distribución entre los acreedores según el orden de pagos establecido por la LC, y del que deberá rendir cuenta inmediata la AC si no fuera procedente o necesaria la reapertura*". No obstante, en el presente caso, no tendría cabida la reapertura desde el momento en que el concurso ha finalizado con el pago de todos los créditos reconocidos, supuesto establecido en el art. 176.1.4.º de la LEC (4.º En cualquier estado del procedimiento, cuando se compruebe el pago o la consignación de la totalidad de los créditos reconocidos o la íntegra satisfacción de los acreedores por cualquier otro medio o que ya no existe la situación de insolvencia).

Por tanto, no pudiendo valorarse las meras expectativas en los términos expuestos a efectos de la conclusión del concurso, y no existiendo crédito alguno reconocido a favor de los apelantes, es evidente que estos carecen de la legitimación pretendida para ello, lo que nos lleva a la confirmación de la sentencia recurrida.

Procede modificar el informe de la Administración Concursal en cuanto a la clasificación de los dos créditos de la Sareb

AP Baleares, Sec. 5.ª, 24/2018, de 26 de enero

SP/SENT/944895

El objeto de este recurso requiere la fijación de algunos hechos obtenidos de la prueba documental aportada con la demanda.

Revisados los documentos (numerados 3-1 a 3.8; 3; doc. 1 y doc. 2 todos sin título) adjuntados como archivo zip constan los siguientes datos (en cuando al crédito discutido).

– El inmueble ha sido valorado en el inventario con un importe de 3.014.903,84 Euros (Documento 1 de la demanda).

– El listado de acreedores anexado al informe elaborado por la Administración Concursal incluye los siguientes créditos derivados del préstamo hipotecario número 1298478267 finca 50031 con la calificación que se detalla:

– 2.016.639,30 Euros con la calificación de Crédito Especialmente Privilegiado como consecuencia del límite derivado de las 9/10 partes del valor de la garantía en virtud de lo dispuesto en el artículo 94.5 de la LC.

– 364.101,17 Euros con la calificación de Crédito subordinado por ser la cantidad no cubierta por el límite antedicho (Documento 1).

– "*NOTAS: El valor del privilegio especial, asciende al valor medio de las tasaciones facilitadas por la concursada y SAREB de los 9/10 (art. 94.5 LC) dado por la tasación, que en el presente caso asciende a la cantidad de 2.713.413,45 Euros*".

El indicado crédito se encuentra en la página 99 de 109 del listado de acreedores incluidos, bajo el n.º 13 de los créditos reconocidos a SAREB. Se indica allí que el precepto aplicado para su inclusión y calificación es el Art. 92.3 LC (Documento 3).

A la vista de los documentos aportados con la demanda asiste razón al recurrente respecto a la correcta clasificación del crédito derivado de los intereses *ex* 92.3 LC porque la suma de 2.016.639,30 Euros más 364.101,17 Euros asciende a 2.238.740,47 Euros (principal e intereses retributivos).

Dicha cantidad es inferior al valor de los 9/10 según el informe de la Administración concursal del que parten tanto la actora como la demandada (2.713.413,45 Euros).

La demandada sostiene la calificación como deuda subordinada, la actora reclama que se rectifique por incongruente con el propio dato obrante al pie de página del folio que clasifica el crédito sobre el que versa esta impugnación.

Atendidos los hechos acreditados, basados todos ellos en el informe de la administración concursal, el recurso debe prosperar sin necesidad de ulteriores razonamientos.

El crédito es un crédito sin privilegio especial, que consta en escritura pública, y no uno común de derecho civil. No existe falta de motivación porque no se tienen que analizar todas las posibles perspectivas que podía suscitar el debate

AP Madrid, Sec. 28.ª, 600/2017, de 22 de diciembre

SP/SENT/954266

La sentencia recurrida, por su parte, sí refiere que en autos 413/1996 del Juzgado de Primera Instancia núm. 2 de Madrid se resolvió sobre el alcance del título preconstituido por el acreedor primitivo, BANCO EXTEBANDES, a efectos de ejecución separada. Sin embargo, el juez "a quo" omite toda consideración sobre la incidencia de ese título preconstituido respecto al crédito reconocido a DESARROLLOS EMPRESARIALES JILOCA S. A., a efectos de considerarlo afectado por una supuesta novación extintiva; y tampoco explica por qué el referido crédito perdió su carácter escriturario como consecuencia del otorgamiento de ese título preconstituido.

Por tanto, hemos de otorgar la razón al recurrente tanto en lo que se refiere al fondo del asunto como en lo que respecta a la deficiente motivación de la sentencia en ese punto. Ciertamente, la jurisprudencia no viene exigiendo una absoluta exhaustividad en la respuesta a todos y cada uno de los alegatos de las partes, pero sí exige que el razonamiento expuesto permita conocer las razones por las que se adopta una determinada decisión. Este requisito no concurre en este caso, pues el entramado argumentativo de la sentencia en este punto no permite conocer los criterios esenciales que fundamentan la desestimación de la impugnación.

Este criterio jurisprudencial ha sido expuesto por esta Sala en numerosas ocasiones. Baste citar alguna sentencia reciente al respecto, como la núm. 343/2017 de 7 de julio de 2017, que es del siguiente tenor:

"La exigencia constitucional no impone una determinada extensión de la motivación jurídica, ni un razonamiento explícito, exhaustivo y pormenorizado de todos los aspectos y perspectivas que las partes puedan tener de la cuestión sobre la que se pronuncia la decisión judicial. Es suficiente que las resoluciones judiciales vengan apoyadas en razones que permitan conocer cuáles han sido los criterios jurídicos esenciales fundamentadores de la decisión o, lo que es lo mismo, su ratio decidendi *(sentencias del TC n.º 196/2005, de 18 de julio y n.º 325/2005, de 12 de diciembre). Y en la misma línea se manifiesta, en absoluta coincidencia con dicha doctrina constitucional, la jurisprudencia del Tribunal Supremo, que viene exigiendo la necesidad de expresar los criterios jurídicos esenciales de la decisión (sentencias del 26 y 30 junio y 29 septiembre 2003, 14 abril y 3 mayo 2004), y considera motivación suficiente, cualquiera que sea su extensión, la que exterioriza las razones de hecho y de derecho que determinaron la adopción por el juzgador de sus pronunciamientos –resultado o solución del litigio– (sentencias del 11 junio 2003, 17 marzo y 16 abril 2004), añadiendo que no es precisa la cita de preceptos legales (sentencias del 7 julio 2002, 30 junio 2003 y 3 octubre 2004) como tampoco es necesario plasmar el desarrollo de la tarea intelectual deductiva. Son reveladoras a este respecto las explicaciones contenidas en las sentencias de la Sala 1.ª del Tribunal Supremo de 20 de abril de 2011 («La motivación de las sentencias no impone rebatir individualizadamente y argumento por argumento las alegaciones de las partes, singularmente cuando resultan incompatibles con los fundamentos exteriorizados del fallo»), de 20 de diciembre de 2012 («... la exigencia constitucional de motivación no impone una respuesta pormenorizada, punto por punto, a cada una de las alegaciones de las partes, sino, como se ha dicho, que la decisión judicial esté fundada en Derecho y se anude a los extremos sometidos por las partes a debate») y de 9 de marzo de 2016 («la exigencia de la motivación de las sentencias tiene por finalidad la de permitir el eventual control jurisdiccional mediante el efectivo ejercicio de los recursos, la de exteriorizar el fundamento de la decisión adoptada, favoreciendo la comprensión sobre la justicia y corrección de la decisión judicial adoptada, y la de operar, en último término, como garantía o elemento preventivo frente a la arbitrariedad. Esta exigencia de motivación no autoriza a exigir un razonamiento judicial exhaustivo y pormenorizado de todos los aspectos y perspectivas que las partes pudieran tener de la cuestión que se decide, sino que deben considerarse suficientemente motivadas aquellas resoluciones que vengan apoyadas en razones que permitan invocar cuáles han sido los criterios jurídicos esenciales fundamentadores de la decisión, es decir, la* ratio decidendi *[razón de la decisión] que ha determinado aquella»).*

No es preciso, por lo tanto, que el juez, para cumplir con el requisito de motivación (exigido, en efecto, por el artículo 218.2 de la LEC) se hubiera tenido que referir en la sentencia a todas las posibles perspectivas que podía suscitar el debate sostenido por las partes. Bastaba con que se centrase en lo que, según su criterio, era lo relevante para poder adoptar su decisión sobre el debate que se estaba sometiendo a su conocimiento".

NOVENO: Necesidad de ordenar por fechas los créditos sin privilegio especial que consten en escritura pública o sean intervenidos por agente o corredor.

La cuestión que se plantea en este punto ya ha sido resuelta con motivo del recurso formulado por Valdecebra. Tal y como hemos indicado, procede la estimación del motivo, en virtud de los argumentos ya expuestos, a los que nos remitimos.

Los apelados aluden a una falta de legitimación del recurrente para plantear este motivo, pero la misma se sustenta en la consideración del recurrente como acreedor común de derecho común, lo cual ya ha sido rechazado. En consecuencia, también se rechaza este alegato de falta de legitimación.

En ningún momento la Administración Concursal se ha allanado a pagar el crédito contra la masa reclamado, porque exigió que se justificase debidamente los honorarios, así como los procedimientos y la intervención del letrado en los mismos, cosa que no ha hecho

AP Madrid, Sec. 28.ª, 480/2017, de 3 de noviembre

SP/SENT/933937

En este caso no nos encontramos ante costas o gastos del procedimiento concursal, sino ante gastos judiciales extraconcursales, pero la doctrina indicada resulta aplicable, *mutatis mutandis*, en la medida en que el pacto de honorarios es anterior a la declaración del concurso; que pretende reclamarse su importe como crédito contra la masa; y que el argumento que baraja la citada jurisprudencia, referente a la protección de acreedores, concurre igualmente en este caso.

No en vano, la consideración de crédito contra la masa con origen en el citado pacto preconcursal perjudicaría al resto de acreedores concursales, dado su carácter prededucible; y también perjudicaría a los acreedores contra la masa, en la medida en que el citado pacto, como hemos visto, altera la regla general de prelación de pago relativa al vencimiento (artículo 84.3 LC).

Por lo indicado, no puede prosperar la pretensión contenida en el suplico de la demanda relativa a que se reconozca un crédito contra la masa por importe de 112.000 euros y que se proceda a su pago atendiendo a los vencimientos pactados en el contrato, ya que el pacto de honorarios no resulta vinculante ni en cuanto a las cuantías fijadas convencionalmente ni en cuanto a los vencimientos pactados.

Como hemos indicado, la cuantía que procede reconocer al abogado por su actuación profesional como crédito contra la masa exige la finalización la actuación profesional del abogado. En primer lugar, porque el vencimiento del crédito no puede entenderse producido hasta ese momento, según criterio jurisprudencial consolidado; en segundo lugar, porque hasta ese momento, la AC no puede evaluar si la actuación llevada a cabo se ha realizado en interés del concurso; y en tercer lugar, porque hasta ese momento la AC no puede sopesar en su justa medida la actuación realizada al objeto de retribuirla de forma conveniente a los intereses del concurso, con independencia del pacto de honorarios preconcursal.

En el caso de autos, ninguno de los procedimientos a que la demanda se refiere, que estuvieran pendientes a la fecha de declaración del concurso, habían concluido a la fecha de la presentación de la demanda incidental. Así se relata expresamente en dicho escrito rector del procedimiento.

El recurrente adjunta como documento núm. 1 junto a su escrito de apelación un decreto de suspensión por sesenta días del procedimiento 107/2013, seguido en el Juzgado de Primera Instancia núm. 2 de Guadalajara, que evidentemente no es un auto de finalización de procedimiento.

Se cita también en el recurso la sentencia dictada en fecha 8 de abril de 2015 en el seno de los procedimientos acumulados números 1558/09 y 2657/2010, dictada por el Juzgado de Primera Instancia núm. 1 de Madrid, así como la sentencia dictada el 3 de junio de 2015 por el Juzgado de Primera Instancia núm. 4 de Madrid en el seno del procedimiento 1393/2012, pero no se indica si las citadas sentencias son o no firmes o si el letrado ha finalizado su actuación a partir de la mismas.

El recurrente señala que la AC se allanó parcialmente a la demanda en su escrito de contestación, cuando afirmó que no ponía en duda que los honorarios del letrado podían generar un crédito contra la masa, siempre y cuando se cuantifiquen y justifiquen ante la AC.

Con ese objeto, la AC reclamaba la documentación correspondiente sobre el estado de los procedimientos, así como de la intervención del letrado en los procesos a partir de la declaración del concurso.

El argumento empleado carece de consistencia, pues en modo alguno puede afirmarse que la AC se haya allanado parcialmente a pagar el crédito contra la masa reclamado. Basta con leer el suplico de la contestación a la demanda para alcanzar esta conclusión.

El párrafo extraído por el apelante de la contestación a la demanda, en modo alguno implica allanamiento, ni total ni parcial, pues el AC considera que debe cumplirse una condición que en este caso no se ha cumplido, a saber, que el actor cuantifique y justifique debidamente los honorarios, así como el estado de los procedimientos y la intervención del letrado en los procesos a partir de la declaración del concurso.

Se indica por el apelante que la AC siempre dio el visto bueno a su actuación. Sin embargo, una cosa es la autorización que, en su caso, la AC debe conceder en los supuestos previstos en el artículo 54 LC y otra diferente es que los gastos judiciales ocasionados por la asistencia del deudor sean considerados contra la masa, para lo cual es preciso, como hemos explicado, cumplir con los requisitos contemplados en el artículo 84.2.3.º LC.

Los créditos devengados durante la sustanciación del convenio no nacen en un ámbito puramente concursal, sino negocial, y, por lo tanto, no son créditos contra la masa

AP A Coruña, Sec. 4.ª, 337/2017, de 16 de octubre

SP/SENT/929733

Sobre la naturaleza de los créditos devengados durante la sustanciación del convenio.

En efecto, sobre la naturaleza jurídica de tal clase de créditos ya hemos tenido ocasión de pronunciarnos, tratándose además del mismo concurso, si bien en un supuesto de reclamación de honorarios de abogados, entre otras en nuestra sentencia 142/2016, de 20 de abril, en los términos siguientes:

"La reclamación se fundamenta en la calificación jurídica de créditos contra la masa de las facturas devengadas durante el procedimiento concursal, en la fase de cumplimiento del convenio, por importe de 354.263,52 euros, fundando la impugnación formulada con base en el art. 82.2.2.º de la LC".

En el suplico de la demanda se postula el dictado de un pronunciamiento judicial que modifique la mentada lista de acreedores, excluyendo los créditos de la actora objeto de esta reclamación como ordinarios, proclamando su consideración jurídica como créditos contra la masa.

Seguido el presente incidente concursal en todas sus fases, con oposición de la administración concursal, se dictó sentencia por parte del Juzgado de lo Mercantil n.º 1 de A Coruña, en la que desestimó la demanda; pronunciamiento judicial contra el que se formula el presente recurso de apelación cuya decisión nos corresponde.

SEGUNDO: A los efectos decisorios del presente debate judicializado hemos de partir de las siguientes consideraciones previas, que actuarán como premisas condicionantes del fallo.

En primer lugar, que no se discute la cuantía del crédito, cuyo reconocimiento se pretende con la demanda de 354.263,52 euros, sino su calificación como crédito contra la masa susceptible de incardinación jurídica en el art. 84.2.2.º LC.

En segundo lugar, lo que tampoco es cuestión debatida por las partes litigantes, que para ello es preciso tener en cuenta la redacción de tal precepto, anterior a su reforma por Ley 38/2011, de 10 de octubre, que modifica la Ley 22/2003, de 9 de julio en aplicación de la Disposición Transitoria Cuarta de aquella ley Concursal.

En consecuencia con lo expuesto, la proposición normativa del precitado art. 84.2.2.º de la LC a contemplar para la decisión del presente debate judicializado, es la que otorga consideración de créditos contra la masa, a satisfacer conforme a lo dispuesto en el artículo 154, a: *"Los de costas y gastos judiciales ocasionados por la solicitud y la declaración de concurso, la adopción de medidas cautelares, la publicación de las resoluciones judiciales previstas en esta Ley, y la asistencia y representación del concursado y de la administración concursal durante toda la tramitación del procedimiento y sus incidentes, hasta la eficacia del convenio o, en otro caso, hasta la conclusión del concurso, con excepción de los ocasionados por los recursos que interpongan contra resoluciones del juez cuando fueren total o parcialmente desestimados con expresa condena en costas".*

Es también hecho, sobre el que existe plena conformidad entre las partes y como tal no discutido, que los honorarios reclamados en las facturas giradas se han devengado durante la fase de cumplimiento del Convenio, con antelación por lo tanto a la apertura de la fase de liquidación.

Por último, con la finalidad de fijar los criterios sobre los que hemos de asentar la formación de nuestra decisión jurisdiccional, hemos de partir igualmente de la naturaleza y trato diferenciado que la ley concede a los créditos contra la masa, de manera tal que no cabe hacer una interpretación extensiva de los supuestos de hecho en los que se funda su calificación jurídica, máxime cuando las preferencias y privilegios que otorgan han de ser objeto de hermenéutica restrictiva, en congruencia con el principio de igualdad de trato de los acreedores.

Lo afirmado encuentra su apoyo en la jurisprudencia del nuestro más Alto Tribunal, de la que es reciente expresión la STS 393/2014, de 18 de julio, cuando proclama que: "*Esta categoría de créditos, que no se ven afectados por las soluciones concursales, tienen en la práctica una preferencia de cobro respecto del resto de los créditos concursales, pues deben satisfacerse a sus respectivos vencimientos (art. 154 LC). Desde esta perspectiva es lógico que la enumeración de créditos contra la masa se interprete de forma restrictiva, porque, en cuanto gozan de la reseñada «preferencia de cobro», merman en la práctica las posibilidades de cobro de los créditos concursales, en función de los cuales y para cuya satisfacción se abrió el concurso. De este modo, resulta de aplicación la mención que la exposición de motivos de la Ley Concursal hacía al carácter restrictivo de los privilegios y preferencias de cobro: «(s)e considera que el principio de igualdad de tratamiento de los acreedores ha de constituir la regla general del concurso, y que sus excepciones han de ser muy contadas y siempre justificadas» (Sentencia 33/2013, de 11 de febrero, con cita de la anterior Sentencia 720/2012, de 4 de diciembre)*".

No procede el crédito contra la masa reclamado por rentas de alquiler impagadas, cuando se prueba la resolución del contrato anteriormente y no prueba que se mantuvo posteriormente la relación arrendaticia

AP León, Sec. 1.ª, 210/2017, de 2 de junio

SP/SENT/909972

En definitiva, el acuerdo de resolución del contrato ha sido reconocido por la apelante, hasta el punto de que ella misma aportó lo que considera como "*los dos originales del acuerdo*". Sin embargo, parece cuestionar la veracidad de lo que ella misma suscribió al poner entre comillas la palabra acuerdo. El mero hecho de que ponga en cuestión los documentos que suscribe dice muy poco a favor de su propuesta de valoración probatoria: si el acuerdo resolutorio no fue tal y se dejó sin efecto el mismo día en el que se suscribió ¿con qué finalidad se adoptó? Es insólito que en el mismo día se firme un acuerdo de resolución y otro en el que se deja sin efecto la resolución, sin solución de continuidad.

Es más, este último documento citado aparece justo cuando la demandada aporta el pacto de extinción del contrato, cuando, conforme dispone el artículo 1.227 del Código Civil la fecha de un documento privado no se contará respecto de terceros sino desde el día en que hubiese sido incorporado o inscrito en un registro público, desde la muerte de cualquier de los que lo firmaron, o desde el día en que se entregase a un funcionario público por razón de su oficio. Por lo tanto, la fecha del acuerdo de resolución se ha de tener por auténtica, al no haber sido cuestionada o impugnada por la demandante, pero no así la del documento en el que se pactó dejar sin efecto dicho acuerdo, en tanto en cuanto la masa activa, representada por la administración concursal, tiene la condición de tercero ajeno a la relación contractual entre la concursada y la demandante.

"*...En la sentencia se considera acreditada la resolución del contrato de arrendamiento con el documento aportado por la administración concursal pues fue obtenido del archivo de la concursada en el que únicamente se almacenaban originales, y facilitados a la administración concursal*". Pero también por la prueba testifical que lo corroboró, y a la que se alude en la sentencia recurrida, por lo que "*el acuerdo de resolución del contrato responde a la realidad, que tiene su contexto precisamente en el momento previo a la solicitud de concurso, y que de ningún modo fue dejado sin efecto por las partes intervinientes*".

Reiteramos, por último, que el pacto de resolución del contrato ha sido admitido por la demandante que, sin embargo, no explica por qué se suscribió y el mismo día se dejó sin efecto. Como tampoco explica por qué no se destruyeron unos documentos que podían inducir a error (el pacto resolutorio y el que lo deja sin efecto), o por qué se confecciona un documento que deja sin efecto otro de la misma fecha cuando es mucho más fácil su destrucción, a la que ningún reproche cabría hacer si realmente no llegó a tener eficacia. En definitiva, es la demandante la que puede —y debe— explicar esa duplicidad documental contradictoria entre sí, y de incomprensible justificación.

Por último, se reitera que la sentencia recurrida no funda la resolución del contrato de arrendamiento tan solo en la documental, sino también en la prueba testifical practicada: "*... además, la única prueba testifical practicada en la vista, a instancia de la administración concursal, en la persona de Remigio, quien intervino de manera directa en la relación contractual litigiosa y cuya objetividad no ha sido cuestionada de contrario, desacredita de todo punto tal afirmación, pues el testigo afirmaba de un lado que el documento en el que se contiene el acuerdo de resolución contractual acompañados a la contestación es original, pues fue obtenido del archivo de la concursada en el que únicamente se almacenaban originales, y facilitados a la administración concursal*".

La Administración Concursal ha manifestado su postura respecto de la calificación del crédito que se pretende, existe controversia y debe resolverse el fondo del asunto, se devuelve, por ello, a primera instancia

AP Ourense, Sec. 1.ª, 190/2017, de 25 de mayo

SP/SENT/910246

De lo anteriormente expuesto, se deduce que el trámite elegido por la parte demandante es el correcto, conforme al artículo 84.4 de la LC, y así inicialmente lo estimó la juzgadora de instancia admitiéndolo a trámite y confiriendo traslado a la administración concursal y a la concursada, por lo que la excepción de inadecuación de procedimiento no podía ser acogida. Pero es que tampoco se produce la ausencia de un requisito de procedibilidad como es la falta de comunicación o reclamación a la administración concursal, pues no es un requisito legalmente exigible, y aunque normalmente la presentación del incidente se produce después de la negativa de administración concursal al reconocimiento, en este caso, al haberse admitido el incidente a trámite, la administración concursal ha manifestado ya su postura en relación al crédito cuyo reconocimiento se pretende, por lo que la negativa que daría lugar al planteamiento del litigio ha resultado ya evidente. Las posiciones de las dos partes se han fijado ya al admitirse el incidente; la controversia existe y, por un principio de economía procesal, la procedente sería entrar a resolver el fondo del asunto.

Por ello y para evitar la privación a la actora del principio de doble instancia que organiza, normalmente, en nuestro ordenamiento el ejercicio de la acción procede anular la sentencia dictada en la instancia y devolver las actuaciones al juzgado de primera instancia a fin de que se dicte otra entrando en el examen del fondo del asunto.

Los créditos por costas y gastos judiciales no deben ser incluidos como créditos contra la masa activa porque, pese a que nacieran con posterioridad al concurso, el litigio no fue favorable a la masa

AP Pontevedra, Sec. 1.ª, 256/2017, de 25 de mayo

SP/SENT/911150

Consideramos que, como sucede en general con todos los créditos contra la masa, el precepto obliga a operar con técnicas restrictivas de interpretación, de manera que el apartado 3.º del art. 84.2 no actúa como cláusula de cierre del art. 51.2, en el sentido de que todos los créditos derivados de costas y gastos judiciales a que fuere condenado el deudor, –diferentes de los derivados del desistimiento y del allanamiento–, deban ser créditos contra la masa.

31. A diferencia de lo que argumenta la AP de Barcelona, consideramos que el hecho de que se obligue a garantizar al deudor que pretende litigar con su propia defensa en el art. 51.2, pfo. 2.º, (en nombre propio, al margen del AC que actúa en defensa de la masa), que la masa activa no soportará las costas y gastos, no significa que estos deban ser soportados con cargo a la masa como créditos extraconcursales (en la forma prevista en los apartados 3 y 4 del art. 82), sino que si hay condena en costas deberá garantizarse que hay un patrimonio, diferente a la masa pasiva, que soportará el gasto de manera que aquella salga indemne.

32. Solo se generará el crédito contra la masa del art. 84.4. 3.º cuando el litigio haya resultado favorable para el deudor, en cuyo caso, los gastos derivados de su defensa y representación serán extraconcursales, lo que tiene sentido porque la masa activa se habrá beneficiado de su resultado. Por tanto, es una calificación *secundum eventum* litis: si el deudor, –actuando en su propio nombre en caso de intervención, como aquí acontece–, el AC en caso de suspensión, o el acreedor eventualmente legitimado, ganan el pleito y obtienen un beneficio (total o parcial) para la masa, sus gastos serán a cargo de esta. Pero no a la inversa: si el deudor (AC o acreedor legitimado) pierden el pleito y son condenados en costas, la norma no establece que la condena en costas sea de cargo de la masa. Y no es necesario que lo diga expresamente, porque en tal caso se habrá demostrado que el litigio no lo era en interés de la masa, sino al contrario. El precepto no alude al crédito de la parte vencedora en costas, sino a la forma en que se sufragan los gastos y costas derivados del pleito seguido en beneficio de la masa, (cuando no haya habido condena en costas a la parte contraria). Por ello no compartimos el criterio seguido por la AP Barcelona en las dos resoluciones mencionadas.

33. Esta interpretación no supone la concesión de un "*cheque en blanco*" para la concursada, a modo de incentivo para emprender acciones procesales arriesgadas con la seguridad de que no será condenada en costas. No es así, porque tanto si el régimen adoptado es de suspensión como de intervención, la AC habrá de valorar si conviene desistir o allanarse, con la expresa previsión legal de que las costas derivadas de tales actuaciones serán crédito concursal. Por tanto, si la acción emprendida es temeraria, incumbirá a la AC evitar el

efecto que apunta la parte recurrida, y si el régimen es de suspensión, como era el caso, para proseguir con la acción, el deudor deberá garantizar al juez que la masa no soportará la futura deuda de costas.

34. Por tanto, los créditos de Unilever y de Lowe & Partners por las costas derivadas de la apelación del litigio sostenido contra la concursada son créditos concursales, porque el litigio no fue favorable a la masa, sino perjudicial, al resultar desestimado íntegramente el recurso de Pescanova, con costas. Ello así, debe entrarse a resolver la pretensión subsidiaria articulada en la demanda.

35. La cuestión debe resolverse en aplicación del art. 134 LC, según la interpretación jurisprudencial a la que hacen alusión recurrente y recurridos, plasmada en las SSTS 608/16, de 7.10 y 655/16, de 4.11:

"[e]l art. 134.1 LC, al extender a los créditos anteriores al concurso y no reconocidos, el contenido del convenio lo que pretende es impedir que estos créditos no reconocidos en la lista de acreedores puedan llegar a ser, caso de aprobarse y cumplirse un convenio, de mejor condición que los acreedores concursales afectados por el convenio. Está claro que los créditos que no aparezcan reconocidos en la lista de acreedores no pueden ser reclamados durante la fase de cumplimiento del convenio, y solo después de la declaración de cumplimiento del convenio puede dirigirse su reclamación frente al deudor concursado. Y es en este caso cuando la ley aclara que, caso de reconocerse la existencia, vigencia y exigibilidad del crédito, su importe se verá afectado por las quitas convenidas e impuestas a los acreedores concursales ordinarios y subordinados que sí habían sido reconocidos".

36. Es cierto que el crédito nació con posterioridad al concurso. Pero como hemos razonado con anterioridad, su régimen es el de un crédito concursal no concurrente. El crédito en puridad se encontraba en la hipótesis de contingencia del art. 87.3, tanto desde el momento en que Pescanova interpuso la demanda de reclamación de daños y perjuicios, (pues si esta resultaba desestimada íntegramente podría generarse un crédito por costas a favor de las demandadas), como desde el momento de la interposición de la apelación (pues la desestimación del recurso, como sucedió, podría generar una condena en costas en la alzada).

37. Por tanto, el crédito por costas de los demandados, que nació con la resolución que las impuso, no reconocido en la lista de acreedores, queda afectado por el convenio en los términos que resultan de dichas resoluciones: no podrán reclamarse pendiente de cumplimiento el convenio, pero sí se verán afectados por su contenido. Ello supone la estimación del recurso.

38. La estimación del recurso determina la no imposición de costas en la alzada y la revisión del pronunciamiento de primera instancia. Atendiendo a la existencia de dudas de derecho, –con la existencia de pronunciamientos contradictorios de otros órganos provinciales–, optamos por su no imposición.

No es posible calificar los créditos litigiosos como ordinarios pues, mientras sean objeto de controversia en proceso ejecutivo y no se determine mediante sentencia firme el valor de los daños y perjuicios, tendrán carácter contingente ex art. 87 LCon

AP Sevilla, Sec. 5.ª, 183/2017, de 28 de abril

SP/SENT/1048371

Aclarado lo anterior, abordaremos el examen del recurso de apelación.

El recurso no puede prosperar. Como dijimos en el primer fundamento de derecho, el crédito reclamado procede de una condena dictada en la sentencia de 17 de febrero de 2005, en la que se condena a la concursada abonar a CAMPOCIERTO en concepto de daños y perjuicios por el uso de la nave 4.ª, oficinas, explanadas y cobertizos de la finca desde el 25 de septiembre de 1998 y hasta la fecha misma en que cese la ocupación de la referida superficie, un alquiler por su uso y disfrute, debiéndose determinar su importe en ejecución de sentencia. No nos hallamos ante una condena al pago de una cantidad líquida. Sino que es preciso previamente determinar el importe de los daños y perjuicios y establecerlo mediante una resolución judicial firme, que habrá de dictarse en ejecución de sentencia, siguiendo los trámites previstos en los artículos 713 y siguientes de la LEC.

Así lo hizo CAMPOCIERTO, acudiendo a un proceso de ejecución para la liquidación de los daños y perjuicios. Ese proceso, que es el N.º 20/2013 del Juzgado de Primera Instancia 1 de Alcalá de Guadaíra, está suspendido por Decreto de 13 de mayo de 2014 (documental a los folios 241 y 242 de las actuaciones). Por tanto, no ha recaído Resolución firme en dicho proceso que fije definitivamente la cantidad a la que ascienden esos daños y perjuicios, que los determine, y los liquide. Y mientras esa cantidad sea objeto de controversia en el proceso de ejecución, nos encontramos ante un crédito litigioso que ha de ser reconocido en el concurso con la calificación de contingente, de conformidad con lo dispuesto en el artículo 87.3 de la LC.

No queda acreditado que la entidad demandada ejerciera como administrador de hecho del concursado, siendo incorrecta la subordinación de su crédito y, por este motivo, procede clasificarlo como crédito ordinario

AP Málaga, Sec. 6.ª, 198/2017, de 27 de febrero

SP/SENT/925465

Discrepamos de la argumentación de la sentencia apelada para considerar que BARCLAYS BANK, S. A. ejerció como administrador de hecho al menos desde 2007, y que la sentencia apelada justifica en los siguientes términos: "*Procede en consecuencia declarar que la demandada BARCLAYS BANK, S. A. ejerció como administrador de hecho, actuando bajo una situación «de poder» que le permitía imponer su voluntad por encima del que ostentaba el cargo y figuraba como tal ante terceros, limitando y en ocasiones anulando la voluntad del real administrador. Si bien es cierto que no puede afirmarse que sus actuaciones recaigan o incidieran sobre toda la actividad en la sociedad, si bien no se da la existencia de un administrador de la sociedad en su conjunto, no cabe a su vez entender que se trata de actuaciones puntuales, o aisladas, sino que se ejerció sobre los administradores formales una influencia decisiva, (anulando su capacidad en ocasiones como se ha dicho) se realizó de una actividad positiva, que se tradujo en una participación efectiva en la gestión y administración de la sociedad, implicando, en definitiva, la vulneración del deber del extraño de intervenir en la administración, inmiscuyéndose indebidamente en la gestión de la sociedad, en la dirección y desarrollo de la actividad empresarial que constituye el objeto de la sociedad. A la vez que esa injerencia ha resultado de enorme importancia para la sociedad —perjuicio— sin que quepa afirmar que la misma se limitó a una mera función del control, de meras opiniones, recomendaciones, etc. Constatándose que la actividad se ejerció con total independencia o autonomía de decisión, implicando que el demandado que no ostentaba el cargo de administrador de la sociedad, impuso sus propias decisiones en la conducción de los negocios sociales, —parte importante— de forma directa; en consecuencia, se trató de un auténtico poder autónomo de dirección y administración, con total independencia, siguiendo la propia política al margen de la fijada por los administradores de derecho, a los que no se les permite definir otra distinta, de manera soberana. Tal ejercicio se efectuó de manera constante, ya que de tratarse de un acto esporádico de dirección, administración o gestión no permitiría conceptuar a quien lo realizó como administrador de hecho. Se decidió incluso sobre el cumplimiento del contrato, de lo pactado, apartándose de lo inicialmente aceptado por ambas anulando cualquier voluntad de la administración que tuvo que someterse a las decisiones de la demandada.*

El volumen de la mercantil en concurso, hace dificultoso estimar que pudiera producirse lo que podríamos denominar «un administrador general de hecho», esto es que administra la totalidad de las decisiones de la mercantil, más bien es de apreciar que tal administración de hecho se puede producir en parcelas de destacada importancia del negocio mercantil, (en cuotas elevadas de gestión, administración, decisión o en concretos y determinados negocios jurídicos cuales son los ahora tratados) por lo que no admitir producida tal administración «en parte» equivaldría a dejar en manos de cada mercantil acreedora la posibilidad de actuar sin sometimiento a lo pactado, imponiendo sus condiciones, gestionando por encima del administrador partidas de vital importancia para la sociedad, y que por el hecho de no ser administrador «de la totalidad de la gestión» su conducta quedara impune. Debe entenderse que la administración de hecho no puede referirse (en mercantiles de envergadura tal como la concursada) exclusivamente a quien toma todas las decisiones de la empresa en todas las áreas o negocios existentes y anula completamente cualquier decisión de la mercantil, o de su legítimo administrador, debe por el contrario entenderse como administrador de hecho quien reúne los requisitos o efectúa las conductas indicadas en el párrafo anterior, de forma que su conducta o injerencia incide de manera que reviste esencial importancia en la sociedad, a todo aquel quien en la práctica, y en el día a día social, toma decisiones e impone —o está en situación de imponer— su voluntad a quien ostenta el cargo y figura ante terceros".

En el presente caso, en la demanda se alegaban actuaciones presuntamente contrarias a la buena fe, según se afirmaba por la concursada, de la entidad BARCLAYS BANK, S. A. en relación con los contratos de préstamo con garantía hipotecaria que resultaron incumplidos por la concursada y que determinaron la ejecución de las garantías, haciéndose en la demanda afirmaciones relativas a determinadas irregularidades en la adjudicación y en los procedimientos de ejecución hipotecaria, sin que se haya instado la nulidad en el seno de los mismos, constando tan solo que respecto de uno de ellos que la parte actora había interpuesto querella. En modo alguno podemos considerar que por ello haya habido una administración de hecho de la concursada, como de forma errónea se sostiene en la instancia, sin que podamos considerar que BARCLAYS BANK, S. A. actuara en tal concepto ni que pueda considerarse por ello una persona especialmente relacionada con el concursado. Es más, ni siquiera la propia actora lo sugiere en la demanda. Por otra parte, ni siquiera se asemeja a la actuación en este caso de la entidad BARCLAYS BANK, S. A. al supuesto enjuiciado por el Tribunal Supremo en la citada STS de 8 de abril de 2016 a que nos hemos referido, en la que declara que el ejercicio por parte de SEPI de determinadas funciones legales, para el cumplimiento de sus objetivos, no puede suponer la calificación de dicho organismo como administrador de hecho, a efectos de subordinación de sus créditos. Con mayor motivo, en el presente caso, en el que ni siquiera se puede apreciar la asunción de determinadas funciones propias de la gestión o actividad de la concursada por parte de la entidad financiera, respecto de la cual no consta que (i) fijara la política financiera de la concursada, (ii) impartiera instrucciones sobre la contabilidad o sobre la formulación de las cuentas anuales; (iii) interviniera en la selección o gestión de clientes; (iv) interviniera en la negociación de las relaciones laborales, ni que asumiera el papel de empleador. La propia sentencia apelada reconoce que "*cabe entender administrador de hecho a quienes imponen a los órganos sociales (administradores de derecho) actuaciones no deseadas no pactadas o no acordadas por los mismos, eliminando totalmente, de forma reiterada en el tiempo, su capacidad decisoria en relación a importantes, significativas o esenciales y concretas actuaciones en el tráfico mercantil, en beneficio o perjuicio de la sociedad, de terceros o en el propio. La demandada utilizó su situación de poder frente a la concursada, anulando su voluntad, para actuar en la forma que más le convino, sin que la actora tuviera opción alguna frente a tales actuaciones*".

Como en el caso enjuiciado por nuestro Alto Tribunal, la sentencia recurrida confunde la actuación de la entidad financiera y las facultades que pudo ejercer en orden a las garantías concedidas para el cobro de sus créditos, sin que podemos hablar de administración de hecho de dos préstamos. Es más, como señala el mismo Tribunal Supremo en la Sentencia de 8 de abril de 2016, "*(s)i precisamente la tendencia legislativa consiste en no subordinar los créditos de las entidades financieras que contribuyen a la refinanciación de los deudores en riesgo de insolvencia (véanse las reformas del artículo 93.2.2.º de la Ley Concursal llevadas a cabo por las Leyes 14/2013, de 27 de septiembre; 17/2014, de 30 de septiembre; y 9/2015, de 25 de mayo), no parece adecuado aplicar la subordinación a entidades o sociedades públicas que cumplen la misma función. Aunque sea posterior a los hechos enjuiciados, resulta interesante, a estos efectos, la Recomendación de la Comisión Europea de 12 de marzo de 2014 (DOUE L 74/65, de 14.3.2014), que ofrece un nuevo enfoque frente a la insolvencia y el fracaso empresarial, al postular que el Reglamento (CE) n.º 1346/2000 del Consejo, de 29 de mayo de 2000, sobre procedimientos de insolvencia, debería extender su ámbito de aplicación a procedimientos preventivos que promuevan el rescate de un deudor económicamente viable y ofrezcan una segunda oportunidad a los empresarios*". Por tanto, acogemos igualmente el motivo de recurso que invoca la indebida aplicación al caso del art. 92.5.º LC.

Procede estimar la demanda presentada por la Tesorería General de la Seguridad Social y reconocerle e incluir en el informe provisional el crédito certificado, dividiéndose en crédito con privilegio general, crédito ordinario y crédito subordinado

AP Baleares, Sec. 5.ª, 5/2017, de 13 de enero

SP/SENT/888678

Centrados los términos del debate, la demanda inadmitida/desestimada es la de impugnación de la lista de acreedores porque debió haberse presentado en el plazo que corresponde a un concurso abreviado tras la publicación de los textos provisionales (según la legislación vigente en el año 2010). No consta en estos autos cuando se publicaron los textos provisionales. Si obra en el rollo el auto declarando la nulidad de actuaciones dictado el 3 de septiembre de 2015 resolviendo una petición de nulidad instada el 4 de diciembre de 2014.

El traslado del informe provisional a este acreedor fue el 10 de septiembre de 2015.

El plazo que concedía el auto declarando la nulidad por falta de notificación a la TGSS del informe provisional fue de 10 días. Declarada la nulidad de actuaciones por falta de notificación a la TGSS en el año 2015 damos por probado que se omitió este trámite respecto a la TGSS personada en fecha 11 de enero de 2011 en el concurso voluntario abreviado declarado el 27 de octubre de 2010.

Es cierto que según consta en registro público el 30 de noviembre de 2011 se aceptó propuesta anticipada de convenio que aprobaba una quita superior al tercio del importe de los créditos y una espera superior a tres años, en concreto la quita es del 70 % y la espera de 7 años. La propia recurrente informa de que se han recibido pagos de pequeñas cuantías en 2012 y 2015.

También lo es que la nulidad de actuaciones instada en 2014 fue declarada en 2015 y a partir del auto de septiembre comienza el cómputo para la presentación de la impugnación del informe provisional.

Si la TGSS hubiera recibido los textos definitivos podríamos considerar que se produciría un supuesto previsto en el artículo 22 LEC pero atendido que tampoco se le notificaron (según alega y no consta probado lo contrario), no estamos ante "*circunstancias sobrevenidas a la demanda*" interpuesta en el año 2015 y por ello subsiste la opción legítima de la recurrente de impugnar los textos que, por la razón que sea, no recogieron los créditos comunicados y certificados por la administración pública.

Las demandadas podrían haber optado por el allanamiento si consideraban que lo que se pedía en una demanda, presentada en estas circunstancias procesales, ya se había cumplido pese a desconocerlo la demandante.

Una de las consecuencias del allanamiento es evitar una condena en costas (art. 395.1. LEC) pero aún en esta alzada la concursada (no así la administración concursal) insisten en la expresa imposición de las mismas a la TGSS cuando reclaman la desestimación del recurso. En la instancia las dos demandadas reclamaron condena en su escrito de oposición a la demanda de impugnación de los textos provisionales que efectivamente no reconocían los créditos comunicados.

La única cuestión que se plantea es si procedía la estimación de la demanda que, atendidos los hechos expuestos, era la única forma de obtener el reconocimiento del crédito comunicado, téngase en cuenta que, como ya se ha dicho, la TGSS tampoco recibió los textos definitivos por lo que, declarada la nulidad y concediendo el plazo de 10 días en este concurso voluntario abreviado, procedía la interposición de la demanda.

Atendido que la modificación pretendida se produjo incluso antes de que la reclamante lo conociera procede estimar la demanda sin perjuicio de que, si coincide lo pedido con lo incluido en los textos definitivos, no requeriría especial ejecución.

Procede reconocer a la Agencia Estatal de Administración Tributaria un crédito contra la masa correspondiente al trimestre de IVA devengado después de la declaración del concurso más intereses y recargos

AP Baleares, Sec. 5.ª, 386/2016, de 22 de diciembre

SP/SENT/886295

El reconocimiento forzoso del crédito reconocido por certificación administrativa, viene siendo reconocido por la doctrina jurisprudencial y así, la SAP de Jaén de 3 de marzo de 2015, con cita a la STS de 29 de septiembre de 2010, que argumentaba, con referencia al contenido del artículo 86 LC, que la certificación administrativa es título suficiente, sin que quepa rechazar dicha certificación o posponer su admisión hasta que se presente prueba que avale las diferentes partidas, señala "*el artículo 86. 2 de la Ley Concursal regula el apartado relativo al reconocimiento de créditos y señala: «se incluirán necesariamente en la lista de acreedores aquellos créditos que hayan sido reconocidos por certificación administrativa», siendo así que dicho precepto recoge lo que suelen denominarse supuestos de «reconocimiento forzoso» de crédito, pues literalmente dispone que «se incluirán necesariamente en la lista de acreedores aquellos créditos que hayan sido reconocidos... por certificación administrativa», de modo que a diferencia de lo que ocurre en los demás supuestos en los que la Administración concursal deberá verificar la legitimidad de cada créditos, los créditos deben ser obligatoriamente incluidos en el pasivo del deudor sin necesidad de ninguna comprobación adicional sobre su existencia. Se trata de situaciones en las que no corresponde a la Administración enjuiciar la realidad del crédito, aunque sí su calificación (que en el caso no se discute) que no se puede sustraer de la competencia del juez del concurso como se razona en la instancia, pues el tratamiento concursal de los derechos crediticios reconocidos en las mismas es competencia exclusiva y excluyente del mismo, sin estar vinculado por las calificaciones, clasificaciones y solicitudes de pagos incluidos en aquella certificación*". Y concluye, que "*se presenta necesaria la inclusión del crédito... sin perjuicio, conforme a dicho mismo precepto, que la administración concursal pueda impugnar a través de los cauces admitidos al efecto por su legislación específica, los actos administrativos*".

"*En conclusión, consideramos que la interpretación literal del artículo 86.2 de la Ley Concursal, no ofrece duda sobre el reconocimiento forzoso de los créditos que consten en certificación administrativa, como es el caso, y que la simple disconformidad en lo que se refiere a validez o existencia ha de efectuarse por los cauces admitidos por la legislación específica administrativa".*

Por lo que, estamos de acuerdo como no podía ser de otra forma, con que la cuantificación del crédito público se corresponde con lo certificado por los organismos competentes siendo potestad del juez del concurso la clasificación del crédito.

En este caso se trata del reconocimiento (o no) de un crédito masa cuyo origen es un error del contribuyente que aflora en el primer informe trimestral y subsiste por importe de 209 euros.

Sin perjuicio de que la calificación es potestad del Juez del concurso las cantidades deben ser certificadas por la administración tributaria que recibió los datos equivocados como consecuencia de un error del contribuyente.

Dicho lo cual, en este caso en concreto, los hechos acreditados en el concurso conducen a revocar la sentencia a los solos efectos de que la administración concursal incluya el crédito comunicado en tanto no esté certificado que parte del crédito tributario derivado del impuesto de valor añadido correspondientes al primer trimestre 2015 es concursal y cual es contra la masa.

De las fundadas alegaciones de la administración concursal bien puede deducirse que ha habido una duplicidad lo cierto es que la competencia para la cuantificación reside en el organismo recurrente.

A las alegaciones de la aquí apelada esta acompaña la documentación que acredita que la propia Administración recurrente tiene la información que se alega en este proceso (cfr. documento 1 de la contestación a la demanda), y su oposición no pretende la declaración de nulidad del acto administrativo toda vez que el juez del concurso tiene competencia para reconocer los créditos contra la masa y en este caso pretende que tal crédito no existe y si uno concursal.

Lo cierto es que pese a que la concursada (la administración concursal en sustitución) cumplió con el requerimiento de información en junio de 2016 no consta a esta Sala la certificación corrigiendo tal pretendida duplicidad. El recurrente no reconoce ningún error si no que se refiere al incidente como "supuesto error".

No procede estimar un incidente concursal de reconocimiento de un crédito contra la masa, que goza de reconocimiento automático por ser un crédito público, cuando no se ha acreditado ni falta de pago a su vencimiento ni alteración del orden de pago

AP Baleares, Sec. 5.ª, 380/2016, de 20 de diciembre

SP/SENT/887657

Como hemos anticipado, la controversia planteada en este incidente es diferente. En un concurso declarado en el año 2012 la presente demanda reclama que se declare que un crédito certificado 2 años después del auto de declaración y con devengo en el cuarto trimestre del año 2014 es contra la masa. Reclama también en el suplico que se haga constar el vencimiento y se condene a abonar los créditos conforme a dicho criterio.

A estas fechas ya sabemos que dicho crédito fue anulado por la propia administración tributaria. En cualquier caso, de lo expuesto hasta ahora esta Sala no aprecia que la demanda pretenda la función del incidente previsto en el art. 84.3 LC.

"3. Los créditos del número 1.º del apartado anterior se pagarán de forma inmediata. Los restantes créditos contra la masa, cualquiera que sea su naturaleza y el estado del concurso, se pagarán a sus respectivos vencimientos. La administración concursal podrá alterar esta regla cuando lo considere conveniente para el interés del concurso y siempre que presuma que la masa activa resulta suficiente para la satisfacción de todos los créditos contra la masa. Esta postergación no podrá afectar a los créditos de los trabajadores, a los créditos alimenticios, ni a los créditos tributarios y de la Seguridad Social.

4. Las acciones relativas a la calificación o al pago de los créditos contra la masa se ejercitarán ante el juez del concurso por los trámites del incidente concursal, pero no podrán iniciarse ejecuciones judiciales o administrativas para hacerlos efectivos hasta que se apruebe el convenio, se abra la liquidación o transcurra un año desde la declaración de concurso sin que se hubiere producido ninguno de estos actos. Esta paralización no impedirá el devengo de los intereses, recargos y demás obligaciones vinculadas a la falta de pago del crédito a su vencimiento".

La petición reclama la declaración de un crédito contra la masa y no es necesario un incidente para reconocer un crédito certificado por la administración. En puridad los créditos contra la masa no se "comunican" en el sentido previsto en el art. 85.3 en relación con el art. 89 LC.

Más allá de su constancia en el informe definitivo o en los informes trimestrales (cuya omisión no se menciona) no sabemos si resultó excluido.

No consta tampoco que se haya postergado ilegítimamente su pago por lo que la finalidad de "ejecución" no ha sido el objeto de esta demanda.

La reciente jurisprudencia del Tribunal Supremo ofrece numerosos ejemplos de incidentes concursales respecto al pago de los créditos contra la masa que afectan al crédito público, entre ellos podemos mencionar la sentencia de 11 de marzo de 2016 (Roj 984/2016) que en su Fundamento jurídico primero... relata "2. *El 1 de octubre de 2012, la TGSS interpuso el presente incidente concursal para oponerse a la propuesta de pago formulada por la administración concursal, y pedir que las deudas contra la masa generadas desde el auto de concurso hasta abril de 2006, afectadas por la sentencia firme de 7 de febrero de 2006, fueran pagadas respetando el orden de vencimiento, y de existir sobrante, que se suspendiera el pago hasta que se resolviera de forma definitiva el incidente 72/2009, respecto de la declaración de créditos contra la masa de los generados durante la vigencia del convenio.*

Además, argumentó que para los créditos vencidos con anterioridad a la entrada en vigor de la Ley 38/2011, de 10 de octubre, no podía operar el efecto pretendido de la declaración de insuficiencia de activo, previsto en el art. 176 bis.2 LC".

En la sentencia de 8 de junio de 2016 (ROJ 2628) fundamento de derecho primero resume los antecedentes:

"1.- En el concurso de la sociedad Sucesores de Rafael López Orenes, S. L., la Agencia Estatal de la Administración Tributaria (en lo sucesivo, AEAT) formuló demanda incidental contra la concursada y la administración concursal, en la que impugnaba la relación de créditos contra la masa incluida en la lista de acreedores y solicitaba que se ordenara el reintegro a la masa activa de los honorarios percibidos por dicha administración concursal, al haberse antepuesto indebidamente su pago al resto de créditos contra la masa".

En lo que resulta aplicable a nuestro caso, no procede estimar un incidente concursal de reconocimiento de un crédito masa que goza de reconocimiento automático si no es en relación con su falta de pago al vencimiento o la injustificada alteración del orden de prelación.

La solicitud de reconocimiento y clasificación de créditos contra la masa es una extemporánea impugnación de la realización de activos, pudiendo haberse opuesto en su momento procesal y, por ello, no se concede

Juzgado de lo Mercantil Badajoz, n.º 1, 31/2020, de 5 de marzo

SP/SENT/1048149

En definitiva, como resalta la SAP de Murcia sec. 4.ª 745/2015, de 17 de diciembre, *"las posibilidades de control de la labor de la AC a través del cauce de la oposición a la rendición de cuentas también comprenden el respeto a las normas de ordenación de pagos, si bien esenciales razones de seguridad jurídica impiden que se pueda reiterar en este cauce de oposición aspectos que ya quedaron zanjados en el concurso, o que pudieron ser debidamente cuestionados, de manera que si no se impugnaron no cabe su revisión si han sido consentidos".*

Esta afirmación conecta así con la consideración realizada al inicio sobre la extemporaneidad de la concreta pretensión que se vehiculiza a través de la oposición a la rendición de cuentas. Aunque desde el punto de vista activo puede instarse la modificación del inventario para integrar nuevos bienes o derechos no recogidos, o el ejercicio de acciones en reclamación de tales bienes o créditos, y desde la perspectiva de la masa pasiva, pueda pedirse el reconocimiento de créditos —o impugnarse su reconocimiento o calificación— por el cauce del incidente concursal sin sujeción a un plazo determinado (artículo 84.4, 192 y 152 LC), forzoso es reconocer que esa ausencia de plazo concreto ha de integrarse para garantizar la seguridad jurídica en el desarrollo del proceso concursal (cfr. SAP Barcelona sec. 15.ª, de 8 de julio de 2009), lo que exige que la demanda incidental se interponga *"sin dilación alguna"* (cfr. SSAP Murcia sec. 4.ª. De 20 de noviembre y 4 de diciembre de 2014), de tal suerte que, cuando el demandante, consciente de la ausencia del crédito contra un tercero en el inventario, deja transcurrir los plazos sin formular protesta alguna, o aún más, cuando después de haber pedido sin éxito su inclusión en el inventario de la masa activa o el ejercicio de acciones tendentes a su recuperación, se aquieta a la negativa expresa o tácita de la Administración concursal, consintiendo el rechazo en lugar de reaccionar mediante la correspondiente demanda, no cabe admitir que recurra al trámite de la oposición a la rendición de cuentas para tratar de obtener el reconocimiento y pago de un crédito cuya inclusión venía obligado a instar tan pronto como conoció la omisión o su inadmisión.

Finalmente, en la Sentencia de la Sección 15 de la Audiencia Provincial de Barcelona de 19 de mayo de 2011 (Roj: SAP B 5861/2011; Pte. Sr. Garnica Martín) se dice en referencia al artículo 181 de la Ley Concursal que:

"El art. 181.1 LC ofrece una idea sobre lo que puede entenderse como contenido de la rendición de cuentas, único objeto posible de este incidente, cuando afirma que justificará cumplidamente la utilización que se haya hecho de las facultades de administración conferidas (...) igualmente se informará en ellos del resultado y saldo final de las operaciones realizadas, solicitando la aprobación de las mismas.

Por consiguiente, parece evidente que el procedimiento de rendición de cuentas no tiene como objeto ajustar las cuentas a la administración concursal, esto es, exigirle explicaciones o responsabilidades por sus actos sino algo mucho más limitado y prosaico: la rendición de cuentas es un simple procedimiento dirigido a esclarecer el destino de los fondos ajenos que la administración concursal haya gestionado durante el concurso".

En el caso que nos ocupa no se puede estimar la demanda puesto que encubre una extemporánea impugnación de la realización de activos, pudiendo haberse opuesto en su momento procesal. Así, consta que se le comunican al AC los créditos en agosto de 2017, pero ante la negativa o la omisión de pronunciamiento por el AC, la actitud del FOGASA es totalmente pasiva, puesto que podía haber solicitado a través del Juzgado el reconocimiento del crédito o haber interpuesto demanda incidental, pero espera más de dos años, hasta la rendición de cuentas y cuando ya se han efectuado todas las operaciones liquidatorias y de pago para reclamar su derecho, lo cual no es posible.

A ello se añade, que el AC ha realizado cumplida respuesta de todas y cada una de las cuestiones planteadas, presentando documentación justificativa de todos los abonos, y el extracto de la cuenta de la concursada que acredita la labor realizada, sin que quepa realizarle ninguna objeción.

Por otra parte, no ha resultado acreditado que los pagos efectuados hayan incumplido el orden legal por lo que tampoco puede estimarse la pretensión de reordenación de pagos, en el abono de créditos.

Si procede la reclasificación del crédito porque no es contingente, si la póliza de crédito ya estaba vencida, la deuda que se detalla en la certificación de CaixaBank ya era líquida y resultaba exigible

Juzgado de lo Mercantil Pontevedra, n.º 2, 194/2019, de 22 de octubre

SP/SENT/1031079

Se reconoce que el vencimiento de la póliza de crédito se produjo el día 31 de marzo de 2019. No se impugna la certificación de la entidad bancaria, que arroja las cifras indicadas en cuanto al saldo dispuesto y a las liquidaciones de la cuenta e intereses de demora. Por ello, tampoco se discute que el total de pagos a cuenta asciende a cero euros. Es evidente que a la fecha de vencimiento de la póliza de crédito no se habían realizado pagos por el deudor principal. A los efectos del reconocimiento del crédito que ostenta CAIXABANK lo determinante es que la póliza de crédito ya se encontraba vencida a la fecha de la declaración de concurso y, cuando se efectúa la liquidación y se fija el saldo deudor –el día 9 de julio de 2019– lo que se determinan son las cantidades adeudadas por el deudor principal como consecuencia de la formalización de la operación. Por tanto, a día 9 de julio de 2019, si la póliza de crédito ya estaba vencida desde el día 31 de marzo de 2019, la deuda que se detalla en la certificación de CAIXABANK era líquida y resultaba exigible.

Consecuencia de lo anterior es que el crédito no puede ser reconocido como contingente al tenor del art. 87.3 LC. Al respecto, es oportuno reproducir la cláusula tercera de la póliza de crédito en al que se establece que la duración del contrato se prolonga desde el día de formalización de la operación hasta el día que se indica en las condiciones particulares bajo la rúbrica "*día de vencimiento*" –31/3/2019–, "*fecha en la que la parte deudora deberá realizar la reposición del capital dispuesto a cuyo efecto deberá tener en una cuenta corriente asociada saldo suficiente para efectuar el cargo del capital con sus intereses y comisiones resultantes de la liquidación del crédito*".

En el caso del fiador solidario con beneficio de excusión, que se encuentre en situación de concurso, el artículo 87.5 LC dispone que "*los créditos que no puedan ser hechos efectivos contra el concursado sin la previa excusión del patrimonio del deudor principal se reconocerán como créditos contingentes mientras el acreedor no justifique cumplidamente a la administración concursal haber agotado la excusión, confirmándose, en tal caso, el reconocimiento del crédito en el concurso, por el saldo subsistente*".

El acreedor del deudor principal tiene un crédito contingente frente al fiador que ha sido declarado en concurso, mientras no se haya agotado la excusión. Por ello, el artículo 87.5 LC opera cuando ha tenido lugar el impago por el deudor principal, ya que "*por la reseñada subsidiariedad de la obligación del fiador, el impago del deudor principal permite dirigirse contra el fiador. Es entonces cuando opera, en su caso, el beneficio de excusión previa del patrimonio del deudor principal, o cuando el acreedor puede reclamar directamente el pago al fiador solidario, si la excusión no tiene lugar*" –STS de fecha 8 de julio de 2014–.

En efecto, la STS de fecha 8 de julio de 2014, efectúa las siguientes consideraciones cuando el concursado ocupa en el contrato la posición de fiador solidario:

"*En nuestro derecho, la obligación que surge para el fiador de la fianza prestada para garantizar el cumplimiento de una obligación de un tercero, también la que se presta con carácter solidario, no solo tiene carácter accesorio respecto de aquella obligación principal cuyo cumplimiento garantiza, sino que además se caracteriza por la subsidiariedad. El carácter subsidiario de la obligación creada por la fianza, como aclara la doctrina, significa un determinado orden en la responsabilidad, ya que la obligación del fiador cumple una función de refuerzo de la obligación principal. Este orden se traduce en la subsidiariedad de la responsabilidad del fiador respecto de la del deudor principal, como se desprende del art. 1.822 CC, según el cual el fiador solo paga en el caso de que no lo haga el deudor principal, al margen de si existe o no beneficio de excusión.*

La responsabilidad del fiador, en la medida que suple la responsabilidad del deudor principal, implica necesariamente que ha de surgir antes el incumplimiento del deudor fiado, determinante de la deficiencia a suplir, que la facultad del acreedor de reclamar al garante, de modo que aquel incumplimiento es presupuesto constitutivo de la reclamación al fiador.

Por eso, en casos como el presente en que se ha pactado la fianza como solidaria, con renuncia a los beneficios de excusión, orden y división, la fianza sigue siendo subsidiaria, en el sentido de que, para ir contra el fiador, es preciso un incumplimiento previo del deudor principal".

Para la Sala Primera, el impago del deudor principal opera como una suerte de condición suspensiva respecto del nacimiento de la obligación de la concursada, a la que se aplicará la regla prevista en el apartado 3 del art. 87 LC: "*los créditos sometidos a condición suspensiva (...) serán reconocidos en el concurso como créditos contingentes sin cuantía propia y con la calificación que corresponda...*".

En suma, como señala la STS de fecha 8 de julio de 2014 "*mientras el crédito frente al deudor principal no sea exigible, ordinariamente por no haber vencido, no se cumple la condición del incumplimiento del deudor principal, y el crédito frente al fiador solidario debe ser reconocido en el concurso de este último como contingente*".

En el supuesto de autos, dado que consta documentalmente que el crédito frente al deudor principal se encuentra vencido y es exigible, no es de aplicación el artículo 87.3 LC y, en consecuencia, el crédito frente al fiador solidario ha de ser reconocido con la clasificación que corresponda.

Al tenor de lo expuesto debe estimarse la impugnación de la lista de acreedores formulada por CAIXABANK, por lo que el crédito que figura a favor de esta entidad en la lista de acreedores habrá de clasificarse como crédito ordinario por el saldo dispuesto y no devuelto y como subordinado por los intereses.

Procede hacer especial imposición de las costas de este incidente a las demandadas, al tratarse de una cuestión que no genera dudas de derecho, atendida la doctrina jurisprudencial de la Sala Primera a la que se ha hecho referencia en la presente resolución (art. 394.1 LEC en relación con el art. 196.2 LC).

Procede acordar la modificación de los textos provisionales, excluyendo los correspondientes a las tasas portuarias por ocupación y actividad de períodos posteriores a la declaración del concurso, por ser créditos contra la masa

Juzgado de lo Mercantil Santander, n.º 1, 11/2019, de 15 de enero

SP/SENT/1004225

Debe por lo tanto estimarse la demanda. El hecho imponible es la ocupación del suelo en los términos indicados, no la resolución concediendo el uso o su notificación, ni tampoco el simple inicio en la ocupación. De hecho incluso se devenga en supuestos de previa extinción de la concesión [STSJ Canarias, sección 1 de 30-10-2014 : "*lo decisivo es que si existe hecho imponible que viene determinado por esa ocupación a la que se refiere la ley «en virtud de una autorización o concesión», que se extiende a aquellos períodos temporales en los que se prolongue tras la desaparición del título, ya que también, en estos casos, trae causa en una autorización aunque se haya extinguido o haya desaparecido por cualquier causa... aunque la concesión se haya extinguido, es lo cierto que el hecho imponible no exige la vigencia de la concesión (o de la autorización) sino que esta, al menos, haya sido el título habilitante de la ocupación. El disfrute en beneficio particular del dominio público es la auténtica esencia del hecho imponible de la tasa independientemente de otras circunstancias*"].

Esta ocupación debe persistir en cada uno de los períodos impositivos, no como premisa para girar la liquidación, sino para considerar devengado el tributo, sin que quepa extender el hecho imponible sobre ficciones o meras inercias si no persiste la ocupación o la realización de la actividad en alguno de los períodos impositivos (STSJ País Vasco, sección 1 del 5-6-2015).

La norma en la que se ampara la parte demandada debe entenderse referida al inicio, al devengo en el primer período impositivo en el que son previsibles conflictos derivados de la discordancia entre la resolución del otorgamiento de la concesión y la efectiva ocupación o inicio de la actividad, como avala el precedente de la norma refundida en el actual texto (art. 19 la ley 48/2003), y la propia dicción del art. 62 ley 25/1998 (el devengo se produce con el otorgamiento inicial y mantenimiento anual de la concesión), única solución compatible con la lógica, resultando absurdo pretender (aplicando la literalidad de una solución dada para un tipo de tributo muy diferente) el devengo íntegro con la concesión inicial de la tasa correspondiente a los 50 años venideros, además de los ya referidos problemas de encaje con el soporte contable de la posición de los demandados, o su coordinación con el instituto de la prescripción y caducidad.

La sociedad concursada carece de legitimación para impugnar la lista de acreedores en el sentido pretendido porque no es de su interés, como es lógico, el mejor tratamiento de los créditos de algunos de sus acreedores

Juzgado de lo Mercantil Bilbao, n.º 2, 391/2018, de 20 de diciembre

SP/SENT/992080

El citado precepto, en su redacción dada por el Real Decreto-ley 3/2009, de 27 de marzo, atribuye legitimación para impugnar la lista de acreedores no solo a las partes personadas, condición que debe afirmarse de los demandantes, sino de forma mucho más amplia, como ya se contemplaba en la redacción original, a los demás interesados.

La reciente sentencia del Tribunal Supremo de fecha 16 de marzo de 2017, ratifica la anterior conclusión cuando afirma que: "*...una vez notificada o comunicada la lista de acreedores, el art. 96 LC concede un derecho de oposición no solo a las partes personadas, o a los acreedores, sino también a los demás interesados en el procedimiento concursal, por* *lo que puede impugnarla todo aquel que tenga y acredite un interés que considere lesionado. La expresión «interesado», a que se refiere el precepto, es más amplia que la de titular de un derecho subjetivo o que la de titular de la relación jurídica controvertida, por lo que ha de entenderse referida a un sujeto de derecho con un interés propio, para el que la lista de acreedores haya supuesto algún tipo de perjuicio o gravamen, incluso indirecto, potencial o futuro".*

No resulta especialmente acertada la mención que, para apoyar su tesis, se efectúa en la sentencia apelada de nuestra sentencia de 2 de julio de 2010 que, a su vez, con cita del precedente auto de 4 de diciembre de 2008, rechazó la legitimación de la concursada para impugnar la lista de acreedores. Y no es acertada porque lo que allí rechazábamos era que la concursada gozara de legitimación para postular una mejora en el trato que los acreedores hubieran podido recibir en el Informe de la administración concursal en relación con la cuantía o con la clasificación de sus créditos.

En el supuesto de autos resulta patente la legitimación de los demandantes en su condición de acreedores concursales personados en el concurso que tienen un evidente interés propio en degradar los créditos de otro acreedor, en la medida que ello incrementa directamente sus posibilidades de cobro en el concurso.

Los derechos del procurador por su actuación profesional en el concurso no se consideran excesivos, no procediendo la moderación solicitada

Juzgado de lo Mercantil Murcia, n.º 2, 311/2018, de 17 de diciembre

SP/SENT/999244

De la transcrita jurisprudencia se desprende la no aplicación del arancel que en el presente incidente postula el actor, y la posible fijación por el juez del concurso de sus derechos en atención a los servicios prestados y a los gastos que la solicitud y declaración le hubieren deparado al acreedor.

En relación con los suplidos, en términos generales debe reconocerse al Procurador como créditos contra la masa los suplidos por gastos realizados por causa del concurso, y en el presente caso no resulta controvertido que del crédito reconocido en la suma total de 1.391,85 euros se incluyen suplidos efectivamente efectuados por la suma de 542,10 euros, que, sin duda, debe ser reconocida.

Visto lo anterior, los derechos del procurador por su actuación profesional en el concurso quedarían reducidos a la suma de 849,75 euros. Y sin perjuicio de que no se haya expuesto en el presente incidente por ninguna de las partes las concretas actuaciones llevadas a cabo por el Procurador en el concurso, lo cierto es que no se considera excesiva y precisada de moderación la citada cifra, siendo que la responsabilidad y concreta actuación en un concurso de acreedores y en sus distintas piezas no justifica una cantidad inferior. Y ello teniendo en cuenta que la cifra es inferior a la que van a percibir el Letrado y el administrador concursal y que es inferior a los aranceles vigentes con las reducciones oportunas.

En base a todo lo anterior, la demanda debe ser íntegramente desestimada.

No cabe reintegro de cantidades percibidas por diversos acreedores titulares de créditos contra la masa, respecto de una comunicación de insuficiencia de masa realizada en 2016, al no encontrarse demandados en este incidente

Juzgado de lo Mercantil Baleares, n.º 1, 638/2018, de 5 de noviembre

SP/SENT/987850

No resulta pacífico en la práctica de los Juzgados de lo Mercantil la solución que debe realizarse en supuestos en los que de forma acumulada se solicita la desaprobación de una rendición de cuentas y se pretende una reordenación de pagos ante la existencia de postergación del pago de créditos o pagos indebidos. En ocasiones, aun teniendo presente cuál es el objeto del incidente en oposición a una rendición de cuentas, no considera procedente remitir a las partes a que la cuestión se dilucide en un proceso posterior en el ámbito de la responsabilidad de los administradores. Especialmente cuando en la demanda incidental en oposición a la rendición de cuentas, se ejercita también de forma acumulada una acción de pago relativa a los créditos contra la masa prevista específicamente en el artículo 84.4 de la Ley Concursal. Cuya acumulación, siempre y cuando se cumplan los requisitos legales, resultaría permisible en atención a la aplicación supletoria de las reglas de acumulación objetiva de acciones prevista en la Ley de Enjuiciamiento Civil (disp. Final. Quinta).

Sin embargo, como ya se ha indicado, aunque en este supuesto las pretensiones se encaucen a través de dos demandas incidentales, no procede acordar la reintegración de las cantidades percibidas y el pago conforme al orden legalmente previsto, porque no estamos ante una simple postergación en el pago de un crédito contra la masa en beneficio de los honorarios de la administración concursal. En este caso, se pretende el reintegro de cantidades percibidas por diversos acreedores titulares de créditos contra la masa, respecto de una comunicación de insuficiencia de masa realizada en el año 2016 y que no se encuentran demandados en este incidente. Motivo por el cual, no puede condenarse a la restitución de las cantidades y la cuestión, si procediera, debería dilucidarse por el régimen de la responsabilidad de los administradores concursales y el trámite de oposición a la rendición de cuentas.

No existiendo oposición de la Administración Concursal, se estima el incidente concursal, reconociendo como crédito contra la masa los derechos del procurador de la concursada y los suplidos efectuados y pendientes de efectuar

Juzgado de lo Mercantil Baleares, n.º 2, 451/2018, de 30 de octubre

SP/SENT/995480

Objeto del incidente concursal. Sitúa la parte actora el objeto de litigio en que reconozcan como créditos contra la masa los derechos del procurador de la concursada y suplidos efectuados y pendientes de efectuar.

Frente a la pretensión de la demandante, la Administración concursal nada ha manifestado.

SEGUNDO. Fondo. Pues bien, no habiendo manifestado oposición la Administración Concursal al pedimento interesado por la demandante, y atendido el tenor del artículo 84.2 de la LC, procede reconocer a la parte actora los créditos contra la masa que relaciona en su demanda con la fecha de vencimiento que en ella se indica.

Los créditos a favor de la Agencia Estatal de Administración Tributaria merecen la calificación de créditos contra la masa, al derivar de obligaciones nacidas de la Ley, debiendo la Administración Concursal reordenar los pagos establecidos en función de esta clasificación

Juzgado de lo Mercantil Murcia, n.º 2, 253/2018, de 29 de octubre

SP/SENT/986909

SEGUNDO. Aplicación de la doctrina expuesta al caso. Análisis de la prueba obrante en autos.

Considero que los créditos objeto de controversia y a favor del Agencia Tributaria merecen la calificación de crédito contra la masa al derivar de obligaciones nacidas de la ley (artículo 84.2.10.º de la LC).

La siguiente cuestión es determinar si fueron comunicados debidamente Administración Concursal, a los efectos de determinar si debieron ser reconocidos y satisfechos según su orden.

En relación con la referencia "2T 2013 303-IVA EJER: 2013" asiste la razón al Administración Concursal, ya que en el anexo 6 de los textos definitivos no se aprecia el reconocimiento de dicho crédito. Ahora bien, se aporta como documento 4i certificado de publicación del anuncio de citación para notificación por comparecencia en sede electrónica de la liquidación ejecutiva correspondiente (dentro del acontecimiento 3), no impugnada por la Administración Concursal, por lo que dicho crédito debió ser reconocido y satisfecho como crédito contra la masa.

En cuanto a las claves relativas al vehículo matrícula...RRY, ciertamente la Administración Concursal no ha probado el efectivo cambio de titularidad del vehículo, por lo que la obligada al pago de las multas deberá reputarse la que aparezca aun como titular. Ahora bien, el propio documento 3 aportado por la Agencia Tributaria refiere que las deudas K (las multas al vehículo), no consta que hayan sido notificadas a la Administración Concursal, por lo que no pueden atacarse las cuentas presentadas por el hecho de no satisfacer estos créditos no comunicados en forma alguna.

En relación con los recargos, igualmente no consta su comunicación a la Administración Concursal, aunque se trate de autoliquidaciones presentadas por la propia Administración Concursal en plazo, pero pagadas fuera de plazo. Considero que es necesario en todo caso dicha notificación cuantificando lo debido por dicho recargo.

Por lo demás, constan las notificaciones de los demás créditos cuyo pago se interesa, salvo la correspondiente al concepto A 305117506121820 por valor de 90 €, que deberá descontarse.

Finalmente, con relación a las diligencias de embrago, la Administración Concursal aporta justificantes bancarios con la referencia dichos embargos, lo que le habilita a informar de los mismos en la rendición de cuentas.

En atención a lo expuesto procede la estimación parcial de la demanda, a los efectos de que la Administración Concursal reordene los pagos en cuanto a los créditos contra la masa comunicados cuya cuantía asciende a 3.781,55 €.

Visto el allanamiento de la Administración Concursal, procede acordar la exclusión de los gastos de gestión fiscal de la relación de créditos contra la masa

Juzgado de lo Mercantil Murcia, n.º 2, 252/2018, de 29 de octubre

SP/SENT/986972

PRIMERO Conforme al artículo 84 de la Ley Concursal las acciones relativas a la calificación o pago de los créditos contra la masa se ejercitarán ante el juez del concurso por los trámites del incidente concursal.

En el presente caso la demanda interpuesta se ajusta al tipo de impugnación legalmente posible, y la administración concursal se allana a la solicitud, no constando oposición alguna a la demanda promovida.

Visto el allanamiento de la demandada a la tesis sostenida por la parte actora, y entendido este como un reconocimiento de las pretensiones de esta, procede, sin más, estimar la demanda, de conformidad con el artículo 21 de la Ley de Enjuiciamiento Civil, al no estimarse que el mismo se haya realizado en fraude de ley, ni en renuncia del interés general ni perjuicio de tercero.

Habiéndose allanado la Administración Concursal, procede reconocer a la Agencia Estatal de Administración Tributaria el incremento del crédito subordinado que tiene reconocido

Juzgado de lo Mercantil Baleares, n.º 1, 551/2018, de 25 de septiembre

SP/SENT/980439

De los autos se observa como los demandados han manifestado dicha voluntad a través de los escritos presentados por los que declaran que no formulan oposición a lo pedido por el demandante sometiéndose a lo solicitado por este. Por todo ello nos encontramos ante un verdadero allanamiento siendo necesario comprobar si se cumplen los requisitos exigidos por la ley para su validez.

Segundo: en cuanto a los requisitos subjetivos el demandado ha de tener capacidad procesal, además de la propia para realizar actos de disposición, por lo que dada su afinidad con la transacción e implicando un posible mayor perjuicio que esta, se deberá exigir al Procurador poder especial. Ello queda acreditado en los autos, ya que la demandada se encuentra en plenitud de sus facultades jurídicas para decidir sobre sus bienes y derechos sin que tenga que ser salvada cualquier género de incapacidad por los representantes previstos en la ley.

Respecto de los requisitos objetivos, según los arts. 19 y 21 LEC, no caben allanamientos que supongan una renuncia contra el interés o el orden público ni que causen perjuicio a terceros, cosa que ocurre en el presente caso puesto que el allanamiento es perfectamente lícito, pretendiendo finalizar un pleito que la experiencia señala como perjudicial para todos desde todos los puntos de vista (tanto de dinero como de tiempo), así como no se causa perjuicio alguno a terceros mediante el mismo, sino más bien lo contrario ya que se satisface el interés de los actores.

Tercero: visto que procede aprobar el allanamiento, por cumplir los requisitos legales, procede delimitar sus efectos.

En cuanto a los mismos, al ser el allanamiento un abandono de la oposición al actor se obliga al Juez a dar por terminado el proceso sin más trámites, mediante Sentencia estimatoria, produciendo los efectos propios de la misma y ello de acuerdo con lo dispuesto en los arts. 19 y 21 LEC.

Cuarto: el segundo efecto hace referencia a las costas, que en caso de allanamiento y según el art. 196.2 de la Ley Concursal, que se remite a la Ley de Enjuiciamiento Civil, provoca que sea de aplicación el art. 395 LEC, el cual establece que *"si el demandado se allanare a la demanda antes de contestarla, no procederá la imposición de costas, salvo que el Juez, razonándolo debidamente, aprecie mala fe en el demandado"*, por ello y dado que no existió requerimiento previo, y que el allanamiento se produjo antes de la contestación a la demanda, es por lo que no ha lugar a la imposición de costas.

La Administración Concursal debe constatar en los sucesivos informes el importe correcto del crédito contra la masa del actor, en tanto se encuentra pendiente de atención, procediendo a su pago conforme a Derecho

Juzgado de lo Mercantil Valencia, n.º 1, 201/2018, de 31 de julio

SP/SENT/1030913

SEGUNDO. Debe estimarse la demanda rectora de las presentes actuaciones. La actora ha acreditado debidamente el importe y las partidas que integran el crédito que ostenta frente a la ahora concursada, habiendo operado la regular comunicación del crédito en momento hábil.

Debe constatarse que no se ha suscitado contienda en esta sede en punto al devengo, origen y cuantía del crédito, habiéndose admitido la certeza pretensión de la aquí actora en tal sentido, todo lo cual por otra parte ya figura debidamente constatado en los sucesivos informes rendidos por la administración concursal en el seno de la Sección quinta del concurso. No se cuestiona igualmente que el indicado crédito se encuentra pendiente de atención.

Pues bien, respecto de tal crédito, sin que se haya suscitado al efecto contienda en esta sede nada se dice en punto a que su inatención se funda en la falta de tesorería para afrontar el pago, de manera actual, habiendo enfatizado precisamente el actor que se ha obtenido recursos con la realización de bienes inmuebles en subasta. Esto es, el crédito en cuestión existe y es cierto, no siendo discutido que se trata de un crédito contra la masa (art. 84.2.3.º).

Se trata de cuestiones diversas las relativas a:

– Su atención efectiva, debiendo estarse al efecto a las reglas de pago de los créditos contra la masa conforme a los artículos 84, 154 y, en su caso, 176 bis de la Ley concursal, y bien entendido que en el momento de interposición de la demanda rectora de este incidente no consta que se hubiere efectuado la comunicación del artículo 176 bis apartado 2 por parte de la Administración concursal.

– La persona legitimada para sostener válidamente la pretensión de pago de que se trata en cuanto de que sería el acreedor a la suma debida. Es en este punto donde se contextualiza la excepción de falta de legitimación activa que venía promovida por el Administrador concursal en su escrito de contestación a la demanda. El Administrador sostiene que, siendo ciertos los servicios profesionales prestados de manera inmediata por el Letrado D. Víctor, sin embargo, el acreedor contra la masa sería la entidad mercantil RUBRICA ADMINISTRACIÓN CONCURSAL S. L. P., de la que el Sr. Víctor y el Administrador concursal aquí designado son participes junto con una tercera persona.

Pues bien, el argumento defensivo que se esgrime debe rechazarse. No es de invocar en este caso el sentido de la decisión adoptada por el Juzgado de Primera Instancia 1 de Castellón en Sentencia de 25 de enero de 2018, no siendo coincidente el supuesto de hecho allí considerado con el que se da en el concurso de este Juzgado. El concurso de la entidad EDIFICACIONS PARADEISOS S. L. viene declarado por Auto de 31 de octubre de 2012, y designado en el mismo como Administrador concursal D. Juan Antonio, siendo posterior en el tiempo la constitución de la sociedad RUBRICA.

Los eventuales pactos interprivatos habidos entre los partícipes de la entidad RUBRICA no perjudican la circunstancia de que, en el seno del concurso el Administrador concursal, que no es Letrado, ha recabado el auxilio técnico de un Letrado para articular debidamente la defensa en los incidentes suscitados por terceros, con devengo de los correspondientes honorarios; y en la medida en que la asistencia letrada es necesaria (no siendo Letrado el administrador concursal designado) el escenario desborda el supuesto del artículo 83 LC. Y se dice que el titular legitimo del derecho de crédito sería la sociedad RUBRICA, pero tal extremo no resulta del concurso. Esto es, en esta sede el Letrado que insinúa el crédito es aquel que ha realizado de manera inmediata el trabajo requerido. Y, en cualquier caso, tampoco consta que el Administrador concursal haya ya hecho pago *ex ante* a la sociedad RUBRICA y ahora se oponga frente a la reclamación del Abogado que el pago ya está efectuado.

Esto es, a efectos del procedimiento concursal, el acreedor contra la masa es el Letrado D. Víctor, y siendo cuestión sucesiva, pero diversa, que la sociedad RUBRICA pueda ostentar acción frente a aquel para reclamarle su ingreso en la cuenta de la sociedad.

Y para concluir el argumento, en tesis radicalmente contradictoria con la supuesta bondad del argumento defensivo esgrimido, piénsese que en la tesis defensiva que viene planteada, en cuanto que actuarse en todo caso por los partícipes en provecho de la sociedad profesional en los concursos en los que participan, cabría cuestionar incluso el devengo de los honorarios profesionales en cuestión pues precisamente las sociedades profesionales que de manera hábil pueden venir llamadas a ser administrador concursal (persona jurídica) deben tener como socios profesionales tanto a Abogados como Economistas, por lo que ya no sería hábil haber de recabar el auxilio de Abogado tercero.

Procede por todo lo expuesto la formal estimación de la demanda rectora de las presentes actuaciones, debiendo constatarse en los sucesivos informes el importe correcto del crédito contra la masa devengado por todos los conceptos en tanto se encuentre pendiente de atención y proceder a su pago conforme a Derecho.

No procede la modificación de la clasificación del crédito con privilegio especial que tiene el Ayuntamiento para el cobro de los IBI procedentes por el mero hecho de transmitir a un tercero de buena fe el inmueble gravado con esta hipoteca legal

Juzgado de lo Mercantil Barcelona, n.º 3, 210/2018, de 25 de julio

SP/SENT/966884

Las dos medidas anteriores responden al sentido económico que la lista y su incorporación a los textos producen en el concurso: determinar cuál es la composición de la masa pasiva del concurso y cómo deben aplicarse los fondos que se obtienen con la progresiva realización de activos tras el avance de las operaciones de liquidación. Por eso no pueden alterarse las listas de forma sobrevenida y cuando ya han sido agotadas en su mayor parte las operaciones de liquidación de la masa activa del concurso.

4. Como cuestión general, el privilegio especial reconocido a un acreedor no se perjudica por el solo avance de las actuaciones del concurso, lo que incluye la transmisión de los activos sobre los que se proyecta, aunque esa transmisión se realice a favor de un tercero de buena fe, con independencia del tratamiento registral de la cuestión, por aplicación del art. 155 LC. Eso únicamente puede darse, por excepción, en los supuestos en los que se produzca la pérdida física o jurídica del bien afecto al privilegio, cuando este es cedido en pago o cuando, realizado el bien, su valor no alcanza para cubrir todo el importe del privilegio, en cuyo caso el excedente es reconocido en el concurso con la clasificación de crédito ordinario (art. 155.4 LC).

5. Como cuestión particular, la interpretación de los arts. 78 LGT, 194 LH, 217 RH y 64 TRLRH, que determinan la inclusión en el art. 90.1.1 LC de los importes devengados en concepto de IBI respecto de la anualidad corriente y la última vencida al encontrarse garantizados por hipoteca legal tácita, se debe referir al momento de declaración del concurso de acreedores. Puesto que, como razona el AC en su propio escrito de demanda, los impuestos devengados posteriormente ya no tienen tal carácter, sino el de créditos contra la masa en el art. 84.2.10.º LC. Desde ese momento y respecto de esos créditos legales devengados con posterioridad a la declaración de concurso, el sistema de garantías reales tácitas debe interpretarse en un sentido concursal, de modo que en el concurso no se reconocen privilegios distintos de los previstos estrictamente en la LC. Pero esto no afecta a los créditos devengados con anterioridad, que merecen el tratamiento de privilegiados especiales en la forma vista.

6. Por lo tanto, el AC obró correctamente cuando clasificó como privilegiados especiales los créditos a favor del Ayuntamiento por los IBI de 2010 y 2011 y, también, cuando abonó con cargo a la masa del concurso el importe de los impuestos devengados con posterioridad a su declaración.

7. Por el contrario, yerra al considerar que la condición de acreedor privilegiado especial del Ayuntamiento puede mudarse a la de privilegiado general por la sola razón de la venta durante el concurso del bien afecto a ese privilegio, al menos en las condiciones que describe o que el plazo de la anualidad corriente y la inmediatamente anterior, fiel temporal para determinar el alcance del privilegio, debe computarse desde el momento de venta, de manera que en el caso esos impuestos privilegiados ya habrían sido satisfechos con cargo a la masa y los IBI de 2010 y 2011 habrían perdido su carácter privilegiado y la garantía real inherente a esa condición que, por el contrario, en este caso solo puede purgarse mediante el pago. Los eventuales pactos que hubieran podido alcanzar la AC y el adquirente de la unidad productiva, si contemplaron un escenario distinto, no resultan oponibles al acreedor privilegiado especial.

8. De este modo, el AC debe aplicar el precio obtenido con la venta de la unidad productiva de la concursada al pago de los créditos privilegiados especiales, según su prelación registral y en los concretos términos en los que fueran diseñadas y aprobadas las operaciones de liquidación, según el valor proporcional de cada uno de los activos que integran la unidad productiva.

Se estima la oposición al informe de la Administración Concursal, debiendo reconocer a la Diputación Foral un crédito contra la masa en lugar del crédito reconocido en dicho informe

Juzgado de lo Mercantil San Sebastián, n.º 1, 210/2018, de 25 de junio

SP/SENT/976387

Como medio para que el cumplimiento de estas reglas pueda ser supervisado por las partes y evitar conflictos incidentales sobre el pago de créditos contra la masa, se introduce la información sobre los mismos en los informes trimestrales. Esta prioridad informativa se trasluce cuando la L.C. indica que el informe quedará de manifiesto en la oficina judicial; es decir, a disposición de acreedores y otros posibles interesados para su informe.

Este informe no es objeto de aprobación por el Juez, ni tampoco se prevé un trámite contradictorio en el que puede plantearse oposición frente al mismo como ocurre con el informe final sobre la conclusión del concurso.

En todo caso, aunque no esté expresamente previsto, nada impide que al amparo del art. 192 y del art. 84.4 de la LC, cualquier acreedor pueda plantear incidente concursal en relación a los pagos o el reconocimiento de créditos contra la masa, las alteraciones del orden del vencimiento y los gastos necesarios e imprescindibles de la liquidación (arts. 84.3 y 176 bis2 de la LC). La sentencia que se dicte en estos incidentes será directamente apelable, al tratarse de una cuestión suscitada durante la fase de liquidación (art. 197.5 LC).

SEGUNDO. El reconocimiento de créditos contra la masa que obran en certificación administrativa.

El art. 86.2 LC dispone que *"se incluirán necesariamente en la lista de acreedores aquellos créditos (...) reconocidos por certificación administrativa (...). No obstante, la administración concursal podrá impugnar (...), a través de los cauces admitidos al efecto por su legislación específica, los actos administrativos"*.

Por ello, la Administración Concursal debe incluir en la lista de acreedores, en principio, el importe total de los créditos certificados por administraciones públicas, sin perjuicio de la impugnación en vía administrativa y contencioso-administrativa de la cuantía o de los créditos certificados.

Pero, no obstante, esta regla que ordena la inclusión sin cuestionamiento del crédito certificado tiene unos límites, impuestos por la exigencia de que ha de tratarse de créditos concursales, de modo que si se advierte la inclusión en la certificación de créditos o conceptos que no son concursales, porque son contra la masa, o bien porque con claridad se evidencia que no han podido nacer o generarse debido precisamente a los efectos legales de la declaración de concurso, tanto la Administración Concursal como el Juez al resolver la impugnación podrán excluir de la certificación tales partidas o créditos (a tal respecto, SAP Barcelona (Sección 15) 10.11.2008 (Rollo 494/2008).

En todo caso, aquí, la ad. Concursal, que no ha comparecido, no ha impugnado, ni discutido la existencia ni calificación de los créditos recogidos en la certificación administrativa que se acompaña a la demanda, por lo que hay que darla por correcta, dictando sentencia en los términos solicitados.

No procede clasificar como crédito concursal privilegiado las deudas de terceros ajenos al concurso, aun siendo la concursada garante hipotecaria

Juzgado de lo Mercantil Madrid, n.º 7, de 14 de junio de 2018

SP/SENT/962167

CUARTO. Conclusión.

1.º Determinación de la clasificación y cuantía del crédito de BAXI CALEFACCIÓN, S. L. U. contra TUBOS Y HIERROS INDUSTRIALES, S. A. por la deuda que esta tiene directa e inmediatamente con la primera por materiales finalmente suministrados a TUBOS Y HIERROS INDUSTRIALES, S. A.

Partimos del artículo 153 LH, conforme al cual podrá constituirse hipoteca en garantía de cuentas corrientes de crédito, determinándose en la escritura la cantidad máxima de que responda la finca y el plazo de duración, haciendo constar si este es o no prorrogable, y, caso de serlo, la prórroga posible y los plazos de liquidación de la cuenta. Si al vencimiento del término fijado por los otorgantes o de la prórroga, en su caso, el acreedor no se hubiere reintegrado del saldo de la cuenta, podrá utilizar la acción hipotecaria para su cobro en la parte que no exceda de la cantidad asegurada con la hipoteca por el procedimiento establecido en los artículos 129 y siguientes. A la escritura y demás documentos designados en la regla 3.ª del artículo 131 deberá acompañar el que acredite el importe líquido de la cantidad adeudada.

Se trata, por tanto, de una hipoteca de seguridad, de cuantía parcialmente indeterminada *ab initio*, pues garantiza una concreta obligación de pago de una determinada cantidad de dinero hasta una cantidad fijada como límite máximo.

Pues bien, sin plantearnos otros problemas por suministros posteriores a la declaración de concurso (si los hubiere, por falta de resolución del contrato por la mera declaración del concurso, como regla general del artículo 61.2 LC), lo cierto es que la calificación del crédito como concursal privilegiado especial puede aplicarse a las cantidades adeudadas hasta el momento de la declaración del concurso.

Es decir, para su cuantificación se debe tener en cuenta la fecha de declaración de concurso, por lo que, a los efectos concursales, sin perjuicio de lo dispuesto en los artículos 90.3 en relación con el 94.5 LC respecto del valor de la garantía, el crédito garantizado por la hipoteca sobre un bien de la concursada en el concurso de TUBOS Y HIERROS INDUSTRIALES, S. A. debe realizarse por los 75.453,16 euros comunicados por el acreedor a la AC por BAXI CALEFACCIÓN, S. L. U.

2.º Determinación del tratamiento en sede concursal de la garantía hipotecaria, de máximo, constituida por TUBOS Y HIERROS INDUSTRIALES, S. A. sobre un bien de su propiedad por deudas derivadas de suministros de BAXI CALEFACCIÓN, S. L. U. a GRUPO THISA GAVIAS, S. L., CABANES THISA, S. L., JVGT SUMINISTRAMENTS TÉCNIC, S. L., y LAS GAVIAS IBIMA, S. A.

Por lo que refiere a las cantidades adeudadas por otras empresas del grupo THISA a BAXI CALEFACCIÓN, S. L. U. derivadas del contrato de suministro y garantizadas, entre otras garantías, por la hipoteca de máximo constituida sobre una finca propiedad de TUBOS Y HIERROS INDUSTRIALES, S. A., consideramos que estamos ante un supuesto de concurso de hipotecante no deudor. Es pacífico en la doctrina que, en estos casos, no existe como tal un crédito frente al concursado garante. Por lo que se refiere a la garantía, se deberá acomodar en el inventario de bienes y derechos, tomándose en consideración a la hora del avalúo de los bienes por la AC, descontándose del valor de mercado del bien, el valor de la garantía. Efectivamente, el artículo 82.3 LC establece que el avalúo de cada uno de los bienes y derechos se realizará con arreglo a su valor de mercado, teniendo en cuenta los derechos, gravámenes o cargas de naturaleza perpetua, temporal o redimible que directamente les afecten e influyan en su valor, así como las garantías reales y las trabas o embargos que garanticen o aseguren deudas no incluidas en la masa pasiva. Todo lo anterior, no implica incluir, como contrapartida, el valor de la garantía como crédito en la masa pasiva, es decir, en la lista de acreedores.

Así las cosas, sin perjuicio de cómo se haya realizado en el presente concurso la clasificación como crédito concursal privilegiado de las deudas de terceros ajenos al concurso, aun siendo la concursada garante hipotecario, es imposible y no puede accederse a una petición en tal sentido. Como hemos dicho más arriba, el reconocimiento de un crédito concursal privilegiado especial en el concurso de TUBOS Y HIERROS INDUSTRIALES, S. A. solo puede limitarse a las cantidades adeudadas efectivamente por la concursada, derivadas directamente del contrato de suministro del que es o era parte. Las demás cantidades, sin perjuicio de la existencia de una garantía real en cumplimiento de estas, no pueden tener un reflejo en la lista de acreedores, sin perjuicio de la minusvaloración del bien sujeto a la garantía que se haga en el inventario.

Es por ello por lo que debemos desestimar la demanda interpuesta por la representación procesal de BAXI CALEFACCIÓN, S. L. U. contra la AC y TUBOS Y HIERROS INDUSTRIALES, S. A.

El letrado, que reclama sus honorarios por la fase de liquidación, no especifica qué actuaciones pudieron ser derivadas de una intervención obligatoria del concursado y, por ende, una asistencia letrada, desestimándose su petición

Juzgado de lo Mercantil San Sebastián, n.º 1, 18/2018, de 23 de enero

SP/SENT/953508

No obstante, lo anterior, hemos de considerar, también en interés de la masa, la procedencia de la minuta presentada y de los conceptos que se incluyen

– Honorarios por la fase liquidación: No se especifica a que actuaciones se refiere que puedan ser derivadas de una intervención obligatoria del concursado o, sin serla, se haga en interés de la masa; de la demanda y del relato de la misma se desprende una serie de comunicaciones y gestiones con el administrador concursal que, al margen de la preparación de una propuesta de convenio de imposible éxito, por estar la concursada ya en liquidación, se pueden considerar de índole más gestora-administrativa que jurídica (informaciones, petición de documentación, etc.) de modo que casi ninguna plasmación han tenido en el cauce procesal del concurso en forma de escritos o actuaciones procesales.

Expuesto lo anterior, entendemos que la intervención, pues, no puede considerarse como obligatoria, puesto que no se traduce en el procedimiento, ni requiere de forma inexcusable la asistencia letrada; sí se puede considerar que responda, en parte, al interés de la masa, en particular lo relativo a las informaciones sobre activos y posibles ofertas de compras de los mismos.

Dicho lo anterior, no podemos considerar justificado que, por esas actuaciones, sin pormenorizar más, se presente una minuta por 13.569 euros, cuando responden a una labor más gestora/administrativa que jurídica y no tienen plasmación en el procedimiento propiamente dicho.

Por lo expuesto, se rechaza la minuta por ese concepto e importe, sin perjuicio de que por el letrado se aporta una más ajustada al trabajo desarrollado a los efectos de que pueda ser examinada por la ad. Concursal.

En lo que respecta a los otros conceptos, los honorarios por el recurso de reposición deben de ser rechazados al ser un recurso expresamente desestimado y de imposible estimación al pretenderse la admisión de una propuesta de convenio en la fase de liquidación; no cabía la imposición de costas en el trámite de desestimación del recurso de reposición, pero la interposición del mismo raya lo temerario y, desde luego, la presentación de la propuesta convenio extemporánea no puede identificarse con una intervención obligatoria en un trámite necesario para la concursada; cuestión diferente es si la propuesta se hubiera presentado en tiempo y forma.

En cuanto al incidente, por mucho que sea necesaria la asistencia letrada en los incidentes, deben conceptuarse como créditos contra la masa los honorarios del letrado de la concursada que resulten necesarios para llevar a cabo actuaciones que, además, resulten obligatorias para la concursada, no meramente potestativas como la presentación de un incidente para excluir bienes del inventario o que, aunque no lo sean, resulten de interés para la masa, no al contrario, cuando se realizan en contra de ese interés; a tal respecto, se puede citar la SAP León (Sección 1) 29.04.2015 (Sentencia 90/2015; Rollo 132/2015). Lo mismo cabe decir de un escrito de alegaciones al plan de liquidación (puramente potestativo) que no tuvo ninguna incidencia a favor de la masa por extemporáneo.

Procede reconocer a la Tesorería General de la Seguridad Social la condición de acreedor en la cuantía y calificación solicitada, cuando la Administración Concursal y la concursada se allanan a la demanda dentro del plazo para contestar a la misma

Juzgado de lo Mercantil Bilbao, n.º 1, 33/2018, de 22 de enero

SP/SENT/958546

Establece el artículo 21.1 de la Ley 1/2000, de Enjuiciamiento Civil (LEC), que cuando el demandado se allanare a todas las pretensiones del actor, el tribunal dictará sentencia condenatoria de acuerdo con lo solicitado, salvo que el allanamiento se hiciere en fraude de ley o supusiere renuncia contra el interés general o perjuicio de tercero, en cuyo caso debe rechazarse, siguiendo el juicio adelante.

SEGUNDO. En el presente caso y de los elementos obrantes en el expediente, no se desprende concurra alguna de las causas de exclusión de los efectos normales del allanamiento, por lo que procede dictar sentencia en los términos solicitados en la demanda.

Se estima la demanda de modificación y cuantía del crédito frente a la concursada, presentándose por la demandada escrito de allanamiento a las pretensiones dentro del plazo para contestar a la demanda

Juzgado de lo Mercantil Bilbao, n.º 1, 16/2018, de 8 de enero

SP/SENT/957755

Establece el artículo 21.1 de la Ley 1/2000, de Enjuiciamiento Civil (LEC), que cuando el demandado se allanare a todas las pretensiones del actor, el tribunal dictará sentencia condenatoria de acuerdo con lo solicitado, salvo que el allanamiento se hiciere en fraude de ley o supusiere renuncia contra el interés general o perjuicio de tercero, en cuyo caso debe rechazarse, siguiendo el juicio adelante.

SEGUNDO. En el presente caso y de los elementos obrantes en el expediente, no se desprende concurra alguna de las causas de exclusión de los efectos normales del allanamiento, por lo que procede dictar sentencia en los términos solicitados en la demanda.

Al existir allanamiento, se declara la rescisión de la garantía hipotecaria constituida por el concursado y la clasificación del crédito como ordinario, y ya no como privilegiado especial al no existir ya la garantía

Juzgado de lo Mercantil San Sebastián, n.º 1, 1/2018, de 4 de enero

SP/SENT/954108

Establece el artículo 21.1 de la Ley 1/2000, de Enjuiciamiento Civil (LEC), que cuando el demandado se allanare a todas las pretensiones del actor, el tribunal dictará sentencia condenatoria de acuerdo con lo solicitado, salvo que el allanamiento se hiciere en fraude de ley o supusiere renuncia contra el interés general o perjuicio de tercero, en cuyo caso debe rechazarse, siguiendo el juicio adelante.

SEGUNDO. En el presente caso y de los elementos obrantes en el expediente, no se desprende concurra alguna de las causas de exclusión de los efectos normales del allanamiento, por lo que procede dictar sentencia en los términos solicitados en la demanda, habida cuenta que la no comparecencia de la concursada, dado los términos de la demanda, hay que entenderla no como oposición, sino lo contrario.

Habiéndose allanado la Administración Concursal a las pretensiones del actor, procede reconocer a este la modificación del valor de mercado de las fincas objeto del incidente concursal, así como la clasificación de su crédito como privilegiado especial

Juzgado de lo Mercantil Burgos, n.º 1, 145/2017, de 15 de septiembre

SP/SENT/941733

PRIMERO: El artículo 21 de la Ley de Enjuiciamiento Civil señala que "*cuando el demandado se allane a todas las pretensiones del actor, el tribunal dictará sentencia condenatoria de acuerdo con lo solicitado por este, pero si el allanamiento se hiciera en fraude de ley o supusiera renuncia contra el interés general o perjuicio de tercero, se dictará auto rechazándolo y seguirá el proceso adelante*".

De acuerdo con lo prevenido en dicho precepto, es procedente dictar Sentencia estimatoria de la demanda en cuanto a las pretensiones contenidas en el Incidente Concursal.

Un crédito por costas contra la concursada, generado antes de la comunicación de insuficiencia, no puede conceptuarse como imprescindible para la liquidación, por lo que al no generarse en el concurso procede incluirlo dentro del art. 176 bis 2.5.º

Juzgado de lo Mercantil San Sebastián, n.º 1, 197/2017, de 13 de septiembre

SP/SENT/929720

Por último, también el TS, Sala 1.ª en sentencia 390/2016 de 8 jun. 2016, Rec. 126/2014, viene a dar por buena, con matices, la postura de que los honorarios de la ad. Concursal posteriores a la comunicación de insuficiencia pueden llegar a catalogarse como "imprescindibles" para concluir la liquidación:

"*... La administración concursal está conceptuada, junto con el juez, como uno de los órganos imprescindibles del concurso, a diferencia de otros, como la junta de acreedores o el Ministerio Fiscal, que tienen carácter contingente, en función del desarrollo procesal del propio concurso. Así se desprende inequívocamente, con carácter general, de los arts. 21.1.2.º y 26 LC; y específicamente para la fase de liquidación, de los arts. 145, 148, 149, 151, 152, 153, 154, 155, 156, 157, 158, 159, 160, 161, 162, 176 y 176 bis LC. Conforme a tales preceptos, la administración concursal es el órgano especialmente llamado a realizar las tareas de liquidación del concurso, hasta su finalización, sin cuya actuación el procedimiento devendría imposible y encallaría sin solución.*

Ahora bien, el art. 176 bis 2 LC establece un matiz, pues no da tratamiento singular a todos los actos de la administración concursal generadores del derecho a honorarios, sino únicamente a aquellos que tengan el carácter de imprescindibles, una vez que se ha comunicado la insuficiencia de masa activa. Por ello, a falta de identificación legal expresa, resulta exigible que sea la propia administración concursal quien identifique con precisión qué actuaciones son estrictamente imprescindibles para obtener numerario y gestionar la liquidación y el pago, y cuál es su importe, para que el juez del concurso, con audiencia del resto de acreedores contra la masa (art. 188.2 LC), valore aquellas circunstancias que justifiquen un pago prededucible".

Expuesta toda esta línea jurisprudencial, lo primero que hay que advertir es que un crédito por costas contra la concursada, generado antes de la comunicación de insuficiencia es claro que no puede conceptuarse como imprescindible o necesario para la liquidación.

En cuanto a su inclusión en los distintos ordinales del art. 176 bis 2., no estamos ante un crédito por costas o gastos judiciales generado en el concurso, del ordinal 4.º, por lo que su inclusión no cabe en otro sitio que en el 5.º.

Ante la falta de prueba no se acepta la transferencia de bienes al patrimonio personal con posterioridad a la declaración del concurso, no se reconoce el crédito masa de la Agencia Estatal de Administración Tributaria y se desestima la reconvención respecto a la nulidad *ex* art. 40.7 LCon de la Administración Concursal

Juzgado de lo Mercantil Santander, n.º 1, de 12 de septiembre de 2017

SP/SENT/921567

Por último, incluso en el caso en que se admitiera el reconocimiento forzoso de la existencia y cuantía del crédito, su calificación como concursal o contra la masa siempre sería competencia de la AC controlada en su caso por vía incidental.

2. Esa calificación depende del momento del devengo, identificado con el de realización del hecho imponible, y en nuestro supuesto no se aporta prueba de ese devengo, que sin más se presume y se identifica con el momento de comunicación de cese de actividad, cuando además los indicios apuntan (vista la fecha de presentación de solicitud de liquidación por AC, inmediata a su toma de posesión, afirmando la ausencia de actividad) a un cese de actividad previo. Pero no se trata de fijar el momento del cese de actividad, sino el de la entrega de los bienes.

3. De este modo, no sería aceptable la presunción de realización del hecho imponible (transferencia de bienes al patrimonio personal) con posterioridad a la declaración del concurso, ante la falta de prueba de una afirmación que supone la alteración de la *par condicio*.

QUINTO. Decisión y costas.

1. Debe por lo tanto desestimarse la pretensión de la AEAT respecto del reconocimiento del crédito masa. Si bien la AC parece en algún momento admitir la consideración como crédito concursal, se opuso solicitando la desestimación de la demanda y parte de la negación del crédito, no solo discrepa de su clasificación. No se ha discutido en absoluto la clasificación que como concursal (privilegiado, ordinario, subordinado) habría de tener el crédito, por lo que esta resolución no puede suplir esa discusión y asumir la decisión, al no haberse discutido en realidad otra cosa que la existencia de un crédito masa (por más que se siguiera el trámite del art. 97 bis LC).

2. Se desestima la reconvención respecto a la nulidad *ex* art. 40.7 LC. Podría decirse que esta cuestión, introducida como una especie de argumento subsidiario, ha quedado sin efecto, pero, en suma, no se ha probado la realización de un acto de disposición en fase común sin intervención de la AC.

Se estima la concurrencia de serios indicios de control indirecto de la concursada (demandada) y de la demandante por parte del consejero delegado y sus parientes más directos, se aplica el n.º 5 del art. 92 LCon y se rechaza el allanamiento

Juzgado de lo Mercantil Madrid, n.º 6, de 4 de julio de 2017

SP/SENT/921592

Pues bien, es hecho conocido que la mercantil Rentalacasa, S. A. tiene su domicilio social en Paseo de la Estación de Navalmoral de la Mata (Cáceres); ubicación y localidad donde la concursada tuvo hasta el ejercicio 2016 un establecimiento dedicado a la fabricación y comercialización de prendas de vestir.

Del mismo modo consta publicado en el BORME de 24.11.2015 que dicha mercantil cesó como consejeros a D. Sixto (presidente) y a Dña. Ofelia (vocal), a D. Carlos Ramón (vocal) y a D. Alfonso, actuando como secretaria Dña. Ofelia y como consejero delegado D. Carlos Ramón.

Y en igual publicación consta la designación de nuevo consejo de administración integrado por D. Ginés como presidente, por Dña. María Ángeles como vocal/secretaria, por Dña. Araceli como vocal, por D. Martín como vocal; constando apoderamientos solidarios a favor de D. Ginés y Dña. Débora y de Dña. Araceli; y apoderamientos mancomunados a favor de D. Ginés y Dña. Débora; y como consejero delegado D. Severino.

A la luz de tales hechos, de conformidad con la doctrina sentada por Sentencia del Tribunal Supremo, Sala 1.ª, de 15.4.2017 [ROJ: STS 1479/2017] debe estimarse la concurrencia de serios indicios de control indirecto de la concursada/demandada/allanada y de la demandante por D. Severino y sus parientes más directos, lo que haría aplicable el n.º 5 del art. 92 LCo.

Baste lo indicado para rechazar el allanamiento por concurrir la causa señalada en el art. 22.1 LECivil [aplicable por remisión de la DF 5.ª LCo], debiendo entrar en el fondo del asunto litigioso, cual es la calificación crediticia subordinada del préstamo participativo a que se refiere este proceso.

Ahora bien, no debatido entre las partes la concurrencia de tales circunstancias y su aplicabilidad o no al presente supuesto, nada procede acordar por razones de congruencia, pero como la presencia de la causa determinante del rechazo del allanamiento puede determinar igual calificación que la impugnada [–si bien por otro número del art. 92 LCo–], no puede este pronunciamiento ir más allá que acordar el rechazo de tales allanamientos manteniendo la calificación subordinada; sin perjuicio de resolver sobre el fondo de la cuestión litigiosa a través del cauce procesal oportuno; cuestión [–aplicación o no del art. 92.5 LCo–] que queda imprejuzgada.

No será crédito subordinado en el concurso las costas de procedimiento de apremio de la seguridad social al no ser accesorios como los intereses, sino que serán créditos públicos, la mitad ordinarios y la otra mitad con privilegio general conforme a la Ley

Juzgado de lo Mercantil San Sebastián, n.º 1, 65/2017, de 6 de marzo

SP/SENT/906817

Por lo expuesto, la razón de ser de la subordinación no está en el carácter accesorio, que pueden tener los recargos, los intereses o las costas, sino que la norma no extiende el carácter subordinado de los créditos a todo aquel que se pudiera calificar como accesorio, sino solamente a uno de ellos (el crédito por intereses de demora). Mientras que las sentencias del TS antes citadas no clasifican los recargos como subordinados por su carácter accesorio, sino que por tener este carácter justifican su aproximación al supuesto de la regla 3.ª del artículo 92 de la LC, con el que mantiene una identidad de razón.

Tampoco se puede considerar el crédito por costas como subordinado, por entenderlo como una sanción, al no ser esta la finalidad de las costas, sino el resarcimiento de los gastos ocasionados.

A tal respecto, se puede citar la SAP León 07.12.2009:

"*... (intereses de demora y recargos) realizan la misma función, que no es otra que la de indemnizar los daños y perjuicios derivados de la mora en las obligaciones pecuniarias, tal y como resulta del artículo 1.108 CC recargo de apremio reducido excluyen –y, por ende, sustituyen– a los intereses moratorios a partir del inicio del período ejecutivo (artículo 28.5, «in fine», LGT), por lo que, al menos en la medida coincidente, realizan la misma función, que no es otra que la de indemnizar los daños y perjuicios derivados de la mora en las obligaciones pecuniarias, tal y como resulta del artículo 1.108 CC. Y no es razonable entender que los intereses moratorios sean crédito subordinado (por ejemplo, en su compatibilidad con el recargo de apremio ordinario) y no tengan aquel carácter los recargos que realizan, al menos en parte, la misma función*" (STS 22 de junio de 2009). En definitiva, no todo crédito accesorio es subordinado, pero el carácter accesorio de los recargos lo aproxima a un supuesto de hecho (intereses de demora) con el que, además y muy fundamentalmente, mantiene una esencial coincidencia. No existe, sin embargo, esa coincidencia con las costas del procedimiento de apremio, ni en su razón de ser ni en su finalidad.

El carácter sancionador de los pronunciamientos de condena en costas, en el ámbito del proceso civil, ha sido rechazado por el Tribunal Constitucional en su sentencia n.º 230 (Sala 2.ª) de 1 de diciembre de 1988: "*No es cuestión tampoco ahora de recordar las posiciones doctrinales ni la evolución que en este sentido ha seguido nuestra legislación procesal, pronunciándose hoy, tras la Ley 34/1984, de reforma de la LEC por el sistema de vencimiento objetivo [regla* victus victori *como regla general (art. 523 LEC)], regla que si bien favorece al que obtiene satisfacción plena en lo principal –sin mermar su patrimonio con los gastos judiciales– no por eso puede considerarse como una sanción al que pierde, sino como una contraprestación por dicho gasto, para que el que obtuvo una victoria fundada no vea mermados sus intereses. De otro lado, la propia Ley procesal establece sus excepciones, no siempre susceptibles de aplicación clara y precisa, siendo los jueces los que, en cada caso, han de establecer los presupuestos necesarios para la decisión oportuna en este punto, conforme a los criterios de la temeridad o de la mala fe procesal (consideración subjetiva)"*. La precitada sentencia ya reitera esa misma doctrina sostenida en el Auto de la Sección 1.ª de la Sala 2.ª del Tribunal Constitucional de fecha 19 de febrero de 1986. Y, como establece el artículo 5.1 de la LOPJ, los Jueces y Tribunales interpretarán y aplicarán las leyes según los preceptos y principios constitucionales "*conforme a la interpretación de los mismos que resulte de las resoluciones dictadas por el Tribunal Constitucional en todo tipo de procesos*".

Se ha superado una antigua concepción de la condena en costas como sanción, que podía tener una cierta justificación antes de la redacción otorgada al artículo 523 de la LEC de 1881, por la Ley 34/1984, porque no se contemplaba un criterio de vencimiento objetivo para la condena al pago de las costas procesales y se acudía a la aplicación directa del artículo 1.902 del Código Civil, que exigía una declaración de culpabilidad de la parte condenada a su pago. Pero esa concepción ya ha sido superada, y las costas procesales se conciben como una contraprestación por los gastos generados [sentencias de la Sección 14.ª de la AP de Madrid de fecha 24 de junio de 2009, de la Sección 1.ª de la AP de Murcia de fecha 11 de enero de 2005, de la Sección 5.ª de la AP de Baleares de fecha 16 de febrero de 2004, de la Sección 5.ª de la AP de Sevilla de fecha 7 de noviembre de 2005, de la Sección 9.ª de la AP de Valencia de fecha 22 de junio de 2009, y de la AP de Zamora de fecha 19 de junio de 2009, entre otras muchas]. Y aunque pueda mantenerse que a esa finalidad de restitución de los gastos sufridos por la parte que vence en el proceso se une otra sancionadora, lo cierto es que las costas del procedimiento de apremio –como las del proceso de ejecución, según dispone el artículo 539.2 LEC– surgen por disposición legal sin necesidad de un previo pronunciamiento de condena a su pago, y con una clara finalidad restitutoria. Así, el artículo 127 del Real Decreto 1415/2004, de 11 de junio, por el que se aprueba el Reglamento General de Recaudación de la Seguridad Social, identifica las costas del procedimiento de apremio con los gastos producidos con ocasión de la tramitación del procedimiento de apremio, y son a cargo del apremiado. En el apartado 2 de dicho artículo se describen los posibles gastos a cargo del apremiado, y todos ellos responden a previos desembolsos que tiene que hacer la TGSS a terceros. Tanto es así, que en el apartado 3 expresamente excluye los gastos ordinarios de los órganos y unidades de la Administración de la Seguridad Social.

Al no existir un componente sancionador en las costas del procedimiento de apremio, y no poder equipararse a los intereses de demora, no podemos clasificar el crédito por dichas costas como subordinado (reglas 3.ª y 4.ª del artículo 92 LC), con lo que tendríamos que clasificarlo como un crédito genérico de la Seguridad Social: hasta el cincuenta por ciento con privilegio general y el cincuenta por ciento restantes como ordinario.

No habiéndose recurrido la clasificación de su crédito como concursal, ni en los textos provisionales ni en los definitivos, la Tesorería General de la Seguridad Social ya no ostenta derecho para solicitar la clasificación de su crédito como contra la masa

Juzgado de lo Mercantil Santander, n.º 1, de 3 de febrero de 2017

SP/SENT/901959

No se discute que materialmente el crédito en cuestión no tiene naturaleza de concursal, sino masa. Es conocido que el crédito masa no se "reconoce" como los concursales, sino que se reclama y paga a su vencimiento, y en su caso se discute vía incidente tal reconocimiento y pago (art. 84 LC), si bien en todo caso se también se admite su discusión vía incidente del art. 96 LC en el caso de que su clasificación ya hubiera sido realizada en ese momento y hubiera disconformidad.

2. En el supuesto que nos ocupa el crédito en cuestión fue comunicado a la AC inicialmente y su inclusión en la lista se produjo como crédito concursal, no en la lista separada de créditos masa. No se trata de un crédito posterior (art. 96 LC), y considero que está afectado por la preclusión del art. 97 LC (*"[f]uera de los supuestos de los apartados 3 y 4 de este artículo, quienes no impugnaren en tiempo y forma el inventario o la lista de acreedores no podrán plantear pretensiones de modificación del contenido de estos documentos"*), sin que se dé ninguno de los supuestos de modificación de textos definitivos de los apartados 3 y 4 del referido artículo 97 LC; en particular, no se acredita que sea consecuencia de un procedimiento de inspección o comprobación abierto con posterioridad a la lista definitiva, sino del mismo crédito ya clasificado como concursal, que se vuelve a incluir en una certificación posterior.

3. De no haber sido así, y si se tuviera por acreditado que fuera consecuencia de un procedimiento de comprobación abierto con posterioridad (los números de expediente son los mismos en la última certificación que la presentada al inicio del concurso), estaría en plazo la TGSS (STS 4-11-2016) para la modificación pretendida.

4. El argumento relativo al reconocimiento necesario por la AC de los créditos reconocidos en certificación administrativa *ex* art. 86.2 LC, debe decaer. Por un lado en todo caso debería impugnarse la lista de acreedores por el trámite del art. 96 LC, y en caso de preclusión y falta de reflejo en los textos definitivos a un crédito concursal no concurrente (STS 4-11-2016), ya que *"[l]a previsión del art. 86.2 de la Ley Concursal supone que la existencia y cuantía de esos créditos no puede ser discutida por la administración concursal, que ha de incluirlos necesariamente en la lista de acreedores, pero no salva las consecuencia negativas derivadas de la falta de comunicación y de impugnación de la lista de acreedores que no los reconozca"*. Ciertamente esta doctrina está pensando en un crédito concursal, no uno contra la masa, pero en el caso que nos ocupa el crédito se reconoció como concursal, sin impugnación, y la certificación ahora presentada, sobre la base del mismo expediente, trata de discutir aquella calificación.

5. La esencia de la cuestión discutida es similar a la resuelta por la STS de 26 de marzo de 2015, con un crédito que el por el momento de la resolución y el tipo de obligaciones

debió considerarse masa, pero que con aquietamiento de su titular se incluyó como concursal en el convenio aprobado:

"era titular de un crédito contra la masa y, por tanto, extraconcursal (art. 84.2.6.º LC). Los titulares de estos créditos no están compelidos a realizar una comunicación como la que ordena el art. 85.1 LC, de modo que su reconocimiento se produce al margen del procedimiento exigido a los acreedores que conforman la masa pasiva del concurso.

2. Pero una cuestión es que no se aplique a los créditos contra la masa las normas sobre comunicación y reconocimiento de los créditos concursales y, otra muy distinta, y, al fin decisiva, es que no exista por parte del acreedor la necesidad de establecer un «control» acerca de su existencia y su cuantía.

De otro modo, conocedor de la existencia del concurso de Temple (pues aporta en su demanda los BOE de la declaración de concurso y de terminación de la fase común, documentos 10 y 11), la diligencia necesaria le hubiera llevado a impugnar el informe de la administración concursal y su lista de acreedores en la que figuraba el actor en los anexos, de forma irregular, a juicio del recurrente, de conformidad con el art. 96 LC.

3. Su falta de intervención en el concurso, debe soportar las consecuencias de la falta de impugnación previstas en el art. 97 LC".

Visto el allanamiento de la Administración Concursal, se le reconoce al actor un crédito contra la masa correspondiente a las facturas dejadas de abonar por el concursado, no procediendo su pago inmediato sino según el orden de vencimiento

Juzgado de lo Mercantil Zaragoza, n.º 1, 318/2016, de 22 de diciembre

SP/SENT/886903

Se ejercita por Endesa Energía S. A. U. demanda de reconocimiento de un crédito contra la masa de 3121,21 euros, procediendo a su pago. Por su parte, la administración concursal ha aceptado la solicitud, allanándose. En consecuencia, vista la conformidad de las partes, procede estimar la demanda en relación al reconocimiento del crédito contra la masa hasta fecha de demanda, siendo de aplicación el artículo 154 en relación con el artículo 84, ambos de la LC, por lo que no procede acordar su pago inmediato sino cuando le corresponda dentro del concurso.